JN059405

教科書ガイド

大修館書店 版

古典探究
古文編 第I部
精選 古典探究
古文編 第I部

TEXT BOOK GUIDE

文研出版

はしがき

本書は、大修館書店発行の教科書「古典探究　古文編(706)」及び「精選　古典探究(708)」に準拠した教科書解説書として編集されたものです。

教科書内容がスムーズに理解できるよう工夫されています。

予習や復習、試験前の学習にお役立てください。

本書の特色

●教科書参照ページ

本書は、お使いの教科書によって「教科書参照ページ」が異なります。

教706…古典探究　古文編(706)

教708…精選　古典探究(708)

●冒頭解説

本書は、教科書の流れにしたがって、構成されています。必要に応じて単元の冒頭の〔○○とは〕で、学習にあたっての予備知識となるような事柄(作品と作者など)を解説しています。

品詞分解の略符号

1 品詞名

(名詞は品詞名省略)

ク＝ク活用形容詞

シク＝シク活用形容詞

ナリ＝ナリ活用形容動詞

タリ＝タリ活用形容動詞

連体＝連体詞　副＝副詞

接＝接続詞　感＝感動詞

助動＝助動詞　補＝補助動詞

2 動詞の活用の種類

四＝四段　上一＝上一段

上二＝上二段　下一＝下一段

下二＝下二段

カ変・サ変・ナ変・ラ変＝変格活用

3 活用形

未＝未然形　用＝連用形

終＝終止形　体＝連体形

已＝已然形　命＝命令形

●教材解説

まず段落ごとの〔大意〕を簡潔にまとめています。

〔品詞分解／現代語訳〕では、教科書の原文を単語単位に分け、品詞名・活用の種類・活用形を下記の略符号で原文右に示し、原文左には、適宜必要な言葉を補って現代語訳を示しています。また、〔語句の解説〕として、重要語句や文法上特におさえておきたい箇所について解説しています。

●学習のポイント

教科書教材末に出ている問題に対応する解答や解答例、考え方などを示しています。

なお、前記以外に、次の項目にも解説を設けています。

・**読み比べ**

4 助動詞の意味

使＝使役　尊＝尊敬　受＝受身
可＝可能　自＝自発　打＝打消
過＝過去　詠＝詠嘆　完＝完了
強＝強調　存＝存続　在＝存在
推＝推量　定＝推定　意＝意志
勧＝勧誘　命＝命令　仮＝仮定
婉＝婉曲　当＝当然　適＝適当
伝＝伝聞　禁＝禁止　不＝不可能
希＝希望　比＝比況　例＝例示
断＝断定　原推＝原因推量
過推＝過去推量　現推＝現在推量
反仮＝反実仮想　打推＝打消推量
打意＝打消意志　打当＝打消当然
過原推＝過去の原因推量
過伝婉＝過去の伝聞・婉曲

5 助詞の分類

格助＝格助詞　副助＝副助詞
係助＝係助詞　終助＝終助詞
接助＝接続助詞　間助＝間投助詞

6 その他

尊＝尊敬　謙＝謙譲　丁＝丁寧
（代）＝代名詞　（枕）＝枕詞
（音）＝音便　（連語）　（語幹）
（係）……（結）＝係り結び　など

目次

教科書によって「教科書参照ページ」が異なりますので、ご注意ください。
教706…古典探究　古文編(706)
教708…精選　古典探究(708)

6 日記

7 物語（二）

8 和歌・歌謡・歌論

＊の付いた教材は教708では学習しません。

1 説　話

●説話とは

説話文学とは、人の口から口へと語り継がれてきた話（口承文芸）を、文字により記録し、編集したもの。作者が創作する「作り物語」とは区別される。伝説、昔話、世間話などの短い話を収めた説話集が、平安時代から鎌倉時代にかけて盛んに作られ、庶民の間に広く読み継がれた。内容上、世俗説話と仏教説話に大別される。

●『宇治拾遺物語《うじしゅうい》』とは

説話集。編者は未詳。鎌倉時代前期、一三世紀の初め頃の成立とされる。全一五巻、一九七編の説話が集められている。内容は、仏教説話と世俗説話に大別でき、「瘤《こぶ》取り翁《おきな》」「舌切り雀」のような民話風な話もある。舞台は日本、中国、インドにわたる。天皇、貴族から僧侶、武士、盗賊まであらゆる階層の人物が取り上げられ、人物を描くことに重点が置かれているのは、編者の人間に対する関心の深さがうかがわれる。会話文を多用し、軽妙な文体で、庶民の生活感情をありのままに記している。

●『十訓抄《じっきんしょう》』とは

説話集。鎌倉時代中頃、一二五二年の成立。編者は六波羅二﨟左衛門《ろくはらじろうざえもん》といわれる。三巻。約二八〇の説話を十か条の教訓のもとに分類し収めている。年少者への教訓・啓蒙の意図で作られ、儒教色の濃い話もあるが、実際には詩歌管弦に関する話や、教訓を逸脱した滑稽な話も多く含まれている。

●『今昔《こんじゃく》物語集』とは

我が国最大の説話集。編者は未詳。成立は一二世紀初めから半ば頃、平安時代末期といわれている。三一巻からなり、内容的には、天竺《てんじく》（インド）部、震旦《しんだん》（中国）部、本朝（日本）部の三部に分かれる。様々な分野の説話が収められているが、仏教に関する説話が全体の半分以上を占める。漢文訓読調に和文脈を交えた文体で、力強い現実描写に優れている。全説話が「今は昔」で始まり、「となむ語り伝へたるとや」で終わり、通称「今昔物語」という名の由来となっている。

検非違使忠明《けびいしただあきら》のこと　〔宇治拾遺物語〕

教706 8～9　教708 12～13

【大　意】 教706 8ページ1～8行　教708 12ページ1～8行

検非違使《けびいし》忠明が若かった時、清水寺《きよみず》の近くで京の若いならず者たちと争いになって追い詰められたが、とっさに蔀戸《しとみど》を脇に挟んで寺の舞台から飛び降りたところ、戸が風に支えられたため、ゆっくりと谷底に降りていき、無事に逃げることができた。

【品詞分解／現代語訳】

これ〔(代)〕も〔係助〕今は〔係助〕昔、忠明と〔格助〕いふ〔四・体〕検非違使あり〔ラ変・用〕けり〔助動・過・終〕。それ〔(代)〕が〔格助〕若かり〔ク・用〕ける〔助動・過・体〕時、清水

これも今となっては昔の話だが、忠明という検非違使がいた。その人が若かった時、清水寺

の〔格助〕橋の〔格助〕もとにて〔格助〕京童部どもと〔格助〕いさかひを〔格助〕し〔サ変・用〕けり〔助動・過・終〕。京童部手ごとに〔格助〕刀を〔格助〕抜き〔四・用〕

の呉橋《くれはし》のたもとで血の気の多い、京の市中の若者たちと揉めごとを起こした。若者たちは手にそれぞれ刀を抜いて持ち、

て〔接助〕、忠明を〔格助〕立てこめ〔下二・用〕て〔接助〕殺さ〔四・未〕ん〔助動・意・終〕と〔格助〕し〔サ変・用〕けれ〔助動・過・已〕ば〔接助〕、忠明も〔係助〕太刀を〔格助〕抜い〔四・用(音)〕て〔接助〕、

忠明を取り囲んで殺そうとしたので、忠明も太刀を抜いて、

御堂ざまに〔格助〕上る〔四・体〕に〔接助〕、御堂の〔格助〕東の〔格助〕つまに〔格助〕も〔係助〕、あまた〔副〕立ち〔四・用〕て〔接助〕向かひ合ひ〔四・用〕たれ〔助動・完・已〕ば〔接助〕、内へ〔格助〕

(清水寺の)本堂の方に上ったところ、本堂の東側の軒下にも、(若者たちが)たくさん立って(忠明と)向かい合ったので、(本堂の)

逃げ〔下二・用〕て〔接助〕、蔀の〔格助〕もとを〔格助〕脇に〔格助〕挟み〔四・用〕て〔接助〕前の〔格助〕谷へ〔格助〕躍り落つ〔上二・終〕。蔀、風に〔格助〕しぶか〔四・未〕れ〔助動・受・用〕て〔接助〕、

中へ逃げていき、蔀の下の戸を脇に挟んで前の谷へ飛び降りた。蔀は、風に支えられて、

谷の〔格助〕底に〔格助〕、鳥の〔格助〕ゐる〔上一・体〕やうに〔助動・断・用〕やをら〔副〕落ち〔上二・用〕に〔助動・完・用〕けれ〔助動・過・已〕ば〔接助〕、それ〔(代)〕より〔格助〕逃げ〔下二・用〕て〔接助〕

谷底に、まるで鳥が(枝などに)とまるかのようにそっと落ちたので、(忠明は)そこから逃げて

往に〔ナ変・用〕けり〔助動・過・終〕。京童部ども谷を〔格助〕見おろし〔四・用〕て〔接助〕、あさましがり〔四・用〕、立ち並み〔四・用〕て〔接助〕見〔上一・用〕けれ〔助動・過・已〕ども〔接助〕、

去っていった。(忠明を追っていた)若者たちは谷を見おろして、驚きあきれ、立ち並んで見ていたが、

す〔サ変・終〕べき〔助動・可・体〕やうも〔係助〕なく〔ク・用〕て〔接助〕、やみ〔四・用〕に〔助動・完・用〕けり〔助動・過・終〕と〔格助〕なん〔係助(結略)〕。

どうすることもできず、(そのまま)争いは終わってしまったということだ。

(第九五話)

語句の解説

教706 8ページ　教708 12ページ

2 **いさかひ《ヒ》**　揉めごと。争い。けんか。

3 **立《た》てこめて**　取り囲んで。

3 **御堂《みどう》**　お寺の本堂。

4 **あまた**　たくさん。数多く。

1　**「あまた立ちて」いたのはどのような者たちか。**

答　忠明と揉めていた、血の気の多い、京の市中の若者たち。京《きょう》童部《わらんべ》。

5 **蔀《しとみ》**　光線や風雨を避けるため格子の片面に板を張った戸。

5 **風《かぜ》にしぶかれて**　(蔀が)風に支えられて。

「しぶく」は「渋く」と書いて、「滞る、容易には進まない」の意。風が下から吹いて蔀戸を支え、勢いよく落ちていくことはなかった、ということ。

6 **鳥《とり》のゐ《イ》るやう《ヨウ》に**　まるで鳥が(枝などに)とまるかのように。

「ゐる(居る)」はワ行上一段活用の動詞で、ここでは「とまる」の意。「やうに」は、「まるで…のようだ」という意の比況の助動詞「やうなり」の連用形とする説もある。

6 **やを《オ》ら**　ゆっくり。静かに。そっと。

6 **往《い》にけり**　去っていった。

「往に」はナ行変格活用動詞「往ぬ」の連用形。「往《い》ぬ」は、ここでは「行ってしまう、立ち去る」の意。

7 **あさましがり**　驚きあきれて。

「あさましがる」は「びっくりしてあきれる」の意。シク活用の形容詞「あさまし」に接尾語「がる」が付いてできた語。

8 **やみにけりとなん**　終わってしまったということだ。

「なん(なむ)」は強意の係助詞で、係り結びの結びの語(「言ふ」「聞く」「伝ふ」など)が省略されている。

学習のポイント

1　**忠明と京童部たちの行動を、次ページの略図を参照して確かめてみよう。**

考え方　脚注も参考にしながら、本文中の「清水《きよみず》の橋のもと」「御《み》堂《だう》ざまに上《のぼ》る」「御堂の東のつま」「内へ逃げて」「前の谷へ」を略図で確認する。

解答例　清水寺の本堂の西側にある呉橋《くれはし》(本堂の回廊に続く階段)の辺りで、忠明と京童部が争う。↓追われた忠明が東方面にある本堂に向かい、橋を上って逃げる。↓本堂の西側から音羽ノ滝の方に回って逃げようと走る忠明を、本堂の東側の階段付近で大勢の京童部が待ち構える。↓忠明はやむなく引き返し、西側から本堂の中に逃げる。↓西側、東側両方から本堂に入ってきた京童部が忠明を追い詰める。↓逃げ場を失った忠明は、本堂南側の舞台に走り、外した蔀戸を脇に挟んで、谷底目がけて飛び降りる。↓京童部は舞台に立ち並び、谷底に舞い降りて逃げてゆく忠明を呆然と見送る。

2 「清水の舞台から飛び降りる」ということわざの意味と使い方について調べてみよう。

解答例 〈意味〉思い切って重大な決断を下すこと。
〈使い方〉これからの人生を左右するような大きな決断をする場合、身の丈に合わない高額な買い物をする場合、勇気をふりしぼって思い切った手段をとる場合などに使う。

3 次の言葉の意味を調べてみよう。

① (鳥の)ゐる　② あさましがる

解答 ①(鳥が)とまる。「ゐる」は「居る」と書き、「立つ」に対する「座る、座っている」がもとの意味。「じっとしている、とまる」、「とどまる、滞在する」の意もある。
②驚きあきれる。「あさましがる」は、形容詞「あさまし」に「…のように思う、…のように振る舞う」という意味の接尾語「がる」が付いて動詞化した語。

4 語句 本文から動詞・形容詞を抜き出し、活用の種類と活用形を確認してみよう。

考え方 下に付いている助詞や助動詞の接続を確認する。

解答 (本文出順)
〈動詞〉「いふ」ハ行四段活用・連体形
「あり」ラ行変格活用・連用形
「し」サ行変格活用・連用形
「抜き」カ行四段活用・連用形
「立てこめ」マ行下二段活用・連用形
「殺さ」サ行四段活用・未然形
「し」サ行変格活用・連用形
「抜い」カ行四段活用・連用形(イ音便)
「上《のぼ》る」ラ行四段活用・連体形
「立ち」タ行四段活用・連用形
「向かひ合ひ」ハ行四段活用・連用形
「逃げ」ガ行下二段活用・連用形
「挟《はさ》み」マ行四段活用・連用形
「躍《をど》り落つ」タ行上二段活用・終止形
「しぶか」カ行四段活用・未然形
「ゐる」ワ行上一段活用・連体形
「落ち」タ行上二段活用・連用形
「逃げ」ガ行下二段活用・連用形
「往《い》に」ナ行変格活用・連用形
「見おろし」サ行四段活用・連用形
「あさましがり」ラ行四段活用・連用形
「立ち並《な》み」マ行四段活用・連用形
「見」マ行上一段活用・連用形
「す」サ行変格活用・終止形
「やみ」マ行四段活用・連用形
〈形容詞〉「若かり」706 8・1 708 12・1 ク活用・連用形
「なく」706 8・8 708 12・8 ク活用・連用形

大《おほ》江《え》山《やま》いくのの道　〔十《じっ》訓《きん》抄《せう》〕

教706 10〜11　教708 14〜15

【大　意】教706 10ページ1〜11行　教708 14ページ1〜11行

小式部内侍《こしきぶのないし》が、都で開催される歌合《うたあわせ》の詠み手に選ばれた。定頼中納言《さだよりちゅうなごん》に「歌合で披露する歌を丹後《たんご》にいる母(和泉《いずみ》式部)に作ってもらうつもりだろう」とからかわれた小式部内侍は、見事な歌で切り返し、中納言を退散させた。これを機に、小式部内侍は優れた歌人だという評判が立った。

【品詞分解／現代語訳】

和泉式部、保昌 が 妻 にて、丹後 に 下り ける ほど に、京 に 歌合 あり ける に、

格助　格助　格助　四・用　助動・過・体　格助　格助　ラ変・用　助動・過・体　接助

和泉式部が、藤原保昌《ふじわらのやすまさ》の妻として、丹後の国に下っていた頃に、京の都で歌合が開催されたが、

小式部内侍、歌詠み に とら れ て 詠み ける を、定頼中納言 たはぶれ て、小式部内侍、

格助　四・未　助動・受・用　接助　四・用　助動・過・体　接助　下二・用　接助

(そこに和泉式部の娘の)小式部内侍が、詠み手に選ばれて歌を詠むことになったのだが、(そのことに対して)定頼の中納言がふざけて、小式部内侍が、

局 に あり ける に、「丹後 へ 遣はし ける 人 は 参り たり や。いかに 心もとなく

格助　ラ変・用　助動・過・体　格助　格助　四・用　助動・過・体　係助　四・用　助動・完・終　係助　副　ク・用

局《つぼね》にいた時に、「丹後に使いとして行かせた人は(もう戻ってきて)参上しましたか。どんなにか待ち遠しく

おぼす らん。」と 言ひ て、局 の 前 を 過ぎ られ ける を、御簾 より 半ら ばかり

四・終　助動・現推・体　格助　四・用　接助　格助　格助　上二・未　助動・尊・用　助動・過・体　接助　格助　副助

お思いのことでしょう。」と言って、局の前を通り過ぎなさったところ、(小式部内侍は)御簾《みす》から半分ほど

出で て、わづかに 直衣 の 袖 を ひかへ て、

下二・用　接助　ナリ・用　格助　格助　下二・用　接助

身を出して、少し(定頼中納言の)直衣《のうし》の袖をおさえて、

大江山 いくの の 道 の 遠けれ ば まだ ふみ も み ず 天の橋立

格助　格助　ク・已　接助　副　四・用　係助　上一・未　助動・打・終

大江山を越えて、生野《いくの》を通って丹後へ行く(野の中の)道が遠いので、私はまだ天の橋立の地を踏んだこともありませんし、(母からの)手紙も見ておりません。

格助　下二・用　助動・過・終　ナリ・用　シク・用　接助　(代)　係助　ナリ・用　ラ変・体　係助(係)　ラ変・体(結)
と 詠みかけ けり。 思はずに、 あさましく て、「こ は いかに、 かかる やう やは ある。」
と詠んで返歌を求めた。(中納言は)思いがけないことで、驚きあきれて、「これはいったいどういうことか、このようなことがあるものか(、いや、

格助　副助　四・用　接助　格助　係助　四・未　助動・打・用　格助　四・用　接助　下二・未　助動・尊・用　助動・過・終
と ばかり 言ひ て、 返歌 に も 及ば ず、 袖 を 引き放ち て、 逃げ られ けり。
あるはずがない)。」とだけ言って、返歌もできずに、袖を引っ張って、(小式部内侍の手から)お逃げになった。

(代)　格助　格助　格助　カ変・用　助動・完・用　助動・過・終
小式部、これ より 歌詠み の、世 に 覚え 出で来 に けり。
小式部内侍は、この一件以来優れた歌詠みだという評判が、世間で生じたのだった。

(代)　係助　下二・用　接助　格助　格助　助動・断・已　接助　(代)　格助　格助　格助　係助　(代)　副助
これ は うちまかせ て の 理運 の こと なれ ども、か の 卿 の 心 に は、これ ほど
これは(小式部内侍にとっては)普通の当然そうなるべきことであるのだが、あの卿(定頼の中納言)のなかでは、これほどの

格助　副　四・終　助動・可・終　格助　係助　四・未　助動・尊・未　助動・打・用　助動・過・体　助動・断・用　係助(結略)
の 歌、ただいま 詠みいだす べし と は、知ら れ ざり ける に や。　(第三)
(優れた)歌を、すぐに詠んで披露することができるとは、おわかりにならなかったのだろうか。

語句の解説

教706 10ページ　教708 14ページ

1 **下《くだ》りけるほどに**　下っていた頃に。
「下る」は、都を離れて地方に行くこと。

2 **歌詠《うたよ》みにとられて**　(歌合の)詠み手として選ばれて。

1 「丹後へ遣はしける人」は、誰が何のために遣わしたというのか。

答　小式部内侍が、和歌の達人である母の和泉式部に、歌合で披露する歌を自分の代わりに作ってもらおうとして、(母のいる丹後の国に)遣わした。

3 **参《まい》りたりや**　(もう戻ってきて)参上しましたか。
「参る」は、ここでは「行く」「来」の謙譲の動詞で、「貴人の(いる)ところに参上する、伺う」の意。「や」は係助詞の文末用法で、ここでは疑問。

3 **心《こころ》もとなく**　待ち遠しく。
「心もとなし」は、ここでは「待ち遠しい」の意。「不安だ」の意もある。

4 **おぼすらん**　お思いのことでしょう。
「おぼす」は「思ふ」の尊敬語で、「お思いになる、思っていらっしゃる」の意。「らん(らむ)」は現在推量の助動詞。

4 **御簾《みす》**　貴人の使う簾《すだれ》を敬って言う語。「御」は尊敬の意味を表す接頭語。

5 直衣《のうし》　平安時代の貴族が常用した服。

6 大江山《おおえやま》いくのの道《みち》　大江山を越えて、生野《いくの》を通って丹後へ行く道。
「いくの」に「生野」という地名と「行く（野）」を掛けている。

6 まだふみもみず天《あま》の橋立《はしだて》　まだ天の橋立の地を踏んだこともないし、（母からの）手紙も見ていない。
「ふみ」に手紙という意味の「文」と「踏み」を掛ける。また、「踏み」と「橋」が縁語で、「踏み」は「道」の縁語でもある。

7 詠《よ》みかけけり　（歌を）詠んで返歌を求めた。
「詠みかく」は歌を贈り、相手に返歌を要求すること。

7 思《おも》は《ワ》ずに、あさましくて　思いがけないことで、驚きあきれて。
「あさまし」は、「驚きあきれる」の意のシク活用形容詞。

7 かかるやう《ヨウ》やは《ワ》ある　このようなことがあるものか（、いや、あるはずがない）。
「かかる」はラ変動詞「かかり」の連体形。「やは」は反語を表す。

9 覚《おぼ》え　評判。
ここでは「世間の評判」の意だが、「御覚《おほん》え」は「寵愛《ちょうあい》」の意になる。

2　**「かの卿」とは誰か。**

答　定頼中納言。

11 知《し》られざりけるにや　おわかりにならなかったのだろうか。
「れ」は、尊敬の助動詞「る」の未然形。「や」は疑問を表す係助詞で、係り結びの結びの語（「あらむ」など）が省略されている。

学習のポイント

1　「大江山…」の歌について、

① **この歌は定頼に対する答えになっている。定頼の言葉とこの歌を問答の形になるように、言葉を補って現代語訳してみよう。**

② **この歌に用いられている掛詞《かけことば》について説明してみよう。**

考え方　②掛詞は、和歌の表現技法（修辞法）の一つ。同音で意味の違う言葉二つを一語にもたせ、二重の意味を表すもの。平仮名で書かれ、通常二通りの漢字が当てられる。一方が地名である例がしばしば見られる。訳には二つの意味を反映させる。

解答例

①定頼「丹後の国にいるお母さんの和泉式部に、歌合で詠む歌を作ってもらおうと丹後にやった使いは、もう京に戻って参上しましたか。さぞかし待ち遠しくお思いのことでしょうね。」
小式部内侍「この京から大江山を越え、生野を通って行く野の中の道はとても遠いので、私はまだ母のいる丹後の天の橋立の地を踏んだこともありませんし、母からの手紙も見ていません。母に歌の代作を頼むために、使いをやったりはしておりませんよ。」

②「いくの」に「生野」という地名と「行く（野）」を掛けている。「ふみ」に手紙という意味の「文」と「踏み」を掛けている。

2 **「返歌にも及ばず、……逃げられけり。」（706 10・8 708 14・8）とあるが、なぜそうしたのか、その理由について話し合ってみよう。**

考え方 直前の「思はずに、あさましくて」「『こはいかに、かかるやうやはある』」から、予想外のことに対する定頼のうろたえぶりがうかがわれる。「歌合で披露する歌の代作を有名歌人の母に頼んだだろう」とからかったのは、定頼が、若い娘でもある小式部内侍には歌を詠む実力などなく、歌合に選ばれたことも親の七光りによるものくらいに思っていたからだろう。それほど見くびっていた小式部内侍が、即座に見事な歌を詠んで自分の悪ふざけに反撃してみせたことに面食らい、それに匹敵する返歌ができそうにないほど慌てふためいたために、その場を逃げ出したのだと思われる。

3 **語句** **「知られざりけるにや。」（706 10・11 708 14・11）を品詞分解し、現代語訳してみよう。**

解答 〈品詞分解〉「知ら」ラ行四段動詞・未然形
「れ」尊敬の助動詞・未然形／「ざり」打消の助動詞・連用形
「ける」過去の助動詞・連体形／「に」断定の助動詞・連用形
「や」疑問の係助詞
〈現代語訳〉おわかりにならなかったのだろうか。

4 **探究** **「大江山」「生野」「天の橋立」はいずれも和歌でくり返し詠まれており、「歌枕《うたまくら》」と呼ばれる。地域の歌枕をさがして、どんな歌人がどんな和歌を詠んでいるか調べてみよう。**

解答例 近畿地方／「松帆浦《まつほのうら》」
来ぬ人をまつほの浦の夕なぎに焼くや藻塩《もしお》の身も焦がれつつ
藤原定家（『新勅撰《ちょくせん》集』『百人一首』所収）
東北地方／「末《すゑ》の松山《まつやま》」
契りきなかたみに袖をしぼりつつ末の松山波越さじとは
清原元輔《きよはらのもとすけ》（『後拾遺和歌集』『百人一首』所収）
山陰地方／「稲葉山《いなばやま》」
たち別れいなばの山の峰に生ふるまつとしきかば今帰り来む
在原行平《ありはらのゆきひら》（『古今和歌集』『百人一首』所収）
関東地方／「筑波山《つくばやま》」
よそにのみ思ひおこせし筑波嶺《つくばね》のみねの白雲けふ見つるかな
能因法師《のういんほうし》（『新勅撰和歌集』所収）

安倍晴明《あべのせいめい》 〔今昔物語集〕

教706 14〜15　教708 18〜19

【大　意】　1　教706 14ページ1行〜15ページ1行　教708 18ページ1行〜19ページ1行

安倍晴明は、若い貴公子や僧たちに懇願され、不本意ながら識神《しきじん》を使って蛙《かえる》を殺してみせる。見ていた貴公子や僧たちは、その力に恐れおののいた。

【品詞分解／現代語訳】

接　(代)　格助　格助　格助　四・用　助動・過・体　格助　格助　四・用　接助　四・用　四・用
また 此 の 晴明、広沢 の 寛朝僧正《かんちょうそうじょう》 と 申し ける 人 の 御房 に 参り て、物申し 承り
またこの晴明が、広沢の寛朝僧正と申し上げる方のお住まいに参り、お話を伺っていた

助動・過・体　ク・体　ラ変・用　接助　格助　副助　サ変・用　接助　(連語)　(代)　格助　格助　四・用
ける 間、若き 君達、僧ども 有り て、晴明 に 物語 など し て 云はく、「そこ の 識神 を 使ひ
時、(そばに)若い貴公子たちや、僧たちがいて、晴明に雑談などして言うことには、「あなたは識神をお使いになるそうで

補尊・四・終　助動・伝・体　終助　副　格助　係助　四・用　補尊・四・終　助動・婉・体　係助　格助　格助　格助　副
たまふ なる は。忽ちに 人 を ば 殺し たまふ らむ や。」と。晴明、「道 の 大事 を 此く
すねえ。(その識神を使って)瞬時に人を殺しなさるのでしょうか。」と。晴明は、「陰陽道《おんみょうどう》の奥義《おうぎ》に関わることをこうも

ナリ・用　係助　四・用　補尊・四・体　終助　格助　四・用　接助　ク・用　係助　副　四・未　助動・打推・終　副　副助　下二・用　接助
現に も 問ひ たまふ かな。」と 云ひ て、「安く は え 殺さ じ。少し 力 だに 入れ て
あけすけにもお尋ねなさることですなあ。」と言って、「易々とは殺せないでしょう。(ただ、)少し力を入れ(て術を行い)さえ

補丁・四・已　接助　副　四・用　助動・強・未　助動・推・終　副助　格助　係助　副助　格助　サ変・未　助動・婉・体　格助
候へ ば、必ず 殺し て む。虫 など を ば 塵 ばかり の 事 せ む に、
しましたら、きっと殺せましょう。虫などはほんのわずかなことをすれば、

副　四・用　助動・強・終　助動・推・体　接助　下二・体　格助　四・用　助動・打・已　接助　格助　下二・用　助動・強・終
必ず 殺し つ べき に、生くる やう を 知ら ね ば、罪 を 得 ぬ
必ず殺してしまえますが、生き返らせる方法はわからないので、(殺生の)罪を犯すことになってしまう

助動・推・已 接助 ク・体 助動・断・終 副助 四・体 格助 格助 格助 副助 四・用 接助
べけれ ば、由無き なり。」など 云ふ 程 に、庭 より 蝦蟆 の 五つ六つ ばかり 踊り つつ、
ので、無益なことです。」などと言っている時に、庭から蛙が五、六匹ほど跳びはねながら、

格助 格助 四・用 助動・過・体 格助 副 係助 (代) 四・用 補尊・四・命 上一・未 助動・意・終
池 の 辺ざま に 行き ける を、君達、「然 は 彼 一つ 殺し たまへ。試み む。」
池の近くの方に行ったのを(見て)、(ある)貴公子が、「それならあの蛙を一匹殺してください。試してみましょう。」

格助 四・用 助動・過・已 接助 四・用 補尊・四・体 終助 (連語) 上一・用 補尊・四・未 助動・意・終
と 云ひ けれ ば、晴明、「罪 作り たまふ 君 かな。然るにても、『試み たまは む。』
と言ったので、晴明は、「罪作りなお方ですな。ですが、『(私の力を)お試しになりたい』とおっしゃる

格助 ラ変・已 接助 格助 格助 格助 四・用 接助 格助 四・体 助動・断・用 サ変・用 接助 格助
と 有れ ば。」とて、草 の 葉 を 摘み切り て、物 を 読む やう に し て、蝦蟆 の 方
のであれば。」と言って、草の葉を摘み取って、何かを唱えるようにして、(その葉を)蛙の方

格助 四・用 助動・完・用 助動・過・已 接助 (代) 格助 格助 格助 格助 四・終 格助 上一・用
へ 投げ遣り たり けれ ば、其 の 草 の 葉 蝦蟆 の 上 に 懸かる と 見
へと投げやったところ、その草の葉は蛙の上にかぶさったかと見るや、

助動・過・体 格助 係助 ナリ・用 下二・用 接助 ナ変・用 助動・完・用 助動・過・体 (代) 格助 上一・用 接助
ける 程 に、蝦蟆 は 真平に ひしげ て 死に たり ける。僧ども 此 を 見 て、
蛙はぺしゃんこに潰れて死んでしまった。僧たちはこれを見て、

格助 四・用 接助 係助(係) 下二・用 助動・過・体(結)
色 を 失ひ て なむ 恐ぢ怖れ ける。
青ざめて恐れおののいた。

語句の解説 1

教706 14ページ 教708 18ページ

1 **物申《ものもう》し承《うけたまわ》りける間《あいだ》** お話を伺っていた時。
「申す」は「言ふ」の謙譲語、「承る」は「聞く」の謙譲語で、どちらも作者から寛朝僧正《かんちょうそうじょう》への敬意を表す。

2 **君達《きんだち》** 貴公子。
高貴な家柄の子供のこと。貴族の若君。単数にも複数にも用いる。

2 **物語《ものがたり》** 雑談。世間話。

2 **云《い》は《ワ》く** 言うことには。
「云はく」は、動詞「云ふ」の未然形に、接尾語「く」が付いた

連語。

2そこの識神《しきじん》を使《つか》ひ《イ》たまふ《モウ》なるは　あなたは識神をお使いになるそうですねえ。

「そこ」は代名詞で、ここでは「あなた」の意。「なる」は、伝聞・推定の助動詞「なり」の連体形で、ここでは伝聞を表す。

4現《あらわ》にも　あけすけにも。

「現《あらは》なり」は、ここでは「露骨だ、無遠慮だ、ぶしつけだ」の意。「露《あらは》なり」は「まる見えだ」の意となる。

4安《やす》くはえ殺《こ》さ《ろ》じ　易々とは殺せないでしょう。

「え…打消」は不可能の意を表す。「じ」は、打消推量の助動詞。

4少《すこ》し力《ちから》だに入《い》れて候《そうら》へ《エ》ば　少し力を入れ(て術を行い)さえしましたら。

「だに」は、ここでは程度の類推の副助詞。「候ふ」は丁寧の補助動詞で、晴明から聞き手である君達などへの敬意を表す。

6生《い》くるやう《ヨウ》　生き返らせる方法。

「生く」は、ここでは下二段活用の他動詞で「生かす」の意。「やう」は、ここでは「手段、方法」の意。

6罪《つみ》を得《え》ぬべければ　罪を犯すことになってしまうので。

「罪」は殺生《せっしょう》(生き物を殺すこと)の罪。仏教の五戒の一つである。

6由《よし》無《な》きなり　無益なことである。

「由《よし》無し」は、ここでは「つまらない、無意味だ」の意。「由有り」は、「由緒がある、理由がある」「風情がある」という意。

7池《いけ》の辺《ほとり》ざま　池の近くの方。

「…ざま」は接尾語で、ここでは「…の方」という意味。

答　1　**なぜ「罪作りたまふ」と言ったのか。**

「生き返らせることはできない」と伝えたにもかかわらず、僧を含む若者たちが蛙を殺してみせるよう迫ったので、興味本位で殺生の罪を犯す残酷さと罪深さについて、非難を込めて念を押そうと思ったから。

教706 15ページ　教708 19ページ

1色《いろ》を失《うしな》ひ《イ》て　青ざめて。

「色を失ふ」は、恐怖や緊張で顔が青ざめる様子を表す慣用句。

【大　意】　2　教706 15ページ2〜7行　教708 19ページ2〜7行

清明は、日常的に識神を使っていたのか、周囲では不思議な現象が数々起こっていた。子孫は今でも朝廷で重用され、代々受け継がれた土御門《つちみかど》の屋敷では、晴明亡き後も識神の存在が感じられたという。安倍晴明はただ者ではなかったと語り伝えられている。

【品詞分解／現代語訳】

此	の	晴明	は、	家	の	内	に	人	無き	時	は	識神	を	使ひ	ける	に	や	有り
(代)	格助		係助		格助		格助		ク・体		係助		格助	ハ・用	助動・過・体	助動・断・用	係助(係)	補・ラ変・用

この晴明は、家の中に人のいない時は識神を使っていたのであろうか、

助動・過推・体(結)　係助　ク・体　接助　下二・用　四・体　係助(係)　ラ変・用　助動・過・体(結)　接　格助　四・体
けむ、人 も 無き に、蔀 上げ 下ろす 事 なむ 有り ける。 また、門 を 差す 人
誰もいないのに、蔀《しとみ》戸《ど》がひとりでに上げ下ろしされることがあった。 また、門を閉ざす人がいないのに、

係助　ク・用　助動・過・体　接助　四・未　助動・受・用　副助　係助(係)　ラ変・用　助動・過・体(結)　ナリ・用　ナリ(語幹)　格助
も 無かり ける に、差さ れ なむど なむ 有り ける。 此やうに 希有 の
ひとりでに閉められているなどということがあった。 このように不思議なことが多くあっ

ク・終　格助　係助(係)　下二・体(結)
事ども 多かり、と なむ 語り伝ふる。
た、と語り伝え(られ)ている。

(代)　格助　格助　格助　四・用　接助　ク・用　接助　補・ラ変・終　(代)　格助　格助　係助
その 孫 今 に 公 に 仕うまつり て、止む事無く て 有り。 その 土御門 の 家 も 伝はり
その(晴明の)子孫は今でも朝廷にお仕えして、重用されている。 その土御門の屋敷も代々受け継がれた場所にある。

格助　格助　ラ変・終　(代)　格助　ク・用　四・体　副助　格助　副助　係助　四・用　助動・過・終
の 所 にて 有り。 その 孫 近く 成る まで 識神 の 音 など は 聞き けり。
(ここでは、)その子孫が最近まで識神の(たてる)音などを聞いたのだった。

ラ変・已　接助　副　助動・断・用　係助　補・ラ変・未　助動・打・用　助動・過・終　格助　係助(係)　下二・用　助動・存・体(結)
然れ ば、晴明 なほ 只物 に は 非 ざり けり、と なむ 語り伝へ たる
そのため、晴明はやはりただ者ではなかった、と語り伝えているということである。

格助　係助(結略)
と や。

(巻二四第一六話)

語句の解説 2

教706 15ページ　教708 19ページ

3 **門《かど》を差《さ》す**　門を(錠をかけて)閉ざす。

3 **差《さ》されなむ《ン》ど**　閉められているなど。

「なむど(なんど)」は副助詞で、「など」と同じ。

4 **此《か》や《ヨ》う《ウ》に**　このように。

「此やうなり」は「かうやうなり」が縮まって一語になった。

4 **希《け》有《う》の事《こと》ども多《おお》かり**　不思議なことが多くあった。

「希有の」は、形容動詞「希有《けう》なり」の語幹に格助詞「の」が付いて、連体修飾語となったもの。「希有なり」は、ここでは「滅多にない、珍しい、不思議だ」の意。「多かり」は終止形。形容詞「多し」は、終止形に「多かり」、已然形に「多かれ」がある。

5その孫《そん》今《いま》に公《おおやけ》に仕《つこ》うまつりて　その子孫は今でも朝廷にお仕えして。

5止《や》む事《こと》無《な》くて有《あ》り　重用されている。

「止む事無し」は、ここでは「格別に大切である」の意。

5伝《つた》は《ワ》りの所《ところ》にて有《あ》り　代々受け継がれた場所にある。

7語《かた》り伝《つた》へ《エ》たるとや　語り伝えているということである。

「と」は引用の格助詞。「や」は軽い疑問を含む推量を表す係助詞で、係り結びの結びの「言ふ」「聞く」が省略されている。『今昔物語集』全編の終わりの言葉。

学習のポイント

1　安倍晴明の逸話にはどのようなものがあるか、調べてみよう。

解答例　『今昔物語集』『宇《う》治《じ》拾《しゅう》遺《い》物語』に所収の話以外にも、安倍晴明には数々のエピソードが伝わっている。

・源《みなもとのよりみつ》　頼光の四天王として、その武勇をうたわれた渡辺綱《わたなべのつな》の「一《いち》条《じょうもどりはし》　戻橋の鬼」の伝説中に、綱が切り落とした鬼の腕を封印して物忌《ものいみ》に入るように占った。

・花山帝《かざんてい》の治らぬ頭痛の原因が、帝《みかど》の前世である行者の髑髏《どくろ》が岩に挟まっているせいだと見抜き、髑髏を取り出させて治した。

・同じ陰陽師である蘆屋道満《あしやどうまん》と術を競い合った。宮中の君達《きんだち》が、夏みかん十六個が入った長持《ながもち》に蓋《ふた》をして中身を言い当てさせたところ、道満は「夏みかんが入っている」と言い、晴明は「ねずみが十六匹入っている」と言った。蓋を開けると、夏みかんはすべて、晴明の術によってねずみに変えられていた。

2　この説話は『今昔物語集』巻二四第一六話の最後の部分である。この部分の前にどのような話があるのか、確かめてみよう。

解答例　前に、二つのエピソードが紹介されている。

・「若き晴明、師を助ける」…晴明が若かった頃、夜間の外出をする師の賀茂忠行《かものただゆき》に徒歩でお供したことがあったが、熟睡する師の乗った牛車《ぎっしゃ》に鬼どもが向かってくるのをいち早く見つけて知らせ、師の術により事なきを得たことがあった。この件以後、忠行は晴明に陰陽道の全てを伝授し、晴明はこの道で公私にわたって重んじられるようになった。

・「晴明、老僧に試される」…ある日「陰陽道を習いたい」と老僧がやってきたが、晴明は、その老僧が自分の力を試そうとしていること、連れている二人の童子《どうじ》が識神であることを見抜き、術を使ってその識神の姿を消した。老僧は晴明の力の比類なさを悟り、術を試そうとしたことを謝ってそのまま晴明の弟子になった。

読み比べ 陰《おん》陽《みょう》師《じ》 夢《ゆめ》枕《まくら》獏《ばく》

教706 16〜17 教708 20〜21

語句の解説

教706 16ページ 教708 20ページ

上15 方術《ほうじゅつ》 陰陽師の使う術や、地相、天体観測、占星、暦(官暦)の作成などの技術。

上16 識神《しきじん》 陰陽師が使う下級の精霊や鬼神。

上18 あからさまに 包み隠さず。おおっぴらに。露骨に。

上19 ぶしつけに 無礼にも。不遠慮に。

教706 17ページ 教708 21ページ

上18 呪《しゅ》 あるものを言葉によって縛ること。もののありようを決める言葉。

下8 蔀《しとみ》 日光や雨風を避けるための、格子の裏側に板を張った戸。

読み比べ

1 夢枕獏の小説では『今昔物語集』がどのように生かされているか、話し合ってみよう。

考え方 『今昔物語集』の言葉が『陰陽師』ではどのように訳されているか、また、新たに加わった要素があるか、などに注意し、訳し方の工夫や加わった言葉がどのような効果をあげているか考える。

「識神で人を殺せるか」とぶしつけに訊ねてきた者に向かって、「わざとこわい眼《め》で、晴明はその質問をした君達の顔を覗《のぞ》き込んだかもしれない」(706 16・下2 708 20・下2)という部分が加えられている。その道の者にしか知り得ない奥義について軽々しくたずねる若者に対し、その不作法さをたしなめる晴明《せいめい》の断固たる態度と、人の生死に関わるような重大事を司る専門家としての威厳を示す効果がある。また、「君達の眼の中に生じた怯《おび》えをちらりと楽しんでから、……君達を安心させてやり」という部分も加わり、場の主導権を握ってゆく晴明の余裕ある態度、泰然たる性格を表している。

2 岡野玲子《おかのれいこ》『陰陽師』(706 15ページ 708 19ページ)と比べて、気づいたことを整理してみよう。

考え方 文字で書かれていることが、絵ではどのような描き方になっているかを考える。

解答例 岡野玲子が描く晴明像は、「同じ殺すなら優雅な方がよろしいな」という台詞《せりふ》にふさわしく、穏やかで貴公子然としたものであるが、表情の動きや台詞の少なさが、かえって晴明の余裕を表すようでもある。それに対し、夢枕獏の『陰陽師』での晴明は、言葉や態度で陰陽道や自身の尊厳を示している。(1参照)どちらも、周りの君達や僧たちより一段高い位置におり、悠然と構えているところは共通しているが、他人から見える性格は対照的であろう。

2 随　筆(一)

徒《つれ》然《づれ》草《ぐさ》

兼《けん》好《かう》法師

教706 18～24　教708 22～27

●『徒然草』とは

随筆。作者は兼好《けんこう》法師。鎌倉時代後期の元弘元《げんこう》(一三三一)年頃に成立したとされる。序段と二四〇余段からなり、執筆の動機を述べた序段以降、各章段が独立、完結した形で書かれている。内容は、自然と人事の全般にわたり、人生論や処世訓をはじめ、芸術論や学問論、著名人の逸話から有職《ゆうそく》故実に至るまでが、作者の生き方を反映して語られている。また、全編を貫く無常観は、鎌倉時代初期の『方丈記』と比べても、無常への詠嘆をさらに思索的に深めたものといえるだろう。文体は、簡潔な和漢混交体と、均整のとれた擬古文を巧みに使い分けた名文である。

兼好法師は、歌人・随筆家で、本名は卜部《うらべ》兼好《かねよし》。また吉田兼好とも呼ばれる。

なお、『徒然草』、清少納言《せいしょうなごん》の『枕草子《まくらのそうし》』、鴨長命《かものちょうめい》の『方丈記』と合わせて、三大随筆といわれる。

家居《いへゐ》のつきづきしく

【大　意】 1　教706 18ページ1～11行　教708 22ページ1～11行

住まいが、住む人にふさわしく好ましいのは、趣のあるものだ。身分が高く教養のある人の住まいは、古風で落ち着いていて奥ゆかしい。(それに対して)多くの職人が趣向を凝らし、立派な調度を並べ、人工的に作った住まいは、とても見苦しくておもしろくない。住まいによってその家の主人の人柄は推測されるものである。

【品詞分解/現代語訳】

家居 の(格助) つきづきしく(シク・用)、あらまほしき(シク・体) こそ(係助(係))、仮 の(格助) 宿り と(格助) は(係助) 思へ(四・已) ど(接助)、興 ある(ラ変・体) もの なれ(助動・断・已(結))。

住まいが(住む人に)ふさわしく、好ましいのは、(無常な)現世での一時的な住まいとは思うけれど、興趣のあるものである。

ク・体 格助 ナリ・用 四・用 助動・存・体 係助 四・用 助動・存・体 格助 係助 副 副
よき 人 の、のどやかに 住みなし たる 所 は、さし入り たる 月 の 色 も、ひときは しみじみと
身分が高くて教養のある人が、ゆったりとくつろいで住んでいる所は、（そこに）差し込んでいる月の（光の）色も、いっそうしんみりと見えること

下二・体 係助 終助 シク・用 ナリ・未 助動・打・已 接助 上二・用 接助 副 助動・断・未 助動・打・体
見ゆる ぞ かし。今めかしく きららかなら ね ど、木立 もの古り て、わざと なら ぬ 庭
だよ。 現代風にきらびやかではないが、（庭の）木立はなんとなく古びて、特別に手を入れたようではない庭の草

格助 係助 ラ変・体 助動・断・用 格助 シク・用 ラ変・体 係助 下二・用 接助
の 草 も 心ある さま に、簀子《すのこ》・透垣《すいがい》 の たより をかしく、うちある 調度 も 昔 おぼえ て
も情趣のある様子で、 簀子や透垣の配置も趣があり、ちょっと置いてある調度も古風に思われて落ち着いて

ナリ・体 係助(係) ク・終 格助 下二・已(結)
やすらかなる こそ、心にくし と 見ゆれ。
いるのは、 奥ゆかしいと思われる。

ク・用 格助 格助 格助 四・用 接助 下二・用 格助 格助 シク・用 副 四・未 助動・打・体
多く の 工 の 心 を 尽くし て みがきたて、唐 の、大和 の、珍しく、え なら ぬ 調度ども
（これに対して）多くの職人が趣向を凝らして作り飾り、中国のもの、日本のもの、珍しく、並々でない調度類を並べ置き、

四・用 格助 副助 格助 助動・断・未 助動・打・用 四・已(命) 助動・存・体 係助 上一・体 係助 シク・用
並べ置き、前栽 の 草木 まで 心 の まま なら ず 作りなせ る は、見る 目 も 苦しく、
庭先の植え込みの草木まで自然のままではなく無理に作っているのは、見た目にも見苦しく、

副 シク・終 副 係助(係) 下二・用 四・終 助動・可・体(結) 副 格助 格助 格助 係助 四・用 助動・強・未
いと わびし。「さても やは 長らへ 住む べき。また、時 の 間 の 煙 と も なり な
本当に面白くない。「そうしたままで継続して住むことができるか（、いや、できない）。（これも）また、（燃えて）僅かな間の煙ともなってしまうだろう。」と、

助動・推・終 格助 係助(係) 上一・体 格助 四・未 助動・自・体(結) 副 係助 格助 係助(係) 係助
ん。」 と ぞ、うち見る より 思は るる。おほかた は、家居 に こそ、ことざま は
ちょっと見るとすぐに思われる。 だいたいは、 住まいにこそ、（その家の主人の）人

四・未 助動・可・已(結)
推しはから るれ。
柄は推測できる。

語句の解説 1

教706 18ページ　教708 22ページ

1**つきづきしく、あらまほしきこそ**　ふさわしく、好ましいのは。
「つきづきし」は「ふさわしい、似つかわしい」の意。「あらまほし」は「好ましい、理想的だ」の意。

1**興**《きょう》　興趣。おもしろさ。

3**よき人**《ひと》　身分が高く、教養のある人。

3**のどやかに**　ゆったりとくつろいで。
「のどかに」と同じ。「のどやかなり」は、ここでは「(気持ち・態度が)ゆったりしている、のんびりしている、くつろいでいる」の意。

3**住**《す》**みなしたる**　…のように住んでいる。
「なす」は、動詞の連用形に付いて、「そのように…する、ことさら…する」の意を添える。

4**見**《み》**ゆるぞかし**　見えることだよ。
「見ゆ」は、ここでは「見える」の意。「ぞかし」は、文末に用いて、感動を伴う強調を表す。「…ことだよ、…であるよ」。

4**今**《いま》**めかしく**　現代風に。
「今めかし」は、ここでは「現代風だ、今風だ」の意。

4**木立**《こだち》**もの古**《ふ》**りて**　木立はなんとなく古びて。
「もの古る」は、「なんとなく古くなる、古びる」の意で、ここでは褒め言葉として用いられている。「もの」は接頭語。

5**わざとならぬ**　特別に手を入れたというのではない。
つまり、自然のままの、ということ。

5**心**《こころ》**あるさまに**　情趣のある様子で。
「心あり」は、ここでは「情趣がある、情趣を解する」の意。「に」は、断定の助動詞「なり」の連用形ともとれる。

5**を**《オ》**かしく**　趣があり。
「をかし」は、ここでは「趣がある、風情がある」の意。「おもしろい、優美だ、見事だ」の意もある。

5**うちある調度**《ちょうど》**も**　ちょっと置いてある調度も。
「うちあり」は、「ちょっと置いてある、何気なくある」。「うち」は接頭語。「調度」は、室内で日常的に使う道具類。几帳《きちょう》・屛風《びょうぶ》など。

6**昔**《むかし》**おぼえて**　古風に思われて。
「おぼゆ」は、ここでは「思われる、感じられる」の意。「昔おぼゆ」は慣用表現。

6**心**《こころ》**にくし**　ここでは「奥ゆかしい、心がひかれる」の意。

7**工**《たくみ》　ここでは、大工や左官、彫刻師などの職人のこと。

7**唐**《から》**の、大和**《やまと》**の**　中国のもの、日本のもの。
「の」は、どちらも体言の代用を表す格助詞。「…のもの」。

7**えならぬ調度**《ちょうど》**ども**　並々でない調度類。
「えならず」は、慣用表現。「並々でない。普通ではない」。

8**見**《み》**る目**《め》**も苦**《くる》**しく**　見た目にも見苦しく。
「苦し」は、ここでは「見苦しい、不快だ」の意。

9**いと**　たいそう。非常に。本当に。
下に打消の語があると、「それほど、たいして」の意となる。

9**わびし**　おもしろくない。興ざめだ。

この語は、物事が思うようにならないために嘆いたり苦しんだりする感じを表す。種々の意があるので、文脈に合わせて考える。

9 さてもやは《ワ》　そうしたままで、…か(、いや、…ない)。

「さても」はここでは副詞で、「そうしたまま、そのまま」の意。

「やは」は、疑問・反語の係助詞。ここでは反語。

9 時《とき》の間《ま》の煙《けぶり》ともなりなん　僅かな間の煙ともなってしまうだろう。

「時の間」は、「僅かな間、ほんの少しの間」。「なん」は、強調の助動詞「ぬ」の未然形「な」+推量の助動詞「ん(む)」で、「…てしまうだろう、きっと…だろう」の意。

10 うち見《み》るより　ちょっと見るとすぐに。

「うち見る」は、「ちょっと見る、ちらりと見る」。「うち」は接頭語。

格助詞「より」は、「…とすぐに」の意の即時の用法。

【大意】 2　教706 19ページ1〜7行　教708 23ページ1〜7行

後徳大寺《ごとくだいじ》の大臣《おとど》の正殿に、鳶《とび》よけの縄が張ってあったのを見た西行《さいぎょう》が、その心の狭さを非難して参上しなくなったという話を聞いたことがある。綾小路《あやのこうじ》の宮の小坂殿《こさかどの》の棟《むね》に縄が張ってあったが、その縄は池の蛙《かえる》に対する宮の思いやりだとわかって感心した。(後)徳大寺にも何か理由があったのだろうか。

【品詞分解／現代語訳】

後徳大寺の大臣　の(格助)**、寝殿　に**(格助)**　鳶　ゐ**(上一・未)**　させ**(助動・使・未)**　じ**(助動・打意・終)**　とて**(格助)**　縄　を**(格助)**　張ら**(四・未)**　れ**(助動・尊・用)**　たり**(助動・完・用)**　ける**(助動・過・体)

後徳大寺の大臣が、正殿(の屋根)に鳶をとまらせまいとして縄をお張りになったのを、

を(格助)**、西行　が**(格助)**　見**(上一・用)**　て**(接助)**、「鳶　の**(格助)**　ゐ**(上一・用)**　たら**(助動・存・未)**　ん**(助動・仮・体)**　は**(係助)**、何**(代)**　かは**(係助(係))**　苦しかる**(シク・体)**　べき**(助動・推・体(結))**。こ**(代)**の**(格助)**　殿**

西行が見て、「鳶がとまっていたとしても、なんの不都合があるだろうか(、いや、ありはしない)。この殿のお

の(格助)**　御心、さばかり**(副)**　に**(助動・断・用)**　こそ**(係助(結略))**。」とて**(格助)**、そ**(代)**の**(格助)**　後　は**(係助)**　参ら**(四・未)**　ざり**(助動・打・用)**　ける**(助動・過・体)**　と**(格助)**　聞き**(四・用)**　はべる**(補丁・ラ変・体)

心は、その程度のものなのだ。」と言って、その後は(お屋敷に)参上しなかったと聞いておりますが、

に(接助)**、綾小路の宮　の**(格助)**　おはします**(四・体)**　小坂殿　の**(格助)**　棟　に**(格助)**、いつ**(代)**　ぞ**(係助)**　や**(係助)**　縄　を**(格助)**　引か**(四・未)**　れ**(助動・尊・用)**　たり**(助動・完・用)**　しか**(助動・過・已)**　ば**(接助)**、**

綾小路の宮が(住んで)いらっしゃる小坂殿の棟に、いつだったか縄をお張りになったので、

か(代)**　の**(格助)**　例　思ひ出で**(下二・未)**　られ**(助動・自・用)**　はべり**(補丁・ラ変・用)**　し**(助動・過・体)**　に**(接助)**、まことや**(感)**、「烏　の**(格助)**　群れゐ**(上一・用)**　て**(接助)**　池　の**(格助)**　蛙　を**(格助)**　取り**(四・用)

あの(後徳大寺の)例がふと思い出されましたところ、そういえば、「烏が(屋根に)群がりとまって池の蛙をとったので、

助動・過・已	接助	サ変・用	四・未	助動・尊・用	補尊・四・用	接助	係助(結略)	格助		格助	四・用	助動・過・体	係助(係)	接	シク・用
けれ	ば、	御覧じ	悲しま	せ	たまひ	て	なん。」	と	人	の	語り	し	こそ、	「さては	いみじく

(宮様がその様子を)ご覧になってお悲しみになって(縄を張らせなさったのだ)。」と(ある)人が語ったのは、「それならば(宮様のなさっ

係助(結略)	格助	下二・用	助動・過・已(結)		格助	係助	ナリ・体		係助(係)	ラ変・用	助動・過原推・体(結)
こそ。」	と	おぼえ	しか。	徳大寺	に	も	いかなる	ゆゑ	か	はべり	けん。

(第一〇段)

たことは)素晴らしい(ことだ)。」と思われた。(後)徳大寺(の大臣の場合)にも何か理由があったのでしょうか。

語句の解説 2

教706 19ページ　教708 23ページ

2 **何《なに》かは《ワ》苦《くる》しかるべき**　なんの不都合があるだろうか(、いや、ありはしない)。「苦し」は、ここでは「不都合だ、差し障りがある」の意。「かは」は、ここでは反語を表す。

2 **さばかりにこそ**　その程度のものなのだ。下に「こそ」の結びの語「ありけれ」「おはしけれ」などが省略されている。「さ」は、鳶をとまらせまいとして縄を張った大臣の心持ちを指す。

3 **参《まい》らざりけると**　参上しなかったと。「ける」は本来、終止形「けり」となるべきところ。中世以降連体形で終止することがある。「参る」は、「行く」「来」の謙譲語。

3 **聞《き》きはべるに**　聞いておりますが。この「はべり」は、動詞に付いているので、丁寧の補助動詞。「…ております、…ます」。

3 **おはします《ワ》**　いらっしゃる。「おはします」は、「あり」「居《ゐ》る」の尊敬語。

4 **引《ひ》かれたりしかば**　お張りになったので。「れ」は尊敬の助動詞「る」の連用形で、作者兼好《けんこう》の綾小路の宮に対する敬意。

答 1

「かの例」とはどのようなことか。

後徳大寺の大臣が、鳶をとまらせまいとして正殿に縄を張らせたこと。

4 **例《ためし》**　ここでは、「例《れい》、前例」の意。

5 **まことや**　そういえば。あ、そうそう。ふと気づいたり、思い出したりした時に用いる感動詞。

5 **御覧《ごらん》じ悲《かな》しませたまひ《イ》てなん**　ご覧になってお悲しみになって。下に「なん」の結びの語「縄を引かせ給ひける」などが省略されている。「御覧ず」は、「見たまふ」より敬度が高い。

6 **「いみじくこそ。」**と　「素晴らしいことだ。」と。「いみじ」は、ここでは「素晴らしい、立派だ」の意。「こそ」は、強調の係助詞。下に結びの語「はべれ」「あれ」などが省略されている。

7 **はべりけん**　あったのでしょうか。「はべり」は、ここでは「あり」「居《を》り」の丁寧語。「あります、おります」の意。助動詞「けん」は過去の原因推量を表す。

学習のポイント

1 **「心にくしと見ゆれ。」(706 18・6 708 22・6)の理由を、第二段落から四つ抜き出してみよう。**

考え方 兼好法師は家のどのような様子を「心にくし」(好ましい)と思うのかをとらえよう。

解答例 「木立もの古《ふ》りて」「わざとならぬ庭の草も心あるさまに」「簀子《すのこ》・透垣《すいがい》のたよりをかしく」「うちある調度も昔おぼえてやすらかなる」(706 18・4〜6 708 22・4〜6)であるから。

2 **「この殿《との》の御《み》心、さばかりにこそ。」(706 19・2 708 23・2)とあるが、西行は後徳大寺の大臣の心をどう判断したのか。また、作者はそれをどのように解しようとしているのか、考えてみよう。**

考え方 西行は「鳶のゐたらんは、何かは苦しかるべき。この殿の御心、さばかりにこそ。」と思った。作者(兼好)は、宮様の話を人から聞いて「徳大寺にもいかなるゆゑかはべりけん。」(706 19・7 708 23・7)と思った。

解答例 西行…後徳大寺の大臣が正殿に鳶をとまらせまいとして縄を張ったのを、狭い心だと判断した。
作者…後徳大寺の大臣の心を狭いとは判断せず、何かの理由があったのではないかと解している。

3 語句 **最後の段落の中から過去の助動詞「き」と「けり」を抜き出し、その用法の違いを説明してみよう。**

解答 「き」…「引かれたりしかば」(已然形)/「思ひ出《い》でられはべりし」(連体形)/「語りしこそ」(連体形)/「おぼえしか」(已然形)
「けり」…「張られたりけるを」(連体形)/「参らざりける」(連体形)/「取りければ」(已然形)
「き」は直接経験したことを回想する場合、「けり」は伝聞したことを回想する場合に用いられる。綾小路の宮には直接経験の「き」、後徳大寺の大臣には伝聞の「けり」と使い分けられている。

4 語句 **次の傍線部の係助詞に注意して、現代語訳してみよう。**

① **さてもやは長らへ住むべき。(706 18・9 708 22・9)**

② **何かは苦しかるべき。(706 19・2 708 23・2)**

考え方 「やは」「かは」ともに、疑問と反語があるが、ここは反語の意味で、「…だろうか、いや、…ではない」と訳す。また、どちらも係り結びに従って、文末は連体形で結ばれている。

解答 ①そのようにしても、長く生きていていつまでも住むことができるだろうか(、いや、できないだろう)。
②どうして不都合なことがあろうか(、いや、不都合はないだろう)。

今日はそのことをなさんと思へど

【大　意】 教706 20ページ1〜7行　教708 24ページ1〜7行

今日何かをしようと思っても別の用事ができてしまうことがある。あらかじめ考えていたようにはいかないのは、一年、一生も同じである。そうかというと、考えたとおりになることもある。全ては不確かなものと心得ておくべきである。

【品詞分解／現代語訳】

今日 は［係助］ そ［(代)］ の［格助］ こと を［格助］ なさ［四・未］ ん［助動・意・終］ と［格助］ 思へ［四・已］ ど、［接助］ あらぬ［連体］ 急ぎ まづ［副］ 出で来［カ変・用］ て［接助］ まぎれ［下二・用］ 暮らし、［四・用］

今日はあることをしようと思っていても、別の急用が先にできてそれにまぎれて過ごし、

待つ［四・体］ 人 は［係助］ 障り あり［ラ変・用］ て、［接助］ 頼め［下二・未］ ぬ［助動・打・体］ 人 は［係助］ 来［カ変・用］ たり、［助動・完・用］ 頼み［四・用］ たる［助動・存・体］ 方 の［格助］ こと は［係助］

待っている人はさし障りがあって(来ず)、(来ることを)あてにさせない人はやって来て、期待していた方面のことはあてがはずれて、

違ひ［四・用］ て、［接助］ 思ひよら［四・未］ ぬ［助動・打・体］ 道 ばかり［副助］ は［係助］ かなひ［四・用］ ぬ。［助動・完・終］ わづらはしかり［シク・用］ つる［助動・完・体］ こと は［係助］ ことなく［ク・用］ て、［接助］

思いもよらない方面だけはうまくいってしまう。面倒だと思っていたことはたやすくて、

やすかる［ク・体］ べき［助動・当・体］ こと は［係助］ いと［副］ 心苦し。［シク・終］ 日々 に［格助］ 過ぎ行く［四・体］ さま、 かねて［副］ 思ひ［四・用］ つる［助動・完・体］ に［格助］ は［係助］ 似［上一・未］

たやすいはずのことはたいへん心に苦しく思われる。一日一日と過ぎていく様子は、あらかじめ考えていたのとは違う。

ず。［助動・打・終］ 一年 の［格助］ 中 も［係助］ かく［副］ の［格助］ ごとし。［助動・比・終］ 一生 の［格助］ 間 も［係助］ また［副］ しか［副］ なり。［助動・断・終］

一年の間もこれと同じことである。一生の間もまたそのようである。

かねて［副］ の［格助］ あらまし、 みな［副］ 違ひ行く［四・体］ か［係助］ と［格助］ 思ふ［四・体］ に、［接助］ おのづから［副］ 違は［四・未］ ぬ［助動・打・体］ こと も［係助］ あれ［ラ変・已］ ば、［接助］

あらかじめこうだろうという予想が、全て違っていくかと思うと、たまたま違わないこともあるので、

いよいよ［副］ もの は［係助］ 定めがたし。［ク・終］ 不定 と［格助］ 心得［下二・用］ ぬる［助動・完・体］ のみ、［副助］ まこと に［助動・断・用］ て［接助］ 違は［四・未］ ず。［助動・打・終］

ますます物事は定めがたい。定まらないものと心得てしまうことだけが、真実であって違わないのだ。

（第一八九段）

語句の解説

教706 20ページ　教708 24ページ

2障《さわ》り　さし障り。支障。

2頼《たの》めぬ人《ひと》　（来ることを）あてにさせない人。

この「頼む」は下二段活用の他動詞で、「頼みに思わせる、あてにさせる」の意。「頼む」には四段活用の自動詞もある。

2頼《たの》みたる方《かた》　期待していた方面。

この「頼む」は四段活用の自動詞で、「頼りにする、期待する」の意になる。

2思《おも》ひ《イ》よらぬ道《みち》　思いもよらない方面。

3わづらは《ワ》しかりつること　面倒だと思っていたこと。

「わづらはし」は、ここでは「面倒だ」の意。

3ことなくて　何事もなくて。簡単で。

3やすかるべきこと　たやすいはずのこと。

「やすし」は、「易し」と書いて「たやすい、簡単だ」の意。

4日々《ひび》に過《す》ぎ行《ゆ》くさま　一日一日と過ぎていく様子。

これまでに述べてきたような意に反する食い違いが、日ごとに起こっては過ぎていく様子である。

4かねて思《おも》ひ《イ》つるには《ワ》似《に》ず　あらかじめ考えていたのとは違う。

「かねて」は「あらかじめ」の意で、「思ひつる」にかかる。「思ひつる」の下に「さま」（様子）が省略されている。

5かくのごとし　これと同じである。

「かく」は、「かねて思ひつるには似ず」を受ける。

5しかなり　そのようである。

「しか」は「そう、そのとおり」の意。

1　**「しかなり」とはどのようなことを指すか。**

答　「日々に過ぎ行くさま、かねて思ひつるには似ず」（一日一日と過ぎていく様子は、あらかじめ考えていたのとは違う）ということ。

6あらまし　予想。

「かねての計画、予定、予想」の意の名詞。

6違《たが》ひ《イ》行《ゆ》く　違っていく。

物事が自分の思っているのとは違う方面に進んでいくということ。

学習のポイント

1　第一段落中の、対になる表現を指摘してみよう。

考え方　ある物や事柄を取り上げる係助詞「は」に注意し、「……は……」の形の表現に着目する。

解答
- 待つ人は障《さは》りありて、
- 頼めぬ人は来たり、

〔頼みたる方《かた》のこと　は　違《たが》ひて、
〔思ひよらぬ道ばかり　は　かなひぬ。
〔わづらはしかりつること　は　ことなくて、
〔やすかるべきこと　は　いと心苦し。

2　第一段落で述べられた内容を、第二段落ではどう受けて発展させているか、考えてみよう。

考え方　第一段落は、「かねてのあらまし、みな違ひ行く」706 20・6 708 24・6ということの例である。第二段落では「おのづから違はぬこともあれば、いよいよものは定めがたし」706 20・6 708 24・6と言っている。

解答例　第一段落の内容は、期待していたことが思いどおりにいくことはないということの例で、第二段落ではそれを受けて、そうかと思うと予想がそのまま実現することもあると述べ、ますます物事は定めにくいものであり、世の中は不定《ふじょう》(不確かなもの)であると心得よ、と仏教思想に発展させている。

3　語句　次から助動詞を抜き出し、それぞれの意味を確認してみよう。

・頼みたる方のことは違ひて、思ひよらぬ道ばかりはかなひぬ。(706 20・2 708 24・2)

解答　「たる」…助動詞「たり」の連体形。存続の意味。
「思ひよらぬ」の「ぬ」…助動詞「ず」の連体形。打消の意味。
「かなひぬ」の「ぬ」…助動詞「ぬ」の終止形。完了の意味。

4　探究　本文を読んでどのようなことわざが思い浮かぶか、発表し合ってみよう。

考え方　思いどおりにいくこともあれば、いかないこともある、世は不定なのだということを表すことわざである。

・「案ずるより産むが易し」…物事は実際にやってみると、思っていたよりも易しいものだ。
・「楽あれば苦あり」…思っていたように楽な場合もあるし、思っていたようにはいかずつらい場合もある。
・「禍福《かふく》はあざなえる縄のごとし」…幸運ばかりがくればよいが、思いどおりにはいかず、わざわいも交互にやってくる。
・「好事《こうじ》魔多し」…良いことにはじゃまが入りやすいのである。
など

花は盛りに

【大 意】 1 教706 21ページ1〜7行 教708 25ページ1〜7行

花は満開、月は満月というように、何ごとも、その盛りの状態だけを賞美するのが素晴らしいのではない。花が散り、月が傾くところに、かえってしみじみとした情緒が感じられるものだ。

【品詞分解／現代語訳】

係助 ナリ・用 係助 ク・体 格助 副助 上一・体 係助 格助 四・用 接助 格助 上二・用
花 は 盛りに、月 は くまなき を のみ 見る もの かは。雨 に 向かひ て 月 を 恋ひ、
桜の花は満開の状態だけを、月は陰りなく照りわたったものだけを見るものなのか(、いや、そうではない)。降る雨に向かって(見えない)月を恋い慕い、

下二・用 接助 格助 四・未 助動・打・体 係助 副 ナリ・用 ク・終 四・用 助動・強・終 助動・推・体
垂れこめ て 春 の 行方 知ら ぬ も、なほ あはれに 情け 深し。咲き ぬ べき
簾《すだれ》を垂れて室内に閉じこもって春が過ぎていくのを知らないでいるのも、やはりしみじみと趣深い。今にも咲いてしまうに違いない頃の

格助 下二・用 助動・存・体 副助 係助(係) ク・已(結) 格助 格助 係助 格助
ほど の 梢、散りしをれ たる 庭 など こそ 見どころ 多けれ。歌 の 詞書《ことばがき》 に も、「花見 に
梢や、散りしおれている花びらが(点々と)ある庭などのほうが、見る価値が多いのだ。和歌の詞書にも、「花見に出かけ

四・已(命) 助動・完・用 助動・過・体 格助 副 上二・用 助動・完・用 助動・過・已 接助 格助 係助 四・体
まかれ り ける に、はやく 散り過ぎ に けれ ば」と も、「障る
ました時に、とっくに散ってしまって(盛りの時期が過ぎて)いたので(詠んだ歌)」とも、「都合の

ラ変・用 接助 四・未 接助 副助 係助 四・已(命) 助動・存・体 係助 格助 上一・用 接助 格助 四・已(命) 助動・存・体
こと あり て まから で」など も 書け る は、「花 を 見 て」と 言へ る
悪いことがあって、(花見に)出かけませんで(詠んだ歌)」などとも書いてあるのは、「花を見て(詠んだ歌)」と(詞書に)書いてある和歌に比べて劣っ

格助 四・已(命) 助動・存・体 係助 格助 四・用 格助 四・体 格助 四・体 係助 (連語)
に 劣れ る こと かは。花 の 散り、月 の かたぶく を 慕ふ 習ひ は さること
ていようか、いや、劣ってはいない。花が散り、月が沈みかけるのを名残惜しく思う習慣はもっともなことではあるが、

なれ〔助動・断・已〕 ど〔接助〕、ことに〔副〕 かたくななる〔ナリ・体〕 人 ぞ〔係助(係)〕、「こ〔(代)〕 の〔格助〕 枝 か〔(代)〕 の〔格助〕 枝 散り〔四・用〕 に〔助動・完・用〕 けり〔助動・過・終〕。今 は〔係助〕

特に教養がなく風流を解しない人に限って、「この枝もあの枝もすっかり花が散ってしまったよ。もう今は

見どころ なし〔ク・終〕。」 など〔副助〕 は〔係助〕 言ふ〔四・終〕 める〔助動・婉・体(結)〕。

見る価値がない。」などと言うようだ。

語句の解説 1

教706 21ページ　教708 25ページ

1 **くまなきを《オ》のみ見《み》るものかは《ワ》**　陰りなく照りわたったものだけを見るものなのか、いや、そうではない。

「くまなし」は、ここでは「陰りや曇りがない」の意。「かは」は、係助詞の文末用法で反語を表す。

2 **なほ《オ》あは《ワ》れに情《なさ》け深《ふか》し**　やはりしみじみと趣深い。

「なほ」は、「やはり」。「あはれなり」は、ここでは「しみじみと趣深く感じる、情緒がある」という意。

2 **咲《さ》きぬべきほどの梢《こずえ》**　今にも花が咲いてしまうに違いない頃の梢。

「ぬべし」は、ここでは「きっと…だろう、…に違いない」という強調を表す。

4 **まかれりけるに**　出かけました時に。

「まかる」は、ここでは「行く」の丁寧語で、「参ります、出かけます」。聞き手に対してかしこまった表現。他に「(貴人のところから)退出する」という意もある。

4 **はやく**　とっくに。

副詞で「もう既に、とっくに」の意。

6 **習《なら》ひ《イ》**　ここでは「習慣、世のならわし」の意。

6 **さること**　もっともなこと。

連体詞「さる」＋名詞「こと」の連語。

1 「さることなれど」とはどのようなことか。

答 桜の花が散ることや、月が沈んで見えなくなることを残念がるのは、世間一般の人情としては当然で、無理もないことではあるが、ということ。

2 **「かたくななる人」と同類の人、対照的な人を本文中から抜き出してみよう。**

答 同類の人…「片田舎の人」 706 22・5 708 26・5

対照的な人…「よき人」 706 22・4 708 26・4

【大　意】 2　教706 21ページ8行～22ページ2行　教708 25ページ8行～26ページ2行

何であっても、その始まりと終わりに味わい深い趣がある。恋愛も、ただ成就するのがすべてではない。うまくいかなかった思い出こそが恋の醍醐味といえる。陰りのない満月よりも、木の間や雲の陰からもれ出る月光、木の葉の上に映る光のほうが、趣深く感じられる。

【品詞分解／現代語訳】

よろづのことも、始め終はりこそをかしけれ。男・女の情けも、ひとへに会ひ見るをば
どんなことがらでも、始まりと終わりこそが趣があるのだ。男女の恋愛も、ただひたすら契りを結ぶことばかりを

言ふものかは。会はでやみにし憂さを思ひ、あだなる契りをかこち、
いうのであろうか、いや、そうではない。成就しないで終わってしまった恋のつらさをしみじみと思ったり、はかない縁を嘆いたり、

長き夜をひとり明かし、遠き雲居を思ひやり、浅茅が宿に昔をしのぶこそ、
長い夜を一人寂しく明かしたり、遠く離れた所にいる恋人をはるかに思ったり、丈の低い茅《ち》がやが生い茂った、荒廃した家で昔の恋を懐かしん

色好むとは言はめ。

だりするのこそ、(本当に)恋の情趣を理解することといえよう。

望月のくまなきを、千里の外までながめたるよりも、暁近くなりて
満月が陰りなく輝くのを、はるか遠くまで照らしていると眺めているのよりも、明け方近くなってやっと出た月

待ち出でたるが、いと心深う、青みたるやうにて、深き山の杉の梢に
が、たいそう風情があって、青みがかったようで、深い山奥の杉の梢のところに見えている、

見えたる、木の間の影、うちしぐれたるむら雲隠れのほど、またなくあはれなり。

木の間からもれる月の光や、時雨が降っている時の群がる雲に隠れている(月の)さまのほうが、この上なくしみじみと感じられる。

椎柴・白樫などのぬれたるやうなる葉の上にきらめきたるこそ、
椎《しい》の木や白樫《しらかし》などの濡れたように光沢のある葉の上に(月の光が)きらきらと輝いているのは、

身にしみて、心あらん友もがなと、都恋しうおぼゆれ。

身にしみるようであり、このような情趣をわかり合えるような友がいればなあと、(そのような友のいる)都が恋しく思われる。

語句の解説 2

教706 21ページ　教708 25ページ

9 **会《あ》ひ《い》見《み》る**　契りを結ぶ。

「会ふ」「見る」ともに、男女の逢瀬《おうせ》を指す言葉。

9 **あだなる契《ちぎ》りをかこち**　はかない縁を嘆いたり。

「あだなり」は、ここでは「むなしい、はかない」の意。「契り」は、ここでは「男女の関係、縁、(結婚などの)約束」を表す。「かこつ」は、「恨む、嘆く」の意。

3　「あだなる契り」とはどのような契りか。

答　果たされなかった逢瀬や結婚の約束、つまり、長続きしなかった男女の縁、ということ。

10 **遠《とお》き雲居《くもい》**　遠く離れた所。

「雲居」は「大空」で、ここでは恋人のいる遠い場所のこと。

13 **木《こ》の間《ま》の影《かげ》**　木の間からもれる月の光。

「影」は、ここでは「月の光」のこと。

14 **うちしぐれたる**　時雨が降っている。

「うち」は接頭語で、「しぐる」は「時雨が降る」の意。

教706 22ページ　教708 26ページ

1 **心《こころ》あらん友《とも》もがな**　このような情趣をわかり合えるような友がいればなあ。

この「心」は、ものの情趣、風流を解する心。「ん(む)」は連体形で、文中で用いられ婉曲(…ような)の意を表す。「もがな」は願望の終助詞。「…が欲しいなあ、…があればなあ」の意。

【大　意】　3　教706 22ページ3〜9行　教708 26ページ3〜9行

月や花もそうだが、総じて、目で見るなど直《じか》に触れるばかりがよいのではなく、心の中で深くその美を味わうべきである。教養のある人は、風流なものに対しての興じ方があっさりしているが、田舎の教養のない人は、何かにつけさりげなく接することができないものだ。

【品詞分解／現代語訳】

すべて[副]、月・花を[格助]ば[係助]さ[副]のみ[副助]目にて[格助]見る[上一・体]ものかは[係助]。春は[係助]家を[格助]立ち去ら[四・未]で[接助]も[係助]、月の[格助]

総じて、月や花をそのように目で見るものと決まっていようか、いや、そうではない。春は家から出かけていかなくても(感じられ)、秋の月の

夜は[係助]閨の[格助]うちながら[接助]も[係助]思へ[四・已(命)]る[助動・存・体]こそ[係助(係)]、いと[副]頼もしう[シク・用(音)]をかしけれ[シク・已(結)]。よき[ク・体]人は[係助]、

夜は寝床にいるままでも月に思いを馳せていることこそ、(実際の月が)とても楽しみに思えて面白い。教養がある人は、

ひとへに[副]好け[カ四・已(命)]る[助動・存・体]さまに[格助]も[係助]見え[下二・未]ず[助動・打・用]、興ずる[サ変・体]さまも[係助]なほざりなり[ナリ・終]。片田舎の[格助]

むやみに風流事にふけっている様子にも見えず、趣を楽しむ様子もあっさりしている。片田舎の(教養の

人こそ、色濃くよろづはもて興ずれ。花のもとには、ねぢ寄り立ち寄り、あからめもせ

ない）人に限って、何事につけてもしつこく面白がるのである。春の桜の下には、人をかき分けてにじり寄り、わき目もふれずじっと見つめ

ずまもりて、酒飲み、連歌して、果ては、大きなる枝、心なく折り取りぬ。泉には

て、酒を飲んだり、連歌をしたりして、挙げ句の果てには桜の大きな枝を、無粋にも折り取ってしまう。

ぬ。泉には

〔助動・完・終〕〔格助〕〔係助〕

泉には手や足を

手足さし浸して、雪には下り立ちて跡つけなど、よろづのもの、よそながら見ること

さし入れて浸し、雪の上に下り立って足跡をつけるなど、何に対しても、離れてそれとなく見ることがない。

なし。

（第一三七段）

語句の解説 3

教706 22ページ　教708 26ページ

4 頼《たの》もしう《シュウ》　楽しみに思えて。

「頼もし」は、ここでは「期待される、楽しみだ」の意。寝床で想像しているのだが、実際に目にしたらどんなだろうと楽しみにしているということ。

4 よき人《ひと》　教養がある人。

「よし」は、ここでは「良し・好し・善し」で「身分が高く、教養がある」の意。他に「立派だ」「美しい」「優れている」「感じがよい」「適当だ」など多くの意味があるので、文脈に合わせて解釈する。

5 なほ《オ》ざりなり　あっさりしている。

ここでは「ほどほどである、あっさりしている」の意。現代語と同じ「本気でない、いいかげんだ」の意もある。

学習のポイント

1　「花は盛りに、月はくまなきをのみ見る」（706 21・1 708 25・1）という見方に対して、作者がこれも好ましいとしている状態を指摘してみよう。

考え方　趣のあるものごとに対し、「花は盛りに、月はくまなきをのみ見る」ような状態を、文末に反語の「かは」を付けて強く否定し、その後に、作者が好ましいと思う状態を続けて述べている。

解答　第一段落中の以下の状態。

「雨に向かひて月を恋ひ、垂れこめて春の行方知らぬ」

「咲きぬべきほどの梢《こずゑ》、散りしをれたる庭など」

「花見にまかれりけるに、はやく散り過ぎにければ」

「障《さは》ることありてまからで」

2

「よろづのことも、始め終はりこそをかしけれ。」（706 21・8 708 25・8）とはどのようなことか。男女の仲を例にとって作者の考えを説明してみよう。

考え方 どのようなことでも、その真っ盛りよりも始めと終わりこそが趣が深いという考えである。

解答例 男女の恋愛が成就し、恋人と結ばれる嬉しさは、永遠に続くとは限らない一瞬の喜びである。むしろ、恋人との逢瀬《おうせ》がかなうことを想像して胸を膨らませる期待感、将来の約束をしたのに長続きしない縁になってしまったつらさ、かなわぬ想《おも》いに身を焦がすこと、遠くにいる恋人や昔の恋に思いを馳せることなどのほうが、しみじみと心にしみ入る体験、深く心に刻まれた想いになる、ということ。

3

「よそながら見る」（706 22・9 708 26・9）とはどのようなことか。「よき人」と「片田舎の人」の例を参考にして説明してみよう。

考え方 「よき人」とは、一般的に、身分があって教養のある人を言う。古文の世界では、そのような人は都に住んでいる。つまり「片田舎の人」とは、そのような人とは対照的なあり方である人のこと。

解答例 「よき人」は、「ひとへに好《す》けるさまにも見えず、興ずるさまもなほざりなり」（706 22・5 708 26・5）とあるように、桜の花や月など、情趣あるものを鑑賞する態度として、少し離れたところからさりげなく見る。「片田舎の人」は、「色濃くよろづはもて興ずれ」（706 22・6 708 26・6）とあるように、鑑賞の対象に対し、できうる限りの体験をしつくさないではいられない。「よそながら見る」とは、「よき人」のようにすることであり、「片田舎の人」はそれができない。

4

語句 本文から反語表現を抜き出し、その効果について考えてみよう。

解答 「花は盛りに……のみ見るものかは。」 706 21・1 708 25・1

「『花を見て』と言へるに劣れることかは。」 706 21・5 708 25・5

「男《をとこ》・女《をんな》の情けも、ひとへに会ひ見るをば言ふものかは。」 706 21・8 708 25・8

「すべて、月《つき》・花《はな》をばさのみ目にて見るものかは。」 706 22・3 708 26・3

反語表現「かは」によって提示されているのは、いずれも「当然そうだ」と誰もが思う事柄を論の最初で強く否定して印象づけ、これから述べる作者自身の主張に読者を引き込む効果がある、と考えられる。

5

語句 対になる表現を、例にならって抜き出してみよう。

（例）花は盛りに／月はくまなき ｝をのみ見るものかは。

解答

雨に向かひて月を恋ひ／垂れこめて春の行方知らぬ ｝も、なほあはれに情け深し。 706 21・1〜2 708 25・1〜2

咲きぬべきほどの梢《こずゑ》／散りしをれたる庭 ｝などこそ見どころ多けれ。 706 21・2〜3 708 25・2〜3

花の散り／月のかたぶく　を慕ふ習ひ　706 21・5～6　708 25・5～6

暁近くなりて……木の間《ま》の影／うちしぐれたるむら雲隠れのほど　またなくあはれなり。　706 21・12～14　708 25・12～14

あだし野の露

※本教材は教708では学習しません。

【大　意】 教706 23ページ1～10行

この世は無常であるからこそ素晴らしい。人間ほど長生きするものはないが、長く生きて醜い姿をさらしてどうしようというのか。長くても四〇歳になる前に死ぬのが、見苦しくないものだ。四〇歳を過ぎると、いろいろな面で欲が深くなり、ものの情趣もわからなくなってしまうのは、本当に嘆かわしいことだ。

【品詞分解／現代語訳】

あだし野 の〈格助〉 露 消ゆる〈下二・体〉 時 なく〈ク・用〉、鳥部山 の〈格助〉 煙 立ち去ら〈四・未〉 で〈接助〉 のみ〈副助〉 住み果つる〈下二・体〉 習ひ なら〈助動・断・未〉 ば〈接助〉、いかに〈副〉 もののあはれ も〈係助〉 なから〈ク・未〉 ん〈助動・推・体〉。

(消えやすい)あだし野の露が消える時がないように(人が死ぬことなく)、(消えやすい)鳥部《とりべ》山の(火葬の)煙が消えないように(人が死ぬことなく)いつまでも生き続ける習わしなら、どんなにか深い情趣もないことだろう。

世 は〈係助〉 定めなき〈ク・体〉 こそ〈係助(係)〉 いみじけれ〈シク・已(結)〉。

この世は無常であるからこそ素晴らしいのである。

命 ある〈ラ変・体〉 もの を〈格助〉 見る〈上一・体〉 に〈接助〉、人 ばかり〈副助〉 久しき〈シク・体〉 は〈係助〉 なし〈ク・終〉。

命あるものを見ると、人ほど(寿命が)長いものはない。

かげろふ の〈格助〉 夕べ を〈格助〉 待ち〈四・用〉、夏 の〈格助〉 蟬 の〈格助〉 春秋 を〈格助〉 知ら〈四・未〉 ぬ〈助動・打・体〉 も〈係助〉 ある〈ラ変・体〉 ぞ〈係助〉 かし〈終助〉。

かげろうが夕方を待ち(ながら死に)、夏の蟬が春や秋を知らない(まま死ぬ)ということもあるのだよ。

つくづくと〈副〉 一年 を〈格助〉 暮らす〈四・体〉 ほど だに〈副助〉 も〈係助〉、こよなう〈ク・用(音)〉 のどけし〈ク・終〉 や〈間助〉。

しみじみと一年を暮らす間でさえも、この上なくのんびりしているものだ。

飽か〈四・未〉 ず〈助動・打・用〉 惜し〈シク・終〉 と〈格助〉 思は〈四・未〉 ば〈接助〉、千年 を〈格助〉 過ぐす〈四・終〉 とも〈接助〉 一夜 の〈格助〉 夢 の〈格助〉 心地 こそ〈係助(係)〉 せ〈サ変・未〉

満足せず(命を)惜しいと思うならば、千年過ごしたとしても一夜の夢の(ように短い)気持ちがするだろう。

助動・推・已(結)　下二・未　助動・打・体　格助　ク・体　格助　下二・用　接助　(代)　係助(係)　サ変・未　助動・推・体(結)　ク・已　接助

め。住み果て ぬ 世 に、醜き 姿 を 待ちえ て 何 か は せ ん。命 長けれ ば

生き通すことのできないこの世に、醜い姿を待った末に手に入れて何になるのだろうか（、いや、何にもならない）。命が長いと

ク・終　ク・用　接助　格助　四・未　助動・打・体　格助　ナ変・未　助動・婉・体　係助(係)　ク・体　助動・推・已(結)　(代)

恥 多し。長く とも 四十 に 足ら ぬ ほど にて 死な ん こそ、めやすかる べけれ。そ

恥も多い。長生きしたとしても四〇歳に満たないくらいで死ぬようなことこそが、見苦しくないだろう。その

格助　上二・用　助動・完・已　接助　格助　上二・体　係助　ク・用　格助　四・未　助動・婉・体　格助

の ほど 過ぎ ぬれ ば、かたち を 恥づる 心 も なく、人 に 出で交じらは ん こと を

年ごろを過ぎてしまうと、容姿（の衰え）を恥じる心もなく、人の中に出ていって交際するようなことを願い、

四・用　格助　格助　格助　サ変・用　接助　四・体　格助　上一・未　助動・婉・体　副助　格助　格助　四・用

思ひ、夕べ の 陽 に 子孫 を 愛し て、栄ゆく 末 を 見 ん まで の 命 を あらまし、

（傾きかけた）夕日のように（余命いくばくもない身で）子孫に執着して、栄えてゆく将来を見届けるような時までの命を期待し、

副　格助　四・体　副助　ク・用　係助　四・未　助動・打・用　四・体　係助(係)　シク・体(結)

ひたすら 世 を 貪る 心 のみ 深く、もののあはれ も 知ら ず なりゆく なん、あさましき。

もっぱらこの世（の名誉や利益）を欲深くほしがる心だけが深く、情趣もわからなくなってゆくのは、まったく嘆かわしいことだ。

（第七段）

語句の解説

教706 23ページ

1 「あだし野の露」「鳥部山の煙」は何を象徴しているか。

答 はかなくすぐに消えてしまう人の命。

1**住《す》み果《は》つる**　いつまでも生き続ける。
「果つ」は「終わる、果てる」の意。「住み果つ」は、「この世の終わりまで住み続ける」、つまり「いつまでも生き続ける、生き通す」の意となる。

2**いかに**　どんなにか。
程度がはなはだしいことを表す。この語を受けて文末の「ん」は連体形となり、全体で「どんなにか…だろう、さぞかし…だろう」の意味となる。

2**もののあは《ワ》れ**　物事にふれて起こるしみじみとした趣。情趣。

2**定《さだ》めなき**　無常である。
「定めなし」は、本来は「一定でない、決まりがない」などの意味であるが、「移ろいやすい」の意も含むため、ここでは無常の意ととらえる。

3**かげろふ《ウ》の夕《ゆう》べを待《ま》ち**　かげろうが夕方を待ち（ながら死に）。

あとに続く「夏の蟬《せみ》の春秋《はるあき》を知らぬ」と対をなす。かげろうも蟬も命の短い生き物の例として挙げられている。

4 **つくづくと**　しみじみと。
「つくづくと(つくづく)」は、他に「よくよく」の意もある。

4 **一年《ひととせ》を暮《く》らすほどだにも**　一年を暮らす間でさえも。
「だに」は類推を表す副助詞。軽いものを挙げて、より重いものを類推させる。この場合の重いものとは、長い年月を暮らすこと。

4 **こよなう《ノウ》**　この上なく。
「こよなく」のウ音便。はなはだしく違うさま。

5 **のどけしや**　のんびりしているものだ。
「のどけし」は、「のんびりしている、落ち着いている」という意味。「のどかだ」という意味もある。

5 **飽《あ》かず惜《お》しと思《おも》は《ワ》ば**　満足せず(命を)惜しいと思うのならば。
「飽かず」も「惜し」も「思はば」にかかる。

5 **一夜《ひとよ》の夢《ゆめ》**　短いもののたとえ。千年を過ごしたとしても、一夜の夢のように短く感じる、という意味。

6 **待《ま》ちえて**　待った末に手に入れて。
手に入れるのは、「醜き姿」である。年を取ると、姿が醜くなることがわかっていて、実際そうなるということを「待ちえて」と表現している。

6 **何《なに》かはせん《ワ》**　何になるのだろうか(、いや、何にもならない)。
「かは」は反語の係助詞。文中用法なので、係り結びで「ん」は連体形となる。

7 **めやすかるべけれ**　見苦しくないだろう。
「めやすし」は、「見苦しくない、感じがよい」の意味の形容詞。

8 **人《ひと》に出《い》で交《ま》じらはん《ワ》こと**　人の中に出ていって交際するようなこと。
「交じらふ」は、「交際する、仲間に入る」の意。

9 **栄《さか》ゆく末《すえ》**　(子孫が)栄えてゆく将来。
「栄ゆく」は「どんどん栄えていく」の意。栄えるという意味の言葉は、ほかに「幸《さきは》ふ」「勢《いきほ》ひ猛《まう》」「時めく」「花やぐ」などがある。

9 **命《いのち》をあらまし**　命を期待し。
「あらます」は、「(将来のことについて)期待する、予定する」という意味の動詞。

9 **世《よ》を貪《むさぼ》る**　この世(の名誉や利益)を欲深くほしがる。
世俗的な名誉や利益を求めるという意味。

10 **あさましき**　嘆かわしいことだ。
「あさまし」の意味は、「驚きあきれる感じ、意外だ」「話にならない」「程度がはなはだしい」「みすぼらしい」などがあり、多様。

学習のポイント

1 **「長くとも四十《よそぢ》に足らぬほどにて死なんこそ、めやすかるべけれ」(706 23・7)と作者が言う理由を整理してみよう。**

考え方　作者は、「住み果てぬ世に、醜き姿を待ちえて何かはせん」(706 23・6)、「命長ければ恥多し」(706 23・6)、「そのほど(四〇歳)過ぎぬれば、……あさましき」706 23・7〜10と言っている。

解答例 四〇歳を過ぎると、老いた姿を恥じず、人と交際したがり、子孫を可愛がって長命を願い、現世の俗な欲望に執着し、しみじみとした情趣もわからなくなる、そのようなことは嘆かわしいから。

2

仏教でいう「無常」と、ここで「世は定めなきこそいみじけれ」（706 23・2）と作者が述べていることとの関係を考えてみよう。

考え方 「無常」とは、仏教では、この世のすべてのものは生滅流《しょうめつる》転《てん》して、同じ状態のものはないということをいう。

解答例 仏教では「無常」こそが仏の意に沿う世界であるとされているので、作者は「この世は定めがない（無常である）からこそ素晴らしい」と考えるのである。

3

語句 **次の傍線部の違いを説明してみよう。**

① **住み果つる習ひならば、（706 23・1）**

② **そのほど過ぎぬれば、（706 23・7）**

考え方 接続助詞「ば」は、接続によって意味・用法が異なる。

「未然形＋ば」…順接の仮定条件（もし…なら）

「已然形＋ば」…順接の確定条件

　原因・理由（…ので、…から）

　偶然条件（…たところ）

　恒常条件（…といつも）

解答 ①は「未然形＋ば」で、順接の仮定条件を表す。②は「已然形＋ば」で、順接の確定条件、ここでは恒常条件を表す。

4

この文章では強調の係り結びが多く用いられているが、どのような構成になっているか考えてみよう。

考え方 係り結びの法則を整理する。係助詞「ぞ・なむ」（強調）、「や・か」（疑問・反語）は、結びの語が連体形になる。「こそ」（強調）は、結びの語が已然形になる。

解答

・世は定めなきこそ　いみじけれ。706 23・2
　（係り　結び（「いみじ」の已然形））

・心地こそせめ。706 23・5
　（係り　結び（助動詞「む」の已然形））

・死なんこそ、めやすかるべけれ。706 23・7
　（係り　結び（助動詞「べし」の已然形））

・もののあはれも知らずなりゆくなん、あさましき。706 23・10
　（係り　結び（「あさまし」の連体形））

なお、本文中では他に係助詞「かは」（反語）の係り結びがある。

何かはせん。706 23・6
　（係り　結び（助動詞「ん（む）」の連体形））

読み比べ

玉《たま》勝《かつ》間《ま》

本居宣長《もとをりのりなが》

教707 25〜27 教708 27〜29

兼《けん》好《かう》法師が詞《ことば》のあげつらひ

【大　意】 1 教706 25ページ1行〜26ページ9行 教708 27ページ1行〜28ページ12行

兼好《けんこう》法師は『徒然草《つれづれぐさ》』に、「桜の花は満開だけを、月は陰りのない状態だけを眺めるものではない」と書いているが、これは作りものの風流である。普通の人が願うものと違うことを風流とするのは、本当の風流ではない。思い通りにならないことは心に深く感じるため、そのようなことを詠んだ歌は趣が深いものが多いが、思い通りにならないことを風流だとして願うのは人間の本当の感情ではない。

【品詞分解／現代語訳】

格助 格助 係助 ナリ・用 係助 ク・体 格助 副助 上一・体 係助 格助 係助 四・已(命)
兼好法師 が 徒然草 に、「花 は 盛りに、月 は くまなき を のみ 見る もの かは。」と か 言へ
兼好法師が『徒然草』の中で、「桜の花は満開である時だけを、月は陰りなく輝いている時だけを見るものだろうか(、いや、そうではない)。」とか

助動・完・体 係助 副 係助 係助 格助 格助 係助 ナリ・体 係助 ク・体 格助 上一・用
る は、いかに ぞ や。いにしへ の 歌ども に、花 は 盛りなる、月 は くまなき を 見
言っているのは、どうであろうか。昔の多くの和歌において、花は満開であるのを、月は陰りなく照りわたるのを見て詠んだ

助動・存・体 格助 係助 格助 格助 係助 格助 四・用 格助 係助 格助 四・用 接 四・用
たる より も、花 の もと に は 風 を かこち、月 の 夜 は 雲 を 厭ひ、あるは、待ち惜しむ
歌よりも、花の下では(花を散らす)風を嘆き、月の夜には(月を覆う)雲を嫌い、あるいは、(桜が咲き、月が出

格助 四・已(命) 助動・完・体 係助(結流) ク・用 接助 ク・体 係助 副 連体 格助 ク・体 係助 副 係助
心づくし を 詠め る ぞ 多くて、心深き も、殊に さる 歌 に 多かる は、みな、花 は
るのを)待ったり(桜が散り、月が隠れるのを)惜しんだりするもの思いを詠んだ歌が多くて、趣深いのも、特にそういう歌に多いのは、みな、花は満開

格助 ナリ・用 上一・未 助動・希・用 係助 ク・未 助動・婉・体 格助 四・体 格助 ナリ・体 接助 係助(係)
盛り を のどかに 見 まほしく、月 は くまなから ん こと を 思ふ 心 の せちなる から こそ、
の状態をゆったりとした気分で眺めたいと思い、月は陰りなく輝いているところを見たいと思う心が切実であるからこそ、

副 係助 副 ラ変・未 助動・打・体 格助 四・用 助動・存・体 助動・断・已(結) (代) 格助 格助 係助(係) 格助 格助 四・用 格助
さ も え あら ぬ を 嘆き たる なれ。 いづこ の 歌 に かは、 花 に 風 を 待ち、 月 に
そう思い通りにいかないことを嘆いているのである。　どこの誰の歌に、　桜に(花を散らす)風が吹くのを待ち望み、

格助 四・用 助動・存・体 係助 ラ変・未 助動・推・体(結) 接 (代) 格助 格助 四・已(命) 助動・完・体 助動・比・体 係助
雲 を 願ひ たる は あら ん。 さるを、 か の 法師 が 言へ る ごとくなる は、 人
月に(覆う)雲を願っている歌があるだろうか(、いや、ない)。　それなのに、あの法師(兼好法師)が言ったようなことは、　人

格助 格助 四・用 助動・存・体 格助 格助 助動・断・用 接助 格助 助動・断・用 係助
の 心 に 逆ひ たる、 後の世 の さかしら心 の 作り雅び に して、 まこと の 雅び心 に は
の(本来の)心情に逆らっている、　後世の利口ぶった心(から)の作りあげた風流で、　真実の風流心ではない。

補・ラ変・未 助動・打・終 (代) 格助 格助 四・已(命) 助動・完・体 (代) 格助 ク・終 副 シク・体 助動・断・終
あら ず。 か の 法師 が 言へ る 言ども、 こ の 類ひ 多し。 みな、 同じ こと なり。
あの法師が言った言葉には、　この類いのものが多い。　皆、同じこと(偽物の風流)である。

副 副 格助 格助 四・体 格助 四・已(命) 助動・存・体 格助 格助 サ変・体 係助 係助(係) ク・用
すべて、 なべて の 人 の 願ふ 心 に 違へ る を 雅び と する は、 作りこと ぞ 多かり
総じて、　普通の人が願う心に反していることを風流とするのは、　作りごと(の偽物)が多いのだよ。

助動・詠・体(結) 格助 四・已(命) 助動・完・体 格助 四・体 係助 ク・未 接助 四・未 助動・打・体 格助 四・体 副助
ける。 恋 に、 会へ る を 喜ぶ 歌 は 心深から で、 会は ぬ を 嘆く 歌 のみ
恋の歌に、　逢瀬《おうせ》がかなったことを喜ぶ歌は趣が深くなくて、　逢瀬がかなわないのを嘆く歌ばかり多くて趣深いの

ク・用 接助 ク・体 係助 上一・用 助動・婉・体 格助 四・用 接助 助動・断・終 格助 係助 シク・体 係助
多く して 心深き も、 会ひ見 ん こと を 願ふ から なり。 人 の 心 は、 うれしき こと は
も、　(恋の相手との)逢瀬を願うからである。　人の心というのは、　嬉しいことはそれほど深くは

副 副助 ク・用 係助 下二・未 助動・打・体 助動・断・用 接助 副 格助 四・未 助動・打・体 係助(結流)
さ しも 深く は おぼえ ぬ もの に て、 ただ、 心 に かなは ぬ こと ぞ
感じられないものであって、　ただ、　思い通りにならないことが深く身にしみて感じられるもので

ク・用 格助 四・用 接助 係助 下二・体 助動・断・已 接助 副 シク・体 格助 四・已(命) 助動・完・体
深く 身 に 染み て は おぼゆる わざ なれ ば、 すべて、 うれしき を 詠め る 歌
あるので、　総じて、　嬉しいできごとを詠んだ歌には、

に(格助)は、(係助)心深き(ク・体)は(係助)少なく(ク・用)て、(接助)心に(格助)かなは(四・未)ぬ(助動・打・体)筋を(格助)悲しみ(四・用)憂へ(下二・用)たる(助動・存・体)に、(格助)あはれなる(ナリ・体)

趣深い歌は少なくて、思い通りにいかないことを悲しみ憂えた歌に、しみじみとした

は(係助)多き(ク・体)ぞ(係助)かし。(終助)しかり(ラ変・用)とて、(格助)わびしく(シク・用)悲しき(シク・体)を(格助)雅び(上二・用)たり(助動・存・終)とて(格助)願は(四・未)ん(助動・婉・体)は、(係助)人の(格助)

趣のある歌が多いのだよ。そうかといって、つらく悲しいのを風流であると言って願うのは、人の本当

まことの(格助)情なら(助動・断・未)め(助動・推・已)や。(係助)

の感情であろうか(、いや、そうではない)。

語句の解説 1

教706 25ページ 教708 27ページ1行～28ページ3行

(題)兼好法師《けんこうほうし》が詞《ことば》のあげつらひ《イ》 兼好法師の言葉についての論争。

「あげつらひ」は、「ものごとの是非についてあれこれ論じる、論争する」という意の動詞「あげつらふ」が名詞化したもの。

4 待《ま》ち惜《お》しむ心《こころ》づくしを詠《よ》めるぞ多《おお》くて 待ったり惜しんだりするもの思いを詠んだ歌が多くて。

「心づくし」は、「あれこれと気をもむこと、もの思いをすること」。

「詠める」の下には「歌」が省略されている。係助詞「ぞ」の係り結びは本来「多き」だが、接続助詞「て」が付いて文が続いているため、流れている。結びの流れ(結びの消去/消滅)という。

4 さる歌《うた》 そういう歌。

「さる」は、前の「花のもとには風をかこち、……心づくしを詠める」を指す。

5 せちなるからこそ 切実であるからこそ。

「せちなり」は「切なり」で、ここでは「切実だ、ひたむきだ」の意。ひたすらなさま、熱心な様子を表す。

1

「さもえあらぬ」(706 25・6 708 28・1)とは、花や月のどのような様子を言っているのか。

答

桜の花は満開でなく、例えば三分咲きであったり散りかけていたりする様子。また、月には雲がかかっている様子。

8(3)人《ひと》の心《こころ》に逆《さか》ひ《イ》たる 人の(本来の)心情に逆らっている。

「逆ふ」は、「逆らう、背く」という意味。

8(3)後《のち》の世《よ》 後世。

本居宣長が研究対象としていた『古事記』や『万葉集』の時代よりも後の世という意味。兼好法師の『徒然草』は「後の世」に当たるということ。

8(3)さかしら心《ごころ》 利口ぶった心。

「さかしら」は、「さかし(賢し)」に接尾語「ら」が付いて名詞化した語で、「利口そうに振る舞うこと」の意。

教706 26ページ 教708 28ページ6～12行

3(6)なべての人《ひと》 普通の人。

「なべて」は「一般に、並ひととおり、普通」。

3(6)多《おお》かりける　多くあるのだよ。

「多かり」は、「多し」の補助活用の連用形。形容詞の補助活用は本活用の連用形「…く」にラ変動詞「あり」が付いたもの。「多し」には、終止形に「多かり」、已然形に「多かれ」があることに注意。

6(9)心《こころ》にかなは《ワ》ぬことぞ…わざなれば　思い通りにならないことが…ものであるので。

係助詞「ぞ」の結びは本来「わざなる」だが、接続助詞「ば」が付いて文が終わらずに続いているので、流れている。

8(11)しかりとて　そうかといって。

「しかりとて」は、「すべて、うれしきを詠める歌には、……あはれなるは多き」を受けている。

9(12)人《ひと》のまことの情《こころ》ならめや　人の本当の感情であろうか(、いや、そうではない)。

係助詞「や」は文末用法。文末用法では活用語の終止形に付くが、已然形に付く例もある。上の「め」は推量の助動詞「む」の已然形。

【大　意】　2　教706 26ページ10行～27ページ5行　教708 28ページ13行～29ページ8行

兼好法師は、「人間は四〇歳に満たずに死ぬのが見苦しくなくてよい」と言ったが、長く生きたいと思うのが人間の本心である。平安時代の後期以降の人々も、兼好法師と同じようなことをよく言うが、このような、本当の感情に反したことを言うのは、外国から入ってきた仏教などの影響により、人が本来のあり方を見失い、自分の心を飾り偽っているからである。

【品詞分解／現代語訳】

また(副)、同じ(シク・体)　法師　の(格助)、「人　は(係助)　四十歳　に(格助)　足ら(四・未)　で(接助)　死な(ナ変・未)　ん(助動・婉・体)　こそ(係助(係))、めやすかる(ク・体)　べけれ(助動・推・已(結))。」

また、同じ法師が、「人は四〇歳に満たずに死ぬようなのが、見苦しくないだろう。」

と(格助)　言へ(四・已(命))　る(助動・存・体)　など(副助)　は(係助)、中ごろ　より(格助)　こなた(代)　の(格助)　人　の(格助)、みな、歌　に(格助)　も(係助)　詠み(四・用)、常に(副)　も(係助)　言ふ(四・体)

と言っていることなどは、今と昔の間以降の人が、みな、歌にも詠み、普段も言っている

筋　に(助動・断・用)　て(接助)、命　長から(ク・未)　ん(助動・婉・体)　こと　を(格助)　願ふ(四・体)　を(格助)　ば(係助)　心汚き(ク・体)　こと　と(格助)　し(サ変・用)、早く(ク・用)　死ぬる(ナ変・体)　を(格助)

ことであって、寿命が長いようなことを願うのを心が卑しいこととし、早い時期に死ぬのを

めやすき(ク・体)　こと　に(格助)　言ひ(四・用)、こ(代)　の(格助)　世　を(格助)　厭ひ捨つる(下二・体)　を(格助)　潔き(ク・体)　こと　と(格助)　する(サ変・体)　は(係助)、これ(代)　みな、仏　の(格助)　道　に(格助)

見苦しくないことだと言い、この世を嫌い捨てる(出家する)ことを潔いこととするのは、これはすべて、仏教の説く道理に

へつらへ〔四・已(命)〕る〔助動・存・体〕もの に〔助動・断・用〕て〔接助〕、多く は〔係助〕偽り なり〔助動・断・終〕。言 に〔格助〕こそ〔係助〕さ〔副〕も〔係助〕言へ〔四・已〕、心 の〔格助〕うち に〔格助〕

(影響され)追従したものであって、(その)多くは偽りである。言葉のうえでこそそう言うものの、心の中では誰がそのよう

は〔係助〕誰〔(代)〕かは〔係助(係)〕さ〔副〕は〔係助〕思は〔四・未〕ん〔助動・推・体(結)〕。たとひ〔副〕、稀々に〔副〕は〔係助〕まことに〔副〕しか〔副〕思ふ〔四・体〕人 の〔格助〕あら〔ラ変・未〕ん〔助動・婉・体〕

に思うだろうか(、いや、誰も思わない)。たとえ、ごくまれには本当にそう思う人がいたとしても、

も〔係助〕、もとより〔副〕の〔格助〕真心 に〔助動・断・用〕は〔係助〕あら〔補・ラ変・未〕ず〔助動・打・終〕。仏 の〔格助〕教へ に〔格助〕惑へ〔四・已(命)〕る〔助動・存・体〕なり〔助動・断・終〕。

もともとの本心(から出たこと)ではない。仏教の教えに惑わされているのである。

人 の〔格助〕真心 は〔係助〕、いかに〔副〕わびしき〔シク・体〕身 も〔係助〕、早く〔ク・用〕死な〔ナ変・未〕ばや〔終助〕と〔格助〕は〔係助〕思は〔四・用〕ず〔助動・打・用〕、命 惜しま〔四・用〕ぬ〔助動・打・体〕

人の本当の心情としては、どんなにつらい境遇であっても、早く死にたいとは思わないし、命を惜しまない者はいない。

者 は〔係助〕なし〔ク・終〕。されば〔接〕、万葉 など〔副助〕の〔格助〕頃 まで〔副助〕の〔格助〕歌 に〔格助〕は〔係助〕、ただ〔副〕、長く〔ク・用〕生き〔上二・用〕たら〔助動・存・未〕ん〔助動・婉・体〕こと

であるから、『万葉集』などの頃までの歌には、ただ、長く生きているようなことを願っているのだ。

を〔格助〕こそ〔係助(係)〕願ひ〔四・用〕たれ〔助動・存・已(結)〕。中ごろ より〔格助〕こなた〔(代)〕の〔格助〕歌 と〔格助〕は〔係助〕、その〔(代) 格助〕心 裏表 なり〔助動・断・終〕。すべて〔副〕

今と昔の間以降の歌とは、歌の趣が正反対である。総じて

何ごと も〔係助〕、なべて〔副〕の〔格助〕世 の〔格助〕人 の〔格助〕真心 に〔格助〕逆ひ〔四・用〕て〔接助〕、異なる〔ナリ・体〕を〔格助〕よき〔ク・体〕こと に〔格助〕する〔サ変・体〕は〔係助〕、外国 の〔格助〕

何ごとも、一般の世間の人の本心に背いて、(それと)違っていることをよいことだとするのは、外国の仏教や

習ひ の〔格助〕移れ〔四・已(命)〕る〔助動・存・体〕に〔助動・断・用〕て〔接助〕、心 を〔格助〕作り〔四・用〕飾れ〔四・已(命)〕る〔助動・存・体〕もの と〔格助〕知る〔四・終〕べし〔助動・当・終〕。

儒教の教えがしみついているのであって、(本来の)心情を偽り飾ったものだと知らなければならない。

(四の巻)

語句の解説 2

教706 26ページ　教708 28ページ13行〜29ページ3行

10(13)**めやすかるべけれ**　見苦しくないだろう。

「めやすし」は、「感じが良い、見苦しくない」の意。


13(16)**この世を厭《いと》ひ《イ》捨《す》つるを**　この世を嫌い捨てることを。

「世を厭《いと》ふ」「世を捨つ」は「出家する」の意をもつ。


13(16)**仏《ほとけ》の道《みち》にへつらへ《エ》るものにて**　仏教の説く道理におもねったものであって。

「へつらふ」は「追従《ついしょう》する、媚《こ》びる」の意。


14(1)**言《こと》にこそさも言《い》へ《エ》、**　言葉のうえではそのように言うけれども。

係助詞「こそ」に対し已然形が結びとならず、文が続いている形で、「こそ＋已然形の逆接用法」である。文中で、已然形には「、」が付く。

2 「さも言へ」とは、どのようなことを指すか。

答 「命長からんことを願ふをば心汚《こころぎたな》きこととし、早く死ぬるをめやすきことに言ひ、この世を厭ひ捨つるを潔《いさぎよ》きこととする」(706 26・12〜13 708 28・15〜16)(寿命が長くあるようなことを願うのを心が卑しいこととし、早く死ぬのを見苦しくないことだと言い、この世を嫌い捨てるのを潔いこととする)ようなこと。

16(3)**仏《ほとけ》の教《おし》へ《エ》に惑《まど》へ《エ》るなり**　仏教の教えに惑わされているのである。

この「なり」は断定の助動詞。

教706 27ページ　教708 29ページ4〜8行

1(4)**わびしき身《み》**　つらい境遇。

「わびし」は、ここでは「やりきれない、つらい、苦しい」の意。

「身」は「境遇、身の上」の意。


3(6)**その心裏表《こころうらうえ》なり**　歌の趣が正反対である。

「そ(＝歌)の心」は、「歌の意味、趣」。「裏表《うらうへ》」は、「正反対、あべこべ」の意。

学習のポイント

1 兼好法師の次の言葉を、作者はどのように批判しているか、整理してみよう。

① 花は盛りに、月はくまなきをのみ見るものかは。(706 25・1 708 27・1)

② 人は四十《よそ》歳《ぢ》に足らで死なんこそ、めやすかるべけれ。(706 26・10 708 28・13)

考え方 ①、②ともに、すぐ後に作者宣長《のりなが》の批判が書かれている。

解答例 ①昔の歌に「花は盛り」な状態、「月はくまなき」状態よりも、そうでない状態を嘆き、せつながるような歌が多く、それらがまた趣深くもあるのは、人々が満開の桜、陰りのない月を切実に望んでいるせいである。花が散ることや月に雲がかかることを願う歌などどこにもないのに、三分咲きや散りかけの桜、雲のかかった月のほうが風流だとでも言いたげなこの言葉は、もののわかった風に作りあげた風雅である。

②これと同じようなことを平安時代の後半以降の人々もよく言っているが、それは仏教が広まったため表面上そういうことにしているだけか、仏教に惑わされてそう思い込んでいるだけかのことであって、もともとの本心から出たものではない。こういう言葉は、(日本)人の本来の心情ではなく、よその国が優れていると思い込み、その文化(仏教や儒教)に毒された考え方の現れである。

2 作者の考える「人の真心」とはどのようなものか。

考え方 兼好法師の言葉は「人の真心」に背いたものであり、「後の世のさかしら心」706 **25・8** 708 **28・3**の現れだと述べていることに着目する。

解答例 『万葉集』の頃までの歌に詠まれているような、普通の人間の、生まれもっての自然な感情。

読み比べ

『徒然草』「花は盛りに」(706 21ページ 708 25ページ)、「あだし野の露」(706 23ページ 708 七段)を(改めて)読んで、兼好法師なら宣長の批判にどのように答えるか想像してみよう。

考え方 本居宣長が批判した点について、兼好法師はどのような思いから述べたことかを、『徒然草』から把握する。

解答例 まず、私は「満開の桜や陰りのない月は見るに値しないもので、桜なら例えば散り際、また雲のかかった月にこそ風情を感じるべきだ」などとは言っていない。満開や陰りなき状態は美しく望ましいが、だからこそそれを待ち望み、惜しむ時間を味わうのもよいものだ、と言ったのだ。望ましい状態を目の当たりにする以外にも、心の中でそれを想像することも情緒のあるもので、それがかえって真に美を深く見つめることにもなり得ると思ったからだ。私の意見も「盛りの美」が前提なのだから、その点ではあなたの意見と変わらないはずだ。また、四〇歳に満たずに死ぬのがよい、と言った理由は、人間というものは、俗世間で生きていくうえでさまざまな欲望にまみれ、それが年を重ねるままに習い性となって、「もののあはれ(ものごとにしみじみとした情趣を感じること)」がわからなくなることを残念に思ったからだ。日本人は昔から美しい自然に情趣を感じ、自然と共に生きてきた。その「こころ」はあなたの好きな『万葉集』の時代も同じだろう。決して「作り雅《みや》び」などではない。この日本人の本来のあり方が見失われていくのを惜しく思うために、「四〇歳に満たずに……」と言ったのである。それを、外国の宗教に毒された、利口ぶった精神などと言われるのは心外だ。まったく見当違いという他はない。あなたこそ、平安後期以降の日本のあり方が、全て外国の悪しき影響下にあるという偏見をもっているのではないか。

方丈記

鴨長明《かものちやうめい》

教706 28～33　教708 30～33

●『方丈記《ほうじょうき》』とは

鎌倉時代前期、一二一二年に成立した随筆。作者は鴨長明《かものちょうめい》。書名の由来は、長明が晩年に住んだ方丈（一丈四方＝約三・三メートル四方）の草庵にある。「行く河の流れは絶えずして……」で始まる冒頭の文章には、人とすみかについての無常観が表されている。この無常観は、作品を通じて流れるテーマでもある。前半では、都を襲った五つの災厄について述べられ、後半では、自身の出家、草庵に住むことになった経緯などにふれ、その草庵生活を賛美する。しかし、最終章にいたって、一転して閑居生活に執着する自己への批判を展開し、ついには矛盾に対して沈黙してしまうのである。『十訓抄《じっきんしょう》』『平家物語』などをはじめ、後世の文学に大きな影響を与えた。

行く河の流れ

【大　意】 教706 28ページ1行～29ページ3行　教708 30ページ1行～31ページ3行

流れてゆく河は、とどまることがない。しかも、その水はもとのままの水ではない。また、よどみに浮かぶ水の泡も、消えるものもあれば、生まれてくるものもあり、長くとどまってはいない。人や住居も、これらと何ら変わるところがない。慌ただしく生まれ、また滅んでいきながら、常に変化していてそれぞれにはかない存在なのだ。

【品詞分解／現代語訳】

行く（四・体）　河　の（格助）　流れ　は（係助）　絶え（下二・未）　ず（助動・打・用）　して（接助）、しかも（接）、もと　の（格助）　水　に（助動・断・用）　あら（補・ラ変・未）　ず（助動・打・終）。よどみ　に（格助）

流れてゆく河の流れは絶えることがなく、そのうえ、（その水は）もとの水ではない。よどんでいる

浮かぶ（四・体）　うたかた　は（係助）、かつ（副）　消え（下二・用）、かつ（副）　結び（四・用）　て（接助）、久しく（シク・用）　とどまり（四・用）　たる（助動・存・体）　ためし　なし（ク・終）。世の中　に（格助）　ある（ラ変・体）

ところに浮かぶ水の泡は、一方では消え、また一方ではできて、長くそのままでいる例はない。世の中にある人と住居も、

人　と（格助）　すみか　と（格助）、また（副）　かく（副）　の（格助）　ごとし（助動・比・終）。

またこれと同じようである。

格助 格助 格助 格助 下二・用 格助 四・已(命) 助動・存・体 ク・体 シク・体 格助 係助
たましきの都のうちに、棟を並べ、甍を争へる、高き、いやしき人の住まひは、
玉を敷きつめたように美しく立派な都の中に、棟を並べ、棟瓦《むねがわら》の高さを競い合っている、高貴な人や身分の低い人の住居は、

格助 下二・用 接助 サ変・未 助動・打・体 助動・断・已 接助 (代) 格助 係助 格助 下二・已 接助 ラ変・用
世々を経て尽きせぬものなれど、これをまことかと尋ぬれば、昔あり
何代たってもなくならないものではあるが、これを本当(にもとのまま)かと調べると、昔から(その

助動・過・体 係助 ナリ・終 (連語) 下二・用 接助 四・已(命) 助動・完・終 (連語) 上二・用 接助
し家はまれなり。あるいは去年焼けて今年作れり。あるいは大家滅びて小家
まま)あった家はめったにない。あるものは去年焼けて今年作られた。あるものは大きな家がなくなって小さな家と

格助 四・終 四・体 係助 (代) 格助 シク・終 係助 四・未 助動・打・用 係助 ク・已 接助 上一・用 助動・過・体
となる。住む人もこれに同じ。所も変はらず、人も多かれど、いにしへ見し
なっている。住んでいる人もこれと同じことである。場所も変わらず、人もたくさんいるが、昔(私が)会った人は、

係助 格助 格助 ナリ・用 助動・断・終 格助 ナ変・用 格助 下二・体 副
人は、二、三十人が中に、わづかに一人二人なり。朝に死に、夕べに生まるるならひ、ただ
二、三〇人のうち、わずかに一人か二人である。朝に死ぬ人がいて、夕方に生まれる人がいる習わしは、まったく

格助 格助 係助(係) 上一・用 助動・存・用 助動・詠・体(結) 四・未 助動・打・終 下二・用 ナ変・体 (代) 格助 四・用
水の泡にぞ似たりける。知らず、生まれ死ぬる人、いづかたより来たり
水の泡によく似ているものだ。(私は)知らない、生まれる人や死ぬ人が、どこから来て、

接助 (代) 格助 係助(係) 四・体(結) 副 四・未 助動・打・終 格助 (代) 格助 格助 係助(結流) 格助 四・用
て、いづかたへか去る。また知らず、仮の宿り、誰がためにか心を悩まし、
どこへと去るのかを。また(これも)知らない、(はかないこの世の)仮の住まいについて、誰のために心を悩ませ、

(代) 格助 四・用 接助 係助(係) 格助 四・未 助動・使・体(結) (代) 格助 格助 格助 格助 四・体 四・未 接助
何によりてか目を喜ばしむる。その主とすみかと、無常を争ふさま、いはば
どういうわけで目を楽しませるのかを。その家の主人と住居とが、無常を争う(ように滅び去っていく)様子は、

格助 格助 ナリ・未 助動・打・終 (連語) 上二・用 接助 四・已(命) 助動・存・終 四・終 格助 接助 格助
朝顔の露に異ならず。あるいは露落ちて花残れり。残るといへども朝日に
言ってみれば朝顔と(その上にある)露(との関係)に変わりがない。あるときは露が落ちて花が残っている。残るといっても朝日に(当たれば、花はす

枯れ〔下二・用〕 ぬ〔助動・完・終〕。 あるいは〔(連語)〕 花 しぼみ〔四・用〕 て〔接助〕 露 なほ〔副〕 消え〔下二・未〕 ず〔助動・打・終〕。 消え〔下二・未〕 ず〔助動・打・終〕 と〔格助〕 いへども〔接助〕 夕べ を〔格助〕 待つ〔四・体〕 こと なし〔ク・終〕。

ぐに)枯れてしまう。あるときは花がしぼんで露はまだ消えないでいる。消えないといっても夕方を待つことはない(その前に消えてしまう)。

語句の解説

教706 28ページ　教708 30ページ

2 かつ消《き》え、かつ結《むす》びて　一方では消え、一方ではできて。

「かつ」は、二つのことが同時に行われていることを表す副詞。「結ぶ」は、ここでは「できる、形をなす」の意。

4 いやしき人《ひと》　身分の低い人。

「いやし」は、ここでは「身分が低い」の意。「粗末である、みすぼらしい」の意もある。

4 住《す》まひ《イ》　住居。

同じ行の「棟《むね》を並べ」も「甍《いらか》を争へる」も、「高き(人の)」も「いやしき(人の)」も、全てこの「住まひ」にかかる。

1 **「棟を並べ、甍を争へる」とは、都の建物のどのような様子を指しているか。**

答　棟瓦の高さを競い合うように、建物が立ち並んでいる様子。

5 尽《つ》きせぬ　なくならない。

「尽きす」は、サ変の複合動詞で、必ず打消の語を後に伴う。「ぬ」は、打消の助動詞「ず」の連体形。

5 まことか　本当か。事実か。

「世々を経て尽きせぬものなれど」の部分について、「本当なのか」と疑問を示している。人の住まいは、何代経てもなくならないというのは本当か、という意味。

6 あるいは　あるものは。あるときは。

動詞「あり」の連体形＋上代の間投助詞「い」＋係助詞「は」の連語。

6 去年《こぞ》　昨年。去年。

「こぞ」と読むことに注意。

8 朝《あした》に死《し》に、夕《ゆう》べに生《う》まるるならひ《イ》　朝に死ぬ人がいて、夕方に生まれる人がいる習わし。

普通「朝に生まれ、夕べに死ぬるならひ」とするところだが、「かつ消え、かつ結びて」に対応させた表現になっている。

9 いづ《ズ》かたより来《き》たりて、いづ《ズ》かたへ《エ》か去《さ》る　どこから来て、どこへと去るのか。

「来たりて」は生まれることを、「去る」は死ぬことを指す。

10 仮《かり》の宿《やど》り　仮の住まい。

ほんの一時期を過ごす仮住まいにすぎない、という意味。この世を仮のものとする、仏教の考え方に基づいている。

10 誰《た》がためにか心《こころ》を悩《なや》まし　誰のために心を悩ませ。

係助詞「か」の結びは本来は「悩ます」だが、文が終わらず続いているため流れている。

11 **何《なに》によりてか目《め》を喜《よろこ》ばしむる**　どういうわけで目を楽しませるのか。

豪華な家をつくって、そのできばえを見て満足することに対して批判的に述べている。

教706 29ページ　教708 31ページ

1 …**残《のこ》れり。残《のこ》るといへ《エ》ども…**　…残っている。残っているといっても…。

前の句「残れり」を受けて次の句「残る」が続く形。すぐ後の「…消えず。消えずといへども…」も同じ形。

学習のポイント

1 本文中に用いられている、対になる表現を指摘してみよう。

解答

- ・行く河の流れは絶えずして 706 28・1 708 30・1
- ・よどみに浮かぶうたかたは、
  - ・かつ消え
  - ・かつ結びて 706 28・1〜2 708 30・1〜2

- ・（しかも、）もとの水にあらず 706 28・1 708 30・1
- ・久しくとどまりたるためしなし 706 28・2 708 30・2

- ・人と
- ・すみかと 706 28・3 708 30・3

- ・棟《むね》を並べ
- ・甍《いらか》を争へる 706 28・4 708 30・4

- ・高き
- ・いやしき 706 28・4 708 30・4

- ・あるいは
  - ・去年焼けて
  - ・今年作れり 706 28・6 708 30・6
- ・あるいは
  - ・大家《おほいへ》滅びて
  - ・小家《こいへ》となる 706 28・6〜7 708 30・6〜7

- ・所も変はらず
- ・人も多かれど 706 28・7 708 30・7

- ・朝《あした》に死に
- ・夕べに生まるる 706 28・8〜9 708 30・8〜9

- ・知らず、
  - ・生まれ
  - ・死ぬる

  人、
  - ・いづかたより来たりて
  - ・いづかたへか去る 706 28・9〜10 708 30・9〜10
- ・また知らず、…
  - ・誰がためにか心を悩まし
  - ・何によりてか目を喜ばしむる 706 28・10〜11 708 30・10〜11

- ・主《あるじ》と
- ・すみかと 706 28・11 708 30・11

・あるいは
　・露落ちて
　・花残れり
　残るといへども朝日に枯れぬ

・あるいは
　・花しぼみて
　・露なほ消えず
　消えずといへども夕べを待つことなし

706 29・1〜3　708 31・1〜3

2 この文章の展開のしかたを整理してみよう。

考え方　本文を内容の上から三段落に分けて考える。

解答　第一段落「行く河の流れは絶えずして、……かくのごとし。」　706 28・1〜3　708 30・1〜3

まず自然現象の無常を述べ、「人とすみか」も同じであるとする。

第二段落「たましきの都のうちに、……水の泡にぞ似たりける。」　706 28・4〜9　708 30・4〜9

現実の社会の中にある「人とすみか」の無常の例を挙げる。

第三段落「知らず、生まれ死ぬる人、……夕べを待つことなし。」　706 28・9〜29・3　708 30・9〜31・3

そのように無常を争う「人(主《あるじ》)とすみか」は、「朝顔」と「露」のはかない関係にほかならないと説いている。

3 作者は人や住居が「無常を争ふさま」(706 28・11　708 30・11)を朝顔と露でどのようにたとえているか、整理してみよう。

考え方　朝顔と露については、「あるいは露落ちて……夕べを待つことなし」706 29・1〜3　708 31・1〜3と表されている。これを人と住居にあてはめてみよう。

解答　「朝顔(花)」を「住居」に、「露」を「人」にたとえている。

・人が死んでも住居は残るが、住居もいずれは朽ちてしまうことを、「露落ちて花残れり」「(花は)残るといへども朝日に枯れぬ」と表している。

・住居がなくなっても人はいるが、いたとしてもいずれは死んでしまうことを、「花しぼみて露なほ消えず」「(露は)消えずといへども夕べを待つことなし」と表している。

4 語句　次の傍線部の違いを説明してみよう。

① もとの水にあらず。(706 28・1　708 30・1)

② 世の中にある人とすみかと、(706 28・2　708 30・2)

③ 昔ありし家はまれなり。(706 28・5　708 30・5)

考え方　①②③はすべてラ行変格活用動詞「あり」。②③は「存在する」という具体的な意味をもつが、①は動詞の意味は薄れている。「あり」が補助動詞であるのは、「にあり」「とあり」「てあり」の形、また形容詞・形容動詞の連用形に付いた形。

解答　①補助動詞　②動詞　③動詞

安元の大火

【大　意】　1　教706 30ページ1〜7行　教708 32ページ1〜7行

この四〇年あまり、世の不思議なことを見ることが増えてきた。安元三年の四月二八日、都の東南より火が出て西北に広がり、最後には朱雀門《すざくもん》、大極殿《だいこくでん》、大学寮《だいがくりょう》、民部省《みんぶしょう》などまで移り、一夜にして灰になってしまった。火元は、樋口富小路《ひぐちとみのこうじ》とかいうところだ。

【品詞分解／現代語訳】

(代)　格助　四・已(命)　助動・完・用　助動・過・体　格助　格助　格助　四・已(命)　助動・存・体　格助
予、ものの心 を 知れ り し より、四十あまり の 春秋 を 送れ る あひだ に、
私が、ものごとの道理をわきまえるようになった時から、四〇年以上の歳月を送っている間に、

格助　格助　上一・体　副　副　格助　四・用　助動・完・終
世 の 不思議 を 見る こと、やや たびたび に なり ぬ。
世の中の不思議なことを見ることが、しだいに頻繁になった。

連体　係助　格助　間助　シク・用　四・用　接助　ナリ・未　助動・打・用　助動・過・体
いにし 安元三年四月二十八日 か と よ。風 激しく 吹き て、静かなら ざり し 夜、戌の時
去る安元三年四月二八日であったろうか。風が激しく吹いて、騒がしかった夜、午後八時

副助　格助　格助　カ変・用　接助　格助　四・終　格助　係助
ばかり、都 の 東南 より 火 出で来 て、西北 に 至る。果て に は 朱雀門、大極殿、大学寮、民部省
頃、都の東南から火が出て、西北に広がった。しまいには朱雀門、大極殿、大学寮、民部省など まで(火が燃え)移っ

副助　副助　四・用　接助　格助　格助　格助　四・用　助動・完・用　助動・過・終　係助　格助
など まで 移り て、一夜 の うち に 塵灰 と なり に き。火もと は、樋口富小路 と
て、一夜のうちにちりと灰になってしまった。出火もとは、樋口富小路とかいうこ

係助(結略)　間助　格助　四・已(命)　助動・存・体　格助　カ変・用　助動・完・用　助動・過・体　格助　係助(結略)
か や。舞人 を 宿せ る 仮屋 より 出で来 たり ける と なん。
とだ。舞人を泊めていた仮の小屋から(火が)出てきてしまったという。

語句の解説 1

教706 30ページ　教708 32ページ

2やや　しだいに。だんだんと。

「やや」は副詞。ここでは「しだいに、だんだんと」の意。

答 1

「不思議」とはどのようなことか。

予測できないようなこと。ここでは天変地異のこと。

3いにし　去る。
連体詞。もとは、動詞「いぬ(去《い》ぬ)」の連用形「いに」＋過去の助動詞「き」の連体形「し」。

6とかや　…とかいうことだ。
不確実な伝聞の内容を示す言い方。係助詞「か」の結びの語「言ふ」「言ひける」などが省略されている。

6出《い》で来《き》たりけるとなん　出てきてしまったという。
係助詞「なん」の結びの語「言ふ」などが省略されている。

【大　意】　2　**教706 30ページ8行〜31ページ5行**　**教708 32ページ8行〜33ページ5行**

乱れ吹く風にあおられて、炎は扇を広げたように移っていく。人々は生きた心地もしなかっただろう。宝はすべて灰になってしまった。都の三分の一に被害が及んだという。これほど危険な都に家を作ることに、財産を費やし心を悩ますのは、このうえなくつまらないことです。

【品詞分解／現代語訳】

吹き迷ふ［四・体］ **風** **に**［格助］、 **とかく**［副］ **移りゆく**［四・体］ **ほど** **に**［格助］、 **扇** **を**［格助］ **広げ**［下二・用］ **たる**［助動・完・体］ **が**［格助］ **ごとく**［助動・比・用］ **末広** **に**［格助］ **なり**［四・用］

吹き乱れる風のために、(炎が)あちこちと移っていく間に、扇を広げたように末広になってしまった。

ぬ［助動・完・終］。 **遠き**［ク・体］ **家** **は**［係助］ **煙** **に**［格助］ **むせび**［四・用］、 **近き**［ク・体］ **あたり** **は**［係助］ **ひたすら**［副］ **炎** **を**［格助］ **地** **に**［格助］ **吹きつけ**［下二・用］ **たり**［助動・存・終］。 **空** **に**［格助］

遠くにある家は煙にむせぶようであり、近い所はただもう炎を地に吹きつけている。空には

は［係助］ **灰** **を**［格助］ **吹きたて**［下二・用］ **たれ**［助動・存・已］ **ば**［接助］、 **火** **の**［格助］ **光** **に**［格助］ **映じ**［サ変・用］ **て**［接助］、 **あまねく**［ク・用］ **紅** **なる**［助動・断・体］ **中** **に**［格助］、 **風** **に**［格助］ **堪へ**［下二・未］

灰を吹き上げていたので、(その灰が)火の光に映って、一面に赤くそまっている中に、風にたえられないで、

ず［助動・打・用］、 **吹き切ら**［四・未］ **れ**［助動・受・用］ **たる**［助動・完・体］ **炎**、 **飛ぶ**［四・体］ **が**［格助］ **ごとく**［助動・比・用］ **して**［接助］、 **一、二町** **を**［格助］ **越え**［下二・用］ **つつ**［接助］ **移りゆく**［四・終］。 **そ**［(代)］

吹きちぎられた炎が、飛ぶようにして、一、二町を越えながら移ってゆく。その

の［格助］ **中** **の**［格助］ **人**、 **うつし心** **あら**［ラ変・未］ **ん**［助動・推・終］ **や**［係助］。 **あるいは**［(連語)］ **煙** **に**［格助］ **むせび**［四・用］ **て**［接助］ **倒れ臥し**［四・用］、 **あるいは**［(連語)］ **炎** **に**［格助］

中の人は、どうして生きた心地がしただろうか(、いや、しなかっただろう)。ある人は煙にむせて倒れ伏し、ある人は炎に目がくらん

下二・用　接助　副　ナ変・終　（連語）　副　下二・体　接助　格助　下二・体　格助　四・未

まぐれ て たちまちに 死ぬ。あるいは 身 一つ 辛うじて のがるる も、資財 を 取り出づる に 及ば

ですぐさま死ぬ。ある人は体一つでやっとのことで逃げるが、家財を取り出すまではできない。

助動・打・終　副　格助　四・用　助動・完・用　助動・過・終　（代）　格助　副　係助　（代）　格助

ず。 七珍 万宝 さながら 灰燼 と なり に き。その 費え、いくそばく ぞ。その

すばらしく珍しい宝物がそっくり灰や燃えかすになってしまった。その損害が、どれほど多かったことか。その火事の

格助　下二・用　助動・完・終　副　（代）　格助　下二・用　四・体　格助　四・未　助動・打・終　副　格助

たび、公卿 の 家 十六 焼け たり。まして、その ほか 数へ 知る に 及ば ず。すべて 都 の

時、公卿の家が一六軒も焼けてしまった。まして、その他（の焼けてしまった家）は数えて知ることもできない。全部で都のうちの三

格助　四・已（命）　助動・完・終　格助　係助（結略）　ナ変・体　格助　格助　四・未

うち 三分が一 に 及べ り と ぞ。男女 死ぬる もの 数十人。馬牛 の たぐひ 辺際 を 知ら

分の一に（火事が）及んだということである。男女の死者は数十人。馬牛などは数えきれないほどである。

助動・打・終

ず。

格助　副　ナリ・体　格助　副　ク・体　格助　格助　四・終　格助　格助　四・用

人 の 営み、みな 愚かなる 中 に、さしも 危ふき 京中 の 家 を 作る とて、財 を 費やし、心

人間の行いは、みなどれも愚かなものである中で、それほどまで危険な都の中に家を作ろうとして、財産を費やし、心

格助　四・体　係助　副　ク・用　係助（係）　補丁・ラ変・体（結）

を 悩ます こと は、すぐれて あぢきなく ぞ はべる。

を悩ますようなことは、このうえなくつまらないことでございます。

語句の解説 2

教706 30ページ　教708 32ページ

9 **遠《とお》き家《いえ》は煙《けぶり》にむせび**　遠くにある家は煙にむせび。「むせぶ」の主語は「（遠き）家」で、擬人法となっている。続く「近きあたりは……吹きつけたり」の部分と対句の関係。

10 **あまねく紅《くれない》なる中《なか》**　一面に赤くそまっている中。「あまねし」は、「すみずみまで広く行き渡るさま」の意。「あまねく」は形容詞連用形の副詞的用法。

12 **うつし心《ごころ》あらんや**　生きた心地がしただろうか（、いや、しなかっただろう）。

「うつし心」は、漢字で書くと「現し心」で、「理性のある心」の意。係助詞「や」は文末用法で反語を表す。

12 **あるいは…**　ある人は…。

「あるいは煙に…、あるいは炎に…」の形で、この一文が対句になっている。「あるいは身一つ辛《から》うじて…」の部分も、煙や炎にのみ込まれた人とかろうじて逃れた人との対比、対句である。

14 **さながら灰燼《かいじん》となりにき**　そっくり灰や燃えかすとなってしまった。

「さながら」は「そっくり、すべて」。「にき」は「…てしまった」の意。

教706 31ページ　教708 33ページ

1 **いくそばくぞ**　どれほど多かったことか。

「いくそばく」は、数・量・程度のいずれにも用いる。「ぞ」は係助詞の終助詞的用法。

2 **及《およ》べりとぞ**　及んだということである。

係助動「ぞ」の結びの語「言ふ」「言へる」などが省略されている。

3 **辺際《へんさい》を知《し》らず**　数えきれない。

「辺際」は、「果て、限り」の意味。

5 **すぐれてあぢ《ジ》きなく**　このうえなくつまらない。

「すぐれて」は、副詞で「このうえなく、きわだって」。形容詞「あぢきなし」は、無益でつまらない様子をいう。

学習のポイント

1 **地図をもとに、火がどのように燃え広がったのか、確認してみよう。**

考え方　「火《ほ》もと」の樋口富小路《ひぐちとみのこうじ》は、樋口小路と富小路が交差する所。「都の東南《たつみ》」から火が出て、西北に広がり、民部省まで移ったのだから、地図の右下から左上に燃え広がった。

2 **「吹き迷ふ風に、……灰燼《くわいじん》となりにき。」（706 30・8〜14　708 32・8〜14）の部分の表現について、次の点に注意して、考えてみよう。**

①　写実的な描写　②　現在形の表現効果　③　比喩・擬人法

解答　①「空には灰を吹きたてたれば、……一、二町を越えつつ移りゆく。」**706 30・10〜12　708 32・10〜12**

②「……越えつつ移りゆく。」「……、うつし心あらんや。」「あるいは……倒れ臥《ふ》し、あるいは……死ぬ。」「あるいは身一つ……のがるるも、……及ばず。」**706 30・11〜14　708 32・11〜14**

③〈比喩〉「扇《あふぎ》を広げたるがごとく」**706 30・8　708 32・8**「飛ぶがごとくして」**706 30・11　708 32・11**〈擬人法〉「吹き迷ふ風」「遠き家は煙《けぶり》にむせび、近きあたりは……吹きつけたり。」「風に堪へず、吹き切られたる炎」**706 30・8〜11　708 32・8〜11**

これらの表現によって、火事の炎が風で広がっていく様子が、臨場感あふれる鮮明なイメージで迫ってくる。

3 **語句**　**次の文末の表現について、何が省略されているか考えてみよう。**

①　**火《ほ》もとは、樋口富小路《ひぐちとみのこうぢ》とかや。（706 30・6　708 32・6）**

②　**舞人《まひびと》を宿せる仮屋より出で来たりけるとなん。**

③ すべて都のうち三分が一に及べりとぞ。（706 30・6 708 32・6）　考え方　全て伝聞を表す表現。「や」「なん」「ぞ」は連体形で結ぶ。
（706 31・2 708 33・2）　解答　①②③「言ふ」「言へる」「言ひける」など。

日野山の閑居

※本教材は教708では学習しません。

【大意】 1 教706 32ページ1〜9行

六〇歳という晩年になって、一丈四方、高さは七尺にも足りない小さな仮の庵《いおり》を作った。いつでも他の場所へ移せる。

【品詞分解／現代語訳】

ここに(接)、**六十 の**(格助) **露 消えがた に**(格助) **及び**(四・用) **て**(接助)、**さらに**(副) **末葉 の**(格助) **宿り を**(格助) **結べ**(四・已(命)) **る**(助動・完・体) **こと あり**(ラ変・終)。

さて、六〇歳の露（のようにはかない命）が消えそうな頃に至って、新たに晩年になってからの住居を構えたことがある。

いはば(副)、**旅人 の**(格助) **一夜 の**(格助) **宿 を**(格助) **作り**(四・用)、**老い**(上二・用) **たる**(助動・存・体) **蚕 の**(格助) **繭 を**(格助) **いとなむ**(四・体) **が**(格助) **ごとし**(助動・比・終)。**これ**(代) **を**(格助)

言うならば、旅人が一晩の宿を作り、年老いた蚕が（身を入れる）繭を作るようなものである。これを中年期

中ごろ の(格助) **栖 に**(格助) **比ぶれ**(下二・已) **ば**(接助)、**また**(副)、**百分が一 に**(格助) **及ば**(四・未) **ず**(助動・打・終)。**とかく**(副) **いふ**(四・体) **ほど に**(格助) **齢 は**(係助) **歳々 に**(格助)

の住居に比べると、やはり、百分の一（の広さ）にも及ばない。あれやこれやと言ううちに年齢は年々高く（なり）、

高く(ク・用)、**栖 は**(係助) **折々**(副) **に**(格助) **狭し**(ク・終)。**そ**(代) **の**(格助) **家 の**(格助) **ありさま、世 の**(格助) **常 に**(格助) **も**(係助) **似**(上一・未) **ず**(助動・打・終)。**広さ は**(係助)

住まいはその（移り住む）たびごとに狭くなる。その家の様子は、世間並み（の家）とは似ていない。広さはやっと

わづかに(ナリ・用) **方丈、高さ は**(係助) **七尺 が**(格助) **内 なり**(助動・断・終)。**所 を**(格助) **思ひ定め**(下二・未) **ざる**(助動・打・体) **が**(格助) **ゆゑ に**(格助)、**地 を**(格助) **占め**(下二・用) **て**(接助)

一丈四方、高さは七尺以内である。（定住する）場所を思い定めないから、建物の敷地として決めて

作ら(四・未) **ず**(助動・打・終)。**土居 を**(格助) **組み**(四・用)、**うちおほひ を**(格助) **葺《ふ》き**(四・用) **て**(接助)、**継ぎ目ごと に**(格助) **かけがね を**(格助) **掛け**(下二・用) **たり**(助動・存・終)。**もし**(副)

作らない。家の土台となる材木を組み、仮ごしらえの屋根を葺いて、（材木の）継ぎ目ごとにかけがねを掛けてある。もし気

心 に〔格助〕 かなは〔四・未〕 ぬ〔助動・打・体〕 こと あら〔ラ変・未〕 ば、〔接助〕 やすく〔ク・用〕 外 へ〔格助〕 移さ〔四・未〕 ん〔助動・意・体〕 が〔格助〕 ため なり。〔助動・断・終〕 そ〔(代)〕 の〔格助〕

に入らないことがあれば、簡単に外(の場所)へ移そうとするためである。その(建物を)

あらため作る〔四・体〕 こと、いくばく〔副〕 の〔格助〕 煩ひ か〔係助(係)〕 ある。〔ラ変・体(結)〕 積む〔四・体〕 ところ わづかに〔ナリ・用〕 二両、車 の〔格助〕 力 を〔格助〕 報ふ〔四・体〕

建て直すことに、どれほどの面倒があるだろうか(、いや、ありはしない)。(その資材を車に)積む場合たった荷車二台分、車の労賃を支払う以外に

ほか に〔格助〕 は、〔係助〕 さらに〔副〕 他 の〔格助〕 用途 いら〔四・未〕 ず。〔助動・打・終〕

は、まったく他の費用はいらない。

語句の解説 1

教706 32ページ

1**ここに**　さて。そこで。
話題の転換に用いる接続語。

1**露消《つゆぎ》えがた**　露(のようにはかない命)が消えそうな頃。
「露」は、はかない命のたとえ。「がた」は接尾語。

1**さらに**　ここでは「新たに、改めて」の意。

2**いはば**《ワ》　言うならば。たとえば。
「言ふ」の未然形＋接続助詞「ば」としてもよい。仮定条件を表す。下の「ごとし」と呼応している。

2**いとなむがごとし**　作るようなものだ。
「いとなむ」は、ここでは「作る、整える」の意。

4**折々《おりおり》に**　そのたびごとに。
住まいを変えるたびごとに、という意味。

4**世《よ》の常《つね》**　ここでは「世間並み、普通」の意。

5**わづか《ズ》に**　やっと。かろうじて。
形容動詞「わづかなり」の連用形で、副詞的用法。

答 1

「地を占めて作らず。」とあるが、どうしてか。

「もし心にかなはぬことあらば、やすく外《ほか》へ移さんがためなり。」706 32・7が理由。

7**やすく**　簡単に。
「やすし」は、「易し」と書き「簡単だ、容易だ」の意。

8**いくばくの煩《わずら》ひかある**　どれほどの面倒があるだろうか(、いや、ありはしない)。
「いくばく」は、ここでは「どのくらい、どれほど」の意。「煩ひ」は、ここでは「面倒、苦労」の意。「か」は、疑問・反語の係助詞。ここでは反語を表す。

9**さらに他の用途《ようとう》いらず**　まったく他の費用はいらない。
ここの「さらに」は、あとに打消を伴って、「まったく…ない、決して…ない」の意を表す。

【大 意】 2 教706 32ページ10行～33ページ2行

庵の東には庇《ひさし》を作り、南には竹の簀子《すのこ》を敷き、その西側に閼伽棚《あかだな》もある。室内には阿弥陀如来《あみだにょらい》や普賢菩薩《ふげんぼさつ》の絵像、法華経《ほけきょう》を置き、東の端に寝床もしつらえた。南西には和歌や管弦《かんげん》などの書を入れた革張りの箱や、琴、琵琶《びわ》などの楽器が置いてある。

【品詞分解／現代語訳】

いま〔副〕 日野山 の〔格助〕 奥 に〔格助〕 跡 を〔格助〕 隠し〔四・用〕 て〔接助〕 後、東 に〔格助〕 三尺余り の〔格助〕 庇 を〔格助〕 さし〔四・用〕 て〔接助〕、柴 折り〔四・用〕 くぶる〔下二・体〕 よすが と〔格助〕 す〔サ変・終〕。南、竹 の〔格助〕 簀子 を〔格助〕 敷き〔四・用〕、そ〔(代)〕 の〔格助〕 西 に〔格助〕 閼伽棚 を〔格助〕 作り〔四・用〕、北 に〔格助〕 寄せ〔下二・用〕 て〔接助〕 障子 を〔格助〕 へだて〔下二・用〕 て〔接助〕 阿弥陀 の〔格助〕 絵像 を〔格助〕 安置し〔サ変・用〕、そば に〔格助〕 普賢 を〔格助〕 かき〔四・用〕、前 に〔格助〕 法華経 を〔格助〕 置け〔四・已(命)〕 り〔助動・存・終〕。

いま日野山の奥に世を捨てて隠れてから、（庵の）東側に三尺余りの庇を作って、（炊事などのために）柴を折って燃やすのに便利な場所とする。南側には、竹の簀子を敷き、その（簀子の）西側に閼伽棚を作り、（室内には）北側に寄せて衝立《ついたて》を間に置いて阿弥陀如来の絵像を安置し、そばに普賢菩薩（の絵像）を掛け、（その）前に法華経を置いている。

東 の〔格助〕 きは に〔格助〕 蕨 の〔格助〕 ほどろ を〔格助〕 敷き〔四・用〕 て〔接助〕、夜 の〔格助〕 床 と〔格助〕 す〔サ変・終〕。西南 に〔格助〕 竹 の〔格助〕 つり棚 を〔格助〕 構へ〔下二・用〕 て〔接助〕、黒き〔ク・体〕 皮籠 三合 を〔格助〕 置け〔四・已(命)〕 り〔助動・存・終〕。すなはち〔接〕、和歌、管弦、往生要集 ごとき〔助動・例・体〕 の〔格助〕 抄物 を〔格助〕 入れ〔下二・用〕 たり〔助動・存・終〕。

東の端にわらびの穂が伸びすぎて広がったものを敷いて、夜の寝床とする。西南に竹のつり棚を組み立てて作って、黒い革張りの箱三つを置いてある。そこで、（それらには）和歌、管弦（に関する書物）、往生要集のような書物の抜き書きを入れてある。

傍ら に〔格助〕 琴、琵琶 おのおの〔副〕 一張 を〔格助〕 立つ〔下二・終〕。いはゆる〔連体〕 折琴、継琵琶、これ〔(代)〕 なり〔助動・断・終〕。仮 の〔格助〕 庵 の〔格助〕 ありやう、かく〔副〕 の〔格助〕 ごとし〔助動・例・終〕。

そばに琴、琵琶それぞれ一張りを立てる。いわゆる折り琴、継ぎ琵琶が、これである。仮の庵の様子は、このよう（なもの）である。

語句の解説 2

教706 32ページ

10 跡《あと》を隠《かく》して後《のち》　世を捨てて隠れてから。

「跡を隠す」は、ここでは「世を捨てて隠れる、俗世間を離れて

10 隠遁《いんとん》する」の意。
庇《ひさし》をさして　庇を作って。
「さす」は、ここでは「設ける、作る」の意。

11 よすが　ここでは「手段、便宜」の意。

12 普賢《ふげん》をかき　普賢菩薩（の絵像）を掛け。
「かく」は「掛く・懸く」で、「掛ける」の意。

13 竹《たけ》のつり棚《だな》を構《かま》へ《エ》て　竹のつり棚を組み立てて作って。
「構ふ」は、ここでは「組み立てて作る、構築する」の意。

14 すなは《ワ》ち　そこで。
「すなはち」はここでは接続詞で、「そういうわけで、そこで」の意。副詞であれば「すぐに、ただちに」の意となる。

教706 33ページ

2 かくのごとし　このようである。
漢文訓読調の表現。

学習のポイント

1
作者の庵《いおり》での生活態度はどのようなものであったか、話し合ってみよう。

考え方　わずか一丈四方の庵の中に置いてあるのは、仏教に関係のあるものと、和歌や管弦に関係のあるものである。ここから、作者は、日々仏道修行をし、歌を詠み、管弦に親しみながら暮らしていることがうかがえるだろう。

2
庵の内部やまわりの様子について、本文を参考にして、下の図に書き込んでまとめてみよう。

考え方　第二段落から、竹の簀子《すのこ》、閼伽棚《あかだな》、障子、阿弥陀《あみだ》像、普賢《ふげん》像、法華経、夜の床《ゆか》、つり棚、黒き皮《かわ》籠《ご》、琴、琵琶《びわ》の位置をつかむ。

解答　下図。

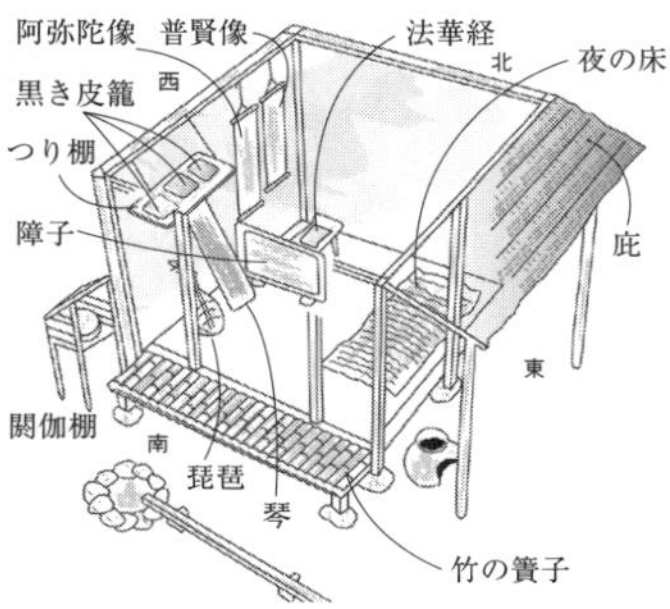

3
本文から対になる表現を抜き出してみよう。

解答　706 32・4〜6

齢《よはひ》は歳々《としどし》に高く、
栖《すみか》は折々に狭《せば》し。

広さはわづかに方丈、
高さは七尺が内なり。

土居《つちゐ》を組み、
うちおほひを葺《ふ》きて、

4
語句　次の傍線部の意味の違いに注意して、現代語訳してみよう。

① さらに末葉《すゑは》の宿りを結べることあり。（706 32・1）
② さらに他の用途《ようとう》いらず。（706 32・9）

考え方　副詞「さらに」は、「改めて、新たに」、「そのうえ、いっそう」、下に打消の語を伴って「まったく…ない」の意がある。

解答　①新たに晩年になってからの住居を構えたことである。
②まったく他の費用はいらない。

3 物語（一）

竹《たけ》取《とり》物語

教706 34～39

※本教材は教708では学習しません。

●『竹取物語』とは

一〇世紀中頃(平安時代中期)までに成立したとされる伝奇物語(作り物語)。作者は未詳だが、漢文の教養も深く、仮名の文章力にたけた当時の知識人だと推定される。さまざまな古代の説話などを下敷きにして書かれており、その構成は、「かぐや姫のおいたち」、「五人の貴族と帝《みかど》の求婚」、「かぐや姫の昇天」の三つの部分からなる。「かぐや姫のおいたち」と「かぐや姫の昇天」が幻想的であるのに対し、「五人の貴族と帝の求婚」は、現実的で貴族社会を風刺した内容になっている。『源氏物語』に「物語の出《い》できはじめの祖《おや》」とある。現存するわが国最古の物語で、後世の作品に大きな影響を及ぼした。

かぐや姫の昇天

【大　意】　1　教706 34ページ6行～35ページ4行

真夜中に月からかぐや姫の迎えの使者が来る。家の辺りは昼にもまして光り明るくなった。人々はあやしいものに襲われたような感じで、戦おうとする気持ちもなくなり、力が抜けてただ呆然と見つめ合っていた。

【品詞分解／現代語訳】

宵 うち過ぎ（上二・用） て（接助）、子 の（格助） 時 ばかり（副助） に（格助）、家 の（格助） あたり、昼 の（格助） 明さ に（格助） も（係助） 過ぎ（上二・用） て（接助）、光り（四・用） たり（助動・完・終）。

宵がすっかり過ぎて、真夜中の午前零時頃に、家の辺りが、昼間の明るさにもまして、光り輝いた。

望月 の（格助） 明さ を（格助） 十 合はせ（下二・用） たる（助動・存・体） ばかり（副助） に（助動・断・用） て（接助）、在る（ラ変・体） 人 の（格助） 毛 の（格助） 穴 さへ（副助） 見ゆる（下二・体）

満月の明るさを一〇も合わせたほどで、そこにいる人の毛の穴まで見えるほどであった。

ほど なり〔助動・断・終〕。大空 より〔格助〕、人、雲 に〔格助〕 乗り〔四・用〕 て〔接助〕 下り来〔カ変・用〕 て〔接助〕、土 より〔格助〕 五尺 ばかり〔副助〕 上がり〔四・用〕 たる〔助動・存・体〕

大空から、人が、雲に乗って下りてきて、地面から五尺ほど上がったあたりに立ち並んでいる。

ほど に〔格助〕 立ち〔四・用〕 連ね〔下二・用〕 たり〔助動・存・終〕。内外 なる〔助動・在・体〕 人 の〔格助〕 心ども、物 に〔格助〕 おそは〔四・未〕 るる〔助動・受・体〕 やう に〔助動・断・用〕

家の内や外にいる人々の心は、何かあやしいものに襲われたような感じで、

て〔接助〕、あひ戦は〔四・未〕 む〔助動・意・体〕 心 も〔係助〕 なかり〔ク・用〕 けり〔助動・過・終〕。からうじて〔副〕、思ひ起こし〔四・用〕 て〔接助〕、弓矢 を〔格助〕 とりたて〔下二・未〕 む〔助動・意・終〕

戦おうとする心もなくなった。どうにか、気を取り直して、弓矢を取ってつがえようとするが、

と〔格助〕 すれ〔サ変・已〕 ども〔接助〕、手 に〔格助〕 力 も〔係助〕 なく〔ク・用〕 なり〔四・用〕 て〔接助〕、萎え〔下二・用〕 かかり〔四・用〕 たる〔助動・存・体〕 中 に〔格助〕、心 さかしき〔シク・体〕 者、

手に力もなくなって、ぐったりして物に寄りかかっている中に、気丈夫な者が、

念じ〔サ変・用〕 て〔接助〕 射〔上一・未〕 む〔助動・意・終〕 と〔格助〕 すれ〔サ変・已〕 ども〔接助〕、ほかざま へ〔格助〕 行き〔四・用〕 けれ〔助動・過・已〕 ば〔接助〕、あひも戦は〔四・未(連語)〕 で〔接助〕、

我慢して射ようとするのだが、(矢は)見当違いの方へ行くので、戦おうともしないで、

心地、ただ〔副〕 痴れ〔下二・用〕 に〔格助〕 痴れ〔下二・用〕 て〔接助〕 まもり〔四・用〕 あへ〔補・四・已(命)〕 り〔助動・存・終〕。

気持ちが、ただぼうっとして見つめ合っていた。

語句の解説 1

教706 34ページ

6 **宵《よひ》うち過《す》ぎて**　宵がすっかり過ぎて。

「宵」は、午後七時頃から九時頃までをいう。「うち過ぐ」の「うち」は接頭語。下の動詞の意味を強調している。

7 **望月《もちづき》の明《あか》さを十合《とおあ》は《ワ》せたるばかり**　満月の明るさを一〇も合わせたほど。

「望月」は「満月」のこと。

1 どのような様子をたとえたものか。

答 真夜中なのに、非常に明るい様子。

9 **内外《うちと》なる人《ひと》の心《こころ》ども**　家の内や外にいる人々の心は。

「内外」は家の内外。「なる」は助動詞「なり」の連体形で、「…にある、…にいる」という存在を表す。「ども」は接尾語で複数を表す。

9 あひ《イ》戦《たたか》は《ワ》む《ン》心《こころ》　戦おうとする心。

「あひ」は動詞の上に付いて語調を整える接頭語。

教706 35ページ

2 心《こころ》さかしき者《もの》　気丈夫な者。

「さかし」は「賢し」と書き、ここでは「気丈だ、しっかりしている」の意。

2 念《ねん》じて射《い》む《ン》とすれども　我慢して射ようとするのだが。

「念ず」はサ変動詞で、ここでは「我慢する、こらえる」の意。

3 あひ《イ》も戦《たたか》は《ワ》で　戦おうともしないで。

「あひ戦ふ」の「あひ」と「戦ふ」の間に係助詞の「も」が入ったもの。強調する形。

4 まもりあへ《エ》り　見つめ合っていた。

「まもる」は、ここでは「見続ける、見つめる」。「あふ」は、ここでは補助動詞で「互いに…し合う」という意。「り」は存続の意の助動詞。

【大　意】　2　教706 35ページ5行〜36ページ13行

飛ぶ車を伴った天人たちが翁《おきな》の家に現れ、その中の王らしき人が、翁にかぐや姫を渡すように迫る。かぐや姫は、月の世界で罪を犯したため下界に下されたこと、そしてその罪を償う期間が終わったため、迎えに来たことなどを明かす。翁は別のかぐや姫だろうと言ったり、姫が重い病気だと言ったりしてごまかそうとするが、天人の不思議な力なのか、家の扉などが勝手に開き、かぐや姫が出てきてしまう。

【品詞分解／現代語訳】

四・已(命)　助動・存・体　係助　格助　ナリ・体　格助　係助　上一・未　助動・打・終　四・体　サ変・用
立て　る　人ども　は、装束　の　清らなる　こと　物　に　も　似　ず。飛ぶ　車　一つ　具し
立っている人たちは、(その着ている)衣装の美しいことはたとえようがない。

飛ぶ車一つ（格助）具し（サ変・用）たり（助動・存・終）。

（空を)飛ぶ車を一台伴っている。

助動・存・終　四・用　助動・存・終　(代)　格助　格助　格助　シク・体　格助　カ変・命　格助
たり。羅蓋　さし　たり。そ　の　中　に、王　と　おぼしき　人、家　に、「みやつこまろ、まうで来。」と
薄い絹の布で張ったかさを差している。その(車の)中の、王と思われる人が、家に(向かって)、「造麻呂《みやつこまろ》、出て来なさい。」と言うと、

四・体　接助　ク・用　四・用　助動・完・体　係助　格助　四・用　助動・存・体　サ変・用　接助　格助　四・已(命)
言ふ　に、猛く　思ひ　つる　みやつこまろ　も、物　に　酔ひ　たる　心地　し　て、うつぶし　に　伏せ
勇ましく思っていた造麻呂も、何かに酔っているような気持ちがして、うつ伏せになって横たわって

助動・存・終　(連語)　(代)　ク・体　ナリ・体　格助　四・用　助動・過・体　格助　四・用　接助　(代)　格助
り。いはく、「汝、幼き　人。いささかなる　功徳　を、翁　作り　ける　に　より　て、汝　が　助け
いる。(天人の王が)言うには、「おまえ、心おろかなる者よ。少しばかりの善行を、翁が成したことによって、おまえの助けに

格助 格助 格助 格助 四・用 助動・過・体 接助 副 格助 副 格助 下二・用 接助 格助
にとて、片時のほどとて下ししを、そこらの年ごろ、そこらの黄金賜ひて、身を
しようとして、わずかな間ということで(かぐや姫を地上に)下したのだが、長年の間、たくさんの黄金をいただいて、生まれ

下二・用 助動・完・体 格助 助動・比(語幹) 四・用 助動・完・用 助動・完・終 係助 格助 四・用 補尊・四・已(命) 助動・完・用 助動・過・已
変へたるがごとなりにたり。かぐや姫は罪を作りたまへりけれ
変わったようになってしまった。かぐや姫は(月の世界で)罪を犯しなさったので、

接助 副 シク・体 (代) 格助 格助 副 サ変・用 助動・完・体 助動・断・終 格助 下二・用 助動・完・已 接助
ば、かく賤しきおのれがもとに、しばしおはしつるなり。罪の限り果てぬれば、
このような身分の低いおまえの所に、しばらくいらっしゃったのだ。罪のつぐないの期限が終わったので、

副 下二・体 接助 係助 四・終 四・未 助動・打・体 助動・断・終 副 四・用 補謙・四・命 格助 四・終
かく迎ふるを、翁は泣き嘆く。あたはぬことなり。はや返したてまつれ。」と言ふ。
こうして迎えるというのに、翁は泣き嘆く。(だがこれは)どうしようもないことだ。早く(姫を)お出し申せ。」と言う。

下二・用 接助 四・体 格助 四・用 補謙・四・体 格助 四・用 助動・完・終 格助 四・体
翁答へて申す、「かぐや姫を養ひたてまつること二十余年になりぬ。『片時』とのたまふ
翁が答えて申し上げるには、「かぐや姫を養い申し上げること二〇年あまりになりました。『わずかな間』とおっしゃる

接助 シク・用 四・用 補丁・ラ変・用 助動・完・終 副 格助 格助 四・体 係助(係) サ変・終 助動・現推・体(結)
に、あやしくなりはべりぬ。また異所にかぐや姫と申す人ぞおはしますらむ。」
ので、不思議になりました。また別の所にかぐや姫と申す人がいらっしゃるのでしょう。」と言う。

格助 四・終 (代) 格助 サ変・体 係助 ク・体 格助 サ変・用 補尊・四・已 接助 副 下二・用 補尊・四・終
と言ふ。「ここにおはするかぐや姫は、重き病をしたまへば、え出でおはします
「ここにいらっしゃるかぐや姫は、重い病にかかっておいでなので、お出になることはできますまい。」

助動・打推・終 格助 四・已 接助 (代) 格助 係助 ク・用 接助 格助 格助 四・体 格助 下二・用 接助 感
まじ。」と申せば、その返り事はなくて、屋の上に飛ぶ車を寄せて、「いざ、
と申し上げると、その返事はなくて、屋根の上に飛ぶ車を寄せて、「さあ、

ク・体 格助 副 係助(係) シク・用 サ変・未 助動・推・体(結) 格助 四・終 下二・用 助動・存・体 格助
かぐや姫、穢き所に、いかでか久しくおはせむ。」と言ふ。立て籠めたる所の戸、
かぐや姫、(このような)けがれた所に、どうして長くいらっしゃるだろうか(、いや、いらっしゃらないだろう)。」と言う。閉め切っておいた所の戸は、

（副）すなはち　（副）ただ　（四・用）開き　（格助）に　（四・用）開き　（助動・完・終）ぬ。
すぐにすっかり開いてしまった。

格子ども　（係助）も、人　（係助）は　（ク・用）なく　（接助）して　（四・用）開き　（助動・完・終）ぬ。
格子なども、（開ける）人はいないのに開いてしまった。

嫗《おうな》　（四・用）抱き　（接助）て　（上一・用）ゐ　（助動・存・体）たる　かぐや姫、外　（格助）に　（下二・用）出で　（助動・完・終）ぬ。
嫗《おうな》が抱いていたかぐや姫は、外に出てしまった。

（副）え　（下二・終）とどむ　（助動・打推・已）まじけれ　（接助）ば、（副）ただ　（四・用）さし仰ぎ　（接助）て　（ラ変・終）泣きをり。
引きとめることができそうにないので、（嫗はかぐや姫を）ただ仰ぎ見て泣いている。

語句の解説 2

教706 35ページ

5 装束《しょうぞく》の清《きよ》らなること　衣装の美しいことは。
「清らなり」は、ここでは「美しい、華麗だ」の意。天人《てんにん》の華やかで美しいことを表す。

5 物《もの》にも似《に》ず　たとえようがない。
「物にも似ず」で、比べるものもないほどはなはだしいことを表す。

2 「汝、幼き人。」とは誰のことか。

答 翁。

8 いは《ワ》く　言うことには。
動詞「言ふ」に接尾語「く」が付いたもの。ク語法という。

教706 36ページ

1 そこらの年《とし》ごろ　長年の間。
「そこら」は「たくさん、多く」の意味の副詞。「年ごろ」は、ここでは「長年の間」。直前では「片時のほど」（わずかな間）と言っているのに、ここでは「長年の間」と言う。月の世界と下界での時間の流れ方の違いがわかる。

2 賜《たま》ひ《イ》て　いただいて。
「賜《たま》ふ」は、ここでは下二段活用動詞で、「受く・もらふ」の謙譲語。「いただく、頂戴する」。

2 身《み》を変《か》へ《エ》たるがごと　生まれ変わったように。
「ごと」は比況の助動詞「ごとし」の語幹相当部分。

3 賤《いや》しきおのれ　身分の低いおまえ。
「賤《いや》し」は「身分が低い」の意。下界の翁を見下している。

7 あやしくなりはべりぬ　不思議に思うようになりました。
「あやし」は、ここでは「不思議だ」の意。

9 え出《い》でおは《ワ》しますまじ　お出になることはできますまい。
「え」は副詞で、後に打消の言葉を伴って「…できない」の意を表す。「おはします」はここでは尊敬の補助動詞。

3 どうして翁はこのような返事をしたのか。

答 かぐや姫を渡さないため。

10 いかでか久《ひさ》しくおはせ《ワ》む《ン》　どうして長くいらっしゃるだろうか（、いや、いらっしゃらないだろう）。

「いかでか」の「か」は反語。推量の助動詞「む」は、「か」の結びで連体形。「いかでか」で一語の副詞としてもよい。疑問や反語を表す副詞がある場合は、文末は連体形となる。

11 **すなは《ワ》ち**　すぐに。

「すなはち」は、ここでは副詞で「すぐに、ただちに、即座に」の意。「言うまでもなく」「そういうわけで」の意の接続詞ではない。

11 **人《ひと》は《ワ》なくして開《あ》きぬ**　(開ける)人はいないのに開いてしまった。天人の不思議な力を表した部分。

【大　意】　3　教706 36ページ14行〜37ページ8行

かぐや姫は、竹取の翁が泣き伏している所に近寄り、心ならずも月に帰る自分を見送ってほしい、と言うが、翁は悲しみにくれて嘆くばかりで、それを見るかぐや姫も心乱れてしまう。泣きながら翁たちへの手紙を書き残すのだった。

【品詞分解／現代語訳】

竹取、心 惑ひ て 泣き伏せ る 所 に 寄り て、かぐや姫 言ふ、「ここ に も、心 に も
四・用　接助　四・已(命)　助動・存・体　格助　四・用　接助　四・体　(代)　格助　係助　助動・断・用　係助
竹取の翁が、心を乱して泣き伏している所に近寄って、かぐや姫が言うには、「私も、心からでもなくこうし

あら で かく まかる に、昇ら む を だに 見送り たまへ。」と 言へ ども、「なにしに、悲しき
補・ラ変・未　接助　副　四・体　接助　四・未　助動・婉・体　格助　副助　四・用　補尊・四・命　格助　四・已　接助　副　シク・体
ておいとましますのに、せめて(月に)昇るのだけでもお見送りくださいませ。」と言うのだが、「どうして、(これほど)悲し

に、見送り たてまつら む。我 を いかに せよ とて、捨て て は 昇り たまふ ぞ。具し て
接助　四・用　補謙・四・未　助動・意・体　(代)　格助　副　サ変・命　格助　下二・用　接助　係助　四・用　補尊・四・体　係助　サ変・用　接助
いのに、お見送り申し上げようか(、いや、できない)。私をどのようにせよといって、見捨てて(月に)お昇りになるのですか。(私を)一緒に

率 て おはせ ね。」と、泣き て、伏せ れ ば、御心 惑ひ ぬ。
上一・用　接助　サ変・未　終助　格助　四・用　接助　四・已(命)　助動・存・已　接助　四・用　助動・完・終
連れていらしてください。」と、泣いて、伏しているので、(かぐや姫も)お心が乱れてしまった。

「文 を 書き置き て まから む。恋しから む をりをり、取り出で て 見 たまへ。」とて、
格助　四・用　接助　四・未　助動・意・終　シク・未　助動・婉・体　下二・用　接助　上一・用　補尊・四・命　格助
「手紙を書き置いておいとましましょう。(私を)恋しく思うような時には、取り出してご覧ください。」と言って、

うち泣き て 書く 言葉 は、
四・用　接助　四・体　係助
泣きながら書く言葉は、

(代)　格助　格助　下二・用　助動・完・体　格助　助動・断・未　接助　四・未　助動・使・用　補謙・四・未　助動・打・体　副助
「こ の 国 に 生まれ ぬる と なら ば、嘆か せ たてまつら ぬ ほど まで
「この国に生まれたというのであれば、(翁たちを)嘆かせ申し上げない頃までお仕えしましょう。

ラ変・未　助動・意・終　下二・用　助動・完・体　副　ク・用　係助(係)　下二・用　補丁・ラ変・已(結)　四・体
はべら む。過ぎ別れ ぬる こと、かへすがへす 本意なく こそ おぼえ はべれ。脱ぎ置く 衣
(でもそれもできずに)去り別れてしまうことは、返す返すも残念に思われます。脱ぎ置いた衣を

格助　格助　上一・用　補尊・四・命　格助　下二・用　助動・完・未　助動・婉・体　係助　下二・用　補尊・四・命　下二・用　補謙・四・用
を 形見 と 見 たまへ。月 の 出で たら む 夜 は、見おこせ たまへ。見捨て たてまつり
形見としてご覧ください。月が出た夜は、(私がいる月の方を)ご覧になってください。(お二人を)見捨て申し上げ

接助　四・体　格助　係助　上二・用　助動・強・終　助動・推・体　サ変・体
て まかる、空 より も 落ち ぬ べき 心地 する。」
ておいとまするることは、空からも(悲しみのあまり)落ちてしまいそうな気持ちがします。」

格助　四・終
と、書き置く。
と、書き置く。

語句の解説 3

教706 36ページ

15 **かくまかる**　こうしておいとまする。
「まかる」は、ここでは「退《しぞ》く・去る」の謙譲語で「退出する、おいとまする」の意。

15 **昇《のぼ》らむ《ン》をだに見送《みおく》りたまへ《エ》**　せめて(月に)昇るのだけでもお見送りくださいませ。
「だに」は、最低限の限定(せめて…だけでも)を表す副助詞。

15 **なにしに**　どうして。
副詞。「見送りたてまつらむ」にかかる。後に推量(ここでは意志)の語を伴って反語の意味を表す。文末は、疑問・反語を表す副詞に対応して連体形で結んでいる。

16 **我《われ》をいかにせよとて、捨《す》てては昇《のぼ》りたまふ《モウ》ぞ**　私をどのようにせよといって、捨てて(月に)お昇りになるのですか。
「我を」は「捨てては昇りたまふぞ」にかかる。「いかにせよ」は、「どのようにしろ」。かぐや姫が行ってしまった後、「どうしろというのか」という意味。

教706 37ページ

1 **具《ぐ》して率《ゐ》ておは《ワ》せね**　一緒に連れていらしてください。
「具す」「率《ゐ》る」ともに「連れていく、一緒にいく」などの意味。
「ね」は、終助詞で、他に対する願望を表す。

5 **本意《ほい》なくこそおぼえはべれ**　残念に思われます。

「本意なく」は形容詞「本意なし」の連用形で、「不本意だ、残念だ」の意。「こそ」の結びが「はべれ」で、ラ変の補助動詞「はべり」の已然形。不本意に思っているのは、「過ぎ別れぬること」。

7 **落《お》ちぬべき心地《ここち》する**　落ちてしまいそうな気持ちがします。「ぬ」は強調の助動詞「ぬ」の終止形。「べき」は推量の助動詞「べし」の連体形。

【大　意】 4 教706 37ページ9行～39ページ3行

天人たちは、かぐや姫に天《あま》の羽衣《はごろも》を着せたり不死の薬を飲ませたりしようとするが、かぐや姫は天の羽衣を着ると心が変わってしまうと言って、天人たちを待たせたまま、慌てる様子もなく帝《みかど》への手紙を書く。その手紙と不死の薬の壺《つぼ》を頭中将《とうのちゅうじょう》に託すと、天人は天の羽衣を着せる。別れをつらく悲しいものと感じていたもの思いもなくなり、かぐや姫は天人たちと共に天へ昇って行った。

【品詞分解／現代語訳】

	格助		格助	四・未	助動・使・用	助動・存・体		ラ変・終		四・已(命)	助動・存・終	副	ラ変・体	係助			
天人	の	中	に、	持た	せ	たる	箱	あり。	天の羽衣	入れ	り。	また	ある	は、	不死の薬		

天人の中に、持たせている箱がある。(一つには)天の羽衣が入っている。また(別に)ある箱には、不死の薬が

四・已(命)	助動・存・終		格助		四・体		助動・在・体		四・命	ク・体		格助		四・用	助動・存・已	接助
入れ	り。	一人	の	天人	言ふ、	「壺	なる	御薬	奉れ。	穢き	所	の	物	きこしめし	たれ	ば、

入っている。一人の天人が言うには、「壺の中にあるお薬をお飲みください。けがれた所の食べ物を召し上がっていたので、

	シク・未	助動・推・体		係助	格助	四・用(音)	接助	四・用	助動・完・已	接助	副	下二・用	補尊・四・用	接助	副
御心地	悪しから	む	もの	ぞ。」	とて、	持	て	寄り	たれ	ば、	いささか	なめ	たまひ	て、	少し、

ご気分が悪いにちがいない。」と言って、(薬を)持って近寄ったので、(かぐや姫は)少しだけおなめになって、少々、

	格助	四・体		格助	四・未	助動・意・終	格助	サ変・已	接助	ラ変・体		四・未	助動・使・未	助動・打・終		格助
形見	とて、	脱ぎ置く	衣	に	包ま	む	と	すれ	ば、	在る	天人	包ま	せ	ず。	御衣	を

形見にといって、脱ぎ置く衣に包もうとすると、(そこに)いる天人が包ませない。天の羽衣を

下二・用	接助	下二・未	助動・意・終	格助	サ変・終	(代)	格助		格助		副	四・命	格助	四・終		
とり出で	て	着せ	む	と	す。	そ	の	時	に、	かぐや姫、	「しばし	待て。」	と	言ふ。		

取り出して(かぐや姫に)着せようとする。その時に、かぐや姫は、「しばらく待ちなさい。」と言う。

	下二・用	助動・完・体		係助		ナリ・用	四・体	助動・断・終	格助	四・終			四・終	助動・当・体		ラ変・用
「衣	着せ	つる	人	は、	心	異に	なる	なり	と	いふ。	もの	一言	言ひ置く	べき	こと	あり

「天の羽衣を着せた人は、心が変わってしまうという。ひとこと言っておかなければならないことがあったのですよ。」

助動・詠・終　格助　四・用　接助　四・終　ク・終　格助　四・用　補尊・四・終　四・未　助動・打・体
けり。」と 言ひ て、文 書く。天人、「遅し。」と、心もとながり たまふ。かぐや姫、「もの 知ら ぬ
と言って、手紙を書く。天人は、「遅い。」と、じれったがりなさる。かぐや姫は、「ものの道理を解さないようなこ

副　四・用　終助　格助　シク・用　ナリ・用　格助　四・用　補尊・四・終　下二・未　助動・打・体
こと、な のたまひ そ。」とて、いみじく 静かに、朝廷 に 御文 奉り たまふ。あわて ぬ さま
とを、おっしゃいますな。」と言って、とても静かに、帝にお手紙を書き申し上げなさる。慌てない様子である。

助動・断・終
なり。

副　副　格助　格助　四・用　接助　下二・未　助動・尊・用　補尊・四・已　接助　四・未　助動・打・体　カ変・用　接助
「かく あまた の 人 を 賜ひ て とどめ させ たまへ ど、許さ ぬ 迎へ まうで来 て、
「このように大勢の人を(差し向けて)くださって(私を)お引きとめなさいましたが、(拒むことを)許さない迎えがやって参りまして、

上一・用　接助　四・用　助動・完・已　接助　シク・用　シク・体　四・未　助動・打・用　四・用　助動・完・体　係助
取り率 て まかり ぬれ ば 口惜しく 悲しき こと。宮仕へ 仕うまつら ず なり ぬる も、
(私を)とらえて連れて行ってしまうので残念で悲しいことです。宮仕えをいたさないままになってしまったのも、

副　シク・体　助動・断・用　接助　補丁・ラ変・已　接助　下二・未　助動・打・用　四・未　助動・尊・用　助動・強・終　助動・現推・已
かく わづらはしき 身 に て はべれ ば、心得 ず おぼしめさ れ つ らめ
このようにわずらわしい身でございますので、きっと納得がいかないとお思いなさったことでしょうけれども。

接助　ク・用　四・未　助動・打・用　四・用　助動・完・用　助動・過・体　ナリ・体　格助　下二・未　助動・尊・用
ども。心強く 承ら ず なり に し こと、なめげなる もの に おぼしとどめ られ
強情にお引き受け申し上げないままになってしまったこと、無礼な者であるとご記憶におとどめになられてしまうことが、

助動・完・体　係助(係)　格助　四・用　補丁・ラ変・用　助動・完・体(結)　格助
ぬる なむ、心 に とまり はべり ぬる。」とて、
心にかかっております。」と書いて、

係助　格助　上一・体　係助(係)　格助　ナリ(語幹)　格助　下二・用　助動・詠・体(結)
今 は とて 天の羽衣 着る をり ぞ 君 を あはれ と 思ひ出で ける
今はもうこれでお別れと天の羽衣を着るその時に、帝のことをしみじみと思い出すことですよ。

格助　格助　下二・用　接助　下二・用　接助　四・未　助動・使・終　格助　四・用　接助　下二・終　四・用
とて、壺 の 薬 そへ て、頭中将 呼び寄せ て、奉ら す。中将 に、天人 取り て 伝ふ。中将 取り
と詠み、壺の薬を(その手紙に)添えて、頭中将を呼び寄せて、(帝に)献上させる。中将に、天人が受け取って取りつぐ。中将が受け取っ

助動・完・已　接助　副　下二・用　補謙・四・用　助動・完・已　接助　格助　シク・終　シク・終　格助　四・用
つれ ば、ふと 天の羽衣 うち着せ たてまつり つれ ば、翁 を、いとほし、かなし と おぼし
たので、さっと(天人がかぐや姫に)天の羽衣を着せ申し上げたので、翁を、かわいそうだ、いとおしいとお思いになって

助動・完・用　係助　下二・用　助動・完・終　(代)　格助　上一・用　助動・完・体　係助　ク・用　四・用　助動・完・用　助動・過・已　接助
つる こと も 失せ ぬ。こ の 衣 着 つる 人 は、物思ひ なく なり に けれ ば、
いたことも消え失せてしまった。この衣を着てしまった人は、思い悩むこともなくなってしまったので、

格助　四・用　接助　副助　サ変・用　接助　四・用　助動・完・終
車 に 乗り て、百人 ばかり 天人 具し て、昇り ぬ。
(空飛ぶ)車に乗って、百人ほどの天人をしたがえて、天に昇っていってしまった。

語句の解説 4

教706 37ページ

9 **あるは**　ある箱には。
「ある」はラ変動詞「あり」の連体形で、直後に「箱」が省略されている。

10 **奉《たてまつ》れ**　お飲みください。
「奉る」は、ここでは「飲む」の尊敬語。「奉る」は尊敬語、謙譲語があるので注意する。

10 **きこしめしたれば**　召し上がっていたので。
「きこしめし」は尊敬を表す動詞「きこしめす」の連用形。「きこしめす」には①「お聞きになる」、②「ご承知なさる」、③「召し上がる」、④「お治めになる」などの意味があり、ここは③で、「食ふ」「飲む」の尊敬語である。

11 **御心地《みここち》悪《あ》しからむ《ン》ものぞ**　ご気分が悪いにちがいない。
「ものぞ」は強い断定を表す。「…にちがいない、…ものだ」。

4 **どうして天人は包ませなかったのか。**

答　不死の薬を形見として翁に渡させないため。

15 **心《こころ》もとながりたまふ《モウ》**　じれったがりなさる。
「心もとながり」は、動詞「心もとながる」の連用形。「がる」は接尾語で、「心もとなし」という形容詞を動詞化している。「たまふ」は、天人に対する敬意を表す。

16 **もの知《し》らぬこと**　ものの道理を解さないようなこと。
「知る」には、①「理解する」、②「関わる」、③「世話する」などの意味がある。ここでは①。

16 **なのたまひ《イ》そ**　おっしゃいますな。
「な…そ」は、禁止「…な、…しないでくれ」の意を表す。

教706 38ページ

2 あまたの人を賜《たま》ひ《イ》て　大勢の人を(差し向けて)くださって。

ここの「賜ふ」は、主語が帝なので、「与ふ」の尊敬語。

5 仕《つこ》うまつらずなりぬる　お仕え申し上げないままになってしまった。

「仕うまつる」は、「お仕え申し上げる」の意の謙譲語。

5 かくわづ《ズ》ら《ワ》はしき身《み》にてはべれば　このようにわずらわしい身でございますから。

この部分は、すぐ前の「宮仕へ仕うまつらずなりぬる」ことの理由を示している。「わづらはしき身」とは、かぐや姫が普通の人間ではないことを表している。

6 おぼしめされつらめ　お思いになったことでしょう。

「おぼしめす」は、「思ふ」の尊敬語で「お思いになる」の意。「思ふ」→「おぼす」→「おぼしめす」の順で敬意が高くなる。

7 心強《こころづよ》く　強情に。

「心強し」には、「我慢強い」の意味もある。

7 なめげなるものに　無礼な者であると。

「なめげなり」は、「無礼だ、失礼だ」の意。かぐや姫自身を指す。

5 **何が「心にとま」るのか。**

答 かぐや姫が「なめげなるもの」(無礼な者)であると帝に思われたままであること。

6 **「君」とは誰のことを指しているか。**

答 帝。

16 いとほ《オ》し　かわいそうだ。

「いとほし」は、ここでは「気の毒だ、かわいそうだ」の意。「かわいい」の意もある。

教706 39ページ

2 物思《ものおも》ひ《イ》なくなりにければ　思い悩むこともなくなってしまったので。

天の羽衣を着ると、「物思ひ」がなくなってしまうのである。

学習のポイント

1 かぐや姫は、なぜ天の羽衣を、「しばし待て。」(706 37・13)と言って、すぐには着なかったのか。この前後のかぐや姫の言動から考えてみよう。

考え方 直後にかぐや姫は「衣《きぬ》着せつる人は、心異《こと》になるなりといふ。もの一言《ひとこと》言ひ置くべきことありけり。」706 **37・14**と言っている。

解答例 帝に言っておかなければならないことがあるので手紙を書きたいのだが、天の羽衣を着てしまうと人間の心がなくなり、書けなくなってしまうから。

2 当時の人々は、天上界をどのように考えていたか、人間の世界との相違点を文中から指摘してまとめてみよう。

考え方　人間とは違う天人《てんにん》の描写や言動を挙げてみる。

解答例　「大空より、人、雲に乗りて下《お》り来て、土より五尺ばかり上がりたるほどに立ち連ねたり。」706 34・8〜9

「内外《うちと》なる人の心ども、物におそはるるやうにて、あひ戦はむ心もなかりけり。」706 34・9〜35・1

「装束《さうぞく》の清らなること物にも似ず。」706 35・5

「飛ぶ車一つ具したり。」706 35・5

「かく賤《いや》しきおのれ」(＝翁) 706 36・3

「穢《きたな》き所」(＝地上・人間界) 706 36・10

「立て籠《こ》めたる所の戸、すなはちただ開《あ》きに開きぬ。」706 36・11

「天の羽衣」／「不死の薬」706 37・9

「この衣着《きぬ》つる人は、物思ひなくなりにければ」706 39・1

天人は不思議な力を持つ。不死の薬があるので死ぬことがなく、天の羽衣を着ているので思い悩むこともない。かぐや姫も、翁たちと別れることをつらく悲しいと思っていたのに、天の羽衣を着たとたん、そんな思いもなくなった。天上界では、人は思い悩むこともなく、不老不死なのである。地上の人間界はけがれたところであるのに対し、天上界は清浄なところ、仏教思想に基づく理想郷と考えていた。

3

語句　次の傍線部の違いを説明してみよう。

① かぐや姫を養ひたてまつること(706 36・6)

② 壺《つぼ》なる御薬《おほんくすり》奉れ。(706 37・10)

③ 朝廷《おほやけ》に御文奉りたまふ。(706 37・16)

考え方　敬語の「奉る」は、「飲む・食ふ」「着る・乗る」の尊敬語、「与ふ」の謙譲語、謙譲の補助動詞(連用形に接続)がある。

解答　①謙譲の補助動詞　②「飲む」の尊敬語。

③「与ふ」の謙譲語。

4

探究　物語の続きで、帝は受け取った壺の薬をどうしただろうか。読んで発表してみよう。また、かぐや姫が月の世界でどのような「罪」を犯したのか、想像してみよう。

考え方　天人の中の「王とおぼしき人」が、かぐや姫に敬語を用いているので、姫が天上界で高貴な身分であったと思われる。そのような高貴な姫が犯した「罪」である。自由に想像してみよう。

解答例　〈物語の続き〉帝は、かぐや姫に会えないのなら、不死の薬など何の役にも立たないと、かぐや姫の手紙と薬を天に最も近い山(富士山)で燃やしてしまう。

伊《い》勢《せ》物語

教706 40~47 教708 34~37

●伊勢物語とは

『伊勢物語』は、平安時代初期~中期(一〇世紀中頃)に成立した歌物語。『古今和歌集』(九〇五年)以前に第一次『伊勢物語』のようなものが存在し、複数の人物によって第二次、三次と書き加えられ、一〇世紀半ばにほぼ現在の形になったと考えられている。

具体的な名では示されないが、在原業平《ありわらのなりひら》(八二五~八八〇)と思われる人物が主人公で、元服式の章段(「初冠《ういこうぶり》」)で始まり、最後が臨終の歌の章段(「つひにゆく道」)である。多くが「昔、男ありけり。」の書き出しで始まる。

比較的短い各章段のそれぞれに歌が配されている。藤原高子《ふじわらのたかいこ》や伊勢斎宮《いせのさいぐう》などの女性との恋、惟喬《これたか》親王との主従愛などが中心。いわば「愛」の物語である。また、「みやび」(「初冠」の末尾の文にある)を表すことが『伊勢物語』の重要なモチーフになっているとも考えられている。

歌物語とは和歌を中心とした短編物語集で、主に歌によって恋などの人物の心情を描く。『伊勢物語』は現存する最古の歌物語。他に九五一年頃成立の『大和《やまと》物語』(「をばすて」706 48~49 708 38~39)、『平中《へいちゅう》物語』が代表的作品である。

初《うひ》冠《かうぶり》

【大意】 教706 40ページ1~9行 教708 34ページ1~9行

元服した男は奈良の都の春日《かすが》の里に狩りに行った。その里でたいへん優美な姉妹を見かけ、男は、着ていた信夫摺《しのぶずり》の狩衣《かりぎぬ》の裾を切って、それに恋の歌を書いて贈ったのだった。

【品詞分解/現代語訳】

昔、男、初冠 し(サ変・用) て(接助)、奈良 の(格助) 京 春日 の(格助) 里 に(格助)、しる(四・体) よし して(格助)、狩り に(格助) 往に(ナ変・用) けり(助動・過・終)。そ(代) の(格助)

昔、ある男が、元服して、奈良の都の春日の里に、(その土地を)領有している縁で、狩りに行った。その里に、

里 に(格助)、いと(副) なまめい(四・用(音)) たる(助動・存・体) 女はらから 住み(四・用) けり(助動・過・終)。こ(代) の(格助) 男 かいまみ(上一・用) て(助動・完・用) けり(助動・過・終)。思ほえ(下二・未)

たいへん若々しく美しい姉妹が住んでいた。この男は(その姉妹を)のぞき見してしまった。思いがけ

ず〔助動・打・用〕、ふる里 に〔格助〕 いと〔副〕 はしたなく〔ク・用〕 て〔接助〕 あり〔補・ラ変・用〕 けれ〔助動・過・已〕 ば〔接助〕、心地 まどひ〔四・用〕 に〔助動・完・用〕 けり〔助動・過・終〕。男 の〔格助〕 着〔上一・用〕
ず、(姉妹が)旧都にとても不似合いなほどに美しかったので、(男は)心が乱れてしまった。男が着ていた

たり〔助動・存・用〕 ける〔助動・過・体〕 狩衣 の〔格助〕 裾 を〔格助〕 切り〔四・用〕 て〔接助〕、歌 を〔格助〕 書き〔四・用〕 て〔接助〕 やる〔四・終〕。その〔(代)格助〕 男、信夫摺 の〔格助〕 狩衣 を〔格助〕
狩衣の裾を切って、歌を書いて贈る。その男は、信夫摺の狩衣を着ていたので

なむ〔係助(係)〕 着〔上一・用〕 たり〔助動・存・用〕 ける〔助動・過・体(結)〕。
あった。

春日野 の〔格助〕 若紫 の〔格助〕 すりごろも しのぶ の〔格助〕 乱れ かぎり しら〔四・未〕 れ〔助動・可・未〕 ず〔助動・打・終〕
春日野の若い紫草のようなあなた方を見て、信夫摺の模様の乱れのように、あなた方を恋いしのぶ私の心は、限りなく乱れています。

と〔格助〕 なむ〔係助(係)〕 追ひつき〔四・用〕 て〔接助〕 言ひやり〔四・用〕 ける〔助動・過・体(結)〕。 ついで おもしろき〔ク・体〕 こと と〔格助〕 も〔係助〕 や〔係助(係)〕 思ひ〔四・用〕 けむ〔助動・過推・体(結)〕。
とすぐさま詠んで贈ったのであった。(男は、)ことのなりゆきを折に合った風流なことと思ったのだろうか。(この歌は、)

みちのく の〔格助〕 しのぶもぢずり たれ〔(代)〕 ゆゑ に〔格助〕 乱れそめ〔下二・用〕 に〔助動・完・用〕 し〔助動・過・体〕 われ〔(代)〕 なら〔助動・断・未〕 なく〔(連語)〕 に〔接助〕
みちのくの信夫摺の乱れ模様のように(あなた以外の)誰かのせいで心乱れ始めた私ではないのに。(あなたへの恋心のせいで乱れているのです。)

と〔格助〕 いふ〔四・体〕 歌 の〔格助〕 心ばへ なり〔助動・断・終〕。 昔人 は〔係助〕、かく〔副〕 いちはやき〔ク・体〕 みやび を〔格助〕 なむ〔係助(係)〕 し〔サ変・用〕 ける〔助動・過・体(結)〕。
という古歌の趣向である。 昔の人は、こんなに激しい風流事をしたのだった。

(第一段)

語句の解説

教706 40ページ　教708 34ページ

1 **しるよしして**　(その土地を)領有している縁で。
「しる」は漢字を当てると「領る・治る」で、「領有する、治める」の意。「よし」は、「縁、ゆかり」。

1 **往《い》にけり**　行った。
「往に」は、ナ行変格活用の動詞「往ぬ」の連用形。ナ変は、「往《い》ぬ(去《い》ぬ)」と「死ぬ」の二語のみ。

2 **なまめいたる**　若々しく美しい。
「なま」は本来「未熟な」という意味を表す。「なまめい」は、動

詞「なまめく」の連用形「なまめき」のイ音便。「なまめく」は、みずみずしい美しさを表す語。

2 **女《おんな》はらから**　姉妹。
「はらから」は、同腹の「兄弟姉妹」をさす。

2 **かいまみて**　のぞき見して。
「かいまみる」は「かきまみる」が音便化したもの。「垣間見る」と書く。すき間からこっそり見ること。平安時代には、女性が人目に触れることは少なかったため、男性が女性の姿を確かめる手段でもあった。「かいまみ」は恋のきっかけとして物語などにしばしば描かれている。

答 1　**男は何を「かいまみ」たのか。**
「いとなまめいたる女はらから」(たいへん若々しく美しい姉妹)。

3 **思《おも》ほ《オ》えず**　思いがけず。
「思ほえず→はしたなくて」と、「はしたなし」(不似合いなさまだ)を修飾する。「思ほえ」は、ヤ行下二段動詞「思ほゆ」の未然形で、「自然に思われる」という意味。

3 **ふる里《さと》**　ここでは、「旧都、昔の都」の意。

3 **いとはしたなくてありければ**　とても不似合いなほどに美しかったので。
主語は「女はらから」である。「はしたなし」は、名詞「はした」に、はなはだしい様子を表す接尾語「なし」が付いて形容詞となったもの。ここでは「不似合いだ、どっちつかずだ」の意。現在の「品がない、下品だ」の意味ではない。「女はらから」の若々しく優美な姿が、荒廃した旧都に不釣り合いに見えた。

3 **心地《ここち》まどひ《イ》にけり**　動揺して取り乱してしまった。
主語は「男」。「まどふ」の意味は、①「心が乱れる」、②「迷う」、③「あわてる」などがあり、ここでは①。

6 **春日野《かすがの》の若紫《わかむらさき》のすりごろも**　「しのぶの乱れ」を導き出す序詞《じょことば》。

8 **われならなくに**　私ではないのに。
「ならなくに」の「なら」は、断定の助動詞「なり」の未然形。連語「なく」の「な」は打消の助動詞「ず」の古い形。それに名詞化する接尾語「く」が付いたもの(「ク語法」と呼ばれる)。「に」は、逆接の確定条件を示す接続助詞。

9 **心《こころ》ばへ《エ》なり**　趣向である。
「心ばへ」は、ここでは「趣向、配慮」の意。他に「気立て」「風情」の意もある。

学習のポイント

※教706では、「頬被り」の後で学習します。

1　**「かくいちはやきみやび」(706 40・9　708 34・9)とあるが、男のどのような行動を指して言っているか、考えてみよう。**

考え方　「みやび」とは風雅な振る舞いをいう。

解答例　美しい「女はらから」を見いだすとすぐさま、着ていた狩《かり》衣《ぎぬ》の裾を切って、それに恋の歌を書きつけて贈ったこと。

2

二つの和歌に使われている技法を指摘し、言葉や詠み手の心情など共通点と相違点を整理してみよう。

考え方 枕詞《まくらことば》、掛詞《かけことば》、序詞《じょことば》が用いられているかどうか考える。

解答
〈技法〉
・「春日野《かすがの》の…」の歌
「しのぶの乱れ」が、「姉妹を偲《しの》ぶ心の乱れ」と「信夫摺《しのぶずり》の模様の乱れ」との掛詞。
・「みちのくの…」の歌
「みちのくのしのぶもぢずり」が「乱れ」を導く序詞。

〈共通点〉

どちらも恋心を詠んでおり、恋に乱れる心情を信夫摺の模様の乱れに託して表現している。

〈相違点〉

「春日野の…」の歌は、元服したばかりの「男」が、「かいまみ」して心を乱された姉妹に贈った、まだ初々しい歌である。「みちのくの…」の歌は、心に秘めた「忍ぶ恋」を詠んだ歌で、恋してもかなわぬ高貴な人への慕情に心を乱す男の歌である。

3

語句 次の傍線部の違いを説明してみよう。

① **奈良の京《きやう》春日の里に、(706 40・1 708 34・1)**
② **狩りに往《い》にけり。(706 40・1 708 34・1)**
③ **乱れそめにし(706 40・8 708 34・8)**
④ **われならなくに(706 40・8 708 34・8)**

考え方 「に」には、格助詞、接続助詞、助動詞「ぬ」の連用形、助動詞「なり」の連用形、ナ行変格動詞の連用形活用語尾、ナリ活用形容動詞の連用形活用語尾がある。

解答 ①格助詞(場所を表す。)
②ナ行変格活用動詞「往ぬ」の連用形「往に」の活用語尾
③完了の助動詞「ぬ」の連用形
④接続助詞(逆接の確定条件を表す。)

読み比べ 頬《ほほ》被《かぶ》り 〔仁《に》勢《せ》物語〕

教706 41〜42

※本教材は 教708 では学習しません。

【大意】 教706 40ページ1〜9行

おかしな男が奈良の春日《かすが》の里に酒を飲みに出かけた。手持ちがなく、着物を酒の肴《さかな》の代金にあてるなどしつつ、散々飲んで酔っぱらい、滑稽な歌を思いついては詠んだのだった。

【品詞分解／現代語訳】

をかし、男、頬被りして、奈良の京春日の里へ、酒飲みに行きけり。その里に

シク・終　サ変・用　接助　格助　格助　格助　四・用　格助　四・用　助動・過・終　(代)　格助　格助

おかしなことであるが、男が、頬かぶりをして、奈良のみやこの春日の里へ、酒を飲みに出かけた。その里にたいそう

いと生臭き魚、腹赤《はらか》といふありけり。この男、買うてみにけり。

副　ク・体　格助　四・体　ラ変・用　助動・過・終　(代)　格助　四・用(音)　接助　補・上一・用　助動・完・用　助動・過・終

生臭いにおいのする魚で、腹赤という名の魚があった。この男は、(その魚を)買ってみ(ようと思っ)たのだった。

思ほえず、古巾着《きんちゃく》に、いとはした銭もあらざりければ、心地まどひにけり。

下二・未　助動・打・用　格助　副　係助　ラ変・未　助動・打・用　助動・過・已　接助　四・用　助動・完・用　助動・過・終

思いがけないことに、古びた巾着袋(小銭を入れる古い小袋)の中には、まったくわずかな金さえ入っていなかったので、途方に暮れてしまった。

男の着たりける借り着る物を脱ぎて、魚の価にやる。その男、渋染めの

格助　上一・用　助動・存・用　助動・過・体　格助　四・用　接助　格助　格助　四・終　(代)　格助　格助

(それで男は、)自分の着ていた(人からの)借り着の衣服を脱いで、魚の代金として渡した。その男は、柿渋染めの着物

着る物をなむ着たりける。

上一・体　格助　係助(係)　上一・用　助動・存・用　助動・過・体(結)

を身につけていたのである。

春日野の魚に脱ぎし借り着物酒飲みたれば寒さ知られず

格助　格助　四・用　助動・過・体　四・用　助動・存・已　接助　四・未　助動・自・未　助動・打・終

春日野で、魚(を買うため)に脱いだ借り着の衣服だが、(服を脱いでいても)酒を飲んでいるので寒さを感じずにすんでいる。

格助	係助(結略)	副	四・用	接助	四・用	助動・過・終	四・用	接助	ク・体		係助(係)	四・用	助動・過推・体(結)
と	なむ。	また	つぎ	て	飲み	けり。	酔ひ	て、	面白き	ことども	や	思ひ	けん。

と(男は歌を詠んだ)。(そうして)また(酒を)注いで飲んだのだった。(男は)酔っぱらって、面白いことでも思いついたのだろうか。

副			係助	下二・用	助動・完・用	助動・過・体	(代)		格助
道すがら	しどろもぢずり	足元	は	乱れそめ	に	し	われ	奈良酒	に

道中ずっと足元は乱れてふらふらとしているよ。奈良産の酒を飲んで酔っぱらってしまったせいで。

格助	四・体		格助		助動・断・終		係助	副	四・用	助動・存・体		格助	係助(係)	サ変・用	助動・過・体(結)
と	いふ	歌	の	心ばへ	なり。	昔人	は、	かく	いらち	たる	飲みやう	を	なん	し	ける。

という歌の趣向(を思いついたの)である。　昔の人は、このようなせっかちな(酒の)飲み方をしたということだよ。

語句の解説

教706 41ページ

1 を《オ》かし、男《おとこ》…　おかしなことだが、男が……。

「をかし」は、ここでは「おかしい、滑稽だ」の意。『伊勢《いせ》物語』の各章段冒頭に使われる「昔(むかし)、男…」をもじった表現。『伊勢物語』の主人公が「むかし男」と呼ばれることもあることから、こちらも「おかしな男」くらいの訳でもよい。

1　男は何のために腹赤を買ったのか。

答　酒の肴《さかな》(酒を飲む時に添える食べ物)として食べるため。

3 思《おも》ほ《オ》えず　思いがけないことに。

「思ほえず」で「思いがけなく、意外にも」の意。

3 はした銭《ぜに》　わずかな金。

3 心地《ここち》まどひ《イ》にけり　途方に暮れてしまった。

「まどふ」は、ここでは「途方に暮れる、うろたえる、思い悩む」の意。

4 価《あたい》　代金。代価。

4 着《き》る物《もの》　着物。衣服。

7 となむ《ン》　と(男は歌を詠んだ)。

係助詞「なむ」の係り結びの結びの語(「詠みけり」など)が省略されている。

7 面白《おもしろ》きことどもや思《おも》ひ《イ》けん　面白いことでも思いついたのだろうか。

「や」は疑問の係助詞。「けん」が結びで連体形である。

8 道《みち》すがら　道中ずっと。

「すがら」は「…の間中、ずっと」の意を添える接尾語。

読み比べ

1　『仁勢物語』「頰被り」を『伊勢物語』「初冠」と読み比べて、もとの単語がどのように変えられているか指摘してみよう。

解答例　「昔」→「をかし」

「初冠(うひかうぶり)」→「頬被り(ほほかぶり)」
「狩り」→「酒飲み」
「なまめいたる女はらから」→「生臭き魚、腹赤《はらか》」
「かいまみ」→「買うてみ」
「ふる里」→「古巾着《ふるきんちゃく》」
「はしたなくてありければ」→「はした銭《ぜに》もあらざりければ」
「狩衣《かりぎぬ》」→「借り着る物」
「信夫摺《しのぶずり》の狩衣」→「渋《しぶ》染めの着る物」
「すりごろも」→「借り着物」
「しのぶの乱れ」→「酒飲みたれ(ば)」
「追ひつきて」→「またつぎて」
「ついでおもしろきことともや思ひけむ」→「酔ひて、面白きことどもや思ひけん」
「みちのくのしのぶもぢずり」→「道すがらしどろもぢずり」
「われならなくに」→「われ奈良酒に」
「いちはやきみやび」→「いらちたる飲みやう」

2 **『伊勢物語』のほかの章段についても、『仁勢物語』と読み比べて、『仁勢物語』の特徴を考えてみよう。**

考え方 『伊勢物語』中のものごとが、『仁勢物語』ではどのように置き換えられているかに注意して考える。

解答例 『仁勢物語』は、『伊勢物語』の一二五段すべてをもじっている。その中から幾つか例を挙げる。

・『伊勢物語』第九段「東下り」の「駿河《するが》なる宇津《うつ》の山のうつつにも夢にも人に逢《あ》はぬなりけり」が、『仁勢物語』では「駿河なる宇津の山辺の十団子銭《ぜに》がなければ買はぬなりけり」とご当地名物の紹介になり、富士の山に雪があるのを「飯に似ている」などとする。

・『伊勢物語』第四段の、いなくなった恋人への想《おも》いを切々とうたいあげた「月やあらぬ春や昔の春ならぬわが身ひとつはもとの身にして」が、『仁勢物語』では、病気で目と鼻の間にひどい腫れ物ができたとして、「面やあらぬ鼻やむかしの鼻ならぬわが身ひとつは元の身にして」と変わる。

・『伊勢物語』第八二段 **706** **44〜46**では、「狩り暮らしたなばたつめに宿借らむ天《あま》の河原《かはら》にわれは来にけり」という歌に感じ入った親《み》王《こ》が、「かへすがへす誦《ずん》じたまうて」返歌ができない姿が描かれるが、『仁勢物語』の「君」は、「かいぐひし棚ざらし餅《もち》固からん岩田《いはた》河原でわれは食ひけり」の歌に対して、「餅を数々食ひ給ひて」返歌をしない。

『仁勢物語』の特徴は、語呂《ごろ》やもじりの手法を用いて、恋や情趣ある風景への関心を優美に表現する「昔」の「王朝貴族」の世界を、「江戸の町の庶民」が主に関心をもっているだろう飲食や金銭、病といった、「今」の日常生活上の話題に置き換え、「みやび」と「卑俗」の落差の大きさに笑いを生じさせる、というものであるといえる。

月やあらぬ

【大　意】 1 教706 43ページ1〜4行　教708 36ページ1〜4行

昔、ある男が、皇太后の御殿の西の対屋《たいや》に住んでいた女性のもとに通っていたが、正月の一〇日頃、その人はほかの場所に移ってしまった。

【品詞分解／現代語訳】

昔、東 の(格助) 五条 に(格助)、大后の宮 おはしまし(四・用) ける(助動・過・体) 西の対 に(格助)、住む(四・体) 人 あり(ラ変・用) けり(助動・過・終)。それ(代) を(格助)、本意 に(助動・断・用) は(係助) あら(補・ラ変・未) で(接助)、心ざし 深かり(ク・用) ける(助動・過・体) 人、ゆきとぶらひ(四・用) ける(助動・過・体) を(接助)、正月 の(格助) 十日 ばかり(副助) の(格助) ほど に(格助)、ほか に(格助) 隠れ(下二・用) に(助動・完・用) けり(助動・過・終)。在り所 は(係助) 聞け(四・已) ど(接助)、人 の(格助) 行き通ふ(四・終) べき(助動・可・体) 所 に(助動・断・用) も(係助) あら(補・ラ変・未) ざり(助動・打・用) けれ(助動・過・已) ば(接助)、なほ(副) 憂し(ク・終) と(格助) 思ひ(四・用) つつ(接助) なむ(係助(係)) あり(ラ変・用) ける(助動・過・体(結))。

昔、左京の五条大路に、皇太后が(住んで)いらっしゃった(御殿の)西の対屋に、住む女性がいた。その人を、初めからそうなりたいと思っていたわけではなく、愛情が深くなった男が、訪れていたが、正月の一〇日ぐらいの頃に、(その女性は)ほか(の場所)に(身を)隠してしまった。(その)居場所は聞いたけれど、(普通の身分の)人が行き来できる所でもなかったので、いっそうつらいと思いながら(慕い続けて)過ごしていた。

語句の解説 1

教706 43ページ　教708 36ページ

1 **おはしましける** いらっしゃった。

「おはします」は、「あり」「居る《ゐ》」の尊敬語。いらっしゃる。「おはす」より敬意が高い。作者の皇太后に対する敬意。

1 **住《す》む人《ひと》** 清和天皇に入内《じゅだい》した藤原《ふじわらの》高子《たかいこ》を暗示する。

2 **本意《ほい》にはあらで** 初めからそうなりたいと思っていたわけではなく。

「本意《ほい》」は、「本来の志、前からの志」の意。「にはあらで」のラ変動詞「あり」は補助動詞。

2 **心《こころ》ざし** ここでは、「愛情、誠意」の意。

2 **ゆきとぶらひ《イ》けるを** 訪れていたが。

「ゆきとぶらふ」は、「ゆく」＋「とぶらふ」の複合語。「とぶらふ」は「訪ふ」と書き、ここでは「訪れる、訪問する」の意。

3在《あ》り所《どころ》は聞《き》けど　（その）居場所は聞いたけれど。
「在り所」は、「いる所、居場所」。

3人《ひと》の行《い》き通《かよ》ふべき所《ところ》にもあらざりければ　（普通の身分の）人が行き来できる所でもなかったので。
宮中であることを表現している。

4憂《う》し　ここでは、「つらい、憂鬱だ」の意。

【大　意】　2　教706 43ページ5～9行　教708 36ページ5～9行

翌年、男は女性の住んでいた西の対屋を訪ねるが、あまりの変わりように、失ってしまった恋を嘆く歌を詠み、泣きながら帰ったのだった。

【品詞分解／現代語訳】

また（副）**の**（格助）**年の**（格助）**正月に、**（格助）**梅の**（格助）**花盛りに、**（格助）**去年を**（格助）**恋ひ**（上二・用）**て**（接助）**行き**（四・用）**て、**（接助）**立ち**（四・用）**て**（接助）**見、**（上一・用）**ゐ**（上一・用）**て**（接助）

翌年の正月に、梅の花盛りの頃に、（男は）去年（のこと）を恋しく思って（西の対屋へ）行って、立って見たり、座って見たり、

見（上一・用）**、見れ**（上一・已）**ど、**（接助）**去年に**（格助）**似る**（上一・終）**べく**（助動・当・用）**も**（係助）**あら**（補・ラ変・未）**ず。**（助動・打・終）**うち泣き**（四・用）**て、**（接助）**あばらなる**（ナリ・体）**板敷に、**（格助）**月の**（格助）

（辺りを）見るけれど、去年（のありさま）に似るはずもない。（男は）泣いて、がらんとしている板敷の上に、月が傾く

かたぶく（四・体）**まで**（副助）**ふせ**（四・已（命））**り**（助動・存・用）**て、**（接助）**去年を**（格助）**思ひ出で**（下二・用）**て**（接助）**詠め**（四・已（命））**る。**（助動・完・体）

（夜明け頃）まで身を横たえていて、去年（のこと）を思い出して詠んだ（歌）。

月や（係助（係））**あら**（ラ変・未）**ぬ**（助動・打・体（結））**春や**（係助（係））**昔の**（格助）**春なら**（助動・断・未）**ぬ**（助動・打・体（結））**わ**（代）**が**（格助）**身ひとつは**（係助）**もとの**（格助）

月は昔のままの月ではないのか。春は昔のままの春ではないのか。（すべてはすっかり変わってしまった。）（あの人を恋い慕う）自分の身だけはもとのまま

身に（助動・断・用）**して**（接助）

であって。

と（格助）**詠み**（四・用）**て、**（接助）**夜の**（格助）**ほのぼのと**（副）**明くる**（下二・体）**に、**（格助）**泣く泣く**（副）**帰り**（四・用）**に**（助動・完・用）**けり。**（助動・過・終）

と詠んで、夜がほのかに明ける頃に、泣きながら帰っていった。

（第四段）

語句の解説 2

教706 43ページ　教708 36ページ

5 **去年《こぞ》を恋《こ》ひ《イ》て**　去年(のこと)を恋しく思って。
去年、女性とともに月や花をめでたことを思って、ということ。

答 1 **誰がどこへ行ったのか。**
主人公の男が、東の五条にある大后《おおきさい》の宮の住む屋敷の西の対《たい》屋《や》へ行った。

5 **ゐ《イ》て見《み》**　座って見たり。
「ゐる」は、「座る、腰をおろす」の意。

6 **似《に》るべくもあらず**　似るはずもない。
去年とはすっかり様子が変わっているのである。

8 **わが身《み》ひとつ**　自分の身だけ。
「ひとつ」は、名詞に接尾語的に付いて、「…だけ」の意。

学習のポイント

1 **男が「なほ憂《う》しと思ひつつなむありける。」(706 43・4 708 36・4)という状態に至った事情を整理してみよう。**

解答例　男は、恋してはいけない身分違いの女性のもとに通っていた。→その人は、ある時、男の前から突然に姿を消してしまった。→女性の居場所は聞いたが、男の手が届く所ではなかった。→男は、恋人を失った傷心と、どうすることもできない自分への苛立ちに苦しむ。

2 **「月やあらぬ…」の歌に込められた男の心情を考えてみよう。**

考え方　何が変わり、何が変わっていないのか、考えてみよう。

解答例　愛する人とともに眺めた月、ともに過ごした春を思い、愛

する人はいなくなって状況は一変したが、自分だけは変わることなく愛する人を慕い続けている。一人だけ取り残されたような疎外感や寂しさ、孤独の心情と考えられる。

3 **語句** **次の傍線部の違いを説明してみよう。**

① **それを、本意《ほい》にはあらで、**(706 43・2 708 36・2)

② **ゆきとぶらひけるを、**(706 43・2 708 36・2)

考え方　「を」には、格助詞と接続助詞がある。

解答　①格助詞(対象を示す。)
②接続助詞(逆接の確定条件を表す。)

渚《なぎさ》の院

※本教材は教708では学習しません。

【大意】 1 教706 44ページ1〜12行

惟喬親王《これたかのみこ》は、毎年の桜の花盛りの時期に、水無瀬《みなせ》にある離宮に右の馬《うま》の頭《かみ》を伴って出かけた。今年も交野《かたの》の渚の院に行き、身分の上下もなく従者たちと花見を楽しみ、和歌を詠んだ。

【品詞分解／現代語訳】

昔、 惟喬親王 と（格助） 申す（四・体） 皇子 おはしまし（四・用） けり（助動・過・終）。 山崎 の（格助） あなた（代） に（格助）、 水無瀬 と（格助） いふ（四・体） 所 に（格助）、 宮

昔、惟喬親王と申し上げる皇子がいらっしゃった。山崎の向こう側に、水無瀬という所に、離宮があった。

あり（ラ変・用） けり（助動・過・終）。 年ごと の（格助） 桜 の（格助） 花ざかり に（格助） は（係助）、 そ（代） の（格助） 宮 へ（格助） なむ（係助（係）） おはしまし（四・用） ける（助動・過・体（結））。

（親王は、）毎年の桜の花盛りには、その離宮においでになった。

そ（代） の（格助） 時、 右の馬《うま》の頭 なり（助動・断・用） ける（助動・過・体） 人 を（格助）、 常に（副） 率（上一・用） て（接助） おはしまし（補尊・四・用） けり（助動・過・終）。 時世 経（下二・用） て（接助）

その時には、右馬寮の長官であった人を、いつも連れておられた。時代が経過して

久しく（シク・用） なり（四・用） に（助動・完・用） けれ（助動・過・已） ば（接助）、 そ（代） の（格助） 人 の（格助） 名 忘れ（下二・用） に（助動・完・用） けり（助動・過・終）。 狩り は（係助） ねむごろに（ナリ・用）

久しくなったので、その人の名は忘れてしまった。（親王とその一行は、）鷹狩りは熱

も（係助） せ（サ変・未） で（接助）、 酒 を（格助） のみ（副助） 飲み（四・用） つつ（接助）、 やまと歌 に（格助） かかれ（四・已（命）） り（助動・存・用） けり（助動・過・終）。

心にもしないで、酒ばかりを飲みながら、和歌に熱中していた。

いま（副） 狩り する（サ変・体） 交野 の（格助） 渚の家、 そ（代） の（格助） 院 の（格助） 桜、 ことに（副） おもしろし（ク・終）。 そ（代） の（格助） 木 の（格助） もと に（格助）

今、狩りをしている交野の渚の家、その院の桜が、ことのほか美しい。その木の下に（馬から）下りて座って、

下りゐ	て、	枝	を	折り	て、	かざし	に	挿し	て、	上、中、下、	みな	歌	詠み	けり。
上一・用	接助		格助	四・用	接助		格助	四・用	接助		副		四・用	助動・過・終

(桜の花の)枝を折ってかざしとして髪に挿して、身分の高い者、中位の者、低位の者、すべて歌を詠んだ。

馬の頭	なり	ける	人	の	詠め	る。
	助動・断・用	助動・過・体		格助	四・已(命)	助動・完・体

馬の頭であった人が詠んだ(歌)。

世	の	中	に	たえて	桜	の	なかり	せ	ば	春	の	心	は	のどけから	まし
	格助		格助	副		格助	ク・用	助動・過・未	接助		格助		係助	ク・未	助動・反仮・終

この世の中にまったく桜というものがなかったならば、春の人の心はどんなにかのんびりとしたものだったろうに。

と	なむ	詠み	たり	ける。	また人	の	歌、
格助	係助(係)	四・用	助動・完・用	助動・過・体(結)		格助	

と詠んだのだった。もう一人の者の歌、

散れ	ば	こそ	いとど	桜	は	めでたけれ	憂き世	に	なに	か	久しかる	べき
四・已	接助	係助(係)	副		係助	ク・已(結)		格助	(代)	係助(係)	シク・体	助動・推・体(結)

散るからこそ桜はいっそうすばらしいのだ。このつらい(無常の)世に、何が久しくとどまるだろうか(、いや、何もとどまらない)。

とて、	そ	の	木	の	もと	は	立ち	て	帰る	に、	日暮れ	に	なり	ぬ。
格助	(代)	格助		格助		係助	四・用	接助	四・体	格助		格助	四・用	助動・完・終

と詠んで、その木の下は離れて(水無瀬の離宮へ)帰るうちに、日暮れになってしまった。

語句の解説 1

教706 44ページ

3 時世《ときよ》　ここでは「時代、年月」。

4 狩《か》りは《ワ》ねむ《ン》ごろにもせで　鷹狩りは熱心にもせずに。
「ねむごろなり」は、ここでは気持ちをこめて丁寧にものごとを行う様子を表す。

6 桜《さくら》、ことにおもしろし　桜が、ことのほか美しい。
「おもしろし」は、ここでは「すばらしい」の意。花なので「美しい」などでよい。

6 木《き》のもとに下《お》りゐ《イ》て　木の下に(馬から)下りて座って。
「ゐる」は「居る」と書き、ここでは「座る」の意。

7 上《かみ》、中《なか》、下《しも》　身分の高い者、中位の者、低位の者。
身分の上下を問わずすべての者ということ。

9 たえて桜《さくら》のなかりせば春《はる》の心《こころ》はのどけからまし　この世の中にまったく桜というものがなかったならば、春の人の心はどんなにかのんびりとしたものだったろうに。

「たえて…打消」は「まったく…ない」の意を表す。「なかり(なし)」が打消の語。「せば…まし」は反実仮想の構文で、「もし…としたら…ただろうに」という意味になる。

10また人《ひと》　もう一人の者。

「また」は、もともと「そのほかに」という意味の副詞。

11いとど桜《さくら》はめでたけれ　散るからこそ桜はいっそう素晴らしいのだ。

「いとど」は「ますます、いっそう」の意。「めでたし」は、ここでは「称賛すべきものだ、すばらしい」の意。

11憂《う》き世《よ》になにか久《ひさ》しかるべき　このつらい(無常の)世に、何が久しくとどまるだろうか(、いや、何もとどまらない)。

「憂き世」は、「苦しいことの多いこの世」の意で、仏教的な厭世《えんせい》観《かん》の表れから「無常の世」となる。係助詞「か」は反語。

1　**この歌は前の「世の中に…」の歌に対して、桜のどのような面を詠んだものか。**

答　「桜の美しく咲き誇るさまはすばらしい」という思いを詠んだ前の歌に対し、「桜は散るからこそ、よりその時の美を楽しめるのだ」と、桜の刹那《せつな》の美を称賛して詠んでいる。

【大意】2　**教706 44ページ12行～46ページ3行**

酒を楽しもうとさらに行き、天《あま》の河《がわ》という所で親王の命により和歌を詠むことになった。右の馬の頭の詠んだ歌に感じ入った親王に代わり、紀有常《きのありつね》が返歌をした。水無瀬の離宮でも、寝所に入ろうとする親王を名残惜しく思い、右の馬の頭が詠みかけた和歌に対し、紀有常が賛意を込めた和歌を返した。

【品詞分解／現代語訳】

御供 なる（助動・断・体）**人、酒 を**（格助）**持た**（四・未）**せ**（助動・使・用）**て、**（接助）**野 より**（格助）**出で来**（カ変・用）**たり。**（助動・完・終）**こ**（代）**の**（格助）**酒 を**（格助）**飲み**（四・用）

(そこに)お供の人が、酒を(従者に)持たせて野原の中から現れた。(一行は)この酒を飲んでしまおうと、

て（助動・強・未）**む**（助動・意・終）**とて、**（格助）**よき**（ク・体）**所 を**（格助）**求め行く**（四・体）**に、**（接助）**天の河 と**（格助）**いふ**（四・体）**所 に**（格助）**至り**（四・用）**ぬ。**（助動・完・終）**親王 に**（格助）

適した場所を探して行くと、天の河という所に行き着いた。親王に

馬の頭、大御酒 まゐる。（四・終）**親王 の**（格助）**のたまひ**（四・用）**ける、**（助動・過・体）**「交野 を**（格助）**狩り**（四・用）**て**（接助）**天の河 の**（格助）**ほとり に**（格助）**至る、**（四・終）

馬の頭が、お酒を差し上げる。親王がおっしゃったことには、「交野を狩りして天の河のほとりに着いた、

を 題 にて、歌 詠み て 杯 は させ。」と のたまう けれ ば、か の 馬の頭 詠み て

格助　格助　四・用　接助　係助　四・命　格助　四・用(音)　助動・過・已　接助　(代)　格助　四・用　接助

ということを題にして、歌を詠んで杯を注ぎなさい。」とおっしゃったので、例の馬の頭が詠んで献上した(歌)。

奉り ける。

四・用　助動・過・体

狩り暮らし たなばたつめ に 宿 借ら む 天の河原 に われ は 来 に けり

四・用　格助　四・未　助動・意・終　格助　(代)　係助　カ変・用　助動・完・用　助動・詠・終

一日中狩りをして夜になったので、織姫《おりひめ》に一夜の宿を借りようと思う。天の河原に私は来てしまったのだからなあ。

親王、歌 を かへすがへす 誦じ たまう て、返し え し たまは ず。紀有常、御供 に

格助　副　サ変・用　補尊・四・用(音)　接助　副　サ変・用　補尊・四・未　助動・打・終　格助

親王は、歌を繰り返し繰り返し朗詠なさって、(感じ入って)返歌なさることができない。紀有常が、お供として近くに

仕うまつれ り。それ が 返し、

四・已(命)　助動・存・終　(代)　格助

お仕えしていた。その有常の(親王に代わっての)返歌、

ひととせ に ひとたび 来 ます 君 待て ば 宿 貸す 人 も あら じ と ぞ 思ふ

格助　カ変・用　補・四・体　四・已　接助　四・体　係助　ラ変・未　助動・打推・終　格助　係助(係)　四・体(結)

(織姫は、)一年に一度だけいらっしゃる方を待っているので、(その方以外に)宿を貸す相手などないだろうと思いますがね。

帰り て 宮 に 入ら せ たまひ ぬ。夜 ふくる まで 酒 飲み、物語 し て、あるじ

四・用　接助　格助　四・未　助動・尊・用　補尊・四・用　助動・完・終　下二・体　副助　四・用　サ変・用　接助

(親王は)帰って離宮にお入りになった。(親王と馬の頭たちは)夜の更けるまで酒を飲み、いろいろな話をして、主人で

の 親王、酔ひ て 入り たまひ な む と す。十一日 の 月 も 隠れ な

格助　四・用　接助　四・用　補尊・四・用　助動・強・未　助動・意・終　格助　サ変・終　格助　係助　下二・用　助動・強・未

ある親王は、酔って(寝所に)お入りになろうとする。(ちょうど)一一日の月も(山の端に)隠れてしまおうと

む と すれ ば、か の 馬の頭 の 詠め る。

助動・意・終　格助　サ変・已　接助　(代)　格助　格助　四・已(命)　助動・完・体

していたので、例の馬の頭が詠んだ(歌)。

あかなくに	まだき	も	月	の	隠るる	か	山	の	端	逃げ	て	入れ	ず	も	あら	なむ
(連語)	副	係助		格助	下二・体	終助		格助		下二・用	接助	下二・未	助動・打・用	係助	ラ変・未	終助

まだ物足りず名残惜しいのに、早くも月が(山の端に)隠れてしまうのか。山の端が逃げて月を入れないでほしいものだ。

親王	に	代はり	たてまつり	て、	紀有常、
	格助	四・用	補謙・四・用	接助	

親王に代わり申し上げて、紀有常が(返歌をした)、

おしなべて	峰	も	平らに	なり	な	なむ	山	の	端	なく	は	月	も	入ら	じ	を
副		係助	ナリ・用	四・用	助動・強・未	終助		格助		ク・用	係助		係助	四・未	助動・打推・体	間助

みな一様に山の峰が平らになってほしいものだ。山の端などというものがなかったら、月もそこに入ることもないだろうよ。

(第八二段)

語句の解説 2

教706 44ページ

14 **大御酒《おおみき》まゐる《イ》**　お酒を差し上げる。
「まゐる」は、ここでは「与ふ」の謙譲語。

教706 45ページ

7 **誦《ず》じたまう《モウ》て**　朗詠なさって。
「誦《ず》ず」は「吟じる、声に出して歌う」の意。「ず(ず)」「ずう(ず)」とも読む。

8 **返《かえ》しえしたまはず《ワ》**　(感じ入って)返歌なさることができない。
「え…打消」は不可能を表す。「…できない」と訳す。

2　**有常はどのような気持ちで親王の代わりに返歌をしたのか。**

答　返歌できずにいた親王をお助けしたいという気持ち。

3　**「十一日の月」は夜中の何時頃沈むのか、確かめてみよう。**

答　(午前)二時〜三時頃。

教706 46ページ

1 **あかなくに**　まだ物足りず名残惜しいのに。
「あかなくに」は連語で、動詞「あく(飽く)」の未然形＋打消の助動詞「ず」の未然形(古い形)「な」＋接尾語「く」＋助詞「に」。ふつうは逆接の意で使われる。「あく」は、ここでは「十分に味わって満足する」の意。

1 **まだきも月《つき》の隠《かく》るるか**　早くも月が隠れてしまうのか。
「まだき」は「早くも、もう」の意の副詞で、「も」「に」を伴う。
「月」は親王をたとえている。

3 **おしなべて**　みな一様に。
「おしなぶ」は、ここでは「すべて一様に行き渡る」という意味。

3 **月《つき》も入《い》らじを**　月も入ることもないだろうよ。
「じ」は打消推量。「月」は親王をたとえている。

学習のポイント

1　**「世の中に…」の歌は、桜についてのどのような気持ちを述べたものか。「散ればこそ…」の歌の場合と比べてみよう。**

考え方　脚問1参照。

解答例　「世の中に…」の歌は、桜があるから人々はせわしない気持ちになるので、桜などないほうがいいと言っているが、実は、美しい桜はいつ咲くのか、もう散ってしまうのかと、桜への愛を逆説的に述べている。「散ればこそ…」の歌は、桜は散るからこそ、その刹那《せつな》の美がいっそう尊く思えるのだと、桜のはかなさを賛美している。どちらも桜の美しさを称《たた》えているといえる。

2　**「ひととせに…」の歌の、「君」とは誰のことか。「狩り暮らし…」の歌も手がかりにして考えてみよう。**

考え方　「狩り暮らし…」の歌の「たなばたつめに宿借らむ」「天《あま》の河原《かはら》」に注目する。

解答例　「狩り暮らし…」の歌の「たなばたつめ」とは、七夕《たなばた》伝説の織姫《おりひめ》(織女星)であるから、一年に一度しか会えない「君」とは彦星(牽牛《けんぎゅう》星)のこと。

3　**「あかなくに…」と「おしなべて…」の歌には、それぞれ詠んだ人の親王へのどのような気持ちが込められているか、話し合ってみよう。**

考え方　親王を月に見立てて、たとえを用いて詠んでいる。「あかなくに…」の歌は、酔って寝所に入っていこうとする親王を、山の稜線に沈みそうな月にたとえ、「まだ一緒にいてほしい」と願う気持ちが込められている。

「おしなべて…」の歌は、「山の稜線がみな平らになってなくなり、月が入りようがなくなってほしい」と、親王とずっと共にいたいという気持ちが込められている。

4　**語句**　**次の傍線部の違いを説明してみよう。**

① **その宮へなむおはしましける。**(706 44・2)
② **酔《ゑ》ひて入りたまひなむとす。**(706 45・13)
③ **入れずもあらなむ。**(706 46・1)

考え方　「なむ」が一語か「な+む」なのかを接続で判断する。
・係助詞の「なむ」…種々の語に接続。なくても意味が通じる。
・終助詞の「なむ」…未然形に接続。文末にあり、「…てほしい」という願望を表す。
・「な(助動詞「ぬ」の未然形)+む(助動詞「む」の終止形)」…連用形に接続。強調の意を表す。

解答　①強調の係助詞
②強調の助動詞「ぬ」の未然形+意志の助動詞「む」の終止形
③他者への願望を表す終助詞

つひにゆく道

【大　意】 教706 47ページ1～2行　教708 37ページ1～2行

昔、男が、病気になって、今にも死にそうな気持ちになったので、辞世の歌を詠んだ。

【品詞分解／現代語訳】

昔、男、わづらひ〔四・用〕て〔接助〕、心地 死ぬ〔ナ変・終〕べく〔助動・推・用〕おぼえ〔下二・用〕けれ〔助動・過・已〕ば〔接助〕、

昔、男が、病気になって、今にも死にそうな気持ちになったので、

つひに〔副〕ゆく〔四・体〕道 と〔格助〕は〔係助〕かねて〔副〕聞き〔四・用〕しか〔助動・過・已〕ど〔接助〕昨日今日 と〔格助〕は〔係助〕思は〔四・未〕ざり〔助動・打・用〕し〔助動・過・体〕を〔間助〕

人生の終わりに行く(死への)道であるとは、以前から聞いていたものの、それが昨日今日のこととは思わなかったなあ。

(第一二五段)

語句の解説

教706 47ページ　教708 37ページ

1 わづ《ズ》らひ《イ》て　病気になって。

「わづらふ」には、「苦しむ」(「煩ふ」)と「病気になる」(「患ふ」)の意味がある。ここは後者。

答 1　このように死に臨んで詠む詩歌を何というか、調べてみよう。

辞世《じせい》。

2 かねて　以前から。

副詞。もとは下二段活用の動詞「予《か》ぬ」の連用形＋接続助詞「て」。

学習のポイント

1　「つひにゆく…」の歌には、自分の死に対する男のどのような気持ちが込められているか、考えてみよう。

考え方　この歌には、自分の死に際しての驚きや戸惑いが、ありのままに詠まれている。

解答例　誰にでも人生の最後に死があるとわかっていたが、病んで初めて、死はこんなに近くにあるのだということに気づいたという気持ち。

2　語句　「昨日今日《きのふけふ》とは思はざりしを」(706 47・2　708 37・2)を品詞分解し、現代語訳してみよう。

解答

〈品詞分解〉
昨日…名詞／今日…名詞／と…格助詞／は…係助詞
思は…ハ行四段活用動詞「思ふ」の未然形
ざり…打消の助動詞「ず」の連用形
し…過去の助動詞「き」の連体形／を…間投助詞
〈現代語訳〉昨日今日のこととは思わなかったなあ。

3 探究 **『大和物語』にも在原業平の病死について記した段（第一六五段）があり、「つひにゆく…」の歌も出てくる。読んで比べてみよう。**

考え方　『大和物語』では、先帝の妃《きさき》のもとにひそかに通っていた業平が重い病を得、死が近づいて、妃に「つれづれといとど心のわびしきに今日《けふ》はとはずて暮らしてむとや」（もの寂しくたいそうつらく悲しくいますのに、今日はあなたの文の訪れもないまま過ごしてしまうというのでしょうか）という歌を贈り、その後に「つひにゆく…」の歌を詠んでいる。『伊勢物語』では男は孤独のうちに世を去るのだが、『大和物語』では最期まで女性と関わるのである。このことから、「つひにゆく…」の歌の意義も変わってくることを考える。

4 探究 **『伊勢物語』は、平安時代以降、読みつがれ、繰り返し写されていくだけでなく、さまざまな模倣作や『仁勢《にせ》物語』（706 41ページ 708 江戸時代の仮名草子）のようなパロディが残されている。書籍やインターネットを使って時代や作品名を調べてみよう。**

考え方　パロディは「既存の文学作品の形式と語調の特徴を維持しつつ、滑稽な表現方法で内容を変えたもの」である。日本のパロディ作品は、木版印刷によって多くの人が原典を手にできるようになった江戸時代から盛んになった。

解答例
『好色伊勢物語（改題　いくの、さうし）』一六八六（貞享三）年
『戯男《たはれをとこ》伊勢物語』一七九九（寛政一一）年
他の作品のパロディ
『源氏物語』のパロディ『偐紫《にせむらさき》田舎源氏』一八二九（文政一二）年
『枕草子』のパロディ『犬枕』一六〇六（慶長一一）年頃
『徒然草』のパロディ『犬つれづれ』一六五三（承応二）年

をばすて　〔大和《やまと》物語〕

教706 48〜49　教708 38〜39

【大　意】　1　教706 48ページ1〜9行　教708 38ページ1〜9行

信濃《しなの》の更級《さらしな》という所に住む男は、若い頃に親をなくし、おばが親代わりとなって世話をしてくれていた。この男の妻は無情で、老いたおばを憎み、たびたび中傷し、ついには男に、おばを捨ててくるように迫る。

【品詞分解／現代語訳】

信濃の国　に（格助）　更級　と（格助）　いふ（四・体）　所　に、（格助）　男　住み（四・用）　けり。（助動・過・終）　若き（ク・体）　時　に、（格助）　親　は（係助）　死に（ナ変・用）　けれ（助動・過・已）　ば、（接助）　をば

信濃の国の更級という所に、男が住んでいた。若い時に、親が死んだので、おばが

なむ（係助（結流））　親　の（格助）　ごとく（助動・比・用）　に、（助動・断・用）　若く（ク・用）　より（格助）　添ひ（四・用）　て（接助）　ある（補・ラ変・体）　に、（接助）　こ（（代））　の（格助）　妻　の（格助）　心憂き（ク・体）　こと　多く（ク・用）　て、（接助）

親のように、若い時から付き添って（世話をして）いたのだが、この男の妻はよくないところが多くて、

こ（（代））　の（格助）　姑　の、（格助）　老いかがまり（四・用）　て（接助）　ゐ（上一・用）　たる（助動・存・体）　を、（格助）　つねに（副）　憎み（四・用）　つつ、（接助）　男　に（格助）　も（係助）　こ（（代））　の（格助）　をば　の（格助）　御心

この姑《しゅうとめ》が、老いて腰が曲がっているのを、いつも憎んでは、男にも、このおばのお心が意地が悪く不快

の（格助）　さがなく（ク・用）　悪しき（シク・体）　こと　を（格助）　言ひ聞かせ（下二・用）　けれ（助動・過・已）　ば、（接助）　昔　の（格助）　ごとく（助動・同・用）　に（助動・断・用）　も（係助）　あら（補・ラ変・未）　ず、（助動・打・用）

であることを言い聞かせたので、（男は）昔のようでもなく、

おろかなる（ナリ・体）　こと　多く、（ク・用）　こ（（代））　の（格助）　をば　の（格助）　ため　に（格助）　なりゆき（四・用）　けり。（助動・過・終）　こ（（代））　の（格助）　をば、　いと（副）　いたう（ク・用（音））　老い（上二・用）　て、（接助）

おろそかに扱うことが多く、このおばについてはしだいにそうなっていった。このおばは、とてもひどく年老いて、

二重　に（助動・断・用）　て（接助）　ゐ（上一・用）　たり。（助動・存・終）　これ（（代））　を（格助）　なほ、（副）　こ（（代））　の（格助）　嫁、　ところせがり（四・用）　て、（接助）　「今　まで（副助）　死な（ナ変・未）　ぬ（助動・打・体）

体が二重になるほど腰が曲がっていた。これをいっそう、この嫁は、やっかいに思って、「今まで死なずにいるとは。」

格助　四・用　接助　ク・未　助動・打・体　格助　四・用　接助　四・用(音)　接助　補尊・四・用　接助　ク・体　格助　下二・用
こと。」と 思ひ て、よから ぬ こと を 言ひ つつ、「も て いまし て、深き 山 に 捨て
と思って、よくないことを(男に)言っては、「連れていらっしゃって、深い山奥に捨てておしまいに

補尊・四・用　助動・完・命　格助　副助　下二・用　助動・過・已　接助　下二・未　助動・受・用　上二・用　接助　副　サ変・用　助動・強・未　助動・意・終　格助
たうび てよ。」と のみ 責め けれ ば、責め られ わび て、「さ し て む。」と
なってください。」とひどく責めたてたので、(男は)せき立てられて困って、「そのようにしてしまおう。」と思うようになった。

四・用　助動・完・終
思ひなり ぬ。

語句の解説 1

教706 48ページ　教708 38ページ

1を《オ》ばなむ《ン》親《おや》のごとくに、…添ひてあるに　おばが親のように、…世話をしていたのだが。

「なむ」の係り結びは、「添ひてあるに」と接続助詞「に」が接続したので、流れている。断定の助動詞「なり」は連体形接続だが、一般に「ごとくなり」の形が用いられたため、「ごとくに」となっている。なお「ごとくに」は助動詞「ごとくなり」の連用形とも考えられる。

2心《こころ》憂《う》きこと多《おお》くて　よくないところが多くて。

「心憂し」は、ここでは「不快だ、おもしろくない」の意。

5おろかなること多《おお》く　おろそかに扱うことが多く。

「おろかなり」は、ここでは「粗略だ、いいかげんだ」の意で、おばをおろそかに扱うということ。「愚か」の意ではない。

6ところせがりて　窮屈に思って。

「ところせがる」は、「窮屈だ、面倒だ」の意の形容詞「ところせし」に接尾語「がる」が付いた動詞。

8わびて　困って。

「わぶ」は、ここでは「困る、当惑する」の意。

【大　意】　2　教706 48ページ10行～49ページ9行　教708 38ページ10行～39ページ9行

男は月の明るい夜、寺にありがたい法会《ほうえ》(仏の教えを説く集まり)を見に行くと言って、おばを連れ出し、山の峰におばを置き去りにするが、悲しみのあまり夜も寝られず、また連れ戻しに行くのだった。

【品詞分解／現代語訳】

格助　副　ク・体　感　四・命　格助　ク・体　サ変・終　助動・伝・体　下二・用　補謙・四・未
月 の いと 明き 夜、「嫗ども、いざ たまへ、寺 に 尊き わざ す なる、見せ たてまつら
月がとても明るい夜、(男が)「おばあさんよ、さあいらっしゃい、寺でありがたい法会をするらしい、(それを)お見せいたしましょう。」と

助動・意・終 格助 四・用 助動・過・已 接助 ク・用 四・用 接助 四・未 助動・受・用 助動・完・用 助動・過・終 ク・体 格助 格助
む。」と 言ひ けれ ば、かぎりなく 喜び て 負は れ に けり。高き 山 の ふもと に
言ったところ、（おばは）このうえなく喜んで背負われてしまった。高い山のふもとに住んでいたので、

四・用 助動・過・已 接助 （代） 格助 副 四・用 接助 ク・体 格助 格助 カ変・終 助動・可・用 係助 補・ラ変・未
住み けれ ば、その 山 に はるばると 入り て、高き 山 の 峰 の、下り来 べく も あら
その山にはるかに遠くまで入って、高い山の峰の、下って来ることもできないところに、

助動・打・体 格助 四・用 接助 下二・用 接助 カ変・用 助動・完・終 感 格助 四・已 接助 係助 サ変・未 接助 下二・用 接助
ぬ に、置き て 逃げ て 来 ぬ。「やや。」と 言へ ど、いらへ も せ で、逃げ て 家
（おばを）置いて逃げて来てしまった。（おばは）「これこれ。」と言うが、（男は）返事もせずに、逃げて家に（帰って）

格助 カ変・用 接助 ラ変・体 接助 下二・用 助動・過・体 係助 四・用 接助 副 サ変・用 助動・完・已 接助 格助
に 来 て 思ひをる に、言ひ腹立て ける 折 は、腹立ち て かく し つれ ど、年ごろ 親 の
来て思案していると、（妻が）告げ口をして男を立腹させた時は、腹が立ってこのようにしてしまったけれど、（おばのことは）長年

助動・比（語幹） 四・用 接助 四・用 助動・完・用 助動・過・已 接助 副 シク・用 下二・用 助動・過・終 （代） 格助 格助
ごと 養ひ つつ あひ添ひ に けれ ば、いと かなしく おぼえ けり。この 山 の 上
の間親のように養いながら一緒に暮らしてきたのであるから、（男は）とてもいとおしく思われた。この山の上から、

格助 係助 副 ク・用 ク・用 下二・用 助動・存・体 格助 下二・用 接助 係助 下二・未 助動・可・未 助動・打・用
より、月 も いと かぎりなく 明く 出で たる を 眺め て、夜ひと夜、寝 も 寝 られ ず、
月もたいへんこのうえなく明るく出ているのを眺めて、一晩中、寝るにも寝られないで、

シク・用（音） 下二・用 助動・過・已 接助 副 四・用 助動・完・用 助動・過・体
かなしう おぼえ けれ ば、かく 詠み たり ける。
（おばを）いとおしく思われたので、このように詠んだ。

（代） 格助 下二・用 助動・完・終 間助 格助 四・体 格助 上一・用 接助
わ が 心 なぐさめかね つ 更級 や をばすて山 に 照る 月 を 見 て
私の心を慰めることができないことだ。あの更級の、おばすて山に照る月を見ていると。

格助 四・用 接助 係助（係） 副 四・用 接助 下二・用 カ変・用 助動・完・用 助動・過・体（結） （代） 格助 係助（係） 格助
と 詠み て なむ、また 行き て 迎へ もて来 に ける。それ より 後 なむ、をばすて山 と
と詠んで、また（山の峰に）行って（おばを）迎えて連れて来てしまった。それよりのち、（この山を）姨捨山《おばすてやま》と

四・用	助動・過・体(結)	ク・終	格助	係助	(代)	格助		助動・断・用	係助(係)	ラ変・用	助動・過・体(結)
いひ	ける。	慰めがたし	と	は、	これ	が	よし	に	なむ	あり	ける。

言うようになった。「をばすて山」を、慰めがたいことの縁語として用いるのは、このようないわれがあったのだった。

(第一五六段)

語句の解説 2

教706 48ページ　教708 38ページ

10 **いざたまへ《エ》**　さあいらっしゃい。
慣用表現。「来《き》たまへ」「行きたまへ」などで動詞が省略されている。

1 **どうして「喜びて負はれ」たのか。**

答　男が寺で開かれる法会を見せに連れて行くと言ったので。

教706 49ページ　教708 39ページ

2 **いらへ《エ》**　返事。
下二段活用の動詞「いらふ」の連用形が名詞化したもの。

3 **言《い》ひ《イ》腹立《はらだ》てける折《おり》**　告げ口をして立腹させた時。
下二段活用の「腹立つ」は、「腹が立つようにさせる」の意であるため、ここでの主語は「妻」。

3 **腹《はら》立《だ》ちてかくしつれど**　腹が立ってこのようにしてしまったけれど。
ここの「腹立つ」は、四段活用で、主語は「男」。「かく」は「をば」を山に置き去りにしたことを指す。

3 **年《とし》ごろ**　「年ごろ」は、ここでは「長年、数年間、数年来」の意。

4 **親《おや》のごと**　親のように。
「ごと」は比況の助動詞「ごとし」の語幹相当部分。

5 **寝《い》も寝《ね》られず**　寝るにも寝られない。
「寝《い》」は名詞。「寝《ね》」は、ナ行下二段活用の動詞「寝《ぬ》」の未然形。
「られ」は可能の助動詞「らる」の未然形。

7 **なぐさめかねつ**　慰めることができなかった。
「かね」は接尾語で、終止形は「かぬ」。「…ことができない」の意味を加える。「つ」は、完了の助動詞「つ」の終止形。

学習のポイント

1 **「男」が「をば」を捨てるにいたった経過を、順を追ってまとめてみよう。**

解答例

・「男」の妻が、「をば」が年を取って腰が曲がっているのを憎んで、「をば」の心が意地悪く不快だと男に言い聞かせた。
・「男」は昔のようではなく、「をば」をおろそかにすることが多くなった。
・「をば」が、体が二重になるほど腰が曲がっていたのを妻がやっかいに思って、「をば」を山奥に捨てるよう「男」を責めたてた。
・「男」は責められて困って、「そうしてしまおう。」と決意した。

2 「男」は、どんな気持ちから「をば」を連れもどしたのか、考えてみよう。

考え方 「男」は「いとかなしくおぼえけり」706 49・4 708 39・4、「かなしうおぼえければ」706 49・6 708 39・6とある。「かなし」は「いとおしい、悲しい、かわいそうだ」という意味。「男」は妻の言葉に惑わされて「をば」を山に捨ててきたが、その山の月を眺めて眠れないでいる。

解答例 長い間一緒に暮らしてきた「をば」を、いとおしいと思う気持ちから。

3 語句 本文から助動詞「つ」「ごとし」を抜き出し、それぞれの活用形とその意味とを調べてみよう。

考え方 「つ」は完了と確認・強調の意味がある。「ごとし」は比況と例示の意味の他、同等(…と同じだ、…の通りだ)の意味がある。文脈に合う意味を判断する。

解答

・「つ」
「捨てたうびてよ」706 48・8 708 38・8 命令形・完了
「さしてむ」706 48・8 708 38・8 未然形・強調
「かくしつれど、」706 49・3 708 39・3 已然形・完了
「なぐさめかねつ」706 49・7 708 39・7 終止形・完了

・「ごとし」
「親のごとくに、」706 48・2 708 38・2 連用形・比況
「昔のごとくにも」706 48・4 708 38・4 連用形・同等
「親のごと養ひつつ」706 49・4 708 39・4 語幹・比況

4 探究 昔話や伝説に語られているさまざまな「姥捨《おばすて》伝説」について調べてみよう。

考え方 「姨捨伝説」は「棄老《きろう》伝説」ともいい、話の筋によっていくつかの型に分類できる。その一つ「難題型」は、年老いた母を捨てるに忍びず、隠していたところ、隣国から難題を出された殿様に老母からの知恵を伝えて解決したことで、以後その国では老人を大切にするようになった、というものである。元はインドや中国を起源とするとも言われるため、広く世界の民話に当たるのもよい。

『枕草子』第二二九段「蟻通明神《ありとほしみやうじん》の縁起《えんぎ》」のエピソードに、「難題型」の姨捨伝説が見られる。

4 随　筆(二)

枕草子《まくらのそうし》

清少納言《せいしょうなごん》

教706 50~57　教708 40~45

●『枕草子《まくらのそうし》』とは

随筆。一一世紀初め頃、平安時代中期の成立。作者は清少納言《せいしょうなごん》。清少納言は、一条天皇の中宮である定子《ていし》に仕えていた。ある時、定子の兄である内大臣の藤原伊周《ふじわらのこれちか》から、天皇と中宮に草子(綴《と》じ本《ほん》)が献上された。その分厚い草子を中宮が清少納言に下賜する。その草子に書いたものが『枕草子』であると、跋文《ばつぶん》(あとがき)にある。

三〇〇前後の章段からなり、大きく三つの内容に分類される。

(1) 日記的章段……中宮定子に関する記録で、作者が直接見聞した内容から成る。「宮に初めて参りたるころ」706 54~55 708 42~43、「中納言参りたまひて」706 56~57 708 44~45がこれに分類される。

(2) 類集《るいじゅう》的章段……「…もの」「…は」の書き出しで、それぞれのものを列挙して短評を加える形式の章段。「ものづくし」の段とも言われる。「すさまじきもの」706 50~51 708 40~41は、「興ざめするもの」という題で、時季はずれ、不調和などによる不快なものの具体例を列挙している。「木の花は」706 52~53は、作者の心を引く木の花の名を列挙している。

(3) 随想的章段……(1)(2)以外のもの。(2)をふくらませたものとも考えられる。「春は、あけぼの」はこれに分類される。

『枕草子』の跋文に「ただ心一つに、おのづから思ふことを、たはぶれに書きつけ」(ただ自分の心に自然に思い浮かぶことを、たわむれに書きつけ)といった言葉がある。『枕草子』は、後の『徒然草《つれづれぐさ》』の作者兼好《けんこう》法師にも強い影響を与えた。紫式部《むらさきしきぶ》の『源氏物語』と並び称される平安女流文学の一つである。

すさまじきもの

【大意】 1 教706 50ページ1~4行 教708 40ページ1~4行

不調和で不快なもの。昼ほえる犬。春の網代《あじろ》。三、四月の紅梅襲《かさね》の着物。牛が死んだ牛飼い。赤ん坊が亡くなった産屋《うぶや》。火をおこさない火鉢やいろり。博士が続いて女の子ばかり生ませたこと。方違《かたたが》えに行ってももてなしのない家。

【品詞分解／現代語訳】

すさまじき〔シク・体〕もの。昼ほゆる〔下二・体〕犬。春の〔格助〕網代。三、四月の〔格助〕紅梅の〔格助〕衣。牛死に〔ナ変・用〕たる〔助動・完・体〕牛飼ひ。

興ざめするもの。昼ほえる犬。春の網代。三、四月頃の紅梅襲の着物。牛が死んだ牛飼い。

ちご亡くなり〔四・用〕たる〔助動・完・体〕産屋。火おこさ〔四・未〕ぬ〔助動・打・体〕炭櫃、地火炉。博士の〔格助〕うち続き〔四・用〕女子生ま〔四・未〕せ〔助動・使・用〕たる〔助動・完・体〕。方違へに〔格助〕行き〔四・用〕たる〔助動・完・体〕に、〔接助〕あるじせ〔サ変・未〕ぬ〔助動・打・体〕所。まいて〔副〕節分など〔副助〕は〔係助〕いと〔副〕すさまじ〔シク・終〕。

赤ん坊の死んだ産室。火をおこさない火鉢、いろり。博士がうち続いて女の子ばかり生ませたこと。方違えに行ったのに、もてなしをしない家。まして節分（の方違え）など（の場合）はたいそう興ざめである。

語句の解説 1

教706 50ページ　教708 40ページ

1 すさまじきもの　興ざめするもの。

「すさまじ」は、ここでは「興ざめだ、不調和だ」の意。期待はずれから生じる不快な気持ち。現代の「すさまじい」の意とは異なる。

1 牛死《うしし》にたる牛飼《うしか》ひ《イ》　牛が死んだ牛飼い。

「牛飼ひ」は牛飼い童《わらわ》のこと。牛車《ぎっしゃ》の牛を使う者。

2 産屋《うぶや》　出産のために別に造った家、または部屋。出産は汚れたものとして忌む習慣があった。

2 炭櫃《すびつ》　いろりの一種。

【大　意】　2　教706 50ページ5行～51ページ5行　教708 40ページ5行～41ページ5行

除目《じもく》に任官できなかった人の家。かつての奉公人たちも大勢つめかけて大騒ぎしていたが、主人の任官が不首尾に終わったと知るや、そっと立ち去ってしまう。そうもできない者は、来年国司の交替のある国々を数えたりしているのは、気の毒で興ざめである。

【品詞分解／現代語訳】

除目に〔格助〕司得〔下二・未〕ぬ〔助動・打・体〕人の〔格助〕家。今年は〔係助〕必ず〔副〕と〔格助〕聞き〔四・用〕て、〔接助〕早う〔副〕あり〔ラ変・用〕し〔助動・過・体〕者どもの〔格助〕ほかほかなり〔ナリ・用〕つる、〔助動・完・体〕田舎だち〔四・用〕たる〔助動・存・体〕所に〔格助〕住む〔四・体〕者どもなど、〔副助〕みな集まり〔四・用〕来〔カ変・用〕て、〔接助〕出で入る〔四・体〕車の〔格助〕

除目に任官できない人の家。今年は必ず（任官するだろう）と聞いて、以前その家にいたことのある人々で（今は他家に仕えて）離れ離れになっていた者や、田舎めいた所に（引っこんで）住んでいる者たちなどが、みな集まって来て、出入りする牛車の轅《ながえ》も

係助　ク・用　下二・用　サ変・体　格助　係助　係助　格助　四・用　四・用
轅もひまなく見え、物詣でする供に、我も我もと参りつかうまつり、物食ひ、酒
すき間がないほど立て込んで見え、(任官祈願の)寺社詣でをするお供として、我も我もと参上しお仕え申し上げ、物を食べ、酒を飲ん

四・用　四・已(命)　助動・存・体　接助　下二・体　副助　四・体　係助　サ変・未　助動・打・終　シク・用(音)　副助
飲み、ののしり合へるに、果つる暁まで門たたく音もせず。あやしうなど耳
で、みなで騒ぎ合っているのに、(除目の)終わる明け方まで(任官を知らせる使いが)門をたたく音もせず。おかしいなどと耳を澄ま

下二・用　接助　四・已　接助　四・体　副助　サ変・用　接助　副助　下二・用　補尊・四・用　助動・完・終　四・用
立てて聞けば、先追ふ声々などして、上達部などみな出でたまひぬ。もの聞き
して聞くと、先払いをする声々などがして、公卿《くぎょう》などが残らず(宮中から)退出なさってしまった。(除目の)情報を

格助　格助　四・用　四・用　補・ラ変・用　助動・過・体　副　ナリ・用　カ変・体　格助　上一・体　係助　副
に夜より寒がりわななきをりける下衆男、いともの憂げに歩み来るを、見る者どもはえ
聞きに(前日の)宵のうちから(出かけて)寒がって震えていた下男が、とても憂うつそうに歩いて来るのを、見る人たちは(結果を察して、

四・用　格助　副助　係助　四・未　助動・打・終　格助　カ変・用　助動・存・体　副助　係助(結流)　係助　(代)　格助　係助(係)　四・未
問ひにだにも問はず。外より来たる者などぞ、「殿は何にかなら
どうだったかと)尋ねることさえもできない。よそからやって来た人などが、「(この家の)ご主人は何におなりになりまし

助動・尊・用　補尊・四・用　助動・完・体(結)　副助　四・体　接助　格助　係助　(代)　格助　格助　係助(結略)　係助　副助　係助(係)　副
せたまひたる。」など問ふに、いらへには、「何の前司にこそは。」などぞ必ず
たか。」などと尋ねると、(その)答えには、「何々の国の前の国司で(いらっしゃいます)。」などと必ず答える。

下二・体(結)　副　四・用　助動・過・体　係助　副　シク・終　格助　四・已(命)　助動・存・終　格助　四・用　接助
いらふる。まことに頼みける者は、いと嘆かしと思へり。つとめてになりて、ひま
(主人の任官を)心底あてにしていた者は、ひどく嘆かわしいと思っている。早朝になって、すき間

ク・用　ラ変・用　助動・完・体　下二・用　接助　ナ変・終　ク・体　格助　副　係助　副　下二・終
なくをりつる者ども、一人二人すべり出でて往ぬ。古き者どもの、さもえ行き離る
もなく詰めていた人たちも、一人二人とこっそりと出て行く。古参の人たちで、そんなふうに出て行けそうもな

助動・打推・体　係助　格助　格助　四・用　接助　下二・用　副助　サ変・用　接助　四・用　助動・存・体　係助　副
まじきは、来年の国々、手を折りてうち数へなどして、ゆるぎありきたるも、いと
い者は、来年、国司の交替のある国々を、指を折って数えなどして、よろよろと元気なく歩きまわっているのも、たい

をかし《シク・終》。すさまじげなり《ナリ・終》。
そう面白い。興ざめのする様子であることだ。

語句の解説 2

教706 50ページ　教708 40ページ

5 **司**《つかさ》　国司の官職。

6 **出**《い》**で入**《い》**る車**《くるま》**の轅**《ながえ》**もひまなく見**《み》**え**　出入りする牛車の轅もすき間がないほど立て込んで見え。
訪問客の多いさまをいう。「轅」は牛車の前方に付いている二本の長い柄。

8 **果**《は》**つる暁**《あかつき》　(除目の)終わる明け方まで。
除目は通例三日続くが、新任者が決定するのは終わりの日の夜が普通で、会議は午後から始まって深夜に及ぶことが多かった。

11 **え問**《と》**ひ**《イ》**にだにも問**《と》**は**《ワ》**ず**　尋ねることさえもできない。
「え…ず(打消)」で、不可能の意を表す。「だに」は「…さえ」の意の副助詞。

1 **「え問ひにだにも問はず。」とあるが、なぜか。**

答　下男の様子を見て、任官がなかったことが察せられたから。

11 **外**《ほか》**より来**《き》**たる者**《もの》**などぞ、…問**《と》**ふ**《ウ》**に**　よそからやって来た人などが、…尋ねると。
係助詞「ぞ」の結びは、本来は後の「問ふ」だが、接続助詞「に」が付いて文が続いているので、流れている。

(第二三段)

教706 51ページ　教708 41ページ

1 **何**《なに》**にかならせたまひ**《イ》**たる**　何におなりになりましたか。
「か」は疑問の係助詞。「たる」は完了の助動詞「たり」の連体形で結びの語。「せたまふ」は、地の文にあっては最高敬語だが、ここは会話文なので、その限りではない。

1 **何**《なに》**の前司**《ぜんじ》**にこそは**　何々の国の前の国司で(いらっしゃいます)。下に「おはすれ」「はべれ」などの「こそ」の結びの語が省略されている。「前司」は、前の国司。任官されなかった主人を気遣い、直接言わずにその場を取りつくろうために以前の官職を言った。

2 **まことに頼**《たの》**みける者**《もの》　(主人の任官を)心底あてにしていた者。
「頼み」はマ行四段活用の動詞「頼む」の連用形で、「あてにする、頼りにする」の意。

3 **つとめてになりて**　早朝になって。
「つとめて」は、「早朝」、「翌朝」の意がある。ここでは、「暁」から「早朝」になったことを意味する。

4 **さもえ行**《ゆ》**き離**《はな》**るまじきは**《ワ》　そんなふうに出て行けそうもない者は。
「さ」は「ひまなくをりつる者ども、一人二人すべり出でて往《い》ぬ」を指す。「え…まじき(打消)」で、不可能の意を表す。

5 **ゆるぎありきたるも**　よろよろと元気なく歩きまわっているのも。
「ゆるぎありく」は、①「体を揺すって得意げに歩きまわる」、②「よろよろと元気なく歩きまわる」の意。ここでは②。

学習のポイント

1 本文に挙げられた例は、どのような点で「すさまじきもの」とされているか、考えてみよう。

考え方 作者の清少納言は、時節に合わないもの、当然あるべきものを欠くもの、期待に反するものに接すると、不快感を抱く。例えば「昼ほゆる犬」は、作者にとって、犬は夜ほえるべきものという前提があって、昼間の犬の声に違和感を覚えたと考えられる。「春の網代《あじろ》」は、真冬の寒さのきびしさにこそ調和する網代が、春の気配の中にあるちぐはぐさに違和感を覚えている。「三《やよひ》、四月《うづき》の紅梅の衣《きぬ》」は、三月はすでに春の終わり、四月は初夏にあたるのに、春先の花である紅梅の色はうっとうしいといった、作者の鋭敏な感覚によるものである。

2 「除目《ぢもく》に司《つかさ》得ぬ人の家」の段落に登場する人物を挙げ、それぞれの心情について話し合ってみよう。

考え方 作者が「すさまじ」と感じて描き出すのは、「除目に司得ぬ人」自身ではなく、その「家(の人々)」である。

・「早うありし者どもの……田舎だちたる所に住む者ども」706 **50・5** 708 **40・5**…昔の主人が任官されるという噂《うわさ》を聞きつけ、その恩恵にあずかろうと集まってきたが、結局選にもれたので、いたたまれなくなってこっそり逃げ出す。

・「下衆男《げすをとこ》」706 **50・10** 708 **40・10**…主人のために寒さに震えながら結果を待ったが、落選し、がっかりして帰る。「外《ほか》より来たる者」の問いに、「何の前司《ぜんじ》にこそは」ともってまわった言い方をして主人を気遣っている。

・「見る者ども」706 **50・11** 708 **40・11**…「下衆男」の様子から主人が選にもれたのを察知し、恐ろしくて結果を尋ねることができない。

・「外より来たる者」706 **50・11** 708 **40・11**…集まった人々の期待や落胆など事情を知らないので、軽い気持ちで結果を尋ねる。

・「まことに頼みける者」706 **51・2** 708 **41・2**…とても嘆かわしいことだと思う。

・「古き者どもの、さもえ行き離るまじき」706 **51・4** 708 **41・4**…来年のことを考えながら、よろよろと元気なく歩きまわっている。

3 語句 次の傍線部の違いを説明してみよう。

① 女子《をんなご》生ませたる。(706 **50・3** 708 **40・3**)
② あるじせぬ所。(706 **50・3** 708 **40・3**)
③ 門《かど》たたく音もせず。(706 **50・8** 708 **40・8**)
④ ならせたまひたる。(706 **51・1** 708 **41・1**)

考え方 「せ」の識別。「せ」は、サ変動詞の未然形、サ変複合動詞の未然形の一部、使役・尊敬の助動詞「す」の連用形となる場合がある。

解答 ①使役の助動詞「す」の連用形。
②サ行変格活用複合動詞「あるじす」の未然形の一部。
③サ行変格活用動詞「す」の未然形。
④尊敬の助動詞「す」の連用形。

4 **語句** 次の括弧の中に言葉を補うとすれば、どのような語句が適切か、考えてみよう。

① 今年は必ず(　　)と聞きて、(706 50・5 708 40・5)

② 「何の前司《ぜんじ》にこそは(　　)。」(706 51・1 708 41・1)

考え方 ①は「任官する」の意となる言葉。任官するのは「司得ぬ人」であるので、主人と考えて敬語を用いてもよい。②は任官できなかった主人に対することなので尊敬語を用い、「こそ」の係り結びで已然形にする。

解答 ①司得む／なりたまはむ　②おはすれ／はべれ

5 **探究** 自分たちの身近にある「すさまじきもの」を挙げてみよう。

考え方 時節外れ、期待外れという点から考えるとよい。例えば、真冬に、軒に下がったままでチリンチリンと鳴っている風鈴は、時節外れ。また、新規オープンのスイーツ店で購入したケーキが、好みに合わなかった場合も、期待外れと言えるだろう。

木の花は

※本教材は教708では学習しません。

【大　意】 1　教706 52ページ1〜7行

木の花ですばらしいのは、紅梅。桜は花びらが大きく葉の色が濃いもの、藤《ふじ》は花房が長く垂れているのがよい。四月の下旬、五月の上旬の頃の橘《たちばな》は、葉が色濃く、花が真っ白に咲き、雨の降った翌朝などは世にまたとないほど奥ゆかしい。こがねの玉かと見えるような実も夜明けの桜にも劣らない。橘はほととぎすにゆかりが深いと思うからだろうか。

【品詞分解／現代語訳】

木 の(格助) 花 は(係助)、濃き(ク・体) も(係助) 薄き(ク・体) も(係助) 紅梅。桜 は(係助)、花びら 大きに(ナリ・用)、葉 の(格助) 色 濃き(ク・体) が(格助)、枝 細く(ク・用) て(接助) 咲き(四・用)

木の花は、(色が)濃いのも薄いのも紅梅(がすばらしい)。桜は、花びらが大きくて、葉の色の濃いのが、枝が細くて咲いている

たる(助動・存・体)。藤 の(格助) 花 は(係助)、しなひ 長く(ク・用)、色 濃く(ク・用) 咲き(四・用) たる(助動・存・体)、いと(副) めでたし(ク・終)。

(のがよい)。藤の花は、しなやかに垂れさがる花房が長く、色濃く咲いているのが、とてもすばらしい。

四月 の(格助) つごもり、五月 の(格助) ついたち の(格助) ころほひ、橘 の(格助) 葉 の(格助) 濃く(ク・用) 青き(ク・体) に(格助)、花 の(格助) いと(副) 白う(ク・用(音))

四月の下旬、五月の上旬の頃、橘の葉が濃く青々としている中に、花がたいそう白く咲いている

四・用　助動・存・体　格助　四・用　助動・存・体　副助　係助　格助　ク・用(音)　ラ変・体　助動・断・用　シク・終
咲き たる が、雨 うち降り たる つとめて など は、世 に なう 心 ある さま に をかし。
のが、雨が降っている早朝などは、世にまたとない奥ゆかしい様子で面白い。

格助　格助　格助　係助　格助　下二・用　接助　シク・用(音)　ナリ・用　下二・用　助動・存・体　副助　格助
花 の 中 より 黄金 の 玉 か と 見え て、いみじう あざやかに 見え たる など、朝露 に
(その)花の中から黄金の玉かと思えるように、(実が)とても色あざやかに見えているのなどは、朝露に濡れて

下二・用　助動・存・体　格助　格助　四・未　助動・打・終　格助　格助　副助　四・已　接助　助動・断・用
ぬれ たる あさぼらけ の 桜 に 劣ら ず。ほととぎす の よすが と さへ 思へ ば に
いる明け方の桜(の美しさ)にも劣らない。ほととぎすの身を寄せる所とまで思うからだろうか、

係助(結略)　副　副　四・終　助動・可・用(音)　係助　補・ラ変・未　助動・打・終
や、なほ さらに 言ふ べう も あら ず。
やはり改めて言うまでもない(ほどすばらしい)。

語句の解説 1

教706 52ページ

2 **いとめでたし**　とてもすばらしい。
「めでたし」は、①「立派だ、すばらしい」、②「祝う価値がある」などの意味。ここでは①。

4 **雨《あめ》うち降《ふ》りたるつとめて**　雨が降っている早朝。
「たる」を「完了」ととると、「雨が降った翌朝」となる。

6 **ほととぎすのよすがとさへ思《エ》へ《エ》ばにや**　ほととぎすの身を寄せる所とまで思うからだろうか。
「さへ」は、添加の意を表す副助詞。雨の早朝に咲く橘の花の風情をたたえ、そのうえ「ほととぎすのよすが」という、ほととぎすとの関わりを付け加えている。係助詞「や」の結びの語(「あらむ」など)が省略されている。

7 **さらに言《イ》ふべう《ウビョウ》もあらず**　改めて言うまでもない(ほどすばらしい)。
「さらに」は「改めて、新たに」の意。「さらに…ず(打消)」で「全然…ない、少しも…ない」の意。「べう」は助動詞「べし」(可能)のウ音便。橘とほととぎすの取り合わせを称賛している。

【大　意】 2 教706 52ページ8行〜53ページ8行

梨《なし》の花は、まったくつまらないものと思われているが、中国ではこの上なくすばらしい花とされている。漢詩文にも詠まれ、比類がないもののように思われる。桐《きり》の木の花なども、他の木とは別格である。中国では鳳凰《ほうおう》がこの木にだけとまり、弦楽器の材料になるなど、実にすばらしい。格好はみっともないが、楝《おうち》の花は枯れたように風変わりに咲き、五月五日の節句に咲き合わせるというのも面白い。

【品詞分解／現代語訳】

格助 格助 シク・体 格助 サ変・用 接助 ク・用(音) 四・未 助動・打・用 ク・体 下二・用 副助
梨の花、世にすさまじきものにして、近うもてなさず、はかなき文つけなど
梨の花は、世間ではつまらないものだとして、身近に観賞することもなく、ちょっとした手紙を結びつけなどさ

副助 サ変・未 助動・打・終 下二・用 助動・存・体 格助 副助 格助 上一・用 接助 係助 格助 四・体 係助 副
だにせず。愛敬おくれたる人の顔などを見ては、たとひに言ふも、げに、葉
えしない。かわいらしさが劣っている(女の)人の顔などを見ては、そのたとえに言うのも、なるほど、

格助 格助 下二・用 接助 ク・用 下二・体 接助 格助 係助 ク・体 格助 格助 係助 四・体 副
の色よりはじめて、あいなく見ゆるを、唐土には限りなきものにて、文にも作る、なほ
葉の色をはじめとして、つまらなく見えるけれども、中国ではこの上なくすばらしい花として、漢詩文にも詠んでいる、やはり

接 ラ変・未 助動・推・終 格助 副 上一・已 接助 格助 格助 シク・体 係助(係)
さりともやうあらむと、せめて見れば、花びらの端に、をかしきにほひこそ、
そうは言っても(中国ですばらしいとされるのには)理由があるのだろうと、よくよく気をつけて見ると、花びらの端に、美しい色が、

ク・用(音) 四・用 助動・存・体(音) 助動・定・已(結) 格助 格助 格助 四・用 接助 四・用 助動・過・体 格助 下二・用 接助
心もとなうつきためれ。楊貴妃の、帝の御使ひに会ひて泣きける顔に似せて、
ほんのりとついているようだ。楊貴妃が、玄宗皇帝の御使者(の道士)に会って泣いた顔を形容して、

格助 上二・用 助動・存・終 副助 四・用 助動・完・体 係助 ナリ・未 助動・打推・終 格助 四・体 接助 副
「梨花一枝、春、雨を帯びたり。」など言ひたるは、おぼろけならじと思ふに、なほ
「梨花一枝、春、雨を帯びたり。」などと(白居易が詩「長恨歌」に)書いているのは、並たいていのことではないだろうと思うと、やはり

シク・用(音) ク・体 係助 ラ変・未 助動・打推・終 格助 下二・用 助動・完・終
いみじうめでたきことは、たぐひあらじとおぼえたり。
とてもきわだったすばらしさは、ほかに類がないのだろうと思われた。

格助 格助 格助 四・用 助動・存・体 係助 副 シク・体 接助 格助 係助(結流) 副
桐の木の花、紫に咲きたるは、なほをかしきに、葉の広ごりざまぞ、うたて
桐の木の花が、紫に咲いているのは、何と言ってもすばらしいが、葉が広がっている形は、ひどく

こちたけれど、異木どもとひとしう言ふべきにもあらず。唐土にことごとしき名つきたる鳥の、えりてこれにのみゐるらむ、いみじう心ことなり。まいて琴に作りて、さまざまなる音の出で来るなどは、をかしなど世の常に言ふべくやはある。いみじうこそめでたけれ。

おおげさだけれども、ほかの木々と同列に論ずべき木ではない。中国にたいそうな名前のついた(鳳凰という)鳥が、選んでこれ(＝桐の木)だけにとまるとかいうのも、格別にすばらしい。まして(木の材は)琴を作って、さまざまな音色が出てくるという点などは、面白いなどと世間並みに言ってすまされるであろうか(、いや、すまされない)。実にすばらしいことだ。

木のさまにくげなれど、楝の花いとをかし。かれがれに、さまことに咲きて、必ず五月五日にあふも、をかし。

木の姿かたちは醜いけれど、楝の花はたいへん趣がある。枯れたように、風変わりに咲いて、必ず五月五日の節句に咲き合わせるというのも、面白い。

(第三五段)

語句の解説　2

教706　52ページ

8 **すさまじきもの**　つまらないもの。「すさまじ」は、不調和な感じから受ける不快な気持ちを表す形容詞。「つまらない、興ざめだ」の意。他に「寒々としている」「程度がはなはだしい」などの意味もある。

8 **はかなき文《ふみ》**　ちょっとした手紙。形容詞「はかなし」は、「ちょっとしたことだ、取るに足りない」の意。他に「はかない、頼りない」「無益だ」「たわいもない」などの意味もある。「文《ふみ》」は「手紙」。

10 **あいなく見《み》ゆるを**　つまらなく見えるけれども。「あいなし」は、「つまらない、気に入らない、不調和だ」の意。

11 **さりとも**　そうは言っても。接続詞。ラ変の動詞「然《さ》り」＋接続助詞「とも」からできた語。前の内容を受けた上で別のことを望む意味を表す。

11 **や《ヨ》う《ウ》あらむ《ン》**　(すばらしいとされるのには)理由があるのだろう。

この「やう」は、「理由、事情、子細」の意味。他に「様式、形式」「姿、様子」「方法、手段」などの意味もある。

11 **せめて見《み》れば**　よくよく見ると。
「せめて」は、ここでは「よくよく、しきりに」の意。

12 **にほ《オ》ひ《イ》**　色つや。
現代語とは違い、色彩の美を表す語。

12 **心《こころ》もとなう《ノウ》つきためれ**　ほんのりとついているようだ。
「ためれ」は、「たるめれ」（存続の助動詞「たり」の連体形＋推定の助動詞「めり」の已然形）の撥《はつ》音便「たんめれ」の撥音「ん」の無表記の形。「たるめれ→たんめれ→ためれ」と変化した。「タンメレ」と読む。

13 **おぼろけならじ**　並たいていのことではないだろう。
「おぼろけなり」は、「並ひととおりではない、格別だ」の意。

1 どのような意味か。

答 梨の花が楊貴妃の泣き顔に形容されているのは、梨の花の素晴らしさも並たいていのことではないからだろう。

教706 53ページ

2 **葉《は》の広《ひろ》ごりざまぞ、うたてこちたけれど**　葉の広がっている形は、ひどくおおげさだけれども。
「うたて」は、ふつうでない様子。「ひどく」などと訳す。「こちたし」は、「おおげさだ、ぎょうぎょうしい」の意。係助詞「ぞ」の結びは、本来「こちたき」（「こちたし」の連体形）となるはずだが、已然形接続の接続助詞「ど」が付いて文が続いているため、流れている。

2 なぜ「異木《ことき》どもとひとしう言ふべきにもあらず。」なのか。

答 鳳凰がこの木にすむといわれるから。また、琴を作って、美しい音《ね》を奏でるから。

4 **えりて**　選んで。
「えり」は、動詞「える」の連用形。漢字で表記すると「選る」。

5 **世《よ》の常《つね》に言《い》ふ《ウ》べくやは《ワ》ある**　世間並みに言ってすまされるであろうか（、いや、すまされない）。
「やは」は反語で、「やはある」は「…であろうか（、いや、…ない）」の意。

7 **かれがれに**　枯れたように。
棟の花は、開花して数日で枯れるため。すぐ後に「必ず五月五日にあふ」とあることから、「枯れ枯れ」に「離《か》れ離《が》れ」を掛ける意識があると思われる。また、「あふち」の花の名称に掛けて、「五月五日にあふ」と書いたと思われる。

学習のポイント

1 本文に取り上げられている「木の花」を挙げ、図鑑などで確認してみよう。

考え方 本文には「紅梅」「桜」「藤《ふぢ》」「橘《たちばな》」「梨」「桐《きり》」「棟《あふち》」の順に登場している。花の色や形など、本文の描写と照らし合わせてみよう。

2

語句 次の傍線部の意味に注意して、現代語訳してみよう。

① ほととぎすのよすがとさへ思へばにや、（706 52・6）

② はかなき文《ふみ》つけなどだにせず。（706 52・8）

③ えりてこれにのみゐるらむ、（706 53・4）

考え方 「さへ」は添加、「だに」は類推、「のみ」は限定を表す副助詞。

解答 ①ほととぎすの身を寄せる所とまで思うからであろうか、

②ちょっとした手紙を結びつけなどさえしない。

③選んでこれだけにとまるとかというのも、

3

探究 「梨の花」は人々にどう思われていたか。次のそれぞれに対してまとめてみよう。

① 当時の日本人　② 唐土《もろこし》の人　③ 作者

考え方 第三段落に「梨の花」について書かれている。

①「世にすさまじきものにして、……あいなく見ゆる」706 52・8〜10 おもしろ味のないものとして、身近に観賞したり、手紙を結びつけたりもせず、かわいらしさの足りない女性の顔を梨の花のようだとたとえるほど、価値のないもの。

②「限りなきものにて、文にも作る」706 52・10 詩に詠まれるほど、この上なく美しいもの。

③「いみじうめでたきことは、たぐひあらじ」706 52・14 他に類がないほどすばらしいもの。

宮に初めて参りたるころ

【大　意】 1 教706 54ページ1〜9行　教708 42ページ1〜9行

宮仕えに初めて出た頃は恥ずかしくて、涙も出そうであった。夜ごと参上して控えていると、中宮様が絵などを見せてくださっても手も差し出すことができないほどだ。灯火の下では髪の筋まではっきり見えて恥ずかしかったが、袖口からわずかに見える中宮様のお手は薄紅梅色が素晴らしく、このような方がいらっしゃったのだなあと、はっとして見つめてしまうのだった。

【品詞分解／現代語訳】

宮	に	初めて	参り	たる	ころ、	もの	の	はづかしき	こと	の	数	知ら	ず、	涙	も	落ち	ぬ
	格助	副	四・用	助動・完・体			格助	シク・体		格助		四・未	助動・打・用		係助	上二・用	助動・強・終

（中宮様の）御所に初めて参上した頃、（何を見るにも）気が引けてしまうことが数えきれないほど多く、涙もこぼれてしまいそうなので、

助動・推・已 接助 四・用 接助 格助 格助 格助 四・体 接助 副助 下二・用 接助 下二・未
べけれ ば、夜々 参り て、三尺 の 御几帳 の 後ろ に さぶらふ に、絵 など 取り出で て 見せ
毎夜(御前に)参上して、三尺の御几帳《きちょう》の後ろにお控えしていると、(中宮様が)絵などを取り出して見せてくだ

助動・尊・用 補尊・四・体 接助 格助 係助 副 下二・終 助動・打推・用(音) ク・終 (代) 係助 副 ラ変・用 ラ変・終 (代)
させ たまふ を、手 にて も え さし出づ まじう、わりなし。「これ は、と あり、かかり。それ
さるが、(私は)手を差し出すこともできないくらいに、(恥ずかしくて)どうしようもない。「この絵は、こうなっていて、これこれであ

係助 (代) 係助 副助 下二・終 格助 下二・用 助動・存・体 助動・断・已 接助 格助 副助 係助
か、かれ か。」など のたまはす。高坏 に 参らせ たる 大殿油 なれ ば、髪 の 筋 など も、
る。それか、あれか。」などと(中宮様は)おっしゃる。高坏《たかつき》におともしして差しあげている灯火なので、(私の)髪の毛の筋なども、

副 格助 係助 ナリ・用 下二・用 接助 ク・已 接助 サ変・用 接助 上一・用 副助 サ変・終 副 ク・体
なかなか 昼 より も 顕証に 見え て まばゆけれ ど、念じ て 見 など す。いと つめたき ころ
かえって昼間よりもあらわにはっきり見えて恥ずかしいけれど、我慢して見たりする。とても寒い頃なので、

助動・断・已 接助 下二・未 助動・尊・用 補尊・四・已(命) 助動・存・体 格助 ナリ・用 下二・体 格助 シク・用(音) 四・用
なれ ば、さし出で させ たまへ る 御手 の はつかに 見ゆる が、いみじう にほひ
(中宮様の)差し出されるお手で(袖の間から)ほんの少し見えるお手が、とてもつややかな薄紅梅

助動・存・体 助動・断・体 係助 ク・用 ク・終 格助 四・未 助動・打・体 格助 係助 ラ変・体 係助(係)
たる 薄紅梅 なる は、限りなく めでたし と、見知ら ぬ 里人心地 に は、「かかる 人 こそ
色であるのは、この上もなく美しいと、(宮中を)見知っていない宮仕えの経験がない者の気持ちには、「このような(すば

係助 格助 四・用 助動・詠・已(結) 格助 四・未 助動・自・体 副助 係助(係) 四・用 補謙・下二・体(結)
は、世 に おはしまし けれ。」と、おどろか るる まで ぞ、まもり 参らする。
らしい)方が、この世にはいらっしゃるのだなあ。」と、はっとしてしまうほど、お見つめ申し上げる。

語句の解説 1

教706 54ページ 教708 42ページ

1 もののはづ《ズ》かしきこと 気が引けてしまうこと。

「もの」は漠然とした対象があることを示す接頭語。「はづかし」は古語では、相手が優れていて、こちらが萎縮して気恥ずかしく思う様子を表す。

1 「夜々参りて、三尺の御几帳の後ろにさぶらふ」とあるが、筆者はなぜこのような行動を取ったのか。

答 初めて宮仕えに出て、気が引けてしまうことが多く、涙が出そうなくらい恥ずかしかったから。

3見《み》せさせたまふ《モウ》　見せてくださる。
「させ」は尊敬の助動詞「さす」の連用形。「たまふ」は尊敬を表す補助動詞で、作者から中宮定子への敬意を表す。最高敬語(二重敬語)となっている。

3えさし出《い》づまじう《ジュウ》　差し出すこともできないくらいに。
「まじう」は、打消推量の助動詞「まじ」の連用形「まじく」のウ音便。

3わりなし　どうしようもない。
「わりなし」は、心の中で筋が通らないさまを表し、①「道理に合わない」、②「言いようがない」、③「どうしようもない」、④「ひどい」、⑤「この上なく優れている」の意がある。ここでは③。

3これは、とあり、かかり。それか、かれか　この絵は、こうなっていて、これこれである。それか、あれか。
中宮が絵を見せて説明している場面。「かかり」は「かく+あり」が変化したもの。

4高坏《たかつき》に参《まい》らせたる大殿油《おおとなぶら》　高坏におともしして差しあげている灯火。
「参らす」は「与ふ」「やる」の謙譲語で、「差しあげる、献上する」の意。灯火を差しあげる対象の中宮に対する敬意。「参ら+す(使役の助動詞)」ではない。

5なかなか昼《ひる》よりも顕証《けそう》に見《み》えて　かえって昼間よりもあらわにはっきり見えて。
副詞「なかなか」は、「かえって、むしろ」の意で、「顕証に」にかかる。「顕証なり」は、あらわで目立っているさまをいう。高坏に置いた灯火が近いので、作者の髪の毛の筋などもはっきり見えてしまう、というのである。

5まばゆけれど　恥ずかしいけれど。
「まばゆし」の意味は、①「まぶしい」、②「まぶしく感じるほど美しい」、③「きまりが悪い、気後れする」、④「目をそむけたいほどだ」など。ここでは③。

6念《ねん》じて見《み》などす　我慢して見たりする。
「念ず」はサ変動詞で、ここでは「我慢する、じっとこらえる」の意。気恥ずかしいのを我慢しているのである。

6さし出《い》でさせたまへ《エ》る御手《おんて》のはつかに見《み》ゆるが　差し出されるお手でほんの少し見えるお手が。
「させ」「たまへ」はどちらも尊敬で、中宮定子に対する敬意を表す。「御手の」の格助詞「の」は同格。「はつかなり」は、「ほんのちょっとだ」「かすかだ」の意。

7にほひ《オイ》たる薄紅梅《うすこうばい》　つややかな薄紅梅色。
「にほふ」の意味は、①「色に染まる」、②「色が美しく輝く、美しくつややかである」、③「かおりがする」など。ここでは②。

9まもり参《まい》らする　お見つめ申し上げる。
ここの「参らす」は謙譲の補助動詞。作者が中宮定子を見つめているのである。「まもる」は、ここでは「見つめる」の意。

【大　意】　2　**教706 54ページ12行～55ページ12行　教708 42ページ12行～43ページ12行**
出仕してしばらくして、女房たちが、関白殿(道隆様)が参上なさったようだと言うが、大納言伊周《これちか》様が参上なさったのだった。中宮様と機知に富んだ会話をかわされる、そのお二人の姿は、物語の一場面かと思われるほどであった。中宮様の美しいお姿は、絵に描いたようで、夢を見ているようであった。

【品詞分解／現代語訳】

副　ラ変・用　接助　ク・用(音)　四・体　サ変・已　接助　四・未　助動・尊・用　補尊・四・終　助動・定・終　格助
しばし　あり　て、さき　高う　追ふ　声　すれ　ば、「殿　参ら　せ　たまふ　なり。」とて、
しばらくして、先払いの声が高く聞こえるので、「関白殿(藤原道隆)が参上なさったようです。」と言って、

四・用　助動・完・体　四・用　副助　サ変・体　接助　副　上二・用　助動・強・未　助動・意・体　格助　四・已　接助　ナリ・用　副
散り　たる　物　取りやり　など　する　に、いかで　下り　な　む　と　思へ　ど、さだに　え
(女房たちが)散らばった物を取り片付けなどするので、何とかして(自分の局《つぼね》に)下りたいと思うけれど、まったくすぐに

副　係助　四・未　助動・打・已　接助　副　副　格助　四・用　接助　ナリ・用　シク・体　助動・断・体(音)
ふと　も　身じろか　ね　ば、いま　すこし　奥　に　引き入り　て、さすがに　ゆかしき　な
は身動きができないので、もう少し奥に引っ込んで、(そうはいうものの)やはり見たいのだろう、

助動・定・終　格助　格助　ナリ・用　下二・用　助動・完・終
めり、御几帳　の　ほころび　より　はつかに　見入れ　たり。
御几帳のほころびからわずかにのぞき込んだ。

格助　四・用　補尊・四・已(命)　助動・完・体　助動・断・用　助動・詠・終　格助　格助　格助
大納言殿　の　参り　給へ　る　なり　けり。御直衣《のうし》、指貫《さしぬき》　の　紫　の　色、雪　に
大納言殿(藤原伊周)が参上なさったのであったよ。御直衣、指貫の紫の色が、雪に映えて

下二・用　接助　シク・用(音)　シク・終　格助　上一・用　補尊・四・用　接助　助動・断・用　補丁・ラ変・用
映え　て　いみじう　をかし。柱もと　に　ゐ　たまひ　て、「昨日今日、物忌み　に　侍り
たいそう美しい。柱のそばにお座りになられて、「昨日今日は、物忌みでございましたけれど、

助動・完・已　接助　格助　ク・用　四・用　補丁・ラ変・用　助動・完・已　接助　格助　係助(結略)　格助　四・用　補尊・四・終
つれ　ど、雪　の　いたく　降り　侍り　つれ　ば、おぼつかなさ　に　なむ。」と　申し　たまふ。
雪がたいそう降りましたので、(こちらが)気がかりで(参上しました)。」とおっしゃる。

係助　ク・終　格助　四・用　助動・完・用　接助　副　格助　係助(係)　ラ変・体(結)　四・用　補尊・四・用　接助
「『道　も　なし』と　思ひ　つる　に　いかで。」と　ぞ　御いらへ　ある。うち笑ひ　たまひ　て、
(中宮様は)「(雪が降り積もって)『道もない』と思ったのに(まあ)どうして。」とお答えになる。(伊周様は)お笑いになって、

格助　係助　係助(係)　サ変・体(結)　格助　副助　四・体　格助　係助(係)　四・未
「『あはれ と』 も や 御覧ずる とて。」 など のたまふ 御ありさまども、 これ より 何事 かは まさら
「(こんな日にやって来る人を)『あわれなことよ』とお思いになるかと思いまして。」などとおっしゃる(お二人の)ご様子は、これより何かまさるものがあろうか

助動・推・体(結)　格助　シク・用(音)　格助　下二・用　接助　四・用　助動・完・体　格助　四・未　助動・打・体(音)　助動・定・終
む。 物語 に いみじう 口 に まかせ て 言ひ たる に、 たがは ざ めり
(、いや、ない)。物語でたいそう口をきわめて褒めて言っているのに、(少しも)違わないようであると思われる。

格助　下二・終
と おぼゆ。

係助　ク・体　格助　格助　格助　係助(係)　格助　四・用　助動・完・体(結)　格助　四・未　助動・尊・用
宮 は、 白き 御衣ども に、 紅 の 唐綾 を ぞ 上 に 奉り たる。 御髪 の かから せ
中宮様は、白い御衣どもの上に、紅の唐綾をお召しになっている。(それに)御髪が垂れかかっていらっ

補尊・四・已(命)　助動・存・体　副助　格助　四・用　助動・完・体　格助　係助(結流)　ラ変・体　係助　上一・用　助動・過・体　接助
たまへ る など、 絵 に かき たる を こそ、 かかる こと は 見 し に、
しゃる御ありさまなどは、絵に描いたものでは、こういうすばらしいものは見たが、

格助　係助　副　四・未　助動・打・体　接助　格助　係助(係)　サ変・体(結)
うつつ に は まだ 知ら ぬ を、 夢 の 心地 ぞ する。
現実にはまだ知らないので、夢を見ているような気持ちがする。

(第一七七段)

語句の解説 2

教706 54ページ　教708 42ページ

12 **さき高《たこ》う追《お》ふ《ウ》声《こえ》すれば**　先払いの声が高く聞こえるので。「さき」は「前駆」と書き、行列の先に立って先導する人。「高う」は「高く」のウ音便。

12 **殿《との》参《まい》らせたま《モ》ふ《ウ》なり**　関白殿が参上なさったようです。「参らせたまふ」は、「謙譲語＋尊敬語」で、作者からの二方面に対する敬意を表す。「参る」は謙譲語で、参上するという動作の対象の中宮定子に対する敬意を表す。「せたまふ」は、尊敬の助動詞＋尊敬の補助動詞の二重敬語(最高敬語)で、関白殿(藤原道隆)に対する敬意を表す。「なり」は伝聞・推定。先払いの声を聞いて推定する用法である。

13 **いかで下《お》りなむ《ン》**　何とかして(自分の局に)下りたい。「いかで」は、後に願望・意志の語を伴って「何とかして…たい」の意。推量の語を伴うと、疑問や反語の意になる。「な」は強調の助動詞「ぬ」の未然形。

答 2 **筆者はなぜ「いかで下りなむ」と思ったのか。**

たいへん高貴な中宮様と関白殿の前には、とても気が引けて一緒にはいられないと思うから。

13 **えふとも身《み》じろかねば** すぐには身動きできないので。

「え」は副詞で、後に打消の語を伴って「とても…できない」の不可能の意。副詞「ふと」は、「すぐに、急に」の意。

教706 55ページ 教708 43ページ

1 **ゆかしきなめり** 見たいのだろう。

「ゆかし」は、「見たい、知りたい、聞きたい」などの意を表す。「なめり」は、「なるめり」(断定の助動詞「なり」の連体形「なる」＋推定の助動詞「めり」)の撥《はつ》音便「なんめり」の「ん」が無表記となったもの。

3 **参《まい》り給《たま》へ《エ》るなりけり** 参上なさったのであったよ。

「けり」は詠嘆。「参り」は、参上する対象の中宮に対する敬意、「給へ」は、大納言(伊周)に対する敬意を表す。

4 **柱《はしら》もとにゐ《イ》たまひ《イ》て** 柱のそばにお座りになられて。

「もと」は「そば、近く」の意。「ゐる(居る)」はワ行上一段動詞で、「座っている」の意。

5 **おぼつかなさになむ《ン》** 気がかりで(参上しました)。

係助詞「なむ」の結びの語(「参りつる」など)が省略されている。

6 **『道《みち》もなし』と思《おも》ひ《イ》つるにいかで** (雪が降り積もって)「道もない」と思ったのに(まあ)どうして。

「いかで」の後に「参りつる」が省略されている。

7 **「あは《ワ》れと」もや御覧《ごらん》ずるとて** 「あわれなことよ」とお思いになるかと思いまして。

『拾遺集』の歌の「今日来む人をあはれとは見む」をふまえて答えている。

8 **何事《なにごと》かは《ワ》まさらむ《ン》** 何かまさるものがあろうか(、いや、ない)。

「かは」は反語。中宮と大納言伊周の会話の様子のすばらしさを言う。

8 **いみじう《ジュウ》口《くち》にまかせて言《い》ひ《イ》たるに** たいそう口をきわめて褒めて言っているのに。

「いみじう」「口にまかせて」は、どちらも「言ひたる」にかかる。

8 **たがは《ワ》ざめり** 違わないようである。

「ざめり」は、「ざるめり」(打消の助動詞「ず」の連体形＋「めり」)→「ざんめり」→「ざめり」(撥音無表記)。物語の中で、美辞麗句で褒めて言っているのと違わないほど、中宮と伊周の様子はすばらしいということ。

10 **紅《くれない》の唐綾《からあや》をぞ上《うえ》に奉《たてまつ》りたる** 紅の唐綾をお召しになっている。

「奉る」は、ここでは「着る」の尊敬語。作者から中宮への敬意を表す。「飲む、食ふ」「乗る」の尊敬語でもあり、謙譲語の場合もあるので、注意が必要な語。係助詞「ぞ」の結びが「たる」。

11 **絵《え》にかきたるをこそ、かかることは見《み》しに、** 絵に描いたものでは、こういうすばらしいものを見たが。

「こそ」の結びは已然形なので「見しか」となるべきだが、連体形接続の接続助詞「に」が付いて文が終わらず続いているので、結びは流れている。「に」は逆接確定条件を表す。

学習のポイント

1 **「かかる人こそは、世におはしましけれ。」（706 54・8 708 42・8）から、筆者は中宮定子の人物像をどのように描こうとしているか、考えてみよう。**

考え方 初めて出仕した作者は、中宮定子の絵を見せて話す様子やわずかに見える手に感動している。

解答例 この世にまたとないほど美しく優しい人物。

2 **中宮定子と大納言(伊周)との会話で、筆者はどのような点に感動しているか、話し合ってみよう。**

考え方 脚注8にあるように、「道もなし」は『拾遺集』の歌をふまえたもので、二人ともそのことを当然承知した上で会話をしている。その様子を作者は、「これより何事かはまさらむ。物語にいみじう口にまかせて言ひたるに、たがはざめり」（706 55・7～9 708 43・7～9）と感じている。

3 **語句** **傍線部の敬語は誰を敬ったものか。**

① **高坏《たかつき》に参らせたる大殿油《おほとなぶら》（706 54・4 708 42・4）**

② **紅《くれなゐ》の唐綾《からあや》をぞ上に奉りたる。（706 55・10 708 43・10）**

考え方 ①「参らす」は謙譲語。②「奉る」は「着る」の尊敬語。

解答 ①中宮定子　②中宮定子

中納言参りたまひて

【大　意】 教706 56ページ1行～57ページ4行　教708 44ページ1行～45ページ4行

中納言隆家《たかいえ》卿が姉の中宮定子のもとに参上し、手に入れた扇の骨の自慢話をする。「今までに見たことのないほどの骨だ。」という言葉に対し、おそばに仕えていた作者が「それならくらげの骨ですね。」と返すと、中納言は作者の機転に感心した。

【品詞分解／現代語訳】

中納言 参り(四・用) **たまひ**(補尊・四・用) **て、**(接助) **御扇 奉らせ**(下二・用) **たまふ**(補尊・四・体) **に、**(格助) **「隆家 こそ**(係助(係)) **いみじき**(シク・体) **骨 は**(係助) **得**(下二・用) **て**(接助) **はべれ。**(補丁・ラ変・已(結))

中納言様が(中宮様のもとに)参上なさって、御扇を(中宮様に)献上なさる時に、「(この)隆家はすばらしい(扇の)骨を手に入れております。

(代) 格助 四・未 助動・使・用 接助 下二・未 助動・意・終 格助 サ変・体 接助 ナリ(語幹) 格助 係助 副 四・終 助動・打推・已 接助
それ を 張ら せ て 参らせ む と する に、おぼろけ の 紙 は え 張る まじけれ ば、
それ(に紙)を張らせて(中宮様に)差し上げようと思うのですが、ありふれた紙は張ることができそうにないので、

下二・用 補丁・ラ変・体 助動・断・終 格助 四・用 補尊・四・終 ナリ・用 係助(係) 補・ラ変・体(結) 格助 四・用 補謙・下二・未
求め はべる なり。」と 申し たまふ。「いかやうに か ある。」と 問ひ きこえ
(この骨にふさわしい、すばらしい紙を)探しております。」と申し上げなさる。(中宮様が)「(その骨は)どのようなものですか。」とお尋ね申し上げなさると、

助動・尊・用 補尊・四・已 接助 副 シク・用(音) 補丁・ラ変・終 副 副 上一・未 助動・打・体 格助
させ たまへ ば、「すべて いみじう はべり。『さらに まだ 見 ぬ 骨 の さま
「全てがすばらしゅうございます。『まったくまだ見たことのない骨の様子だ。』と人々も申します。

助動・断・終 格助 係助(係) 四・体(結) 副 副 格助 係助 下二・未 助動・打・用 助動・完・終 格助 ク・用
なり。』と なむ 人々 申す。まことに かばかり の は 見え ざり つ。」と、言 高く
本当にこれほどの(すばらしい骨)は見たことがありません。」と、声高く

四・已 接助 接 格助 助動・断・用 係助 補・ラ変・未 接助 格助 助動・断・体(音) 助動・推・終 格助 下二・已 接助
のたまへ ば、「さては、扇 の に は あら で、くらげ の な なり。」と 聞こゆれ ば、
おっしゃるので、(私が)「それでは、扇の(骨)ではなくて、くらげの骨というわけですね。」と申し上げると、

(代) 係助 格助 格助 サ変・用 助動・強・未 助動・意・終 格助 四・用 補尊・四・終
「これ は 隆家 が 言 に し て む。」とて、笑ひ たまふ。
(中納言様は)「これは隆家(私)の言ったことにしてしまおう。」とおっしゃって、お笑いになる。

ナリ(語幹) 格助 係助(結流) 係助 ク・体 格助 格助 下二・用 助動・強・終 助動・当・已 接助
かやう の こと こそ は、かたはらいたき こと の うち に 入れ つ べけれ ど、「一つ
このような(自慢めいた)ことは、聞き苦しいことの中に入れてしまうべきである(ので、書くつもりはなかった)が、(人々が)「一つも

副 四・用 終助 格助 四・已 接助 副 係助 サ変・未 助動・意・体
な 落とし そ。」と 言へ ば、いかが は せ む。
書き落としてはいけません。」と言うので、どうしようか(、いや、どうしようもない)。

(第九八段)

語句の解説

教706 56ページ　教708 44ページ

1 中《ちゅう》納《な》言《ごん》参《まい》りたまひ《イ》て 中納言様が参上なさって。

「参る」は、ここでは「来」の謙譲語で、「(貴人のもとに)参上する」の意。作者から、(「参る」という中納言の動作の対象である)中宮定子への敬意を表す。「たまふ」は尊敬の補助動詞で、作者

から(動作主である)中納言への敬意を表す。

1 **奉《たてまつ》らせたまふ《モウ》に**　献上なさる時に。
「奉らす」は、「与ふ」「やる」の謙譲語で、「差し上げる、献上する」。作者から、(動作の対象である)中宮定子への敬意を表す。「たまふ」は尊敬の補助動詞で、作者から(動作主である)中納言への敬意を表す。

1 **いみじき骨《ほね》**　すばらしい(扇の)骨。
「いみじ」は「たいそう…だ」という意味で、「すばらしい」「ひどい」が代表的な訳である。文脈から訳し分けを行う。

2 **参《まい》らせむ《ン》とするに**　差し上げようと思うが。
「参らす」は、「与ふ」「やる」の謙譲語で、「差し上げる、献上する」。会話文中のため、会話主の中納言から、差し上げる対象の中宮定子への敬意を表す。

1 **「それを張らせて参らせむとする」とは、誰が何をどのようにすることか。**

答 中納言隆家が、手に入れた扇の骨に紙を張らせて、中宮定子に差し上げるということ。

2 **おぼろけの紙《かみ》**　普通の、ありふれた紙。
「おぼろけの」は、形容動詞「おぼろけなり」の語幹に格助詞「の」が付いた形。「おぼろけなり」は、「並ひと通りだ、普通だ」の意。

2 **え張《は》るまじければ**　張ることができそうにないので。
「え…打消」で不可能を表す。「まじ」は、ここでは打消推量。接続助詞「ば」は、原因・理由を表す順接確定条件を表す。

3 **求《もと》めはべるなり**　探しております。
「はべり」は丁寧の補助動詞で、「…(て)おります、…ます」の意。丁寧語は話し手から聞き手への敬意を表すので、多くは会話文中に使われる。ここでは、会話主の中納言から、聞き手の中宮定子への敬意を表す。「なり」は断定の助動詞。

3 **問《と》ひ《イ》きこえさせたまへ《エ》ば**　質問し申し上げなさったところ。
「…きこゆ」は謙譲の補助動詞で、作者から、「問ふ」という(中宮定子の)動作の対象である中納言への敬意を表す。「さす」は尊敬の助動詞、「たまふ」は尊敬の補助動詞で、二重敬語(最高敬語)の形。作者から、動作主である中宮定子への敬意を表す。

4 **さらにまだ見《み》ぬ**　まったくまだ見たことのない。
「さらに…打消」で「まったく…ない」という意味になる。

教706 57ページ　教708 45ページ

2 **隆家《たかいえ》が言《こと》にしてむ《ン》**　隆家(私)の言ったことにしてしまおう。
「てむ」は、助動詞「つ」の未然形＋推量の助動詞「む」だが、「てむ」で強調の意を表す。「む」は、ここでは意志。

3 **かやう《ヨウ》のことこそは《ワ》、…入《い》れつべけれど**　このようなことこそは、…入れてしまうべきだが。
係助詞「こそ」の結びは、「入れつべけれど」と接続助詞「ど」が付いて文が続いているので、流れている。「つべし」は強調を表す。「べし」は、ここでは当然の意。

3 **かたはらいたきこと**　(自慢話のようで)聞き苦しいこと。
「かたはらいたし」は、他人から見て当事者の状態を「見苦しい、聞き苦しい、苦々しい」と感じる様子、また、当事者自身が他人の目を気にして「気恥ずかしい、きまり悪い」と思う様子を表す。

3 一つ《ひと》な落《お》としそ　一つも書きもらしてはいけません。
「な…そ」は丁寧な禁止を表し、「…してくれるな」の意。

4 いかがは《ワ》せむ《ン》　どうしようか（いや、どうしようもない）。
「いかがは」は反語の意。しかたないから書くのだという気持ちをこめている。

学習のポイント

1 本文中の会話は、それぞれ誰の言葉か、確認してみよう。

考え方　登場人物を整理し、話の流れや敬語の使い方に注意する。

解答例
・「隆家《たかいへ》こそ……求めはべるなり。」…中納言隆家
・「いかやうにかある。」…中宮定子
・「すべて……見えざりつ。」…中納言隆家
・「さては、……くらげのななり。」…作者（清少納言）
・「これは隆家が言《こと》にしてむ。」…中納言隆家
・「一つな落としそ。」…人々（作者の同僚の女房たち）

2 この話のおもしろさはどこにあるか、話し合ってみよう。

考え方　隆家の「まだ見ぬ骨のさまなり」「まことにかばかりのは見えざりつ」と真に迫った言葉に対して、「扇のにはあらで、くらげのななり」と作者は巧みな機知で応酬している。

3 語句　次の傍線部の敬語の種類は何か。また、誰から誰への敬意を表したものか。

① 中納言参り たまひて、（706 56・1 708 44・1）
② 求めはべるなり。（706 56・3 708 44・3）
③ 問ひきこえ させ たまへば、（706 56・3 708 44・3）

考え方　敬意の起点は、敬語の種類にかかわらず、地の文（会話や心内語以外の語りの部分）では作者、会話文中では会話主。二方向への敬意を表す場合、謙譲語→尊敬語→丁寧語の順に置かれる。

解答　①「参り」…謙譲語。作者→中宮定子
「たまひ」…尊敬の補助動詞。作者→中納言隆家
②「はべる」…丁寧の補助動詞。中納言隆家→中宮定子
③「きこえ」…謙譲の補助動詞。作者→中納言隆家
「させ」…尊敬の助動詞。作者→中宮定子
「たまへ」…尊敬の補助動詞。作者→中宮定子

4 語句　次の助動詞の意味を確認し、現代語訳してみよう。

① 隆家が言《こと》にして む。（706 57・2 708 45・2）
② うちに入れつ べけれど、（706 57・3 708 45・3）

考え方　助動詞「つ」「ぬ」は、下に推量の助動詞（「む」「べし」「らむ」「まし」など）を伴う場合、強調になる。

解答　①「て」…強調／「む」…意志
〈現代語訳〉隆家（私）の言ったことにしてしまおう。
②「つ」…強調／「べけれ」…当然
〈現代語訳〉入れてしまうべきであるが。

5 物　語（二）

源氏物語

紫式部

教706 60〜72　教708 48〜60

●『源氏物語《げんじ》』とは

『源氏物語』は、成立年は未詳だが、平安時代中期頃には宮中で読まれ、評判になっていた。五四帖《じょう》から成る。作者は、一条天皇の中宮彰子《しょうし》に女房として仕えた紫式部《むらさきしきぶ》。

『源氏物語』の構成は三つに分けるのが一般的である。

(1) 第一部（桐壺《きりつぼ》〜藤裏葉《ふじのうらば》）
光源氏《ひかるげんじ》の出生から、不遇の時代を経て栄華を極めるまでの前半生が描かれる。

(2) 第二部（若菜上《わかな》〜幻《まぼろし》）
光源氏の後半生が描かれる。女三の宮《おんなさんのみや》の輿入《こし》れ。女三の宮と柏《かしわ》木《ぎ》の不義。紫《むらさき》の上《うえ》の病気と死。光源氏は、紫の上の死の悲しみに、出家を考える。

(3) 第三部（匂宮《におうみや》〜夢浮橋《ゆめのうきはし》）
源氏の死後、薫《かおる》（光源氏と女三の宮との間の子だが、実父は柏木）や匂宮（母は明石《あかし》の中宮で、光源氏の孫）と、大い君《おおいぎみ》、中の君《なかのきみ》、浮舟《うきふね》らとの恋が描かれる。

『竹取《たけとり》物語』などの伝奇性、『伊勢《いせ》物語』などの歌物語の性格、藤《ふじ》原道綱母《わらのみちつなのはは》の『蜻蛉《かげろう》日記』などの内省的な性格を総合した、平安文学の完成形とも言われる。後の物語や日記、歴史物語などにも大きな影響を与えた。

与謝野晶子《よさのあきこ》や谷崎潤一郎《たにざきじゅんいちろう》などをはじめとしたさまざまな現代語訳があり、現在も訳され続け、円地文子《えんちふみこ》、瀬戸内寂聴《せとうちじゃくちょう》の訳などは読みやすい。

光源氏の誕生

〈桐壺《きりつぼ》の更衣〉【大　意】 教706 60ページ1行〜61ページ6行　教708 48ページ1行〜49ページ6行

どの帝《みかど》の御代であったか、さほど高貴な身分でもない方で帝の寵愛《ちょうあい》を集める更衣《こうい》がいた。他の女御《にょうご》や更衣のねたみや恨みを買うが、帝はその更衣を離そうとせず、人々の噂《うわさ》にもなりつつあった。世の乱れる例も中国にあり、心配する人々もいて、更衣はいたたまれない気持ちだった。父の大納言が亡くなり、母の北の方がさまざまなことを取りはからっていたが、取り立てて後見人もいないので心細げである。

【品詞分解／現代語訳】

いづれ［(代)］ の［格助］ 御時 に［助動・断・用］ か［係助(結略)］、 女御、更衣 あまた［副］ さぶらひ［四・用］ たまひ［補尊・四・用］ ける［助動・過・体］ 中 に［格助］、 いと［副］

どの帝の御代であっただろうか、 女御、更衣が大勢お仕え申し上げなさっていた中に、 それほ

やむごとなき［ク・体］ きは に［助動・断・用］ は［係助］ あら［補・ラ変・未］ ぬ［助動・打・体］ が［格助］、 すぐれて［副］ 時めき［四・用］ たまふ［補尊・四・体］ あり［ラ変・用］ けり［助動・過・終］。 はじめ より［格助］

ど高貴な身分ではない方で、 きわだって帝のご寵愛を受けて栄えていらっしゃる方がいた。 (宮仕えの)最初か

我［(代)］ は［係助］ と［格助］ 思ひあがり［四・用］ たまへ［補尊・四・已(命)］ る［助動・存・体］ 御方々、 めざましき［シク・体］ もの に［格助］ おとしめ［下二・用］ そねみ［四・用］ たまふ［補尊・四・終］。 同じ［シク・体］

ら自分こそはと自負しておられた方々は、 (この方のことを)心外なものとしてさげすみ、ねたみなさる。 (この方

ほど、 それ［(代)］ より［格助］ 下臈 の［格助］ 更衣たち は［係助］、 まして［副］ やすから［ク・未］ ず［助動・打・終］。 朝夕 の［格助］ 宮仕へ に［格助］ つけ［下二・用］ て［接助］ も［係助］、 人

と同じ身分か、それより身分の低い更衣たちは、 まして心おだやかでない。 朝夕の宮仕えにつけても、 他の

の［格助］ 心 を［格助］ のみ［副助］ 動かし［四・用］、 恨み を［格助］ 負ふ［四・体］ つもり に［助動・断・用］ や［係助(係)］ あり［補・ラ変・用］ けむ［助動・過原推・体(結)］、 いと［副］ あつしく［シク・用］

女性たちの(嫉妬の)心を動揺させてばかりいて、 恨みを受けることが積もったのだろうか、 たいそう病気がちに

なりゆき［四・用］、 もの心細げに［ナリ・用］ 里がちなる［ナリ・体］ を［格助］、 いよいよ［副］ あか［四・未］ ず［助動・打・用］ あはれなる［ナリ・体］ もの に［格助］ 思ほし［四・用］ て［接助］、 人 の［格助］

なってゆき、 何となく心細そうに実家に戻りがちになるのを、 (帝は)ますますたまらなく不憫《ふびん》なものにお思いになって、 人々の非

そしり を［格助］ も［係助］ え［副］ はばから［四・未］ せ［助動・尊・用］ たまは［補尊・四・未］ ず［助動・打・用］、 世 の［格助］ 例 に［格助］ も［係助］ なり［四・用］ ぬ［助動・強・終］ べき［助動・推・体］ 御もてなし

難をもはばかることがおできにならず、 世の例(として語り草)にもなってしまいそうなご待遇である。

なり［助動・断・終］。 上達部、 上人 など［副助］ も［係助］、 あいなく［ク・用］ 目 を［格助］ そばめ［下二・用］ つつ［接助］、 「いと［副］ まばゆき［ク・体］ 人 の［格助］ 御おぼえ なり［助動・断・終］。

公卿《くぎょう》や、 殿上人なども、 困ったことだとそれぞれ目をそむけて、 「まことに見ていられないほどの更衣に対する(帝の)ご寵愛である。

格助 係助 ラ変・体 格助 格助 係助(係) 係助 下二・用 シク・用 助動・詠・已(結) 格助 副 格助

唐土にも、かかることの起こりにこそ、世も乱れあしかりけれ。」と、やうやう天の下

中国にも、このような原因によって、世も乱れ悪いことになったものだよ。」と、だんだん世間でも苦々しく、

格助 係助 ク・用(音) 格助 格助 四・用 接助 格助 係助 下二・用 助動・強・終 助動・推・用

にも、あぢきなう、人のもてなやみぐさになりて、楊貴妃の例も引き出でつべく

人々の悩みの種になって、楊貴妃の例も引き合いに出してしまいそうになってゆくので、

四・体 接助 副 ク・体 ク・已 接助 ク・体 格助 ク・体 格助 格助

なりゆくに、いとはしたなきこと多かれど、かたじけなき御心ばへのたぐひなきを頼みにて、

(更衣は)とてもいたたまれないことが多いのだが、もったいない(帝の)ご寵愛が比類のないことを頼りにして、

四・用 補尊・四・終

交じらひたまふ。

(他の女性に)まじって(宮仕えをして)いらっしゃる。

格助 係助 ク・用 四・用 接助 係助(結流) 格助 格助 ラ変・体 助動・断・用 接助

父の大納言は亡くなりて、母北の方なむ、いにしへの人のよしあるにて、親

(更衣の)父の大納言が亡くなって、母の北の方は、古い家柄の出の人で教養ある人であって、両親が

サ変・用 副 格助 ナリ・体 格助 係助 ク・用(音) 四・未 助動・打・用 格助

うち具し、さしあたりて世のおぼえはなやかなる御方々にもいたう劣らず、何事の

そろっていて、当面は世間の評判が華やかな方々にもさほど劣らないで、どのような

格助 係助 四・用 補尊・四・用 助動・過・已 接助 副 シク・体 副助 ク・已 接助 ラ変・体

儀式をももてなしたまひけれど、とりたてて、はかばかしき後見しなければ、事ある

儀式でも取りはからっていらっしゃったが、(更衣には)これといって、しっかりした後ろだてなどはいないので、何か事がある

係助 副 ク・用 ナリ・終

時は、なほよりどころなく心細げなり。

時には、やはり頼りとするところもなく心細そうな様子である。

語句の解説

教706 60ページ　教708 48ページ

1 **いづ《ズ》れの御時《おんとき》にか**　どの帝の御代であっただろうか。

中古では、「御」は、特定の語に冠するとき以外は「おほむ《オオン》」と読むのが一般的。「いづれの御時にか」の後に「ありけむ」を補って考える。「か」の結びの語の省略。

2 **すぐれて時《とき》めきたまふ《モウ》**　きわだって帝のご寵愛を受けて栄えていらっしゃる。
「時めく」は、本来「時を得て栄える」の意。
3 **めざましきものに**　心外なものとして。
「めざまし」は、ここでは「心外だ、しゃくにさわる」の意。「目が覚めるほどだ、はっとするほどだ」という基本的な意味から、善悪両方の意味があるが、ここは悪い意味となる。
5 **恨《うら》みを負《お》ふ《ウ》つもりにやありけむ《ン》**　恨みを受けることが積もったのだろうか。
「に」は断定の助動詞「なり」の連用形、「や」は疑問を表す係助詞、「けむ」は過去の原因推量の助動詞の連体形で「や」の結び。
6 **いとあつしくなりゆき**　たいそう病気がちになってゆき。
「あつしく」は、形容詞「あつし」の連用形。「あつし」は、ここでは「篤し」と書き、「病気がちだ、病気が重い」の意。
7 **思《おも》ほ《オ》して**　お思いになって。
「思ほす」は、「思ふ」の尊敬語。
7 **えはばからせたまはず《ワ》**　はばかることがおできにならず。
帝が主語。副詞「え」は、打消の語を伴って、「…できない」の意。「せ」は尊敬の助動詞「す」の連用形、「たまは」は尊敬の補助動詞「たまふ」の未然形。「せたまふ」は尊敬語が二重に重なった表現で、地の文では、天皇・上皇などに対する最高敬語。
8 **世《よ》の例《ためし》にもなりぬべき**　世の例(として語り草)にもなってしまいそうな。
「ぬべき」は、強調の助動詞「ぬ」の終止形＋推量の助動詞「べし」の連体形。「…してしまいそうだ、…に違いない」の意。
9 **いとまばゆき人《ひと》の御《おおん》おぼえなり**　まことに見ていられないほどの更衣に対する(帝の)ご寵愛である。
「人」は、更衣を指す。「まばゆき」は「人」を修飾しているのではなく、「御おぼえ」を修飾している。
10 **ことの起《お》こり**　原因。
名詞「こと」＋格助詞「の」＋名詞「起こり」。
11 **引《ひ》き出《い》でつべく**　引き合いに出してしまいそうに。
「つ」は、強調の助動詞「つ」の終止形。「べく」は推量の助動詞「べし」の連用形。

教706 61ページ　教708 49ページ

1 **かたじけなき御心《みこころ》ばへ《エ》の**　もったいない(帝の)ご寵愛が。
「かたじけなし」は、ここでは「もったいない、恐れ多い」の意。

1 **「交じらひたまふ。」のは誰か。**

答　桐壺《きりつぼ》の更衣。

3 **北《きた》の方《かた》なむ《ン》、いにしへ《エ》の人《ひと》のよしあるにて**　北の方は、古い家柄の出の人で教養ある人であって。
「北の方」は、高貴な身分の人の妻の敬称。「いにしへの人の」の「の」は、同格を表す格助詞で「…で」の意。「よし(由)あり」は、「教養がある」。係助詞「なむ」の結びは、「よしあるにて」と接続助詞「て」が付いて文が終わらず続いているので、流れている。
4 **いたう《トウ》劣《おと》らず**　さほど劣らないで。

「いたう」は、形容詞「いたし」の連用形「いたく」のウ音便。本来は「はなはだしい」などの意味だが、下に打消の語を伴い、「さほど(…ない)、たいして(…ない)」の意味となる。

5**もてなしたまひ《ィ》けれど**　取りはからっていらっしゃったが。

「もてなす」は、ここでは「取りはからう」の意。他に「世話をする、待遇する」の意味もある。

5**はかばかしき後見《うしろみ》しなければ**　しっかりした後見人などはいないので。

「はかばかし」は、ここでは「しっかりしている、頼りになる」の意。「し」は強調の意味の副助詞。

〔玉の男皇子《をのこみこ》〕【大　意】1　教706 61ページ7〜13行　教708 49ページ7〜13行

前世での帝と更衣の宿縁の深さだろうか、更衣に美しい玉のような皇子が生まれる。第一皇子の母親は右大臣の娘なので、第一皇子が疑いなく皇太子であるが、この第二皇子の美しさとは比べるべくもない。帝の、第二皇子をかわいがるさまも、並たいていではない。

【品詞分解／現代語訳】

前の世　に(格助)　**も、**(係助)　**御契り　や**(係助(係))　**深かり**(ク・用)　**けむ、**(助動・過推・体(結))　**世　に**(格助)　**なく**(ク・用)　**清らなる**(ナリ・体)　**玉　の**(格助)　**男皇子　さへ**(副助)　**生まれ**(下二・用)

前世でも、ご宿縁が深かったからであろうか、またとないほど清らかで美しい皇子までもお生まれになった。

たまひ(補尊・四・用)　**ぬ。**(助動・完・終)　**いつしか**(副)　**と**(格助)　**心もとながら**(四・未)　**せ**(助動・尊・用)　**たまひ**(補尊・四・用)　**て、**(接助)　**急ぎ**(四・用)　**参ら**(四・未)　**せ**(助動・使・用)　**て**(接助)　**御覧ずる**(サ変・体)　**に、**(接助)

(帝は)早く(会いたい)と待ち遠しくお思いになって、急いで参内させてご覧になると、

珍かなる(ナリ・体)　**児　の**(格助)　**御容貌　なり。**(助動・断・終)　**一の皇子　は、**(係助)　**右大臣　の**(格助)　**女御　の**(格助)　**御腹　に**(助動・断・用)　**て、**(接助)　**寄せ　重く、**(ク・用)

めったにない(美しい)幼子のお顔だちである。第一皇子は、右大臣の娘である女御の御腹(よりお生まれ)であり、後見の勢力が強く、

「疑ひ　なき(ク・体)　**まうけの君。」　と、**(格助)　**世　に**(格助)　**もてかしづき**(四・用)　**きこゆれ**(補謙・下二・已)　**ど、**(接助)　**こ**(代)　**の**(格助)　**御にほひ　に**(格助)　**は**(係助)　**並び**(四・用)　**たまふ**(補尊・四・終)

「疑いようもない皇太子である。」と、世間でも大切にお世話申し上げているが、この(第二皇子の)照り映えるお美しさにはお並びになるこ

べく(助動・可・用)　**も**(係助)　**あら**(補・ラ変・未)　**ざり**(助動・打・用)　**けれ**(助動・過・已)　**ば、**(接助)　**おほかた　の**(格助)　**やむごとなき**(ク・体)　**御思ひ　に**(助動・断・用)　**て、**(接助)　**こ**(代)　**の**(格助)　**君　を**(格助)

ともできそうになかったので、(第一皇子に対しては、帝は)通りいっぺんの大切な方とお思いになるだけで、この(第二皇子の)君を、

ば、	わたくしもの	に	思ほし	かしづき	たまふ	こと	限りなし。
係助		格助	四・用	四・用	補尊・四・体		ク・終

大事な秘蔵っ子とお思いになり大切にお世話なさることはこの上ない。

語句の解説 1

教706 61ページ　教708 49ページ

8 **いつしかと心《こころ》もとながらせたまひ《イ》て**　早く(会いたい)と待ち遠しくお思いになって。

「いつしか」は「いつ」(代名詞)＋「し」(強意の副助詞)＋「か」(疑問の係助詞)からできた副詞で、「早く」の意味。「心もとながる」は、「不安がる、待ち遠しがる」の意。

9 **珍《めずら》かなる児《ちご》の御容貌《おおんかたち》なり**　めったにない美しい幼子のお顔立ちである。

形容動詞「めづらかなり」は、ふつうと違っている様子を表す。良いことにも悪いことにも用いる。

10 **世《よ》にもてかしづききこゆ《ズ》れど**　世間でも大切にお世話申し上げているが。

「もてかしづく」は「大切に世話をする」の意。「もて」は接頭語。

11 **おほ《オ》かたのやむごと《ン》なき御思《おおんおも》ひ《イ》にて**　通りいっぺんの大切な方とお思いになるだけで。

「おほかた」は、「ひと通りであるさま、並」。帝の第一皇子に対する態度である。

2　**「この君」とは誰を指すか。**

答　桐壺の更衣が産んだ男皇子(光源氏)。

12 **わたくしもの**　大事な秘蔵っ子。

ここでは、第一皇子には通りいっぺんの愛情なのに対し、第二皇子には、秘蔵っ子として愛情の限りを尽くしていることを表している。

【玉の男皇子】【大　意】 2　教706 61ページ14行～62ページ11行　教708 49ページ14行～50ページ11行

更衣は、帝のそばでお世話をするような低い身分ではなかったが、帝がたびたびそばに呼び、無理やりそばから下がらせないので、軽い身分のように見えていた。しかし、皇子が生まれてからは、格別に厚遇しようとするので、第一皇子の母である女御は、皇太子に、第二皇子を就けるのではないかと疑うのだが、帝もこの女御のご意見は気遣わしく思っている。更衣は、さげすみ、欠点探しをする人々に囲まれて心細く感じ、かえって帝の寵愛がなかったら、と思い悩む。

【品詞分解／現代語訳】

はじめ	より	おしなべて	の	上宮仕へ	し	たまふ	べき	きは	に	は	あら	ざり
	格助	副	格助		サ変・用	補尊・四・終	助動・当・体		助動・断・用	係助	補・ラ変・未	助動・打・用

(更衣は)最初から世間なみの帝のそばに仕えてお世話なさるような(低い)身分ではなかった。

助動・過・終　副　ク・用　シク・已　接助　ク・用　四・未　助動・尊・用　補尊・四・体　格助
き。おぼえ いと やむごとなく、上衆めかしけれ ど、わりなく まつはさ せ たまふ あまり に、
世間の評判もとても並々でなく、高貴な人らしく見えるが、(帝が)むやみに近くにつきまとわせなさるあまりに、

ラ変・体　助動・当・体　格助　格助　係助　ラ変・体　格助　格助　係助　副　四・未
さる べき 御遊び の をりをり、何事 に も ゆゑ ある こと の ふしぶし に は、まづ 参う上ら
しかるべき管弦の御遊びの折々や、何事でも由緒ある行事の折々には、まっ先に参上させなさ

助動・使・用　補尊・四・終　連体　格助　係助　四・用　接助　副　四・未　助動・使・用　補尊・四・用　副助　副
せ たまふ。ある 時 に は、大殿籠り過ぐし て、やがて さぶらは せ たまひ など、あながちに
る。またある時には、お寝過ごしなさって、そのまま(翌日も)おそばにお仕え申し上げさせなさるなど、無理やりに御前

四・未　助動・打・用　四・未　助動・尊・用　補尊・四・用　助動・過・体　格助　副　ク・体　格助　係助　下二・用
御前 去ら ず もてなさ せ たまひ し ほど に、おのづから 軽き 方 に も 見え
から下がらせないよう待遇なさっていたうちに、自然と身分の軽い方にも見えたのだが、

助動・過・体　接助　(代)　格助　下二・用　補尊・四・用　接助　係助　副　ナリ・用　下二・用　助動・存・已　接助　格助
し を、こ の 皇子 生まれ たまひ て 後 は、いと 心ことに 思ほしおきて たれ ば、「坊 に
この皇子がお生まれになってのちは、たいそう格別に待遇しようとお心づもりなさっていたので、「皇太子に

係助　ク・用(音)　サ変・未　助動・打・未　接助　(代)　格助　格助　上一・用　補尊・四・終　助動・当・体　助動・断・体(音)　助動・定・終　格助
も、よう せ ず は、こ の 皇子 の ゐ たまふ べき な めり。」と、一の皇子
も、悪くすると、この皇子がお就きになるはずではないだろうか。」と、第一皇子の

格助　係助　四・已(命)　助動・存・終　格助　格助　四・用　補尊・四・用　接助　ク・体　副　助動・断・未
の 女御 は おぼし疑へ り。人 より 先 に 参り たまひ て、やむごとなき 御思ひ なべて なら
(母の)女御はお疑いになった。(この女御は、他の)人より先に入内《じゅだい》なさって、(帝の)大切にお思いになるお気持ちは並々でなく、

助動・打・用　副助　係助　四・已　接助　(代)　格助　格助　格助　副助　係助(係)　副
ず、皇女たち など も おはしませ ば、こ の 御方 の 御いさめ を のみ ぞ、なほ
皇女たちなどもいらっしゃるので、この方のご意見だけは、やはり

シク・用(音)　シク・用(音)　四・用　補謙・下二・未　助動・尊・用　補尊・四・用　助動・過・体(結)
わづらはしう、心苦しう 思ひ きこえ させ たまひ ける。
気遣わしく、つらくお思い申し上げなさった。

ク・体　格助　係助　四・用　補謙・下二・用　接助　下二・用　格助　下二・用　補尊・四・体　係助　ク・用　（代）　格助
かしこき 御蔭 を ば 頼み きこえ ながら、 おとしめ 疵 を 求め たまふ 人 は 多く、 わ が
（更衣は帝の）恐れ多いご庇護を頼りにし申し上げるのだが、（その一方で）さげすみ欠点を探し求めなさる人は多く、自分の

係助　ク・用　ク・体　助動・断・用　接助　ナリ・体　格助　係助（係）　サ変・用　補尊・四・体（結）
身 は か弱く ものはかなき ありさま に て、 なかなかなる もの思ひ を ぞ し たまふ。
身はか弱くはかないありさまであって、かえって（ご寵愛が）なかったほうがよいという思い悩みをなさる。

係助　助動・断・終
御局 は 桐壺 なり。　（桐壺）
お部屋は桐壺である。

語句の解説 2

教706 61ページ　教708 49ページ

15 **上衆《じょうず》めかしけれど**　高貴な人らしく見えるが。
「上衆」は「下衆《げす》」の対義語で、「貴人」の意味。

15 **わりなくまつは《ワ》させたまふ《モウ》**　むやみに近くにつきまとわせなさる。
「わりなし」は「むやみだ、道理に合わない」の意。「まつはさ」は、四段活用の動詞「まつはす」の未然形で、「かたわらにつき添わせる」の意。

16 **さるべき**　しかるべき。
ラ変動詞「さり」の連体形＋当然の助動詞「べし」の連体形。

教706 62ページ　教708 50ページ

1 **参《ま》う《ウ》上《のぼ》らせたまふ《モウ》**　参上させなさる。
「せ」は使役の助動詞「す」の連用形。
動詞「参う上る」は「参ゐ上る」のウ音便で「参上する」の意。

1 **大殿籠《おおとのごも》り過《す》ぐして**　お寝過ごしなさって。
「大殿籠る」は「寝《ぬ》」「寝《い》ぬ」の尊敬語。

1 **やがてさぶらは《ワ》せたまひ《イ》**　そのままおそばにお仕え申し上げさせなさる。
「やがて」は、「そのまま」の意。「さぶらは」は動詞「さぶらふ」の未然形、「せ」は使役の助動詞「す」の連用形。

3 **心《こころ》ことに思《おぼ》ほ《オ》しおきてたれば**　格別に待遇しようとお心づもりなさっていたので。
「思ほしおきて」は、動詞「思ほしおきつ」の連用形。「思ひおきつ」（前もって思い定める）の尊敬語。

4 **ゐ《イ》たまふ《モウ》べきなめり**　お就きになるはずであるように見える。
「ゐ」は、動詞「ゐる（居る）」の連用形で、「（地位に）就く」の意。「べき」は、当然の助動詞「べし」の連体形。「…はずだ」の意。「な」は、断定の助動詞「なり」の連体形「なる」の撥《はつ》音便「なん」の「ん」が表記されなかったもの。「めり」は、推定の助動詞。「なるめり」→「なんめり」→「なめり」と変化した。

5 **人《ひと》より先《さき》に参《まい》りたまひ《イ》て**　（他の）人より先に入内《じゅだい》なさって。
「参り」は謙譲語。帝に対する敬意を表す。「たまひ」は尊敬の補

助動詞。女御に対する敬意を表す。

6 **なべてならず**　並々でなく。
「なべて」は「ふつう」の意。その打消で、「並々でなく」の意。

6 **皇女《みこ》たちなどもおはしませば《ワ》**　皇女たちなどもいらっしゃるので。
「おはします」は、ここでは「あり」の尊敬語。

7 **心苦《こころぐる》しう《シュウ》**　つらく。
形容詞「心苦し」の連用形「心苦しく」のウ音便。

7 **思《おも》ひ《イ》きこえさせたまひ《イ》ける**　お思い申し上げなさった。
主語は帝。「きこえ」は謙譲の補助動詞「きこゆ」の未然形で、その行為の対象である一の皇子の(母の)女御への敬意を表したもの。「させたまふ」は、二重敬語で、帝に対する敬意を表す。

8 **頼《たの》みきこえながら**　頼りにし申し上げるのだが。
「頼む」は、ここでは四段活用の動詞なので「頼りにする、あてにする」の意。下二段活用の場合は「頼りにさせる、あてにさせる」の意となる。「きこえ」は、帝への敬意を表す謙譲の補助動詞。「ながら」は逆接の接続助詞。

9 **なかなかなるもの思《おも》ひ《イ》**　かえって(ご寵愛が)なかったほうがよいという思い悩み。
形容動詞「なかなかなり」は、「中途半端だ、かえってしないほうがましだ」の意。

答

3　誰のどのような「もの思ひ」か。

桐壺の更衣の、帝のご寵愛がなかったほうが、こんなつらい思いをしなくてすんだのに、という気苦労。

学習のポイント

1　桐壺の更衣に対する帝《みかど》の寵愛《ちょうあい》の様子は、どのように描かれているか。

考え方　「すぐれて時めきたまふ」**706 60・2 708 48・2**、「いよいよあかずあはれなるものに思ほして、人のそしりをもえはばからせたまはず」**706 60・6 708 48・6**、「わりなくまつはさせたまふあまりに、……御前《おまへ》去らずもてなさせたまひしほどに」**706 61・15〜62・2 708 49・15〜50・2**、「いと心ことに思ほしおきてたれば」**706 62・3 708 50・3**とある。

解答例　帝の寵愛は、桐壺の更衣の家柄や地位に不相応にきわだっていたため、更衣は他の女御や更衣から激しい反発に遭い里下がりが多くなる。帝は不憫《ふびん》に思われ、ますます大事になさる。人々の非難もはばからない寵愛ぶりは、ついに「楊貴妃《ようきひ》の例」まで引かれるほどだった。帝はいつも更衣をおそばに置き、皇子(光源氏)を出産した更衣を格別に待遇しようと心づもりする。

2　光源氏の境遇は一の皇子とどのように違うか、次の点から考えてみよう。

① **母親**　② **後見**　③ **地位**

解答例　① 一の皇子の母は弘徽殿《こきでん》の女御。右大臣の娘であり、桐壺帝の第一夫人の地位にある。光源氏の母は桐壺の更衣。帝の寵愛を一身に受けてはいるが、嫉妬され孤立し、思い悩んでいる。
②一の皇子の母の父は右大臣で、申し分のない後見である。光源氏の母桐壺の更衣の父はすでに故人で、後見はいないと言ってよい。
③一の皇子は有力な後見に恵まれ、皇太子として大切にされている。光源氏はその輝く美しさで帝の秘蔵っ子として寵愛されている。

3 **語句** **次の傍線部の意味の違いに注意して現代語訳してみよう。**

①人の心をのみ動かし、（706 60・5 708 48・5）
②この御方の御いさめをのみぞ、（706 62・6 708 50・6）

考え方 副助詞「のみ」は、前にある語だけでなく、後ろに続く部分まで強調が及ぶことがある。①は「人の心」ではなく「動かし」を強調している。

解答 ①人の心を動揺させてばかりいて、
②この方のご意見だけは、

4 **語句** **次の傍線部に注意して現代語訳してみよう。**

①世の例《ためし》にもなりぬべき御もてなしなり。（706 60・8 708 48・8）
②楊貴妃《やうきひ》の例も引き出《い》でつべくなりゆくに、（706 60・11 708 48・11）

考え方 完了の助動詞「つ」「ぬ」の確認・強調の用法。下に「べし」「らむ」「む」「まし」などの推量の助動詞が付く場合がほとんどである。「つ」と「ぬ」の違い（「つ」＝意志的、他動詞的／「ぬ」＝自然的、自動詞的）にも注意する。

解答 ①世の例にもなってしまいそうなご待遇である。
②楊貴妃の例も引き合いに出してしまいそうになってゆくので、

5 **語句** **次の傍線部の意味の違いに注意して現代語訳してみよう。**

①いとやむごとなききはにはあらぬが、（706 60・2 708 48・2）
②いとあつしくなりゆき、（706 60・6 708 48・6）

考え方 「いと」は「たいそう」の意で、下に打消の語を伴うと「それほど（…ない）、たいして（…ない）」の意となる。

解答 ①それほど高貴な身分ではない方で、
②たいそう病気がちになってゆき、

藤壺《ふぢつぼ》の入内《じゅだい》

〔先帝《せんだい》の四《し》の宮〕【大　意】 教706 64ページ7行〜65ページ15行　教708 52ページ7行〜53ページ15行

亡き桐壺《きりつぼ》の更衣《こうい》が忘れられない桐壺帝は、先帝の四の宮が故更衣に似ていることを聞き、姫君の入内を申し入れる。姫君の母后《ははきさき》は桐壺の更衣の不幸を知っていたので決心がつかなかった。母后が亡くなって、姫君も心細くなり入内する。入内した姫君は藤壺《ふじつぼ》と申し上げた。藤壺は故更衣によく似ていたが、身分も高かったので、宮中で誰にも遠慮することもなかった。帝の心も次第に藤壺に傾いていく。

【品詞分解／現代語訳】

格助　下二・用　接助　格助　格助　下二・体　ク・終　四・体　係助　格助　ラ変・体　助動・当・体

年月 に そへ て、 御息所 の 御事 を おぼし忘るる をり なし。 慰む や と、 さる べき 人々

年月がたつにつれて、 (帝が)御息所《みやすどころ》(桐壺の更衣)の御事をお忘れになる折とてない。 (帝のお気持ちも)慰められようかと、しかるべき方々

四・未　助動・使・用　補尊・四・已　接助　格助　四・未　助動・自・体　副助　副　ク・体　終助　格助　シク・用(音)　副助

参ら せ たまへ ど、 なずらひ に おぼさ るる だに いと かたき 世 かな と、 うとましう のみ

を(宮中へ)お召しになるけれど、 (亡き桐壺の更衣と)同列にお思いになれそうな人さえも(見つけるのが)たいそう難しい世であるなあと、 疎ましいとば

副　四・用　助動・完・体　接助　格助　格助　下二・用　補尊・四・已(命)　助動・存・体　ク・用

よろづに おぼしなり ぬる に、 先帝 の 四の宮 の、 御容貌 すぐれ たまへ る 聞こえ 高く

かり何かにつけてお思いになっていらっしゃる折に、前天皇の第四皇女で、 ご器量が優れていらっしゃるという評判が高くていらっしゃるお方、

補尊・四・体　格助　ク・用　四・用　補謙・下二・用　補尊・四・体　格助　格助　四・体　係助　格助

おはします、 母后 世 に なく かしづき きこえ たまふ を、 上 に さぶらふ 典侍 は、 先帝 の 御時

母后もこの上なく大切に養育申し上げなさっている方のことを、 帝にお仕えする典《ないしのすけ》侍は、 前天皇の御代にも

格助　助動・断・用　接助　(代)　格助　格助　係助　シク・用(音)　下二・用　助動・存・用　助動・過・已　接助　ク・用　補尊・四・用

の 人 に て、 か の 宮 に も 親しう 参り馴れ たり けれ ば、 いはけなく おはしまし

お仕えした人であって、 その(母后の)御殿にも親しく参上し馴れていたので、 (この四の宮が)幼くていらっしゃった

助動・過・体　格助　上一・用　補謙・四・用　係助　上一・用　補謙・四・用　接助　下二・用　補尊・四・用　助動・完・用　助動・過・体

し 時 より 見 たてまつり、 今 も ほの見 たてまつり て、 「うせ たまひ に し 御息所

時から(お姿を)お見かけ申し上げて、 今もちらと拝見することがあって、 「お亡くなりになった御息所(桐壺の更衣)のお顔立ちに似て

格助　格助　上一・用　補尊・四・已(命)　助動・存・体　格助　格助　格助　四・用　助動・完・体　格助　副　上一・用

の 御容貌 に 似 たまへ る 人 を、 三代 の 宮仕へ に 伝はり ぬる に、 え 見

いらっしゃるお方を、 三代の天皇に引き続いてお仕えしてきました間に、 お見かけ申し

補謙・四・用　下二・未　助動・打・体　接助　格助　係助(係)　副　ク・用(音)　下二・用　接助　下二・未　助動・尊・用

たてまつり つけ ぬ を、 后の宮 の 姫宮 こそ、 いと よう おぼえ て 生ひ出で させ

上げることができませんでしたが、 后の宮の姫君は、 実によく(御息所に)似てご成長なさいました。

補尊・四・已(命)　助動・存・用　助動・過・已(結)
たまへ　り　けれ。

ク・体　助動・断・用　係助(結略)　格助　サ変・用　助動・過・体　接助
ありがたき　御容貌人　に　なむ。」と　奏し　ける　に、
世にもまれなご器量の方です。」と奏上したので、

助動・断・用　係助(結略)　格助　四・用　接助　ナリ・用　下二・未　助動・尊　補尊・四・用　助動・過・終
まこと　に　や　と　御心　とまり　て、ねんごろに　聞こえ　させ　たまひ　けり。
本当であろうかと(帝は)御心がひきつけられて、丁重に(入内の件を)申し入れなさった。

感動　シク・語幹　間助　格助　格助　副　ク・用　接助　格助　格助　ナリ・用　ク・用
母后、「あな　恐ろし　や、春宮　の　女御　の　いと　さがなく　て、桐壺　の　更衣　の、あらはに　はかなく
(第四皇女の)母后は、「まあ恐ろしいこと、弘徽殿《こきでん》の女御が実に意地悪で、桐壺の更衣が、露骨に粗末に扱われた例も

四・未　助動・受・用　助動・完・用　助動・過・体　係助　シク・用(音)　格助　四・用　接助　シク・用(音)　係助
もてなさ　れ　に　し　例　も　ゆゆしう。」と、おぼしつつみ　て、すがすがしう　も
不吉なこと。」と、ご用心なさって、すぐさまにはご決心がつか

四・未　助動・打・用　助動・過・体　格助　係助　下二・用　補尊・四・用　助動・完・終　ク・体　助動・断・用
おぼし立た　ざり　ける　ほど　に、后　も　うせ　たまひ　ぬ。心細き　さま　に
ないうちに、その母后もお亡くなりになった。(残された姫君は)心細い様子で

接助　四・体　接助　副　(代)　格助　格助　シク・体　格助　四・用　補謙・下二・未　助動・意・終　格助
て　おはします　に、「ただ　わ　が　女御子たち　の　同じ　つら　に　思ひ　きこえ　む。」と、
いらっしゃると、「ただ私の皇女たちと同列にお思い申し上げましょう。」と、

副　ナリ・用　下二・未　助動・尊・用　補尊・四・終　四・体　格助　格助　副助
いと　ねんごろに　聞こえ　させ　たまふ。さぶらふ　人々、御後見たち、御兄　の　兵部卿　の　親王　など、
(帝が)たいそう懇切に(再び入内を)お申し出なさる。(姫君に)お仕えしている女房、御後見の方々や、御兄の兵部《ひょうぶ》卿の宮なども、

副　ク・用　接助　四・未　助動・婉・体　格助　係助　サ変・未　助動・尊・用　補尊・四・用　接助　係助　四・終　助動・推・用
かく　心細く　て　おはしまさ　む　より　は、内裏住み　せ　させ　たまひ　て、御心　も　慰む　べく
このように心細い様子でいらっしゃるよりは、宮中にお住みになられて(みれば)、(姫君の)お心も慰められると

副助　四・用　接助　四・未　助動・使・用　補謙・四・用　補尊・四・已(命)　助動・完・終　格助　下二・終　副
など　おぼしなり　て、参ら　せ　たてまつり　たまへ　り。藤壺　と　聞こゆ。げに
お思いになって、入内させ申し上げなさった。(そのお方は)藤壺の宮と申し上げる。

御容貌ありさま、あやしき まで ぞ おぼえ たまへ る。 これ は、 人 の 御きは
（シク・体／副助／係助(係)／下二・用／補尊・四・已(命)／助動・存・体(結)／(代)／係助／格助）
いかにもお顔立ちやお姿が、不思議なまでに(亡き桐壺の更衣に)似ていらっしゃる。こちら(藤壺)は、ご身分が高いので、

まさり て、 思ひなし めでたく、 人 も え おとしめ きこえ たまは ね ば、 うけばり て
（四・用／接助／ク・用／係助／副／下二・用／補謙・下二・用／補尊・四・未／助動・打・已／接助／四・用／接助）
そう思うせいか(申し分なく)ご立派で、誰もお見下し申し上げることはおできにならないので、遠慮なく振る舞って

あか ぬ こと なし。 かれ は、 人 の 許し きこえ ざり し に、 御心ざし
（四・未／助動・打・体／ク・終／(代)／係助／格助／四・用／補謙・下二・未／助動・打・用／助動・過・体／接助）
何も不足に思うことがない。あの方(桐壺の更衣)は、誰もお認め申し上げなかったのに、帝のご寵愛は

あやにくなり し ぞ かし。 おぼしまぎる と は なけれ ど、 おのづから 御心 うつろひ て、

（ナリ・用／助動・過・体／係助／終助／下二・終／格助／係助／ク・已／接助／副／四・用／接助）

深かったのであるよ。(帝の、亡き桐壺の更衣への思いは)紛れてお忘れになるわけではないが、自然とお心が(藤壺へと)移って、

こよなう おぼし慰む やう なる も、 あはれなる わざ なり けり。

（ク・用(音)／四・体／助動・断・体／係助／ナリ・体／助動・断・用／助動・過・終）

この上なくお心が慰められるようであることも、しみじみとした(人情の自然な)ことである。

語句の解説

教706 64ページ　教708 52ページ

7 年月《としつき》にそへ《ヱ》て　年月がたつにつれて。
下二段活用の「そふ」は、「年(月・日)にそへて」の形で「(…に)つれて、(…に)従って」の意。

8 さるべき人々《ひとびと》　しかるべき方々。
身分・教養などが天皇にふさわしい女性たち。

8 なずらひ《イ》におぼさるるだに　亡き桐壺の更衣と同列にお思いになれそうな人さえも。
「なずらひ」は、「同じ程度であるもの、本物に準ずるもの」。「おぼさ」は「思ふ」の尊敬語「おぼす」の未然形。副助詞「だに」は、ここでは、程度の軽いものを挙げ、重いものを類推させる用法。

9 いとかたき世《よ》かな　たいそう難しい世であるなあ。
「かたし」は、ここでは「難し」で、「難しい」の意。

9 うとましう《シュウ》のみよろづ《ズ》におぼしなりぬるに　疎ましいとばかり何かにつけてお思いになっていらっしゃる折に。
「うとましう」は、「うとましく」のウ音便。「うとまし」は、ここでは「嫌な感じだ、避けたい」の意。他に「気味が悪い」もある。

10 聞《き》こえ高《たか》くおは《ワ》します　評判が高くいらっしゃる。
「聞こえ」は「噂《うわさ》、評判」。動詞「聞こゆ」から名詞化したもの。

10 世《よ》になくかしづ《ズ》きこえたまふ《モウ》を　この上なく大切に養育申し上げなさっている方を。

「かしづく」は、「大事に育てる、大事に世話をする」の意。ここの「きこえ」は「きこゆ」の連用形で、謙譲の補助動詞。

12 **かの宮《みや》** その(母后の)御殿。

「かの」は、代名詞「か」＋格助詞「の」。母后の御殿を指す。

12 **いは《ワ》けなくおは《ワ》しましし時《とき》より** 幼くていらっしゃった時から。

「いはけなし」は、「幼い、あどけない」の意。主語は「姫君」。

14 **え見《み》たてまつりつけぬを** お見かけ申し上げることができませんでしたが。

「え」は、下に打消の語を伴って「…できない」意(不可能)を表す副詞。「たてまつり」は謙譲の補助動詞で、話者の典侍《ないしのすけ》から姫君に対する敬意を表す。

教706 65ページ 教708 53ページ

1 **いとようおぼえて** 実によく(桐壺の更衣に)似て。

「おぼゆ」は、「思われる」「思い出される」「似る」の意があるが、ここでは「似る」。

1 **ありがたき御容貌人《おおんかたちびと》になむ《ン》** 世にもまれなご器量の方でいらっしゃいます。

「ありがたし」は、①「めったにない、珍しい」、②「(めったにないほど)優れている、立派だ」、③「難しい」、④「生きにくい」の意があるが、ここでは②の意。係助詞「なむ」の結び(「はべる」など)が省略されている。

2 **奏《そう》しけるに** 奏上したので。

「奏す」は、「天皇・上皇に申し上げる」意の謙譲語。絶対敬語。

2 **ねんごろに聞《き》こえさせたまひ《イ》けり** 丁重に(入内の件を)申し上げなさった。

「ねんごろなり」は、ここでは「丁重だ、親切だ、入念だ」の意。「聞こゆ」は「言ふ」の謙譲語で、帝の母后に対する敬意を表したもの。「させたまふ」は、帝に対する敬意を表す二重敬語。

1 答

「あな恐ろしや」と考えているのはなぜか。

弘徽殿《こきでん》の女御が意地悪で、桐壺の更衣が受けたような仕打ちを、自分の娘(藤壺)も受けるのではないかと考えたから。

4 **いとさがなくて** ひどく意地悪で。

「さがなし」は、ここでは「意地悪だ」の意。

4 **あらは《ワ》にはかなくもてなされにし例《ためし》もゆゆしう《シュウ》** 露骨に粗末に扱われた例も不吉なこと。

「はかなし」は、ここでは「粗末だ」の意。「ゆゆしう」は「ゆゆしく」のウ音便。「ゆゆし」は、①「おそれ多い」、②「不吉だ」、③「はなはだしい」の意で、ここでは②。

5 **おぼしつつみて** ご用心なさって。

「つつむ」は「慎む」と書いて、「はばかる、遠慮する」の意。

5 **すがすがしう《シュウ》もおぼし立《た》ざりけるほどに** すぐさまにはご決心がつかないうちに。

「すがすがし」は、ここでは「思い切りがよい」の意。「さわやかだ」という意味ではない。思い切りよく決心できなかったということ。

7 **同《おな》じつらに思ひ《イ》きこえむ《ン》** 同列にお思い申し上げましょう。

「つら」は「列」と書き、「列」「同類」の意。「きこえ」は謙譲の補助動詞で、帝の四の宮(藤壺)に対する敬意を表す。

11 **あやしきまでぞおぼえたまへ《エ》る**　不思議なくらいに似ていらっしゃる。

「おぼゆ」は、ここでは「似る」の意。「ぞ」の結びは助動詞「り」の連体形「る」。

11 **これは、……思《おも》ひ《イ》なしめでたく**　こちらは、……そう思うせいかご立派なので。

「これ」は、四の宮(藤壺)を指す。「思ひなし」は、動詞「思ひなす」が名詞化したもので、「先入観、気のせい」の意。「めでたし」は、ここでは「素晴らしい、見事だ、立派だ」の意。

12 **人《ひと》もえおとしめきこえたまは《ワ》ねば**　誰もお見下し申し上げることはおできにならないので。

「人」は、他の女御・更衣を指す。四の宮(藤壺)は皇女という高貴な身分なので、見下すことはできない。

13 **かれは、人《ひと》の許《ゆる》しきこえざりしに**　あの方は、誰もお認め申し上げなかったのに。

「かれ」は桐壺の更衣。桐壺の更衣は格が低く見られていた。

2 「これ」「かれ」とはそれぞれ誰のことか。

答　「これ」…藤壺　「かれ」…桐壺の更衣

13 **御心《おおんこころ》ざしあやにくなりしぞかし**　帝のご寵愛は深かったのであるよ。

形容動詞「あやにくなり」は、ここでは「はなはだしい」の意。「ぞ」は係助詞の文末用法、「かし」は終助詞で念押し。

3 **誰のどのような思いか。**

答　藤壺への帝の寵愛がつのると、それだけ桐壺の更衣への哀惜が薄れていくのは、人情の自然な移り変わりだという語り手の詠嘆。

【亡き母の面影】【大　意】 教706 **66ページ1〜7行** 教708 **54ページ1〜7行**

源氏の君(光《ひかる》源氏)は、父の帝とともに藤壺《ふじつぼ》を訪れる際に、その姿を見かけることがある。亡き母御息所《みやすどころ》に似ているという藤壺を、幼心にも光源氏は恋い慕う。

【品詞分解／現代語訳】

源氏の君 **は、**(係助) **御あたり** **去り**(四・用) **たまは**(補尊・四・未) **ぬ**(助動・打・体) **を、**(接助) **まして**(副) **しげく**(ク・用) **渡ら**(四・未) **せ**(助動・尊・用) **たまふ**(補尊・四・体) **御方** **は、**(係助) **え**(副)

源氏の君は、父帝のおそばをお離れにならないので、(帝が時折お通いになる方もそうだが)ましてしきりにお通いになる御方(藤壺)は、

恥ぢあへ(下二・用) **たまは**(補尊・四・未) **ず。**(助動・打・終) **いづれ**(代) **の**(格助) **御方** **も、**(係助) **我、**(代) **人** **に**(格助) **劣ら**(四・未) **む**(助動・推・終) **と**(格助) **おぼい**(四・用(音)) **たる**(助動・存・体) **やは**(係助(係))

(光源氏に対して)恥ずかしがって(隠れて)ばかりはいらっしゃれない。どの(女御、更衣の)御方も、自分は、人より劣っているだろうとお思いになっている方

ラ変・体(結)　ナリ・用　副　ク・已　接助　上二・用　補尊・四・已(命)　助動・存・体　接助　副　ク・用(音)　ナリ・用
ある。とりどりに いと めでたけれ ど、うち大人び たまへ る に、いと 若う うつくしげに
があろうか(、いや、ありはしない)。それぞれにたいそう美しいけれど、少し年長でいらっしゃるのに、(この藤壺は)たいそう若くかわいらしい

接助　ナリ・用　下二・用　補尊・四・已　接助　副　四・用　上一・用　補謙・四・終　係助　副助　下二・用　補尊・四・未
て、せちに 隠れ たまへ ど、おのづから 漏り 見 たてまつる。母御息所 も、影 だに おぼえ たまは
様子で、しきりに隠れていらっしゃるけれど、(光源氏は)自然と(物の隙間から)お見かけ申し上げる。母の御息所のことも、面影さえ覚えていらっしゃらない

助動・打・体　接助　副　ク・用(音)　上一・用　補尊・四・已(命)　助動・存・終　格助　格助　下二・用　助動・過・体　格助　ク・体　格助
ぬ を、「いと よう 似 たまへ り。」と 典侍 の 聞こえ ける を、若き 御心地 に
けれど、「(藤壺は母御息所に)たいそうよく似ていらっしゃる。」と典侍が申し上げたのを、幼心に「たいそう懐かし

副　ナリ(語幹)　格助　四・用　補謙・下二・用　補尊・四・用　接助　副　四・未　助動・希・用　四・用　上一・用　補謙・四・未　終助
「いと あはれ。」と 思ひ きこえ たまひ て、常に 参ら まほしく、「なづさひ 見 たてまつら ばや。」
い。」とお思い申し上げなさって、いつもおそばに参上したく、「慣れ親しんで(お姿を)見申し上げたい。」と思われな

格助　下二・用　補尊・四・終
と おぼえ たまふ。
さる。

(桐壺)

語句の解説

教706 66ページ　教708 54ページ

1 **しげく渡《わた》らせたまふ《モウ》**　しきりにお通いになる。
「しげし」は、ここでは「しきりである、度重なる」の意。

2 **え恥《は》ぢ《ジ》あへたまは《ワ》ず**　恥ずかしがって(隠れて)ばかりはいらっしゃれない。
「あふ」は、動詞の連用形に付いて「すっかり…する、最後まで…する」の意を表す。「え…あへず」で、「最後まで…し通せない」の意になる。

3 **おぼいたるやは《ワ》ある**　お思いになっている方があろうか(、いや、ありはしない)。
「おぼい」は「おぼし」のイ音便。「おぼす」は、「思ふ」の尊敬語。「やは」は、疑問・反語の係助詞。ここでは反語を表す。

3 **いとめでたけれど**　たいそう美しいけれど。
「めでたし」は、ここでは「美しい、素晴らしい、立派だ」の意。

5 **影《かげ》だに**　面影さえ。
「影」は、ここでは「面影」の意。生前の姿はもちろん、ということ。「だに」は程度の類推の副助詞。

5 **おぼえたまは《ワ》ぬを**　覚えていらっしゃらないけれど。
「おぼゆ」は、ここでは「覚える、記憶している」の意。

4　誰が誰に似ているのか。

答

藤壺が、光源氏の亡き母御息所に似ている。

6 **典侍《ないしのすけ》の聞《き》こえけるを**　典侍が申し上げたのを。

「の」は、主格を表す格助詞。「聞こゆ」は、「言ふ」の謙譲語。

6 **あはれ《ワ》**　懐かしい。いとおしい。

ここでは、光源氏が藤壺を慕う気持ちを表している。

6 **思《おも》ひ《イ》きこえたまひ《イ》て**　お思い申し上げなさって。

「きこゆ」は、ここでは謙譲の補助動詞。光源氏が思う対称の藤壺に対する敬意を表す。「たまふ」は、尊敬の補助動詞。光源氏への敬意を表す。

学習のポイント

1 先帝の四の宮(藤壺)は、どのようないきさつで入内したか。

解答例　先帝にも仕えたことのある典侍が、先帝の四の宮が亡き桐壺の更衣とよく似ていると、桐壺の帝に奏上した。帝は興味をもち、母后に入内の要請をしたが、桐壺の更衣の不幸を知っていた母后は入内の決心をしないでいた。母后が亡くなった後、おそばにいる人々が、心細い生活をするくらいなら宮中に住んだほうがよいと判断して、四の宮を入内させた。

2 藤壺に対する光源氏の思いはどのようなものか。

考え方　「いとよう似たまへり。」と典侍に聞いて、「なづさひ見たてまつらばや。」(706 66・7 708 54・7)と思う。

解答例　亡き母に似ていると聞かされて、いつもおそばにいたい、お姿を見ていたいという思い。

3 入内した藤壺は、ほかの女御・更衣たちにどのように思われていたか。「光源氏の誕生」(706 60〜63 708 48〜51)における桐壺の更衣の場合と比べて説明してみよう。

考え方　二人には身分の違いがある。

解答例
・藤壺…高貴な身分で、皇女であるせいか立派に思われ、見下されるようなことはなかった。
・桐壺の更衣…身分があまり高くなかったので、見下され、誰にも認められていなかった。帝の寵愛が甚だしく、ねたまれていた。

4 語句　次の傍線部の違いを説明してみよう。

① **御容貌《かたち》すぐれたまへる聞こえ高くおはします、(706 64・10 708 52・10)**
② **ねんごろに聞こえさせたまひけり。(706 65・2 708 53・2)**
③ **同じつらに思ひきこえむ。(706 65・7 708 53・7)**
④ **藤壺《ふぢつぼ》と聞こゆ。(706 65・10 708 53・10)**

考え方　「聞こゆ」は、動詞、謙譲の動詞、謙譲の補助動詞がある。

解答　①「評判」の意の名詞(「聞こゆ」の連用形の名詞化)　②「言ふ」の謙譲語　③謙譲の意の補助動詞　④「(名前を…と)呼ぶ」の謙譲語

若紫との出会い

【垣間見《かいまみ》】【大 意】 1 教706 68ページ7〜14行 教708 56ページ7〜14行

病を得た光源氏《ひかるげんじ》は、祈禱《きとう》のために北山の聖《ひじり》のもとを訪れた。祈禱が終わった後、所在なさに近くの小柴垣《こしばがき》から家の中をのぞき見ると、大儀そうに読経する、ふつうの身分とは思えない尼君が見えた。四〇歳過ぎくらいで、色が白く気品があり、髪も美しく切りそろえている。

【品詞分解／現代語訳】

係助 副 ク・体 格助 ナリ・已 接助 格助 ク・用(音) 四・用 助動・存・体 格助 下二・用 接助 (代) 格助

日 も いと 長き に、つれづれなれ ば、夕暮れ の いたう 霞み たる に まぎれ て、か の 小柴垣

(春の)日もたいそう長い時に、手持ちぶさたなので、(光源氏は)夕暮れのたいそう霞んでいるのに紛れて、例の小柴垣のもとに

格助 格助 下二・用 補尊・四・終 係助 四・用 補尊・四・用 接助 格助 格助 四・用 補尊・四・已 接助 副

の もと に 立ち出で たまふ。人々 は 帰し たまひ て、惟光 の 朝臣 と のぞき たまへ ば、ただ

お出かけになる。供の人々はお帰しになって、惟光《これみつ》の朝臣《あそん》とおのぞきになると、(見えたのは)ちょうど

(代) 格助 格助 副助 下二・用 補謙・四・用 接助 四・体 助動・断・用 助動・詠・終 副 下二・用 接助 四・終

こ の 西面 に しも、持仏 すゑ たてまつり て 行ふ 尼 なり けり。簾 少し 上げ て、花 奉る

目の前の西向きの部屋に、持仏をお据え申し上げて勤行をしている尼であった。簾《すだれ》を少し巻き上げて、(女房が)花をお供

助動・定・終 格助 上一・用 接助 格助 格助 格助 四・用 接助 副 ナリ・用 上一・用 助動・存・体

めり。中の柱 に 寄りゐ て、脇息 の 上 に 経 を 置き て、いと なやましげに 読みゐ たる 尼君、

えなさるようである。中の柱に寄りかかって座って、肘掛けの上にお経を置いて、たいそう大儀そうに(お経を)読んでいる尼君は、

格助 下二・未 助動・打・終 副助 助動・断・用 接助 副 ク・用(音) ナリ・用 下二・用 助動・存・已 接助

ただ人 と 見え ず。四十余 ばかり に て、いと 白う あてに、やせ たれ ど、つらつき

ふつうの身分の人とも見えない。四〇歳を過ぎたぐらいの年で、とても色が白くて上品で、痩せているけれども、頬のあたりが

ナリ・用 格助 格助 ナリ・用 四・未 助動・受・用 助動・存・体 係助 副 ク・体 格助 係助

ふくらかに、まみ の ほど、髪 の うつくしげに そが れ たる 末 も、「なかなか 長き より も

ふっくらとして、目もとのあたりや、髪がいかにも美しい様子に切りそろえられている末も、「かえって長いよりも格別今風のもの

ク・用(音) シク・体 終助 格助 ナリ・用 上一・用 補尊・四・終

こよなう 今めかしき もの かな。」と あはれに 見 たまふ。

だなあ。」としみじみとご覧になる。

語句の解説 1

教706 68ページ　教708 56ページ

7 **日《ひ》もいと長《なが》きに、つれづれなれば**　（春の）日もたいそう長い時に、手持ちぶさたなので。
「つれづれなり」は形容動詞で、「手持ちぶさただ、退屈だ」の意。

7 **いたう《トウ》**　たいそう。
形容詞「いたし」の連用形「いたく」のウ音便。

9 **持仏《じぶつ》すゑ《エ》たてまつりて**　持仏をお据え申し上げて。
「たてまつる」は謙譲の意の補助動詞で、作者の仏に対する敬意を表している。

10 **行《おこな》ふ《ウ》尼《あま》なりけり**　勤行《ごんぎょう》している尼であった。
「行ふ」は、ここでは「勤行する、仏道修行する」の意。「けり」は詠嘆。意識していなかった事柄に気づき、驚く気持ちを表す。

10 **花奉《はなたてまつ》るめり**　花をお供えなさるようだ。
「奉る」は、「与ふ」の謙譲語。仏に対する敬意を表す。「めり」は、視覚に基づいて推定する意。

12 **あてに**　上品で。
「あてに」は形容動詞「あてなり」の連用形。身分が高いことによって、その人物の人品や振る舞いが上品であることを表す言葉。

13 **髪《かみ》のうつくしげにそがれたる**　髪がいかにも美しい様子に切りそろえられている。
尼は出家の際、「尼そぎ」といい、髪を肩から背の辺りで切りそろえた。

13 **なかなか**　かえって。
「なかなか」は副詞。「かえって、むしろ」の意。

14 **こよなう《ノウ》今《いま》めかしきものかな**　格別に今風のものだなあ。
「こよなう」は、形容詞「こよなし」の連用形「こよなく」のウ音便。ここでは「格別だ、この上もない」の意。「今めかし」は、「今風だ、現代風だ」の意。「かな」は、詠嘆の終助詞。

〔垣間見〕 【大　意】 2　教706 69ページ1〜13行　教708 57ページ1〜13行

一〇歳ばかりの少女が、「雀《すずめ》の子を犬君《いぬき》(遊び相手の少女の名)が逃がした。」と言って、尼君のところに走ってくる。成人した時の美しさが想像されるほど、かわいらしい顔つきである。乳母《めのと》らしい女房が雀の子を探しに立っていく。

【品詞分解／現代語訳】

清げなる（ナリ・体） **おとな** **二人** **ばかり**（副助）、**さては**（接） **童部** **ぞ**（係助(係)） **出で入り**（四・用） **遊ぶ**（四・体(結)）。**中** **に**（格助）、**十** **ばかり**（副助） **に**（助動・断・用） **や**（係助(係)）
さっぱりとして美しい年輩の女房が二人ほど、そのほかには子供たちが出たり入ったりして遊んでいる。その中に、一〇歳ぐらいかと見受けられて、

あら（補・ラ変・未） **む**（助動・推・体(結)） **と**（格助） **見え**（下二・用） **て**（接助）、**白き**（ク・体） **衣**、**山吹** **など**（副助） **の**（格助） **なえ**（下二・用） **たる**（助動・存・体） **着**（上一・用） **て**（接助）、**走り来**（カ変・用） **たる**（助動・完・体）
白い衣服の上に、山吹襲《がさね》の上着などで柔らかいのを着て、走って来た少女は、

副　下二・用　助動・完・体　格助　上一・終　助動・当・用(音)　係助　補・ラ変・未　助動・打・用　シク・用　下二・用

女子、あまた 見え つる 子ども に 似る べう も あら ず、いみじく 生ひ先 見え

大勢見えていた子供たちとは似ているはずもなく、たいそう成人した時の美しさが思い

接助　ナリ・体　助動・断・終　係助　格助　下二・用　助動・存・体　助動・断・用　副　サ変・用　接助

て、うつくしげなる 容貌 なり。髪 は 扇 を 広げ たる やう に ゆらゆらと し て、顔

やられて、かわいらしい顔立ちである。髪は扇を広げたようにゆらゆらとして、顔

係助　副　ク・用　四・用　接助　四・已(命)　助動・存・終

は、いと 赤く すりなし て 立て り。

は、手で(涙を)こすってひどく赤くして立っている。

係助　係助　格助　四・用　補尊・四・已(命)　助動・完・体　係助　格助　格助　下二・用　助動・完・体　格助　副

「何事 ぞ や。童部 と 腹立ち たまへ る か。」とて、尼君 の 見上げ たる に、少し

(尼君が)「どうしたのです。子供たちとけんかをなさったのか。」と言って、その尼君が(座ったまま)見上げた(顔立ち)に、少し

下二・用　助動・存・体　ラ変・已　接助　助動・断・体(音)　助動・定・終　格助　上一・用　補尊・四・終　格助　格助　格助

おぼえ たる ところ あれ ば、「子 な めり。」と 見 たまふ。「雀 の 子 を 犬君 が

似ているところがあるので、「(尼君の)子であるようだ。」と(光源氏は)ご覧になる。「雀の子を犬君が逃がしてしまったの。

四・用　助動・完・体　格助　格助　下二・用　助動・存・用　助動・完・体　接助　格助　副　シク・終　格助　四・已(命)

逃がし つる。伏籠 の うち に 籠め たり つる ものを。」とて、「いと くちをし。」と 思へ

伏籠《ふせご》の中に入れておいたのに。」と言って、「とても残念だ。」と思っている。

助動・存・終　(代)　格助　上一・用　助動・完・体　格助　格助　ラ変・体　格助　サ変・用　接助　四・未　助動・受・体

り。この ゐ たる おとな、「例 の、心なし の、かかる わざ を し て さいなま るる

先ほどの座っていた年輩の女房が、「いつものように、(あの)うっかり者(犬君)が、こんないたずらをして叱られるなんて、

係助(係)　副　ク・已(結)　(代)　格助　係助(係)　四・用　助動・完・体(結)　副　シク・用(音)　副　四・用　助動・完・体

こそ、いと 心づきなけれ。いづかた へ か まかり ぬる。いと をかしう、やうやう なり つる

とても気にくわないことです。(雀の子は)どこへ行ってしまったのでしょうか。とてもかわいらしく、だんだんなっておりましたのに

終助　副助　係助　係助(係)　下二・已(結)　格助　四・用　接助　四・終　ナリ・用　副　ク・用　ク・体

ものを。烏 など も こそ 見つくれ。」とて、立ち て 行く。髪 ゆるるかに いと 長く、めやすき 人

ねえ。烏などが見つけたらたいへんです。」と言って、立ってゆく。髪もゆったりとても長く、感じのよい人のようである。

な（助動・断・体(音)）めり。（助動・定・終）少納言の乳母　と（格助）　ぞ（係助(結流)）　人　言ふ（四・終）　める（助動・婉・体）　は、（係助）　こ（代）　の（格助）　子　の（格助）　後見　なる（助動・断・体）　べし。（助動・推・終）

少納言の乳母と人が呼ぶようなこの女房は、この子の養育係なのだろう。

語句の解説 2

教706 69ページ　教708 57ページ

1 **清《きよ》げなるおとな**　さっぱりとして美しい年輩の女房。
形容動詞「清げなり」は、ここでは「さっぱりとして美しい、きれいだ」の意。「おとな」は、ここでは「年輩の女房」の意。

1 **さては**　そのほかには。
ここでは接続詞で「そのほかには、それから」の意。

3 **似《に》るべう《ビョウ》もあらず**　似ているはずもなく。
「べう」は、当然の助動詞「べし」の連用形「べく」のウ音便。他の子供たちと比べて格段にかわいらしいことを表している。

5 **すりなして**　手で(涙を)こすって。
「すりなす」は、「手でこすって…の状態にする」の意。ここでは、泣いた後の、涙をこすって顔を赤くした状態。

7 **おぼえたるところあれば**　似ているところがあるので。
「おぼゆ」は「思ほゆ」から変化した動詞で、ここでは「似る」の意。

8 **伏籠《ふせご》のうちに籠《こ》めたりつるものを**　伏籠の中に入れておいたのに。
「ものを」は、逆接の確定条件の接続助詞。ここは、前の「雀《すずめ》の子を犬君《いぬき》が逃がしつる。」と倒置になる。

10 **いと心《こころ》づきなけれ**　とても気にくわないことです。
「心づきなし」は、「気にくわない、気が利かない」の意。

10 **やうやう《ヨウヨウ》なりつるものを**　だんだんなっておりましたのにねえ。
「ものを」は、女房のつぶやきで感動を表す終助詞と解した。

11 **烏《からす》などもこそ見《み》つくれ**　烏などが見つけたらたいへんです。
「もこそ」は、将来に起こり得る悪い事態を予測し、そうなってはたいへんだという気持ちを表す。係助詞「も」+係助詞「こそ」で、「こそ」の結びは「見つくれ」。

12 **めやすき人《ひと》なめり**　感じのよい人のようである。
「めやすし」は、「感じのよい、見苦しくない」の意。「なめり」は、「なるめり」の「なる」が撥《はつ》音便化した「なんめり」の、撥音無表記の形。

12 **少《しょう》納言《なごん》の乳母《めのと》とぞ人言《ひとい》ふ《ウ》めるは《ワ》、この子《こ》の後見《うしろみ》なるべし**　少納言の乳母と人が呼ぶようなこの女房は、この子の養育係なのだろう。係助詞「ぞ」の結びは、「める」のところで流れて(消去されて)、文が続いている。「後見」は、「養育係、お世話係」。

1　なぜ「子なめり。」と見たのか。

答　少女の顔立ちが、尼君に少し似ているところがあるので。

〔垣間見〕【大　意】3　教706 69ページ14行～70ページ4行　教708 57ページ14行～58ページ4行

尼君は少女に小言を言い、それを膝をついて聞く少女のしぐさや顔つきのかわいらしさに、光源氏は感嘆する。成長していく様子を見てみたいと思う。それというのも、少女は、光源氏がひそかに思慕するお方(藤壺《ふじつぼ》)とよく似ていたのだ。

【品詞分解／現代語訳】

［感 感 ク(語幹) 間助 ク・用(音) サ変・用 補尊・四・体 終助 (代) 格助 副 格助］
尼君、「いで、あな 幼 や。言ふかひなう ものし たまふ かな。おの が かく 今日 明日 に
尼君は、「なんと、まあ子供っぽいことでしょう。しょうがなくていらっしゃること。私のこのように今日、明日にも(終わろうかと)

［下二・体 格助 係助 (代) 格助 係助 四・用 助動・存・未 接助 四・用 補尊・四・体 間助 下二・体 係助 格助］
おぼゆる 命 を ば、何 と も おぼし たら で、雀 慕ひ たまふ ほど よ。罪 得る こと ぞ と、
思われる命を、何ともお思いにならないで、雀を追いかけていらっしゃるとは。(生き物を捕えるのは)仏罰を受けること

［副 下二・体 接助 ク・用 格助 (代) 間助 格助 四・已 接助 上一・用 助動・完・終］
常に 聞こゆる を、心憂く。」とて、「こち や。」と 言へ ば、ついゐ たり。
ですよと、いつも申し上げているのに、困ったこと。」と言って、「こっちへいらっしゃい。」と言うと、(少女は)膝をついて座った。

［副 ナリ・用 接助 格助 四・用 ク・用 四・用 助動・完・体］
つらつき いと らうたげに て、眉 の わたり うちけぶり、いはけなく かいやり たる 額つき、髪ざし、
顔の様子はたいそうかわいらしくて、眉のあたりがほんのりとして、あどけなく髪をかきあげた額ぎわ、髪の生え具合が、

［シク・用(音) シク・終 四・未 助動・婉・体 シク・体 終助 格助 四・用 補尊・四・終 接 ク・用(音)］
いみじう うつくし。「ねびゆか む さま ゆかしき 人 かな。」と 目 とまり たまふ。さるは、「限りなう
たいそうかわいらしい。「成長していくような様子を見てみたい人であるなあ。」と(光源氏は)目がとまりなさる。それというのも、「限りなく

［格助 四・用 補謙・下二・体 格助 副 ク・用(音) 上一・用 補謙・四・已(命) 助動・存・体 格助 四・未 助動・自・体 助動・断・用］
心 を 尽くし きこゆる 人 に、いと よう 似 たてまつれ る が、まもら るる なり
お慕い申し上げている人(藤壺)に、とてもよく似申し上げているのが、おのずとじっと見つめられるのだな

［助動・詠・終 格助 四・体 格助 係助 係助(係) 上二・体(結)］
けり。」と 思ふ に も 涙 ぞ 落つる。
あ。」と思うにつけても涙が落ちるのだった。

語句の解説 3

教706 69ページ　教708 57ページ

14 言《い》ふ《ウ》かひなう《イノウ》ものしたまふ《モウ》かな　しょうがなくていらっしゃること。

「言ふかひなし」は、「言ってもしょうがない」「たわいない」などの意。「ものす」はさまざまな動詞の代わりに用いられる語。

14 おのがかく今日明日《きょうあす》におぼゆる命《いのち》をば　私のこのように今日、明日にも(終わろうかと)思われる命を。

「おのが」は「私の」の意。「が」は連体修飾格で、「命」にかかる。「ば」は、係助詞「は」(強意)が濁音化したもの。

教706 70ページ　教708 58ページ

1いとらう《ロウ》たげにて　たいそうかわいらしくて。

「らうたげなり」は形容動詞で、「いかにもかわいらしい、愛らしい」の意。形容詞「らうたし」の語幹に、「いかにも…のようである」の意を表す接尾語「げなり」が付いたもの。

1いは《ワ》けなく　あどけなく。

「いはけなし」には、類義語として「いとけなし」があるが、こちらは実際に年齢が幼いさまを表すのに対して、「いはけなし」は精神的に子供っぽくて頼りないことを表す。

2ねびゆかむ《ン》さまゆかしき人《ひと》かな　成長していくような様子を見てみたい人であるなあ。

「ねびゆかむ」の「ねぶ」は、「大人びる、年をとる」の意味。「ゆかし」は、「見たい、聞きたい、知りたい」の意。

3さるは　それというのも。

目にとまったのは、藤壺と似通っている点があったからで、若紫そのものの美しさによってではないということ。

2　**「心を尽くしきこゆる人」とは誰のことか。**

答　藤壺。

3似《に》たてまつれる　似申し上げている。

「たてまつる」は謙譲の意味の補助動詞。「似る」という行為の対象である「限りなう心を尽くしきこゆる人」に対する敬意を表す。

4まもらるるなりけり　おのずとじっと見つめられるのだなあ。

「まもる」は「じっと見つめる」の意。「るる」は自発の助動詞「る」の連体形。「けり」は詠嘆の助動詞の終止形。

〔若草と露〕【大　意】　1　教706 70ページ5～12行　教708 58ページ5～12行

尼君は、少女の髪の美しさを褒めながらも、少女が子供っぽすぎると小言を言う。少女の母親が一〇歳ぐらいで父親を失った頃は、もっとしっかりしていたこと、自分が死んだらどうやって暮らしていくのかと言って、ひどく泣く。光源氏はそれを聞き、悲しい気持ちになる。

【品詞分解／現代語訳】

尼君、髪 を かきなで つつ、「けづる こと を うるさがり たまへ ど、をかし の 御髪 や。いと

を 格助／かきなで 下二・用／つつ 接助／けづる 四・体／を 格助／うるさがり 四・用／たまへ 補尊・四・已／ど 接助／をかし シク(語幹)／の 格助／や 間助／いと 副

尼君は、少女の髪をなでながら、「くしけずることをおいやがりになるけれども、きれいな御髪ですこと。まったく

はかなう ものし たまふ こそ、あはれに うしろめたけれ。かばかり に なれ ば、いと かから ぬ

はかなう ク・用(音)／ものし 補・サ変・用／たまふ 補尊・四・体／こそ 係助(係)／あはれに ナリ・用／うしろめたけれ ク・已(結)／かばかり 副／に 格助／なれ 四・已／ば 接助／いと 副／かから ラ変・未／ぬ 助動・打・体

たわいなくていらっしゃるのが、不憫《ふびん》で気がかりです。これぐらいの年頃になると、ほんとうにこんな(幼稚)ではな

係助　ラ変・体　接助　　係助　副助　格助　格助　下二・用　補尊・四・用　助動・過・体　シク・用(音)
人 も ある ものを。 故姫君 は、十 ばかり にて 殿 に おくれ たまひ し ほど、いみじう もの
い人もありますのに。亡くなった姫君(少女の母)は、十歳ぐらいの時に父君に先立たれなさった時、たいそう物事は

係助　四・用　補尊・四・已(命)　助動・完・用　助動・過・体　係助　終助　副　(代)　下二・用　補謙・四・未　接助　副　格助
は 思ひ知り たまへ り し ぞ かし。 ただ今、おのれ 見捨て たてまつら ば、いかで 世 に
わかっていらっしゃったのですよ。たった今、私がお見捨て申し上げ(て死んでしまっ)たら、どうやって暮らして

サ変・未　助動・意・終　格助　サ変・終　助動・現推・体　格助　シク・用　四・体　格助　上一・用　補尊・四・体　係助　ナリ・用　シク・終
おはせ む と す らむ。」 とて、いみじく 泣く を 見 たまふ も、すずろに 悲し。
いこうとなさるのでしょう。」と言って、ひどく泣くのをご覧になると、(光源氏は)わけもなく悲しい。

格助　係助　副　四・用　接助　格助　四・用　接助　四・用　助動・存・体　格助　四・用
幼心地 に も、さすがに うちまもり て、伏し目 に なり て うつぶし たる に、こぼれかかり
(少女は)幼心にも、やはり(尼君を)じっと見つめて、伏し目になってうつむいたところに、こぼれかかっている

助動・存・体　副　ク・用(音)　下二・終
たる 髪、つやつやと めでたう 見ゆ。
髪の毛が、つやつやとしてたいそう美しく見える。

語句の解説 1

教706 70ページ　教708 58ページ

6 **を《オ》かしの御髪《みぐし》や**　きれいな御髪ですこと。
「をかしの」は、形容詞「をかし」の語幹に、「の」が付いて連体修飾語になったもの。「や」は詠嘆の間投助詞。

6 **いとはかなう《ノウ》ものしたまふ《モウ》**　まったくたわいなくていらっしゃる。
「はかなう」は、「はかなし」の連用形「はかなく」のウ音便。「たまふ」は少女への敬意を表す。

6 **あは《ワ》れにうしろめたけれ**　不憫《ふびん》で気がかりです。
「あはれに」は「あはれなり」の連用形で、ここでは「不憫だ、かわいそうだ」の意。「うしろめたし」は、ここでは「気がかりだ、心配だ」の意。

7 **かからぬ人《ひと》**　こんなではない人。
「かから」は、ラ変動詞「かかり」の未然形。「かかり」は、副詞「かく」＋「あり」の「かくあり」が変化した語で、「こんなだ」の意。ここでは前の「あな幼や」を指す。

3　**「かからぬ人」とはどのような人か。**

答　こんな幼稚ではない人。(少女の亡くなった母。)

8 **おくれたまひ《イ》しほど**　先立たれなさった時。
「おくる」は、ここでは「死別する、先立たれる」の意。

8 いみじう《ジュウ》ものは思《おも》ひ《イ》知《し》りたまへ《エ》りしぞかし　たいそう物事はわかっていらっしゃったのですよ。
「思ひ知り」は、動詞「思ひ知る」の連用形で、「深く理解する、悟る」の意味。「ぞかし」は、係助詞「ぞ」＋終助詞「かし」で、強く念押しする際に文末に用いる。

9 おのれ見捨《みす》てたてまつらば　私がお見捨て申し上げ(て死んでしまっ)たら。
「おのれ」は尼君のこと。「見捨つ」とは、少女を残して死ぬ意。

10 すずろに悲《かな》し　わけもなく悲しい。
「すずろに」は形容動詞「すずろなり」の連用形。「むやみやたらである」「思いがけないさま」などの意。光源氏は尼君が泣くのを見て、わけもなく悲しくなるのである。

〔若草と露〕【大　意】 2 教706 70ページ13行〜71ページ8行 教708 58ページ13行〜59ページ8行

尼君は、少女の行く末を案じて歌を詠み、それに女房が返しているところに、尼君の兄の僧都《そうず》が「この北山に源氏の中将が祈禱《きとう》のためおいでになっていると聞いた。」と報告に来る。簾《すだれ》が下ろされ、「ご挨拶申し上げましょう。」と言って僧都が席を立つ音が聞こえたので、光源氏は、のぞくのをやめて帰った。

【品詞分解／現代語訳】

おひ立た（四・未） **む**（助動・婉・体） **ありか** **も**（係助） **知ら**（四・未） **ぬ**（助動・打・体） **若草** **を**（格助） **おくらす**（四・体） **露** **ぞ**（係助(係)） **消え**（下二・未） **む**（助動・婉・体） **そら**
なき（ク・体(結)）

これから生い育ってゆく先もわからない若草を残して消えてゆく露は、消えようにも消えゆく所がありません(この子を残して私は死ぬにも死にきれない気持ちです)。

また（接） **ゐ**（上一・用） **たる**（助動・存・体） **おとな、「げに。」**（副） **と**（格助） **うち泣き**（四・用） **て**（接助）、

またそこに座っている年輩の女房が、「ごもっとも。」と泣いて、

初草 **の**（格助） **生ひゆく**（四・体） **末** **も**（係助） **知ら**（四・未） **ぬ**（助動・打・体） **間** **に**（格助） **いかで**（副） **か**（係助(係)） **露** **の**（格助） **消え**（下二・未） **む**（助動・意・終） **と**（格助） **す**（サ変・終）
らむ（助動・現推・体(結)）

若草が生い育ってゆく先も知らないうちに、どうして露が先に消えようとするのでしょうか(姫君のいく先も見届けないうちに、あなたが先立つことなどどうしてできますでしょうか、できませんよ)。

格助｜下二・体｜格助｜(代)｜格助｜カ変・用｜接助｜(代)｜係助｜ナリ・用｜係助(係)｜補丁・ラ変・未｜助動・推・体(結)

と 聞こゆる ほど に、僧都 あなた より 来 て、「こなた は あらはに や はべら む。

と申し上げているところに、僧都が向こうからやって来て、「こちらは外から丸見えではございませんか。

副助｜格助｜四・用｜助動・過・体｜終助｜(代)｜格助｜格助｜格助｜格助｜格助｜格助

今日 しも 端 に おはしまし ける かな。この 上 の 聖 の 方 に、源氏 の 中将 の、わらは病み

今日に限って端においでだったのですね。ここの上の聖の坊に、源氏の中将が、わらわ病みを

格助｜サ変・用｜補尊・四・用｜助動・過・体｜格助｜副｜係助(係)｜下二・用｜補丁・ラ変・体(結)｜シク・用(音)｜上二・用｜補尊・四・用

まじなひ に ものし たまひ ける を、ただ今 なむ 聞きつけ はべる。いみじう 忍び たまひ

ご祈禱にお越しになられたことを、たった今聞きつけました。たいそう人目につかないようにいら

助動・過・已｜接助｜四・用｜補丁・ラ変・未｜接助｜(代)｜格助｜ラ変・用｜接助｜格助｜係助｜下二・未｜助動・打・用｜助動・過・体｜格助

けれ ば、知り はべら で、ここ に はべり ながら、御とぶらひ に も まうで ざり ける。」と

っしゃったので、存じませんで、ここにおりながら、お見舞いにも参上しませんでしたよ。」とおっしゃるので、

四・已｜接助｜感｜シク(語幹)｜間助｜副｜シク・体｜格助｜係助(係)｜上一・用｜助動・強・終｜助動・現推・体(結)｜格助

のたまへ ば、「あな いみじ や。いと あやしき さま を 人 や 見 つ らむ。」とて、簾

「まあ、たいへん。とても見苦しい様子をどなたかが見てしまっているかしら。」と言って、簾を

四・用｜助動・完・終｜(代)｜格助｜格助｜四・用｜補尊・四・体｜ラ変・体｜格助｜上一・用｜補謙・四・用｜補尊・四・未

下ろし つ。「この 世 に ののしり たまふ 光源氏、かかる ついで に 見 たてまつり たまは

下ろしてしまった。「世間で評判になっていらっしゃる光源氏を、このような折に拝見なさいませんか。

助動・勧・終｜係助｜格助｜下二・用｜助動・完・体｜格助｜格助｜係助｜シク・用(音)｜格助｜下二・用｜上二・体

む や。世 を 捨て たる 法師 の 心地 に も、いみじう 世 の 憂へ 忘れ、齢 延ぶる 人

世を捨ててしまった法師の気持ちにも、まったくこの世の悩みも忘れ、寿命が延びるようなあの方のご様子

格助｜助動・断・終｜感｜下二・未｜助動・意・終｜格助｜四・体｜サ変・已｜接助｜四・用｜補尊・四・用｜助動・完・終

の 御ありさま なり。いで 御消息 聞こえ む。」とて 立つ 音 すれ ば、帰り たまひ ぬ。

です。さてご挨拶を申し上げましょう。」と言って座を立つ音がするので、(光源氏は)お帰りになった。

語句の解説 2

教706 70ページ　教708 58ページ

13 **おひ《イ》立《た》たむ《ン》…** (歌)これから生い育ってゆく先もわからない若草を残して消えゆく露は、消えようにも消えゆく所がありません。「若草」は少女(若紫)、「露」は尼君をたとえている。「消ゆ」は「亡くなる、死ぬ」の意もある。

15 **初草《はつくさ》の…**　(歌)若草が生い育ってゆく先も知らないうちに、どうして露が先に消えようとするのでしょうか。
「初草」は少女(若紫)、「露」は尼君をたとえている。「おひ立たむ…」の歌とこの歌で、「露」は「若草」「初草」の縁語、「消えむ」は「露」の縁語。

16 **聞《き》こゆるほどに**　申し上げているところに。
「聞こゆ」は「申し上げる」。作者の尼君に対する敬意を表す。

16 **今日《きょう》しも**　今日に限って。
「しも」は強意の副助詞。「よりによって今日」と強調している。

教706 71ページ　教708 59ページ

2 **ものしたまひ《イ》けるを**　おいでになったことを。
「ものす」は、ここでは「来《く》」の意味。

3 **ここにはべりながら、御《おおん》とぶらひ《イ》にもまう《モウ》でざりける**　ここにおりながら、お見舞いにも参上しませんでした。
この「はべり」は、「あり」「をり」の丁寧語。「とぶらひ」は「見舞い」の意。「まうづ」は、ここでは「行く」の謙譲語で、僧都の光源氏に対する敬意を表す。

5 **この世《よ》にののしりたま《モウ》ふ**　世間で評判になっていらっしゃる。
「ののしる」は、ここでは「評判になる」の意。

6 **見《み》たてまつりたまはむ《ワン》や**　拝見なさいませんか。
「たてまつる」は謙譲の補助動詞で、僧都の光源氏に対する敬意、「たまふ」は尊敬の補助動詞で、僧都の尼君に対する敬意を表す。
謙譲語＋尊敬語で二方面に対する敬意を表す。

〈若草と露〉【大　意】　3　教706 71ページ9～13行　教708 59ページ9～13行

光源氏は、かわいい人を見たと思い、思慕する藤壺の代わりに、この少女を身近に置いて心の慰めにしたいと思う心が深く生じた。

【品詞分解／現代語訳】

「**あはれなる**(ナリ・体) **人 を**(格助) **見**(上一・用) **つる**(助動・完・体) **かな。**(終助) **かかれ**(ラ変・已) **ば、**(接助) **こ**(代) **の**(格助) **すき者ども は、**(係助) **かかる**(ラ変・体) **歩き を**(格助) **のみ**(副助)
(光源氏は)「かわいい人を見たものだなあ。このようであるから、この風流な男たちは、こんな忍び歩きばかりして、

し(サ変・用) **て、**(接助) **よく**(副) **さる**(ラ変・体) **まじき**(助動・不・体) **人 を**(格助) **も**(係助) **見つくる**(下二・体) **なり**(助動・断・用) **けり。**(助動・詠・終) **たまさかに**(ナリ・用) **立ち出づる**(下二・体) **だに、**(副助) **かく**(副)
よく思いがけない人をも見つけるのであるなあ。たまに出かけてさえ、このよ

思ひのほかなる(ナリ・体) **こと を**(格助) **見る**(上一・体) **よ。**(間助)」**と、**(格助) **をかしう**(シク・用(音)) **おぼす。**(四・終) 「**さても、**(接) **いと**(副) **うつくしかり**(シク・用) **つる**(助動・完・体) **児**
うに思いもよらないことを見ることだよ。」と、面白くお思いになる。「それにしても、たいそうかわいらしい子だったなあ。

終助　助動・断・未　助動・推・体　(代)　格助　格助　格助　格助　格助　係助　上一・未　終助　格助
かな。何人　なら　む。か　の　人　の　御代はり　に、明け暮れ　の　慰め　に　も　見　ばや。」と
どういう人なのだろう。あの方(藤壺)のお身代わりに、明け暮れの(心の)慰めにも見たいものだ。」と思う心が深く生じた。

四・体　ク・用(音)　四・用　助動・完・終
思ふ　心　深う　つき　ぬ。
(若紫)

語句の解説 3

教706 71ページ　教708 59ページ

10 **さるまじき人《ひと》**　思いがけない人。
「さるまじき」は、ラ変動詞「さり」の連体形＋不可能の意の助動詞「まじ」の連体形。そうあること(見つけること)のできないような、すばらしい人ということ。

10 **たまさかに立《た》ち出《い》づ《ズ》るだに**　たまに出かけてさえ。
「たまさかなり」は、ここでは「たまに、時々」の意。「だに」は程度の類推を表す副助詞。

4 **「あはれなる人」「かの人」とはそれぞれ誰のことか。**

答 「あはれなる人」は少女(若紫)、「かの人」は藤壺。

13 **見《み》ばや**　見たいものだ。
「ばや」は、自己の願望「…たい」を表す終助詞。

13 **深《ふこ》う《ウ》つきぬ**　深く生じた。
「つく」は、ここでは「(ある思いや考えが)生じる、起こる」の意。

学習のポイント

1 **「十ばかり」(706 69・1 708 57・1)の少女(若紫)はどのように描かれているか、容貌・言動・境遇などに注意してまとめてみよう。**

考え方　容貌については、「走り来たる女子、……うつくしげなる容貌《かたち》なり」706 69・2〜4 708 57・2〜4、「つらつきいとらうたげにて、……いとよう似たてまつれるが」706 70・1〜4 708 58・1〜4とある。言動については、雀《すずめ》の子を逃がしたと言って来た時の様子や、尼君の言葉からまとめる。「故姫君」706 70・7 708 58・7は尼君の娘で、少女(若紫)の母である。

解答例
・容貌…他の子供たちとは比べものにならない、成人後を見たいと思われるかわいらしさがある。顔立ち、眉のあたり、髪の生え具合、どれも非常にかわいらしく美しい。光源氏がひそかに思慕する藤壺にもよく似ている。
・言動…雀の子が逃げたといって泣いたり、髪をすくこともうるさがったりと、あどけない。病弱な尼君に対しても自身の将来に対しても関心が薄く、精神的な面では幼い。
・境遇…早くに母を亡くし、祖母の尼君に育てられている。

2 **光源氏は、若紫のどのようなところに心をひかれたのか、話し合ってみよう。**

考え方 若紫が成人後の美しさが想像される容貌であるところ、早くに母を亡くし、尼君に育てられている境遇にもかかわらず、無邪気であどけないところ、そして思慕する藤壺によく似ているところが、光源氏の心に響いたと考えられる。

3 **本文は主として光源氏の目を通して描き出されているが、それとわかる光源氏の動作を指摘してみよう。**

考え方 地の文の中の光源氏の「見る」動作に、敬語が付けられている箇所に注目する。

解答例 ——は「見る」動作、═══は敬語。
・惟光《これみつ》の朝臣《あそん》とのぞき たまへば（706 68・9 708 56・9）
・あはれに見 たまふ。（706 68・14 708 56・14）
・「子なめり。」と見 たまふ。（706 69・7 708 57・7）
・目とまり たまふ。（706 70・3 708 58・3）
・いみじく泣くを見 たまふも（706 70・10 708 58・10）

4 **「おひ立たむ…」の歌と「初草の…」の歌について、「若草・初草」と「露」とはそれぞれ何のたとえとして用いられているか、考えてみよう。**

考え方 「露」は「若草」の縁語で、和歌表現上、「草に宿る露」がセットで定着している。また、「露」の縁語で「消えむ」という。

解答 「若草・初草」は、春萌え出た草の意で、若紫をたとえている。「露」は、今にも消えようとしている尼君のたとえとして用いられている。

5 **語句** **「烏《からす》などもこそ見つくれ。」（706 69・11 708 57・11）を品詞分解し、現代語訳してみよう。**

考え方 係助詞「も」に「ぞ」「こそ」の付いた「もぞ」「もこそ」は、悪い事態を予想して危ぶむ気持ちを表す。

解答 〈品詞分解〉烏…名詞　など…副助詞　も…係助詞
こそ…係助詞　見つくれ…カ行下二段動詞「見つく」の已然形（「こそ」の結び）
〈現代語訳〉烏などが見つけたらたいへんだ。

6 日記

●日記文学とは

日記文学とは、主に仮名で書かれた私的なもの、単なる記録にとどまらない文学性の高い作品を指す。必ずしも月日を明記したものとは限らず、過去を回想する形で自伝的に述べたものが多い。物語と違って常に作者の視点から書かれるため、作者の心情や人生観が色濃く表れるのが特徴である。

日記文学に位置づけられる作品は、平安時代中期の紀貫之《きのつらゆき》『土佐《とさ》日記』に始まる。その後は、藤原道綱母《ふじわらのみちつなのはは》『蜻蛉《かげろう》日記』、『和泉式部《いずみしきぶ》日記』、『紫式部《むらさきしきぶ》日記』、菅原孝標女《すがわらのたかすえのむすめ》『更級《さらしな》日記』（「門出」「源氏の五十余巻《よまき》」706 76～79 708 64～67）と、女性の手によるものが続く。

鎌倉時代以降には、『建礼門院右京大夫集《けんれいもんいんうきょうのだいぶしゅう》』、阿仏尼《あぶつに》『うたたね』『十六夜《いざよい》日記』（「駿河路《するがぢ》」706 80～82 708 68～70）、後深草院二条《ごふかくさいんにじょう》『とはずがたり』がある。

土佐日記

紀貫之《きのつらゆき》

教706 74～75　教708 62～63

●『土佐《とさ》日記』とは

わが国最初の仮名文の日記。成立は九三五年頃、平安時代前期。作者は紀貫之で、女性が書いたという形をとる。土佐守《とさのかみ》の任期を終え、承平《しょうへい》四年一二月二一日に土佐を発《た》ち、翌年二月一六日に京の自宅に着くまでの旅の日記で、送別の人々の様子、同船の人々の言動、風波や海賊に対する恐怖、帰郷を待望する気持ちなどが、旅中一日も欠かさず記述されている。

紀貫之は平安朝前期を代表する歌人・歌学者で、『古今和歌集』の撰者《せんじゃ》の一人であり、仮名の序文を書いている。

羽根

【大　意】 教706 74ページ1行～75ページ4行　教708 62ページ1行～63ページ4行

承平五年一月一一日。室津《むろつ》に向かう船旅の途中で「羽根」という土地に着いた。ある少女がその地名にちなみ、都への思いを歌に詠んだ。同行の人々は同じ思いだった。地名について尋ねた幼い子供をきっかけに、土佐で亡くした女児を思い出し、母親の嘆きはさらに深まる。父親も古歌を思いつつ、愛児を失ったつらさを歌に詠んだ。

【品詞分解／現代語訳】

十一日。暁に船をいだして、室津を追ふ。人みなまだ寝たれば、海のありやうも

十一日。夜明け前に船を出して、室津を目指して進む。人々はみなまだ寝ているので、海の様子も見えない。

見えず。ただ、月を見てぞ、西東をば知りける。かかるあひだに、みな

ただ月(の位置)を見て、西東の方角を知ったのだ。こうしているうちに、すっかり

夜明けて、手洗ひ、例のことどもして、昼になりぬ。

夜が明けて、(人々は起きて)手を洗い、(朝食などの)毎朝決まって行うことなどをして、昼になった。

今し、羽根といふ所に来ぬ。わかき童、この所の名を聞きて、「羽根と

今ちょうど、羽根という所にやって来た。幼い子供が、この場所の(羽根という)名を聞いて、「羽根という所

いふ所は、鳥の羽のやうにやある。」と言ふ。まだ幼き童の言なれば、

は、鳥の羽のような形なのかな。」と言う。まだ幼い子供の言葉なので、

人々笑ふときに、ありける女童なむ、この歌を詠める。

人々が笑った時に、先ほどの少女が、この歌を詠んだ。

まことにて名に聞くところ羽根ならば飛ぶがごとくにみやこへもがな

本当に名前を聞いたとおり、この場所が(鳥の)羽であるならば、(その羽で)飛ぶように都へ帰りたいものだなあ。

とぞ言へる。男も女も、「いかでとく京へもがな。」と思ふ心あれば、

と言ったのだった。男も女も、「なんとかして早く京へ帰りたいものだよ。」と思う気持ちがあるので、

（代）格助　ク・終　格助　助動・断・用　係助　補・ラ変・未　助動・打・已　接助　副　格助　四・用　接助　下二・未　助動・打・終
この歌よしとにはあらねど、「げに。」と思ひて、人々忘れず。
この歌が特に優れているというわけではないにもかかわらず、「本当に（そのとおりだ）。」と思って、人々は忘れない。

（代）格助　格助　四・体　四・体　格助　格助　係助（結流）　副　格助　下二・用　接助　（代）格助
この、羽根といふ所問ふ童のついでにぞ、また、昔へ人を思ひ出でて、いづれの時
この、羽根という所のことを尋ねた子供がきっかけで、また、亡くなった人のことを思い出して、いったいどんな時に

格助　係助（係）　下二・体（結）　係助　副　格助　四・未　助動・尊・体　終助　四・用　助動・過・体　格助　格助
にか忘るる。今日はまして、母の悲しがらるることは。下りし時の人の数
（あの子のことを）忘れるというのか（、いや、忘れる時はない）。今日はなおさら、（その子の）母がお悲しみになることよ。（京から土佐に）下った時の人数が（今は）

四・未　助動・打・已　接助　格助　係助　四・未　接助　係助（係）　四・終　助動・推・体（結）　格助　四・体　格助　下二・用　接助
足らねば、古歌に「数は足らでぞ帰るべらなる」といふことを思ひ出でて、
足りないので、昔の歌に、「人数が足りなくなって（故郷に）帰るようだ」という言葉があるのを思い出して、

格助　四・已（命）　助動・完・体
人の詠める、
ある人が詠んだ（歌）、

格助　四・已　接助　格助　上二・体　格助　四・体　ク・体　終助
世の中に思ひやれども子を恋ふる思ひにまさる思ひなきかな
世の中（のさまざまな悲しみやつらさ）に思いをはせてみるが、（亡き）子を恋しく思う（親の）思いにまさる（痛切な）思いはないことだなあ。

格助　四・用　接助　係助（結略）
と言ひつつなむ。
と何度も言いながら（時を過ごす）。

語句の解説

教706 74ページ　教708 62ページ

2 月《つき》を見《み》てぞ、西東《にしひんがし》をば知《し》りける　月（の位置）を見て、西東の方角を知ったのだ。一一日の月は暁には西の空にあるので月の位置から方角がわかった。「をば」は、格助詞「を」に係助詞「は」が付いた「をば」が濁音化したもの。

1　**なぜ人々は笑ったのか。**

答

幼い子供が「羽根」という地名から連想した「その名のとおり鳥の羽のような形をした場所なのか」というたわいない言葉を、あどけなくかわいらしいと思ったから。

6 **ありける女童《おんなわらわ》**　先ほどの少女。

この数日前の記事に、ある少女が上手な返歌をしたとあり、その少女のことを指している。「ありける」は連体詞で、「さっきの、以前の、前に述べた」の意。ラ変動詞と過去の助動詞の二語として、「その場にいた少女」と解するものもある。

7 **飛《と》ぶがごとくにみやこへもがな**　飛ぶように都へ帰りたいものだなあ。

「ごとくに」は、比況の助動詞「ごとくなり」の連用形としてもよい。「もがな」は、願望の終助詞。「…たいものだなあ、…であればなあ」の意。

8 **いかでとく京《きょう》へもがな**　なんとかして早く都に帰りたいものだよ。

「いかで」は、ここでは願望の終助詞「もがな」と呼応して「どうにかして、何としても」の意。

9 **よしとにはあらねど**　優れているというわけではないが。

「よし」(良い、優れている)と「よろし」(悪くない、まあまあ良い)の違いに注意する。

9 **「げに。」と思《おも》ひ《イ》て**　「本当に(そのとおりだ)。」と思って。

「げに」は「なるほど、本当に」の意味の副詞。

10 **童《わらわ》のついでにぞ、また、昔《むかし》へ《エ》人《びと》を思《おも》ひ《イ》出《い》でて**　子供がきっかけで、また、亡くなった人のことを思い出して。

「ついで」は、ここでは「きっかけ、機会」の意。係助詞「ぞ」の結びは、「思ひ出で」に接続助詞「て」が付いて文が続いているので、流れている。

11 **いづ《ズ》れの時《とき》にか忘《わす》るる**　いったいどんな時に忘れるというのか(、いや、忘れる時はない)。

「か」は反語の意の係助詞で、「忘るる」が結びの語。

11 **下《くだ》りし時《とき》**　京から土佐に下って来た時。

「下る」は、「都から離れて地方に行く」という意味。

教706 75ページ　教708 63ページ

1 **人《ひと》の数足《かずた》らねば**　人数が足りないので。

土佐で子を亡くしたため、家族の人数が少なくなっているということ。

2 **人《ひと》の詠《よ》める**　ある人が詠んだ(歌は)。

「人」は作者の紀貫之。亡くなった女児の父である。

3 **世《よ》の中《なか》に思《おも》ひ《イ》やれども**　世の中(のさまざまなつらいできごと)に思いをはせてはみるが。

4 **言《い》ひ《ヒ》つつなむ《ン》**　何度も言いながら(時を過ごす)。

「つつ」は、動作の反復や継続を表す接続助詞。係助詞「なむ」の結びの語(「ある」「過ごす」など)は省略され、余韻を残した表現になっている。

学習のポイント

1 本文から船中の人々の心情を最もよく表している一文を抜き出してみよう。

解答 「いかでとく京《きやう》へもがな。」(706 74・8 708 62・8)(なんとかして早く都に帰りたいものだよ。)

2 「まことにて…」の歌について作者はどのように批評しているか、整理してみよう。

考え方 「この歌よしとにはあらねど、『げに。』と思ひて」(706 74・8 708 62・8)と記していることから考える。

解答例 歌そのものの出来は素晴らしいとまではいかないが、同行の人々の心情をそのまま代弁しているところが良い。

3 **語句** 次の傍線部の違いを説明してみよう。

① この歌を詠める。(706 74・6 708 62・6)
② いづれの時にか忘るる。(706 74・11 708 62・11)
③ 母の悲しがらるることは。(706 74・11 708 62・11)

考え方 接続に注意して、一単語であるかどうかを確かめる。①は已然形(命令形)に接続、③は未然形に接続している。

解答 ①完了の助動詞「り」の連体形
②ラ行下二段活用の動詞「忘る」の連体形の活用語尾
③尊敬の助動詞「る」の連体形

4 **語句** 次の傍線部の違いを説明してみよう。

① 暁《あかつき》に船をいだして、(706 74・1 708 62・1)
② 例のことどもして、(706 74・3 708 62・3)
③ 今し、羽根といふ所に来《き》ぬ。(706 74・4 708 62・4)
④ 下《くだ》りし時の人の数足らねば、(706 74・11 708 62・11)

考え方 「し」は、活用語の活用語尾、サ変動詞の連用形、助動詞「き」の連体形、副助詞がある。活用形は下に接続する語に注意。

解答 ①サ行四段活用の動詞「いだす」の連用形の活用語尾
②サ行変格活用の動詞「す」の連用形
③強意の副助詞　④過去の助動詞「き」の連体形

更《さら》級《しな》日記

菅《すが》原《はらの》孝《たか》標《すゑ》の女《むすめ》

教706 76〜79　教708 64〜67

●『更級日記』とは

平安時代中期の日記。一〇五九年頃成立。作者は菅原孝標《すがわらのたかすえ》の女《むすめ》。父の任国であった上総《かずさ》の国から上京する一三歳の時から始まり、夫と死別するまでの約四〇年間を回想してつづった自伝的な作品。『源氏物語』に憧れ、物語世界と現実世界の混同が見られる少女時代、近親者との死別、宮仕え、結婚といった現実に直面する時期、夫と死別して信仰に救いを求める晩年へと展開していく。『蜻蛉《かげろう》日記』の作者である藤原道綱《ふじわらのみちつな》の母は、叔母に当たる。

門出

【大意】 1 教706 76ページ1行〜77ページ3行 教708 64ページ1行〜65ページ3行

東国へ行く道の果てる所よりもっと奥の方で育った私(作者)は、姉や継母《ままはは》たちが語る物語を見たいと思い、物語が多くあるという京へ早く上りたいと思っていた。一三歳になる年、上京することになり、門出をして、いまたちという所に移った。

【品詞分解／現代語訳】

あづまぢ の 道 の はて より も、なほ 奥 つ 方 に 生ひ出で たる 人、いかばかり かは

の 格助／の 格助／より 格助／も 係助／なほ 副／つ 格助／に 格助／生ひ出で 下二・用／たる 助動・完・体／いかばかり 副／かは 係助(結流)

東海道の道の果てである常陸《ひたち》の国よりも、もっと奥の方で育った人(私)は、どんなにか田舎じみて見苦し

あやしかり けむ を、いかに 思ひはじめ ける こと に か、「世の中 に 物語 と いふ

あやしかり シク・用／けむ 助動・過推・体／を 接助／いかに 副／思ひはじめ 下二・用／ける 助動・過・体／に 助動・断・用／か 係助(結略)／に 格助／と 格助／いふ 四・体

かったろうに、どのように思い始めたことであるのか、「世の中に物語というものがあるそうだが、

もの の あん なる を、いかで 見 ばや。」と 思ひ つつ、つれづれなる 昼間、宵居 など に、

の 格助／あん ラ変・体(音)／なる 助動・伝・体／を 格助／いかで 副／見 上一・未／ばや 終助／と 格助／思ひ 四・用／つつ 接助／つれづれなる ナリ・体／など 副助／に 格助

(それを)どうにかして見たい。」と思い続けて、所在なく退屈な昼間や、夜の家族の語らいの時などに、

姉・継母 などやう の 人々 の、その 物語、かの 物語、光源氏 の ある やう など、ところどころ

などやう (連語)／の 格助／の 格助／その (代)格助／かの (代)格助／の 格助／ある ラ変・体／など 副助

姉や継母などというような人々が、その物語、あの物語、光源氏のありさまなどを、ところどころ語るの

語る を 聞く に、いとど ゆかしさ まされ ど、わ が 思ふ まま に、そらに いかで か おぼえ 語ら

語る 四・体／を 格助／聞く 四・体／に 接助／いとど 副／まされ 四・已／ど 接助／わ (代)／が 格助／思ふ 四・体／に 格助／そらに ナリ・用／いかで 副／か 係助(係)／おぼえ 下二・用／語ら 四・未

を聞くと、いっそう見たさが募るけれども、私の願うとおりに、(姉や継母などが)何も見ないでどうして思い出して話すだろう

む。いみじく 心もとなき まま に、等身 に 薬師仏 を 造り て、手洗ひ など し て、人ま に

む 助動・推・体(結)／いみじく シク・用／心もとなき ク・体／に 格助／に 格助／を 格助／造り 四・用／て 接助／など 副助／し サ変・用／て 接助／に 格助

か(、いや、話さないだろう)。はなはだじれったいので、人の身長と同じ高さに薬師仏の像を造って、手を洗いなどして、人の見ていない間に

みそかに 入り つつ、「京 に とく 上げ たまひ て、物語 の 多く さぶらふ なる、ある 限り 見せ

みそかに ナリ・用／入り 四・用／つつ 接助／に 格助／とく 副／上げ 下二・用／たまひ 補尊・四・用／て 接助／の 格助／多く ク・用／さぶらふ 四・終／なる 助動・伝・体／ある ラ変・体／見せ 下二・用

こっそりと(仏間に)入っては、「京に早く上らせてくださって、物語が多くありますということですが、(それを)ある限りお見せ

補尊・四・命　格助　格助　下二・用　接助　格助　四・用　四・体　格助　格助　四・体　四・未　助動・意・終
たまへ。」と、身を捨てて額をつき、祈り申すほどに、十三になる年、「のぼらむ。」
くださいい。」と、体を倒して額をつき、お祈りを申し上げるうちに、一三歳になる年に、「上京しよう。」というこ

格助　サ変・用　接助　格助　四・体　格助　四・終
とて、九月三日門出して、いまたちといふ所に移る。
とで、九月三日に門出をして、いまたちという所に移る。

四・用　下二・用　助動・完・体　格助　ナリ・用　四・用　接助　四・用　接助　格助　格助　副
年ごろ遊び慣れつる所を、あらはにこぼち散らして、たち騒ぎて、日の入りぎはの、いと
長年遊び慣れた所を、(外から)まる見えになるほどあちらこちら壊して、騒ぎ立てて、日が沈もうとする頃で、とても

ク・用　四・用　助動・存・体　格助　格助　四・体　格助　四・用　助動・完・已　接助　格助　係助　四・用　接助
すごく霧りわたりたるに、車に乗るとて、うち見やりたれば、人まには参りつつ、額
寂しい感じで霧が一面に立ちこめている時に、車に乗ろうとして、ふと(家の方に)目を向けたところ、人の見ていない間にはお参りしては、額を

格助　四・用　助動・過・体　格助　四・用　補尊・四・已(命)　助動・存・体　格助　下二・用　補謙・四・体　シク・用　接助　下二・未
をつきし薬師仏の立ちたまへるを、見捨てたてまつる、悲しくて、人知れ
ついて礼拝した薬師如来《やくしにょらい》の像が立っていらっしゃるのを、見捨て申し上げるのが、悲しくて、ひそかに泣け

助動・打・用　四・未　助動・自・用　助動・完・終
ずうち泣かれぬ。
てしまった。

語句の解説 1

教706 76ページ　教708 64ページ

1 **いかばかりかは《ワ》あやしかりけむ《ン》を**　どんなにか田舎じみて見苦しかっただろうに。

「あやしかり」は形容詞「あやし」の連用形。下に過去推量の助動詞「けむ」が付いているので補助活用。「あやし」は、ここでは、「みっともない、見苦しい」の意。田舎育ちのため、みっともなかっただろうと回想している。係助詞「かは」の結びは、「けむ」となるところを、接続助詞「を」が付いて文が続いているので、流れている。「を」は、逆接の確定条件。

1　誰が何を「あやしかりけむ」と思っているのか。

答　作者が、都から遠く離れた田舎で育った少女時代の自分を、洗練されておらず、見苦しかっただろうと思っている。

3 **あんなるを**　あるそうだが。

「あんなり」は、ラ変動詞「あり」の連体形＋伝聞の助動詞「な

り」の「あるなり」の撥《はつ》音便の形。「ん」が表記されない「あなり」の形が多い。

3 **いかで見《み》ばや**　どうにかして見たい。

「いかで」は、ここでは、「なんとかして…したい」という強い願望を表す。「ばや」は願望を示す終助詞。

3 **つれづれなる昼間《ひるま》**　所在なく退屈な昼間。

「つれづれなり」は、ここでは「することがなく手持ちぶさただ、所在ない」の意。

4 **宵居《よいい》**　夜の家族の語らいの時。

「宵居」は「夜起きていること、その時間」のことで、ここでは夜に入っての家族の語らいの時。

4 **などやう《ヨウ》の人々《ひとびと》**　などというような人々。

「などやう」は、副助詞「など」に形式名詞「やう」が付いた形。「…などのよう」と、例として示す。

5 **ゆかしさまされど**　見たさが募るけれども。

「ゆかしさ」は、興味・関心をひかれる様子を表す形容詞「ゆかし」が名詞になったもの。「ゆかし」は、文脈によって、「見たい」「聞きたい」「知りたい」などの意味になる。

6 **いかでかおぼえ語《かた》らむ《ン》**　どうして思い出して話すだろうか（、いや、話さない）。

「いかで」は、ここでは「どうして」という疑問を表す。「か」は反語。「いかでか」で反語を表す副詞としてもよい。

答 **2**　**誰のどのような気持ちか。**

作者自身の、物語に憧れながらまだ見ることのできない待ち遠しい気持ち。

6 **心《こころ》もとなきままに**　じれったいので。

「心もとなき」は、形容詞「心もとなし」の連体形。「心もとなし」は、自分の気持ちだけが先走り、落ち着かない様子を表す。

7 **人《ひと》ま**　人の見ていない間。

10 **門出《かどで》**　旅立ちの前に、縁起の良い日・方角を選んで、仮の居所へ移ること。

11 **あらは《ワ》にこぼち散《ち》らして**　外からまる見えになるほどあちらこちら壊して。

「あらはに」は形容動詞「あらはなり」の連用形。「あらはなり」は、ここでは「まる見えだ、むき出しだ」の意。

教706 77ページ　教708 65ページ

1 **いとすごく霧《き》りわたりたる**　とても寂しい感じで霧が一面に立ちこめている。

「すごく」は、形容詞「すごし」の連用形。ぞっとするほど強い感じ（寂しさ・気味悪さ・すばらしさなど）がする様子を表す。「わたる」は、時間的・空間的に続く様子を表す。

3 **人《ひと》知《し》れず**　人に知られないで。ひそかに。

「知る」は、ここでは下二段活用動詞で「知られる」の意。

【大　意】　2　教706 77ページ4〜10行　教708 65ページ4〜10行

門出をして移った所は景色がすばらしく、出発するのも悲しかったが、十五日に国境《くにざかい》を出て、いかだという所に泊まった。雨がひどく、恐ろしくて寝ることもできない。

【品詞分解／現代語訳】

門出 し〔サ変・用〕 たる〔助動・完・体〕 所 は〔係助〕、めぐり など〔副助〕 も〔係助〕 なく〔ク・用〕 て〔接助〕、かりそめ〔ナリ(語幹)〕 の〔格助〕 茅屋 の〔格助〕、蔀 など〔副助〕 も〔係助〕 なし〔ク・終〕。簾

門出をし(て移っ)た所は、垣根などもなくて、間に合わせの茅《かや》ぶきの家で、蔀《しとみ》などもない。簾《すだれ》を

かけ〔下二・用〕、幕 など〔副助〕 引き〔四・用〕 たり〔助動・存・終〕。南 は〔係助〕 はるかに〔ナリ・用〕 野 の〔格助〕 かた 見やら〔四・未〕 る〔助動・自・終〕。東、西 は〔係助〕 海 近く〔ク・用〕 て〔接助〕 いと〔副〕

かけ、幕などを張りめぐらしてある。南ははるか遠く野の方まで自然と眺められる。東と西は海が近くてとても景色がすばらしい。

おもしろし〔ク・終〕。夕霧 立ちわたり〔四・用〕 て〔接助〕、いみじう〔シク・用(音)〕 をかしけれ〔シク・已〕 ば〔接助〕、朝寝 など〔副助〕 も〔係助〕 せ〔サ変・未〕 ず〔助動・打・用〕、かたがた 見〔上一・用〕

夕霧が一面に立ちこめて、たいへん趣深いので、朝寝などもしないで、あちこち見ては、

つつ〔接助〕、ここ〔(代)〕 を〔格助〕 立ち〔四・用〕 な〔助動・強・未〕 む〔助動・婉・体〕 こと も〔係助〕 あはれに〔ナリ・用〕 悲しき〔シク・体〕 に〔接助〕、同じ〔シク・体〕 月 の〔格助〕 十五日、雨 かきくらし〔四・用〕

ここを出発するようなこともしみじみと悲しく思われたが、同じ月の一五日に、雨が空を暗くして

降る〔四・体〕 に〔格助〕、境 を〔格助〕 出で〔下二・用〕 て〔接助〕、下総の国 の〔格助〕 いかだ と〔格助〕 いふ〔四・体〕 所 に〔格助〕 泊まり〔四・用〕 ぬ〔助動・完・終〕。庵 など〔副助〕 も〔係助〕 浮き〔四・用〕

降る時に、(上総《かずさ》と下総《しもうさ》の)国境を出て、下総の国のいかだという所に泊まった。粗末な仮の小屋なども浮い

ぬ〔助動・強・終〕 ばかり〔副助〕 に〔格助〕 雨 降り〔四・用〕 など〔副助〕 すれ〔サ変・已〕 ば〔接助〕、恐ろしく〔シク・用〕 て〔接助〕 寝 も〔係助〕 寝〔下二・未〕 られ〔助動・可・未〕 ず〔助動・打・終〕。

てしまうほどに雨が降ったりするので、恐ろしくて寝ることもできない。

語句の解説 2

教706 77ページ　教708 65ページ

4 **かりそめ**　間に合わせ。

本来「かりそめなり」という形容動詞だが、語幹のみを用いて名詞のような使われ方をしている。

6 **いみじう《ジュウ》**　たいへん。とても。

形容詞「いみじ」の連用形「いみじく」のウ音便。

9 **寝《い》も寝《ね》られず**　寝ることもできない。

「寝《い》」は眠ることという意味の名詞だが、単独で用いられることはなく、「朝寝」のように複合語になるか、下二段活用の動詞「寝《ぬ》」とともに用いられる。

学習のポイント

1 作者の心情を段落ごとに整理してみよう。

解答例

・第一段落…都から遠く離れた上総《かずさ》の国で、姉や継母が語る物語を見たい、物語のある京へ早く上りたいという気持ちが募る。

・第二段落…物語を見せてくれるよう祈った薬師仏を置いていくのが悲しくて泣いてしまう。

・第三段落…移った所は景色がすばらしいと思ったが、いかだという所では雨がひどく降って、恐ろしかった。

2 本文は『更級日記』の冒頭である。ほかの日記の冒頭と読み比べてみよう。

解答例

『土佐日記』

男もすなる日記《にき》といふものを、女《をむな》もしてみむとてするなり。それの年のしはすの二十日《はつか》あまり一日《ひとひ》の、戌《いぬ》の刻《とき》に門出《かどで》す。そのよし、いささか物に書きつく。

『和泉式部《いずみしきぶ》日記』 706 176 708 145

夢よりもはかなき世の中を、……故宮《こみや》にさぶらひし小舎人童《ことねりわらは》なりけり。

『紫式部日記』 706 178

秋のけはひ入りたつままに、土御門殿《つちみかどどの》のありさま、言はむかたなくをかし。池のわたりの梢《こずゑ》ども、遣水《やりみづ》のほとりのくさむら、おのがじし色づきわたりつつ、おほかたの空も艶《えん》なるに、もてはやされて、不断《ふだん》の御読経《みどきやう》の声々、あはれまさりけり。

3 **語句** 次の傍線部の敬語の用法を説明してみよう。

① 京にとく上げたまひて、物語の多くさぶらふなる、……。（706 76・7 708 64・7）

② 薬師仏の立ちたまへるを、見捨てたてまつる、……。（706 77・2 708 65・2）

考え方 尊敬語、謙譲語、丁寧語と、補助動詞がある。

解答

①たまひ…尊敬の補助動詞「たまふ」の連用形

さぶらふ…丁寧語「さぶらふ」の終止形

②たまへ…尊敬の補助動詞「たまふ」の已然形（命令形）

たてまつる…謙譲の補助動詞「たてまつる」の連体形

源氏の五十余巻《よまき》

【大　意】 1 教706 78ページ1～13行 教708 66ページ1～13行

私(作者)は、『源氏物語』を第一巻から全部見たいと思っていたが、なかなか見ることはできなかった。そんな時、田舎から上京していたおばのところへ行き、『源氏物語』の五十余巻とそのほかの物語類をもらって帰ることができた。

【品詞分解／現代語訳】

副　副助　サ変・用　助動・存・体　格助　係助　下二・未　助動・意・終　格助　四・用　接助　副助　下二・用　接助
かく のみ 思ひくんじ たる を、心 も 慰め む と、心苦しがり て、母、物語 など 求め て
このように思い悩みふさぎこんでばかりいるのを、心を慰めようと、心配して、母が、物語などを探し求めて見せて

下二・用　補尊・四・体　接助　副　副　四・終　格助　上一・用　接助　格助　上一・未　助動・希・用
見せ たまふ に、げに おのづから 慰みゆく。紫のゆかり を 見 て、続き の 見 まほしく
くださるので、なるほど自然と心が晴れてゆく。(『源氏物語』の)若紫の巻などを見て、続きが見たく思われるけれど、

下二・已　接助　副助　係助　副　サ変・未　助動・打・用　(代)　係助　副　下二・未　助動・打・体　助動・断・用　接助
おぼゆれ ど、人語らひ など も え せ ず、たれ も いまだ 都 なれ ぬ ほど に て、
人に相談することなどもできず、誰もまだ都に慣れない頃なので、

副　下二・未　助動・打・終　シク・用　ク・用　シク・用　下二・体　格助　(代)　格助　格助
え 見つけ ず。いみじく 心もとなく、ゆかしく おぼゆる まま に、「こ の 源氏の物語、一の巻 より
見つけることができない。たいそうじれったく、見たく思われるままに、「この『源氏物語』を、第一巻から始めて

サ変・用　接助　副　下二・用　補尊・四・命　格助　格助　格助　四・終　格助　格助　四・用　補尊・四・已(命)　助動・存・体　格助
し て みな 見せ たまへ。」と 心 の うち に 祈る。親 の 太秦 に 籠り たまへ る に
全部見せてください。」と心の中で祈る。親が太秦《うずまさ》(の広隆寺)にお籠もりになる時にも、

係助　ク・用　(代)　格助　格助　四・用　接助　下二・未　助動・仮・体　格助　(代)　格助　下二・未　助動・意・終　格助
も、異事 なく こ の こと を 申し て、「出で む まま に こ の 物語 見果て む。」と
ほかのことは祈らないでこのことを申し上げて、「(寺から)出たらすぐにこの物語を読破しよう。」と思うけれど、

四・已　接助　下二・未　助動・打・終　副　シク・用　四・未　助動・自・体　接助　助動・断・体　格助　格助　四・用
思へ ど、見え ず。いと 口惜しく 思ひ嘆か るる に、をば なる 人 の 田舎 より のぼり
見ることはできない。とても残念で自然と悲しみ嘆いていると、おばである人が田舎から上京してきた所に(母が私を)連れて

助動・存・体　格助　四・用(音)　助動・完・已　接助　副　シク・用(音)　四・用　助動・完・用　助動・詠・終　副助　四・用
たる 所 に 渡い たれ ば、「いと うつくしう、生ひなり に けり。」など、あはれがり、
いったところ、「とてもかわいらしく、成長したこと。」などと、しみじみと感心し、

四・用　接助　四・体　格助　(代)　格助　係助(係)　四・未　助動・意・体(結)　シク・体　係助　ク・用　助動・強・未
めづらしがり　て、帰る　に、「何　を　か　奉ら　む。　まめまめしき　もの　は、まさなかり　な
珍しがって、（私が）帰る時に、「何を差し上げましょうか。　実用的なものは、　きっとよくないでしょう。

助動・推・終　シク・用　サ変・用　補尊・四・終　助動・伝・体　格助　四・未　助動・意・終　格助　格助　格助　四・用
む。　ゆかしく　し　たまふ　なる　もの　を　奉ら　む。」　とて、源氏　の　五十余巻、櫃　に　入り
見たいとお思いになっていると聞いているものを差し上げましょう。」と言って、『源氏物語』の五十余巻を、櫃《ひつ》に入ったままで、

接助　副助　四・体　下二・用　接助　下二・用
ながら、在中将、とほぎみ、せり河、しらら、あさうづ　など　いふ　物語ども、一袋　取り入れ　て、得
（そのうえ）『在中将』『とほぎみ』『せり河』『しらら』『あさうづ』などという物語類を、袋いっぱいに入れて、もらっ

接助　四・体　格助　係助(係)　シク・体(結)　間助
て　帰る　心地　の　うれしさ　ぞ　いみじき　や。
て帰る気持ちのうれしさは実に格別だ。

語句の解説 1

教706 78ページ　教708 66ページ

1 **かくのみ思《おも》ひ《イ》くんじたるを**　このように思い悩みふさぎこんでばかりいるのを。

副助詞「のみ」は、前の語だけでなく、後ろに続く部分まで限定・強調の範囲に含むことが多い。「このようにふさぎこんでばかりいる」ではなく、「このようにばかりふさぎこんでいる」となる。

2 **げにおのづ《ズ》から慰《なぐさ》みゆく**　なるほど自然と心が晴れてゆく。

「げに」は、作者の心を慰めようという母の意図のとおりに、ということを表す。「おのづから」は、ここでは「自然に」の意。

3 **えせず**　できない。

「え」は副詞。下に打消の語を伴って、不可能であることを表す。

4 **ゆかしくおぼゆるままに**　見たく思われるままに。

「ゆかしく」は「ゆかし」の連用形。「ゆかし」は、「見たい、聞きたい、知りたい」の意だが、ここでは「見たい、読みたい」。

5 **一《いち》の巻《まき》よりして**　第一巻から始めて。

「して」は、副助詞としてもよい。「に」「より」「から」「を」などに付いて、上の語を強調する。

1　「このこと」とはどのようなことか。

答　『源氏物語』を、第一巻から全部見せてほしいということ。

8 **いとうつくしう《シュウ》**　とてもかわいらしく。

「うつくしう」は、「うつくしく」のウ音便。「うつくし」は「かわいらしい」の意で、現代の「美しい」の意はない。

9 **何《なに》をか奉《たてまつ》らむ《ン》**　何を差し上げましょうか。

「か」は疑問を示す係助詞。「奉る」は、「与ふ」の謙譲語。

10 **まさなかりなむ《ン》**　きっとよくないでしょう。

「まさなかり」は、形容詞「まさなし」の連用形。「まさなし」は、漢字で書くと「正無し」で、「正しくない、よくない」などの意。

「な(「ぬ」の未然形)＋む」の形の「な」は強調。

10 **ゆかしくしたまふ《モウ》なるもの**　見たいとお思いになっていると聞いているもの。

「なる」は、伝聞の助動詞「なり」の連体形。作者が「ゆかしくしたまふ」ということを、おばが他の人から聞いていた。

11 **櫃《ひつ》に入《い》りながら**　櫃に入ったまま。

「櫃」は、ふたのある大きな箱。「ながら」は、動作・状態の継続を表す接続助詞。「…(の)まま」の意。

12 **うれしさぞいみじきや**　うれしさは実に格別だ。

「いみじ」は、程度がはなはだしい意。「ぞ」の結びで「いみじき」。

【大　意】　2　**教706 78ページ13行〜79ページ8行　教708 66ページ13行〜67ページ8行**

『源氏物語』を第一巻から、几帳《きちょう》の内で一日中読みふけった。「法華経《ほけきょう》」五の巻を早く習えという夢を見ても、物語のことばかりを思いつめ、年ごろになったら容姿も良くなり、夕顔や浮舟《うきふね》の女君《おんなぎみ》のようになるだろうと思ったのはあきれたものだった。

【品詞分解／現代語訳】

はしるはしる［副］、**わづかに**［ナリ・用］ **見**［上一・用］ **つつ**［接助］、**心** **も**［係助］ **得**［下二・未］ **ず**［助動・打・用］ **心もとなく**［ク・用］ **思ふ**［四・体］ **源氏** **を**［格助］、**一の巻** **より**［格助］

胸をわくわくさせながら、(今まで)わずかに見ては、(筋も)わからずじれったく思う『源氏物語』を、第一巻から始めて、

し［サ変・用］ **て**［接助］、**人** **も**［係助］ **交じら**［四・未］ **ず**［助動・打・用］、**几帳** **の**［格助］ **うち** **に**［格助］ **うち臥し**［四・用］ **て**［接助］、**引き出で**［下二・用］ **つつ**［接助］ **見る**［上一・体］ **心地**、**后** **の**［格助］ **位**

人も交じらないで、几帳の内でかがみ込んで、(本を)取り出しては見る気持ちは、皇后様の位も何

も［係助］ **何**［(代)］ **に**［格助］ **かは**［係助(係)］ **せ**［サ変・未］ **む**［助動・推・体(結)］。**昼** **は**［係助］ **日暮らし**［副］、**夜** **は**［係助］ **目** **の**［格助］ **さめ**［下二・用］ **たる**［助動・存・体］ **限り**、**灯** **を**［格助］ **近く**［ク・用］

になるだろうか(、いや、何にもならない)。昼は一日中、夜は目が覚めている限り、明かりを近くにと

ともし［四・用］ **て**［接助］、**これ**［(代)］ **を**［格助］ **見る**［上一・体］ **より**［格助］ **ほか** **の**［格助］ **こと** **なけれ**［ク・已］ **ば**［接助］、**おのづから**［副］ **など**［副助］ **は**［係助］、**そらに**［ナリ・用］ **おぼえ浮かぶ**［四・体］ **を**［格助］、

もして、この物語を見るよりほかのことはないので、ふとした折などに、(文章が)何も見ないでも思い浮かぶのを、

いみじき［シク・体］ **こと** **に**［格助］ **思ふ**［四・体］ **に**［接助］、**夢** **に**［格助］、**いと**［副］ **清げなる**［ナリ・体］ **僧** **の**［格助］、**黄なる**［ナリ・体］ **地** **の**［格助］ **袈裟** **着**［上一・用］ **たる**［助動・存・体］ **が**［格助］ **来**［カ変・用］

すばらしいことだと思っていると、夢に、たいそう清らかな感じの僧で、黄色の地の袈裟を着ている人が出てきて、

て（接助）、「法華経 五の巻 を（格助） とく（副） 習へ（四・命）。」と（格助） 言ふ（四・終） と（格助） 見れ（上一・已） ど（接助）、人 に（格助） も（係助） 語ら（四・未） ず（助動・打・用）、習は（四・未） む（助動・意・終） と（格助）

「法華経の第五巻を早く習いなさい。」と言うと見たけれども、人にも語らず、習おうとも思いもしない。

も（係助） 思ひかけ（下二・未） ず（助動・打・終）。物語 の（格助） こと を（格助） のみ（副助） 心 に（格助） しめ（下二・用） て（接助）、「われ（代） は（係助） このごろ わろき（ク・体） ぞ（係助） かし（終助）。

物語のことばかりを思いつめて、「私は今は（器量が）良くないのだ。

盛り に（格助） なら（四・未） ば（接助）、容貌 も（係助） 限りなく（ク・用） よく（ク・用）、髪 も（係助） いみじく（シク・用） 長く（ク・用） なり（四・用） な（助動・強・未） む（助動・推・終）。光の源氏 の（格助）

年ごろになったら、容姿もこのうえなく良く、髪もきっとたいへん長くなるだろう。光源氏の（愛した）

夕顔、宇治の大将 の（格助） 浮舟 の（格助） 女君 の（格助） やう に（助動・断・用） こそ（係助（係）） あら（補・ラ変・未） め（助動・推・已（結））。」と（格助） 思ひ（四・用） ける（助動・過・体） 心、

夕顔、宇治の大将の（愛した）浮舟の女君のようになるだろう。」と思った心は、

まづ（副） いと（副） はかなく（ク・用） あさまし（シク・終）。

（今考えると）実にとてもたわいなくあきれたものだ。

語句の解説 2

教706 79ページ　教708 67ページ

1 **后《きさき》の位《くらい》も何《なに》にかは《ワ》せむ《ン》**　皇后様の位も何になるだろうか（、いや、何にもならない）。

「かは」は反語を示す係助詞。係り結びで、文末の助動詞「む」が連体形。「せ」は、サ変の動詞「す」の未然形。『源氏物語』を一冊ずつ引き出して読むことができる喜びは、皇后の位と比較にもならないくらい素晴らしいという気持ち。

3 **いと清《きよ》げなる僧《そう》の、黄《き》なる地《じ》の袈裟《けさ》着《き》たるが来《き》て**　たいそう清らかな感じの僧で、黄色の地の袈裟を着ている人が出てきて。

「僧の」の「の」は同格、「黄なる地の」の「の」は連体修飾格。「清げなり」は、ここでは「こざっぱりとしてきれいだ、すっきりとして美しい」の意。僧が「法華経五の巻を、とく習へ。」と言う夢は、物語に熱中する作者を戒めるものと言える。

6 **わろきぞかし**　（器量が）良くないのだ。

「わろし」は、どちらかというと、良くないというニュアンス。ここでは「器量が良くない、美しくない」の意。

6 **容貌《かたち》**　顔かたち。容姿。

7 **長《なが》くなりなむ《ン》**　きっと長くなるだろう。

「なりなむ」の「なり」は、四段活用の動詞「なる」の連用形。「な」は、強調の助動詞「ぬ」の未然形。「む」は、推量の助動詞。全体として、単なる推測や願望ではなく、「きっと…なるだろう」と

いう確信に近い気持ちがこめられている。

7 **浮舟《うきふね》の女君《おんなぎみ》のやうに《ヨウ》こそあらめ**　浮舟の女君のようになるだろう。「やうに」を、比況の助動詞「やうなり」の連用形とするものもある。「め」は「こそ」の結びで助動詞「む」の已然形。

8 **まづ《ズ》いとはかなくあさまし**　（今考えると）実にとてもたわいなくあきれたものだ。「あさまし」は、ここでは「あきれたことだ、あさはかだ」の意。『源氏物語』に登場する女性たちのようになりたいものだと思った少女時代の気持ちに対する、日記を書いている今の作者の評価である。

学習のポイント

1 **『源氏物語』を手に入れ、読むことができた時の心情を整理し、それを自分の体験に引きつけて話し合ってみよう。**

考え方　「一の巻よりして、……后《きさき》の位も何にかはせむ」 706 **78・14〜79・1** 708 **66・14〜67・1**とある。『源氏物語』を読むことのできるうれしさに比べれば、皆が羨《うらや》む后の位など、自分にとってはどうでもよい、という心情である。ずっと欲しかったもの、手に入れがたかったものを、やっと手に入れた時のことを思い出してみよう。

2 **ここに出てくる「夢」の内容は、当時の作者にとってどのような意味をもつものか、考えてみよう。**

考え方　夢で僧は「法華経《ほけきやう》五の巻をとく習へ。」と言っている。「法華経五の巻」は、女人成仏《にょにんじょうぶつ》の教えが説かれている経文である。今の作者は、「昼は日暮らし、……これを見るよりほかのことなければ」 706 **79・1** 708 **67・1**という状態である。

解答例　「法華経五の巻をとく習へ。」という夢のお告げは、物語に夢中になっている作者の日常を諫《いさ》める意味をもつ。

3 **「まづいとはかなくあさまし。」（706 79・8 708 67・8）は、作者のどのような時期の、どのような気持ちを述べたものか、考えてみよう。**

考え方　さまざまな人生経験を積んで現実の厳しさを知り、信仰の世界に生きている晩年の作者が、若き日の自分を振り返った言葉である。直前の「…と思ひける心」の「けり」は、過去回想の助動詞。

解答例　物語に陶酔し、夢みていた少女時代の、うわついた気持ち。

4 **語句**　**次の傍線部の違いを説明してみよう。**

① **心も慰めむと、（706 78・1 708 66・1）**
② **おのづから慰みゆく。（706 78・2 708 66・2）**

考え方　「慰む」には他動詞と自動詞がある。②「慰みゆく」の「ゆく」を「だんだんと…する」意を表す補助動詞と考える。

解答　①他動詞マ行下二段活用「慰む」の未然形
②自動詞マ行四段活用「慰む」の連用形

駿《する》河《が》路《ぢ》

〔十六夜《いざよひ》日記〕阿《あ》仏《ぶつ》尼《に》

教706 80～82 教708 68～70

【大意】 1 教706 80ページ1行～81ページ7行 教708 68ページ1行～69ページ7行

二五日、菊川を出て大井川という川を渡る。聞いていたのと違って難なく渡る。「思ひ出づる…」の歌を詠む。宇《う》津《つ》の山を越える所で阿《あ》闍《ざ》梨《り》の見知っている山伏《やまぶし》と行き合った。まるで『伊勢《いせ》物語』の「夢にも人を」の歌をまねたようで、情趣を感じる。高貴な方（後深草天皇の皇女を産んだ、作者の娘）への音信を託し、歌を詠む。今夜は手越《てごし》という所に、人が多いがなんとか宿をとった。

【品詞分解／現代語訳】

二十五日、菊川を出でて、今日は大井川といふ川を渡る。水いとあせて、

を 格助／出で 下二・用／て 接助／は 係助／と 格助／いふ 四・体／を 格助／渡る 四・終／いと 副／あせ 下二・用／て 接助

二五日、菊川を出て、今日は大井川という川を渡る。水はひどく涸れて、

聞きしには違ひて、わづらひなし。川原幾里とかや、いと遥かなり。水の出でたらむ面影、おしはからる。

聞き 四・用／し 助動・過・体／に 格助／は 係助／違ひ 四・用／て 接助／なし ク・終／と 格助／か 係助／や 間助／いと 副／遥かなり ナリ・終／の 格助／出で 下二・用／たら 助動・存・未／む 助動・仮・体／おしはから 四・未／る 助動・自・終

（川を渡るのが困難だと）聞いていたのとは違って、（渡るのに）苦労がない。川原は何里であろうか、とても広い。川の水が氾濫したら（どのようだろう）とその様子が、自然と想像される。

思ひ出づる都のことはおほゐ川いく瀬の石の数も及ばじ

思ひ出づる 下二・体／の 格助／は 係助／の 格助／の 格助／も 係助／及ば 四・未／じ 助動・打推・終

思い出す都のことは多く、大井川のたくさんの瀬の石の数も（それには）及ばないだろう。

宇津の山越ゆるほどにしも、阿闍梨の見知りたる山伏、行き会ひたり。

越ゆる 下二・体／に 格助／しも 副助／の 格助／見知り 四・用／たる 助動・存・体／行き会ひ 四・用／たり 助動・完・終

ちょうど宇津の山を越えるその時、（息子である）阿闍梨の見知っている山伏が、向こうからやって来た。

「夢にも人を」など、昔をわざとまねびたらむ心地して、

に 格助／も 係助／を 格助／など 副助／を 格助／わざと 副／まねび 四・用／たら 助動・完・未／む 助動・婉・体／し サ変・用／て 接助

（『伊勢物語』の）「夢にも人を」など、昔（の歌の情景）をことさらにまねたような感じがしてたいへん珍しく、

いと珍かに、をかしくも、あはれにも、優しくもおぼゆ。「急ぐ道なり。」
面白くも、趣深くも、優美にも思われる。「急ぐ道中です。」と言うので、

と言へば、文もあまたはえ書かず、ただやむごとなき所一つにぞ
(ことづけたい)手紙もたくさんは書くことができず、ただ高貴な方お一人にだけ便りを差し上げる。

おとづれ聞こゆる。

我が心うつつともなし宇津の山夢路も遠き都恋ふとて
私の心は(旅を)現実とも思えないでいる。ここ宇津の山で、夢の中でも遠い都を恋しく思って。

蔦楓しぐれぬひまも宇津の山涙に袖の色ぞ焦がるる
蔦《つた》や楓《かえで》が時雨にあわず紅葉しない間でも、宇津の山を行く私の袖は血の涙で赤く染まることです。

今宵は手越といふ所にとどまる。某の僧正とかやの上りとて、いと
今夜は手越という所に宿泊する。なんとかの僧正とかいう人が京へ上るということで、たいへん

人しげし。宿りかねたりつれど、さすがに人のなき宿もありけり。
人が多い。宿が取りにくかったが、そうは言ってもやはり人のいない宿もあっ(て、なんとか泊まれ)た。

語句の解説 1

教706 80ページ　教708 68ページ

4川原《かわら》幾里《いくり》とかや、いと遥《はる》かなり　川原は何里であろうか、とても広い。
「幾」は接頭語で、物の数量や程度が不定の意味を表す。「里」は距離の単位で、一里は約四キロメートル。

5おしはからる　自然と想像される。
「る」は助動詞「る」の終止形で、ここでは自発の意味。川の広さから、自然と氾濫時のことが想像されることを述べている。

6思《おも》ひ《イ》出《い》づ《ズ》る…　(歌)思い出す都のことは多く、大井川のたくさんの瀬の石の数も(それには)及ばないだろう。
「おほゐ」は「多(し)」と「大井川」の掛詞《かけことば》になっている。「及ば

じ」の「じ」は打消推量の意の助動詞。

1 掛詞《かけことば》を指摘し、説明してみよう。

答 「おほゐ」が、「多(し)」と「大井川」を掛けている。

教706 81ページ　教708 69ページ

2 **文《ふみ》もあまたはえ書《か》かず**　手紙もたくさんは書くことができず。
「え」は、下に打消の語を伴って「…できない」の意味を表す。

2 **ただやむ《ン》ごとなき所一《ところひと》つにぞおとづ《ズ》れ聞《き》こゆる**　ただ高貴な方お一人にだけ便りを差し上げる。
「やむごとなし」は、ここでは「高貴だ」の意。「おとづれ」は、ここでは名詞で「手紙、便り」の意。「聞こゆ」は「与ふ」の謙譲語。係助詞「ぞ」の結びで連体形「聞こゆる」となる。

4 **我《わ》が心《こころ》…**　(歌)私の心は(旅を)現実とも思えないでいる。ここ宇津の山で、夢の中でも遠い都を恋しく思って。
「うつつ」は「現実」の意。二句の「うつつ」が、同音の「宇津」を引き出しており、また四句の「夢」とも対応している。

5 **蔦楓《つたかえで》…**　(歌)蔦や楓が時雨《しぐれ》にあわず紅葉しない間でも、宇津の山を行く私の袖は血の涙で赤く染まることです。
「蔦楓」は宇津の山の景物で、その葉は本来時雨によって色づくとされるが、そうではなくて今は私の袖が血の涙(悲しみのあまり流す涙)で染まるのだ、という趣向の歌。「ひま」は、「時間」の意。

6 **某《なにがし》の僧正《そうじょう》とかや**　なんとかの僧正とかいう人。
「某(なにがし)」とは事物や人・場所が不明の場合や、名指しをするのを避けてぼかすために用いる語。

7 **宿《やど》りかねたりつれど**　宿が取りにくかったが。
「かぬ」は接尾語で、動詞の連用形について「…することができない、…するのが難しい」の意味を表す。

【大　意】 2　教706 81ページ8〜16行　教708 69ページ8〜16行

二六日、藁科川《わらしな》とかいう川を渡って興津《おきつ》の浜に出る。昼に立ち寄った所に粗末な黄楊《つげ》の小さい枕があり、横になったまま衝立《ついたて》障子に歌を書きつけた。暮れかかる頃に清見《きよみ》が関を通り、歌を詠む。まもなく日が暮れて、その辺りの海が近い里に泊まった。

【品詞分解/現代語訳】

二十六日、藁科川 と(格助) か(係助) や(間助) 渡り(四・用) て(接助)、興津の浜 に(格助) うち出づ(下二・終)。「なくなく(副) 出で(下二・用) し(助動・過・体)
二十六日、藁科川とかいう川を渡って、興津の浜に出る。「なくなく出でしあとの月影」などという

あと の(格助) 月影」 など(副助)、まづ(副) 思ひ出で(下二・未) らる(助動・自・終)。昼、立ち入り(四・用) たる(助動・完・体) 所 に(格助)、あやしき(シク・体) 黄楊
歌が、まずは自然と思い出される。昼に、立ち寄った所に、粗末な黄楊の小さい枕

の〔格助〕小枕あり〔ラ変・終〕。いと〔副〕苦しけれ〔シク・已〕ば〔接助〕うち臥し〔四・用〕たる〔助動・存・体〕に〔接助〕、硯も〔係助〕見ゆれ〔下二・已〕ば〔接助〕、枕の〔格助〕障子

がある。大変疲れていたのでちょっと横になっていたところ、硯もあるので、枕もとの衝立障子に、

に〔格助〕、臥し〔四・用〕ながら〔接助〕書きつけ〔下二・用〕つ〔助動・完・終〕。

横になったままで書きつけた。

なほざりに〔ナリ・用〕見る〔上一・体〕夢ばかり〔副助〕かり枕結びおき〔四・用〕つ〔助動・完・終〕と〔格助〕人に〔格助〕語る〔四・終〕な〔終助〕

わずかの間夢を見る間だけ借りる枕よ、誰かと契りを結んだなどと人に語ってくれるな。

暮れかかる〔四・体〕ほど、清見が関を〔格助〕過ぐ〔上二・終〕。岩越す〔四・体〕波の〔格助〕、白き〔ク・体〕衣を〔格助〕うち着する〔下二・体〕やうに〔助動・比・用〕

暮れかかる頃に、清見が関を過ぎる。岩を越す波が、白い着物を(岩に)着せかけるように見えるのも面白い。

見ゆる〔下二・体〕も〔係助〕をかし〔シク・終〕。

清見潟年経る〔下二・体〕岩に〔格助〕こと問は〔四・未〕む〔助動・意・終〕波の〔格助〕ぬれぎぬ幾重ね着〔上一・用〕つ〔助動・完・終〕

清見潟の年を経た岩に聞いてみよう。恋の濡れ衣《ぎぬ》ならぬ波の濡れ衣を、今まで何度着たかと。

ほどなく〔ク・用〕暮れ〔下二・用〕て〔接助〕、そ〔(代)〕の〔格助〕わたりの〔格助〕海近き〔ク・体〕里に〔格助〕とどまり〔四・用〕ぬ〔助動・完・終〕。

まもなく日が暮れて、その辺りの海に近い里に泊まった。

語句の解説 2

教706 81ページ　教708 69ページ

8 興津《おきつ》の浜《はま》にうち出づ《いズ》　興津の浜に出る。

「うち」は接頭語で、動詞の上に付いて動詞の意味を強めたり、「すっかり」「ちょっと」などの意味を添えたりする。また、単に語調を整えるために用いる場合もある。

9 あやしき黄楊《つげ》の小枕《おまくら》あり　粗末な黄楊の小さい枕がある。

「あやしき」は、ここでは「粗末な」の意。

10 うち臥《ふ》したるに　ちょっと横になっていたところ。

「うち」は接頭語。「に」は単純接続の接続助詞。

12 なほ《オ》ざりに…　(歌)わずかの間夢を見る間だけ借りる枕よ、誰かと契りを結んだなどと人に語ってくれるな。

「なほざりに」は「なほざりなり」の連用形。「なほざりなり」は、ここでは「ほどほどだ」の意。「結び置きつ」に地名の「興津」が掛けられている。

15 **清見潟《きよみがた》…**（歌）清見潟の年を経た岩に聞いてみよう。恋の濡れ衣《ぎぬ》ならぬ波の濡れ衣を、今まで何度着たかと。

直前の「岩越す波の、白き衣をうち着するやうに見ゆる」の比喩をもとに詠んだ歌。「幾」は接頭語。「幾重ね」は、ここでは「何度」。今まで何度無実の恋の噂《うわさ》をたてられたか、と問う歌である。

2 **掛詞を指摘し、説明してみよう。**

答 「ぬれぎぬ」が、無実の意の「ぬれぎぬ」と、「濡れた衣」の意を掛けている。

15 **こと問《と》はむ《ワン》** 聞いてみよう。

「こと問ふ」は、「質問する、尋ねる」の意。

参考 『伊勢物語』第九段 **教706 82ページ下段 教708 70ページ下段**

【現代語訳】 さらに行き進んで駿河の国に着いた。宇津の山に至って、自分が分け入ろうとする道はたいへん暗く細く、つたやかえでが茂っていて、なんとも心細く、思いがけない目に遭うことだろうと思っていると、修行者に出会った。「このような道に、どうして居られるのですか。」と言うのを見ると、以前会ったことのある人であった。京にいる、あの方のもとに(届けてほしい)と、手紙を書いて託す。

駿河の国にある宇津の山辺に来てみると、「うつ」の名のように、現実でも夢でも、あなたに会わなかったなあ。

学習のポイント

1 **作者が各地で詠んだ歌の特徴や内容を確かめてみよう。**

考え方 『伊勢物語』第九段 **706 82・参考 708 70・参考**の影響がある。

解答例

・大井川

思ひ出づる都のことはおほゐ川いく瀬の石の数も及ばじ

…東海道の難所の一つである大井川にやってきた。聞いていたのとは違って水量が少なく、川原にある石の数も多く見える。「思い出す都のことはとても多くて、この大井川のいくつもある川瀬の石の数もそれには及ばないだろう」と都を恋い慕う心情が表れている。「おほゐ」が掛詞で、「多い」と「大井川」を掛けている。

・宇津の山

我が心うつつともなし宇津の山夢路も遠き都恋ふとて

…背景に『伊勢物語』第九段「あづま下り」の「駿河《するが》なる宇津の山辺のうつつにも夢にも人にも会はぬなりけり」の歌がある。倒置法が用いられ、遠く駿河の地に来て、都を恋い慕う気持ちが詠み込まれている。「うつつ」から同音の「宇津」を導き出し、さらに「夢」と対応させている。

蔦楓《つたかへで》しぐれぬひまも宇津の山涙に袖の色ぞ焦がるる
…『伊勢物語』の「宇津の山にいたりて、わが入らむとする道はいと暗う細きに、蔦かへでは茂り、もの心細く」の影響がある。木の葉は本来時雨《しぐれ》が降ることによって色づくといわれているが、「我が心…」の歌にあるように、遠い都を恋しく思うあまり血の涙がでるため染まるというのである。

・興津《おきつ》の浜
なほざりに見る夢ばかりかり枕結びおきつと人に語るな
…興津の浜で立ち寄った場所に粗末な黄楊《つげ》の枕があり、大変疲れていたので少し横になった。硯《すずり》がそばにあったので衝立《ついたて》障子に書き付けた。「枕を借りるが、枕を交わす男女の関係ではないから誤解してくれるな」という意の歌である。「おきつ」に「置きつ」と「興津」を掛け、ことば遊び的に詠んだものと思われる。

・清見潟
清見潟年経る岩にこと問はむ波のぬれぎぬ幾重ね着つ
…暮れかかる頃に清見が関を過ぎ、岩を越す波が白い衣を岩に着せるように見えるのが面白いので詠んだ。「重ね」「着」は「きぬ」の縁語。「ぬれぎぬ」に、無実の意味の「ぬれぎぬ」と「濡れた衣」の意味が掛けられている。直前の文の比喩を受けて、岩が波で濡れるさまを恋のぬれぎぬにたとえ、「今まで何度無実の恋の噂《うわさ》をたてられたか」と尋ねている。

2 **「なほざりに…」の歌の修辞を説明してみよう。**

解答 「おきつ」が「置きつ」と「興津」の掛詞である。

3 **語句** **次の傍線部の違いを説明してみよう。**

① おしはから**る**。(706 80・5 708 68・5)
② まづ思ひ出で**らる**。(706 81・9 708 69・9)

考え方 ①は「おしはか＋らる」か「おしはから＋る」か判別する。
②の「思ひ出で」は下二段活用動詞「思ひ出づ」の未然形。

解答 ①四段活用動詞「おしはかる」の未然形「おしはから」の活用語尾＋自発の助動詞「る」の終止形
②自発の助動詞「らる」の終止形

4 **探究** **『伊勢物語』第九段「あづま下り」と本文の「宇津《うつ》の山」(706 80・8 708 68・8)の部分とを読み比べてみよう。**

考え方 「あづま下り」では、宇津の山のあたりで「修行者《すぎやうざ》会ひたり」とあるが、本文でも同じように知り合いの山伏《やまぶし》と出会ったとあり、「あづま下り」中にある歌「駿河なる宇津の山辺のうつつにも夢にも人に会はぬなりけり」を受けて、「『夢にも人を』など、昔をわざとまねびたらむ心地」(706 80・10 708 68・10)がした、と述べている。このように、有名な古典『伊勢物語』を思い起こしつつ旅を続けていたところ、その中の記事と同じようなことが起こったことに対し、「いと珍《めづら》かに、をかしくも、あはれにも、優しくもおぼゆ」(706 81・1 708 69・1)と感想を述べ、先の歌を本歌とする「我が心…」(706 81・4 708 69・4)という歌や、「あづま下り」中に「つた、かへでは茂り」とあることを意識した「蔦楓…」(706 81・5 708 69・5)という歌を詠んでいる。

読み比べ　日記と日本人

林《はやし》　望《のぞむ》

教706 82〜85　教708 70〜73

語句の解説

教706 83ページ　教708 71ページ

5 **女房《にょうぼう》**　宮中に仕える女官。清少納言《せいしょうなごん》や紫式部《むらさきしきぶ》も女房である。

12 **通底《つうてい》**　それぞれ別のものが、本質的には共通性をもつこと。

教706 84ページ　教708 72ページ

5 **修辞《しゅうじ》を凝《こ》らした**　ここでは、掛詞《かけことば》や縁語、見立てなどの和歌の表現方法を巧みに盛り込んでいるということ。

6 **詞書《ことばがき》**　和歌などの前に置かれた短い文で、その和歌の主題や成立の事情について説明したもの。

11 **私歌集《しかしゅう》**　ある個人の和歌のみを集めた歌集。

読み比べ

1　**「『日記』と呼ばれる一類の作品群は、文字通りのdiary(日々の記録)ではなかった。」(706 82・1 708 70・1)とあるが、どのようなことか。作者の主張に即して整理してみよう。**

考え方　「『土佐日記』でさえも、……虚構である」706 82・2 708 70・2と述べられていることをおさえる。

解答例　『土佐日記』は、男性である紀貫之《きのつらゆき》が「男勝りの口達者な若い女房」という作者像を仮構していること自体に、「文学」という虚構であるという意識が表れている。要所要所に和歌を散りばめて土佐から京へ帰郷する「旅の物語」、「歌物語」ともいえる。『和泉式部《いずみしきぶ》日記』と『蜻蛉《かげろう》日記』は、作者の言いたいことはすべて和歌に込められており、地の文はその詞書《ことばがき》にもあたるともいえ、「歌物語」の体を成している。『紫式部日記』は、思いつくことをひたすら散文で書き綴《つづ》っており、『枕草子』や『徒然草《つれづれぐさ》』などの随筆文学との共通性が見いだせる。

これらの「日記」は文学的に構想されたものと見ることができるため、物語や私歌集、随筆といった文学との境界は曖昧である。

2　**本文に登場する『土佐日記』、『蜻蛉日記』、『和泉式部日記』、『紫式部日記』を実際に読み、それぞれの文体の特徴を筆者の考えに照らして確認し、整理してみよう。**

考え方　『土佐日記』…和歌を随所に散りばめ、男性的文体を用いた箇所もあるが、具体的な感情は女性的文体で細やかに表現している。

『蜻蛉日記』…多くの和歌を織り交ぜて記した回想記。写実性・心理描写に優れ、流麗な文体は『源氏物語』にも受け継がれている。

『和泉式部日記』…登場人物の行動を中心に述べるのが物語の文体で、作者の主観的心情を直接表現するのが日記の文体であるが、これは作者の心情表現が少なく、自身に対し、「女」という三人称的呼称を使って帥宮《そちのみや》との恋愛ストーリーを描き、物語的文体といえる。

『紫式部日記』…中宮彰子《しょうし》の皇子誕生を中心に述べる記録的部分もあるが、和歌の贈答中心の歌集的部分もある。また、文末に「侍《はべ》り」が多用され「消息文《せうそこぶみ》(特定の人物へあてた手紙文)」とも言われる。宮中女房批判が中心の部分、自身の陰鬱な心情の吐露が中心の部分もあり、これらは随想的である。

7 物語(三)

大鏡

教706 86~98 教708 74~84

●『大鏡《おおかがみ》』とは

紀伝体による歴史物語。作者は諸説あるが未詳。平安時代後期の成立と思われる。構成は、序・帝紀(本紀)・大臣列伝・藤原《ふじわら》氏物語・雑々《くさぐさ》物語(昔物語)の五部からなり、雲林院《うりんいん》の菩提講《ぼだいこう》に居合わせた大《お》宅《やけの》世継《よつぎ》と夏山繁樹《なつやまのしげき》の二人の老翁、繁樹の老妻、好奇心旺盛な若侍の問答を筆録したという形で書かれている。

序の「雲林院の菩提講」706 86~88では、この物語の語り部が紹介され、藤原道長《ふじわらのみちなが》の優れた人物像と、道長が成し遂げた栄華を語ることが主たる目的であると、世継に語らせている。これ以前の歴史物語に『栄花物語《えいがものがたり》』があり、どちらも道長の栄華を描いているが、『栄花物語』が道長賛美に終始しているのに対し、『大鏡』はその裏にある真相をも取り上げ、批評しているところに特色がある。

なお、『大鏡』『今鏡』『水鏡』『増鏡《ますかがみ》』を合わせて「四鏡《しきょう》」と呼ぶ。

雲《う》林《りん》院《ゐん》の菩《ぼ》提《だい》講《かう》

※本教材は教708では学習しません。

【大 意】1 教706 86ページ1行~88ページ1行

私(筆録者)が参詣した雲林院の菩提講に、異様な感じのする老人二人と一人の老女が来合わせていた。二人の老人は今日の出会いを喜び、長年見聞きしたことや、現在の入道殿下(藤原道長)の様子を語り合いたいと言う。その話があまりに古いので、驚きあきれてしまった。

【品詞分解/現代語訳】

先つころ、雲林院 の 菩提講 に 詣で て はべり しか ば、例人 より は こよなう 年 老い、

(の 格助/に 格助/詣で 下二・用/て 接助/はべり 補丁・ラ変・用/しか 助動・過・已/ば 接助/より 格助/は 係助/こよなう ク・用(音)/老い 上二・用)

先頃、(私が)雲林院の菩提講に参詣していましたところ、普通の人よりは格別に年をとり、

うたてげなる 翁 二人、嫗 と 行き会ひ て、同じ 所 に 居 ぬ めり。「あはれに、同じ

(うたてげなる ナリ・体/と 格助/行き会ひ 四・用/て 接助/同じ シク・体/に 格助/居 上一・用/ぬ 助動・完・終/めり 助動・定・終/あはれに ナリ・用/同じ シク・体)

異様な感じのする老人二人、老女(一人)とが偶然出会って、同じ場所に座ったようです。「本当にまあ、同じよ

助動・断・体　格助　終助　格助　上一・用　補丁・ラ変・用　助動・過・体　接助　(代)　四・用　四・用　接助　四・体
やう なる もの の さま かな。」と 見 はべり し に、これら うち笑ひ、見かはし て 言ふ
うな老人たちの様子だなあ。」と見ておりましたところ、この老人たちがふと笑って、顔を見合わせて(そのうちの

格助　格助　サ変・用　接助　副　格助　四・体　格助　係助　下二・未　助動・意・終
やう、「年ごろ、昔 の 人 に 対面し て、いかで 世の中 の 見聞く こと を も 聞こえ合はせ む、
一人、大宅世継が)言うことには、「長年、(私は)昔なじみの人と会って、なんとかして世の中の見たり聞いたりしたことを(互いに)お話し合い申したい、

(代)　格助　格助　格助　格助　係助　下二・未　終助　格助　四・体　接助　ナリ・用　シク・用
こ の ただ今 の 入道殿下 の 御ありさま を も 申し合はせ ばや と 思ふ に、あはれに うれしく
(また)この現在の入道殿下のご様子をも(互いに)お話し合い申したいと思っていたところ、本当にうれしくもお会い申

係助　四・用　補謙・四・用　助動・完・体　終助　係助(係)　ク・用　係助　四・終　助動・可・体(結)　シク・体　四・未
も 会ひ 申し たる かな。今 ぞ 心やすく 黄泉路 も まかる べき。おぼしき こと 言は
し上げたことだなあ。今こそ安心して死者の国(黄泉《よみ》)への道にも参ることができます。言いたいと思っていることを

助動・打・体　係助　副　係助(係)　下二・体　サ変・用　助動・詠・体(結)　接　係助(係)　格助　係助　四・未
ぬ は、げに ぞ 腹 ふくるる 心地 し ける。かかれば こそ、昔 の 人 は もの 言は
言わないのは、本当に腹がふくれるような嫌な気持ちがするものだなあ。このようであるから、昔の人は何かものが言いたくなると、

助動・希・用　四・已　接助　格助　四・用　接助　係助　下二・用　補丁・ラ変・用　助動・過推・已(結)　格助　下二・用　補丁・ラ変・終
まほしく なれ ば、穴 を 掘り て は 言ひ入れ はべり けめ と おぼえ はべり。
穴を掘っては(言いたいことをその)中に向かって言ったのでしょうと思われます。

副　シク・用　サ変・用　助動・完・体　終助　接　格助　係助(係)　四・用　補尊・四・用　助動・完・体(結)　格助
返す返す うれしく 対面し たる かな。さても いくつ に か なり たまひ ぬる。」と
本当にうれしくもお会いしたものだなあ。ところで(あなたは)幾つにおなりになりましたか。」と言うと、

四・已　接助　副　格助　格助　四・体　副　下二・用　補丁・ラ変・未　助動・打・終　接　(代)　係助
言へ ば、いま 一人 の 翁、「いくつ と いふ こと、さらに 覚え はべら ず。ただし、おのれ は、
もう一人の老人(夏山繁樹)が、「幾つということは、まったく覚えておりません。しかし、私は、

格助　四・用　助動・過・体　格助　係助　終助　(代)　係助　(代)　格助
故太政大臣貞信公、蔵人の少将 と 申し し 折 の 小舎人童、大犬丸 ぞ かし。ぬし は、そ の
故太政大臣貞信公(藤原忠平)が、(まだ)蔵人《くろうど》の少将と申し上げた頃の小舎人童《ことねりわらわ》(であった)、大犬丸《おおいぬまろ》であるよ。あなたは、その(宇多《うだ》

格助　格助　格助　格助　格助　係助(係)　四・用　補丁・ラ変・用　助動・過・体(結)　終助
御時 の 母后の宮 の 御方 の 召し使ひ、高名 の 大宅世継 と ぞ 言ひ はべり し かし
天皇の)御代の皇太后の御方の召し使いで、有名な大宅世継と言いましたなあ。

終助　接　(代)　格助　係助　(代)　格助　係助　ク・用　四・用　補尊・四・已(命)　助動・存・未　助動・推・終　終助　(代)
な。されば、ぬし の 御年 は、おのれ に は こよなく まさり たまへ ら む かし。みづから
そうすると、あなたのお年は、私よりはこの上なく上でいらっしゃるでしょうよ。私が(まだほ

格助　助動・断・用　接助　補・ラ変・用　助動・過・体　(代)　係助　副助　格助　助動・断・用　接助　係助(係)　係助
が 小童 に て あり し 時、ぬし は 二十五六 ばかり の 男 に て こそ は
んの)子供であった時、あなたは二五、六歳くらいの一人前の男でいらっしゃいました。」と言うようなので、

補尊・サ変・未　助動・過・已(結)　格助　四・終　助動・定・已　接助　感　副　ラ変・用　助動・過・体　助動・断・終　接　(代)
いませ しか。」と 言ふ めれ ば、世継、「しかしか、さ はべり し こと なり。さても ぬし
世継は、「そうそう、そうでございました。ところであなたの

格助　係助　副　係助　係助(結略)　格助　四・終　助動・定・已　接助　格助　四・用　助動・過・体
の 御名 は いかに ぞ や。」と 言ふ めれ ば、「太政大臣殿 にて 元服 つかまつり し 時、
お名前はなんとおっしゃいましたか。」と言うようなので、(繁樹は)「太政大臣のお屋敷で元服いたしました時、

(代)　格助　係助　(代)　係助　格助　下二・用　助動・尊・用　助動・過・已　接助　格助　係助(係)　四・体(結)　格助　四・用　助動・過・体
『きむぢ が 姓 は なに ぞ。』と 仰せ られ しか ば、『夏山 と なむ 申す。』と 申し し
(貞信公が)『おまえの姓はなんと言うか。』とおっしゃいましたので、『夏山と申します。』と申し上げたところ、

接助　副　格助　係助(係)　下二・未　助動・尊・用　補尊・四・已(命)　助動・完・用　助動・過・体(結)　副助　四・体　接助　副
を、やがて、繁樹 と なむ 付け させ たまへ り し。」など 言ふ に、いと
そのまま、(夏山の縁語の)繁樹とお付けになられました。」などと言うので、(私は

シク・用(音)　四・用　助動・完・終
あさましう なり ぬ。
あまりに古い話に)たいそう驚きあきれてしまった。

語句の解説 1

教706 86ページ

1 **先《さい》つころ** 先頃。先日。「先(さい)」は「さき」のイ音便。「つ」は、上代の格助詞で、「…の」の意。

1 **詣《もう》でてはべりしかば** 参詣していましたところ。

「詣づ」は、「行く」「来」の謙譲語で、ここでは「参詣する」の意。「はべり」は、丁寧の補助動詞で、作者(筆録者)の読み手に対する敬意を表す。

1**こよなう《ノウ》**　格別に。
「こよなく」のウ音便。「こよなし」は、ここでは「格別だ、この上ない」の意。

2**うたてげなる翁《おきな》**　異様な感じのする老人。
「うたてげなり」は、ここでは「異様な感じのするさま」の意。

2**居《い》ぬめり**　座ったようです。
「居」は「居る」の連用形。「めり」は、目に見える事態に基づく推定を表す助動詞。「…ようだ」と訳す。

1　**なぜ「うち笑」ったのか。**

答　「あはれにうれしくも会ひ申したるかな」が理由。昔なじみである翁二人が、雲林院の菩提講が始まるのを待っている席で偶然再会したことを、うれしく思ったから。

4**いかで**　なんとかして。
ここでは、「いかで……聞こえ合はせむ」と、意志の助動詞「む」を伴って強い願望の意を表す。

5**申《もう》し合《あ》は《ワ》せばや**　お話し合い申したい。
「申し合はす」は「言ひ合はす」の謙譲語。前の「聞こえ合はす」も同じ。「ばや」は未然形に付く終助詞で、話し手の願望を表す。

7**まかるべき**　参ることができます。
「まかる」は、「行く」の謙譲語で、「参ります」。

7**おぼしきこと**　言いたいと思っていること。
「おぼす」は、ここでは「こうあってほしいと思う」の意で、「言いたいと思っている」と訳す。具体的には、これまで世間で見聞きしてきたことや現在の入道殿下(藤原道長)の様子。

2　**「かかれば」とはどのようなことを指すか。**

答　直前の「おぼしきこと言はぬは、げにぞ腹ふくるる心地しける」(言いたいことを言わないのは、本当に腹がふくれるような嫌な思いがする)ということ。

10**さらに覚《おぼ》えはべらず**　まったく覚えておりません。
「さらに(…ず)」は、「まったく(…ない)」の意。「覚ゆ」は、ここでは「覚えている、記憶している」の意。

教706 87ページ

2**ぬし**　対称の人称代名詞。ここでは「あなた」の意。

4**言《い》ひ《イ》はべりしかしな**　言いましたなあ。
「かし」は、念押しの終助詞。「な」は、詠嘆の終助詞。

8**男《おのこ》にてこそは《ワ》いませしか**　一人前の男でいらっしゃいました。
「います」は、尊敬の補助動詞。「…(で)いらっしゃる」。係助詞「こそ」の結び「しか」は助動詞「き」の已然形。

11**いかにぞや**　なんとおっしゃいましたか。
下に「あらむ」などが省略されている。「いかに」は、ナリ活用形容動詞「いかなり」の連用形ともとれる。

3　**こう尋ねたのは誰か。**

答 故太政大臣貞信公《ていしん》(藤原忠平《ただひら》)。

16 **やがて、繁樹《しげき》となむ《ン》付《つ》けさせたまへ《エ》りし** そのまま、(夏山の縁語である)繁樹とお付けになられました。
「やがて」は、ここでは「そのまま」の意。「させたまふ」は、二重敬語(最高敬語)。地の文では帝《みかど》や后《きさき》などに用いられるが、ここは会話文で、繁樹の貞信公に対する高い敬意を表す。

教706 88ページ

1 **いとあさましう《シュウ》なりぬ** たいそう驚きあきれてしまった。
「あさまし」は、ここでは「驚きあきれるばかりだ」の意。

4 **誰が「あさまし」くなったのか。**

答 二人の老翁の会話を聞いていた筆録者(作者)。

【大意】 2 教706 88ページ2〜13行

菩提講の参詣者の中にいた三〇歳くらいの侍が、老人たちの話をまったく信じられないと言うと、二人の老人は顔を見合わせて大声で笑った。年齢を問うと、世継は一九〇歳、繁樹は一八〇歳で、清和天皇から一三代の時代を生きてきたとわかり、高齢であることに納得した。

【品詞分解/現代語訳】

(代) 係助 副 シク・体 係助 下二・用 四・用 副助 サ変・用 助動・過・終 副助 助動・断・体
誰 も、少し よろしき 者ども は、見おこせ、居寄り など し けり。年 三十 ばかり なる
(参詣者の中の)誰でも、少しは身分もあり教養もある者たちは、(老人たちの方を)見たり、にじり寄ったりなどした。(その中の)年は三〇歳くらいである侍

四・用 助動・存・体 格助 ナリ・用 ク・用 四・用 接助 感 副 ラ変・体 四・体 終助 副
侍めき たる 者 の、せちに 近く 寄り て、「いで、いと 興 ある こと 言ふ 老者たち かな。さらに
らしく見える者が、しきりに近くに寄って、「いやもう、たいそう面白いことを言う老人たちだなあ。まったく

係助(係) サ変・未 助動・可・未 助動・打・已(結) 格助 四・已 接助 四・用 接助 四・終 格助 四・体 格助
こそ 信ぜ られ ね。」と 言へ ば、翁 二人 見かはし て あざ笑ふ。繁樹 と 名のる が
信じられない。」と言うと、老人二人はお互いの顔を見合わせて大声で笑う。(若侍は)繁樹と名乗る老人の

格助 四・用 接助 格助 四・体 下二・未 助動・打・終 格助 四・終 助動・定・終
方ざま に 見やり て、「『いくつ と いふ こと 覚え ず。』と いふ めり。
方に目を向けて、「『年が幾つということを覚えていない。』と言うようですね。

(代) 格助 係助 下二・用 補尊・四・終 係助 格助 四・已 接助 副 係助 ラ変・未 助動・打・終
こ の 翁ども は 覚え たぶ や。」と 問へ ば、「さらに も あら ず。
こちらのご老人(世継)は覚えていらっしゃいますか。」と尋ねると、「言うまでもないことです。

助動・断・用　係助(係)　係助　四・用　補丁・ラ変・用　助動・完・体(結)　接　係助　格助
一百九十歳にぞ、今年はなりはべりぬる。されば、繁樹は百八十に
一九〇歳に、今年はなりました。だから、繁樹は一八〇歳に届いているので

四・用　接助　係助(結流)　補丁・四・終　助動・現推・已　接助　シク・用　四・体　助動・断・終　(代)　係助
およびてこそさぶらふらめど、やさしく申すなり。おのれは
しょうが、(高齢を)照れて(年齢は覚えていないと)申しているのです。私は

格助　上二・用　補尊・四・体　格助　格助　下二・用　接助　補丁・ラ変・已　接助
水尾の帝のおりおはします年の、正月の望の日生まれてはべれば、十三代
水尾《みずのお》の帝《みかど》(清和天皇)が退位なさる年の、正月の一五日に生まれていますので、一三代の

格助　四・用　補謙・四・用　接助　補丁・ラ変・体　助動・断定・終　シク・用(音)　係助　補丁・四・未　助動・打・体
にあひたてまつりてはべるなり。けしうはさぶらはぬ年
御代に会い申し上げております。たいして悪くない年ですねえ。

助動・断・終　終助　格助　四・未　助動・打推・終　接　格助　格助　四・未　助動・受・用
なりな。まことと人思さじ。されど、父が生学生に使はれ
本当のことと人はお思いにならないでしょう。しかし、(私の父が)大学寮の若い学生に使われておりまして、

補謙・四・用　接助　助動・断・已　接助　格助　四・体　助動・断・已　接助　格助
たいまつりて、『下臈なれども都ほとり』と言ふことなれば、目を
『身分が低くても都近辺に住む者は自然と教養がつく』ということわざですので、文字の読み書

上一・用　補謙・下二・用　接助　格助　四・用　接助　補丁・ラ変・用　助動・過・体　副　ラ変・終　格助
見たまへて、産衣《うぶぎぬ》に書き置きてはべりける、いまだはべり。丙申《ひのえさる》の年
きができまして、産衣に(生年月日を)書き置いてありましたものが、今もまだございます。丙申の年(貞観一八年)

助動・断・用　補丁・ラ変・終　格助　四・体　係助　副　格助　下二・終
にはべり。」と言ふも、げにと聞こゆ。
でございます。」と言うにつけても、なるほどと思われる。

(序)

語句の解説 2

教706 88ページ

2 **少《すこ》しよろしき者《もの》ども**　少しは身分もあり教養もある者たち。

「よろしし」は、ここでは、「好ましい、まあまあだ」の意。対義語は「わろし」。「ども」は接尾語。

答 **5** 「少しよろしき者ども」とは、どのような人たちか。

参詣人の中の、普通よりは少しものがわかっている人々。

2 **見《み》おこせ** （老人たちの方を）見たり。「見おこす」は、漢字で書くと「見遣す」。「こちらの方を見る」の意で、対義語は「見やる」。

3 **侍《さぶらい》めきたる者《もの》** 侍らしく見える者。「侍」は、ここでは貴人のそばに仕えて雑用をする者、従者のことで、武士ではない。「めく」は「…らしくなる」の意の接尾語。

3 **せちに近《ちか》く寄《よ》りて** しきりに近くに寄って。「せちなり」は、ここでは「しきりに、ひたすら」の意。老翁二人の話に深く興味を示し、身を乗り出す様子。

3 **いで** ここでは「いやもう、本当に」の意。

4 **あざ笑《わら》ふ** 大声で笑う。ここでは「人に構わず高笑いする」の意。あざけって笑う意ではない。

7 **百《ひゃく》 八十《はちじゅう》におよびてこそさぶらふら《ロウ》めど** 一八〇歳に届いているのでしょうが。係助詞「こそ」の結びは、現在推量の助動詞「らめ」に接続助詞「ど」が付いて文が続いているので、流れている。

8 **やさしく申《もう》すなり** （高齢を）照れて（年齢は覚えていないと）申しているのです。「やさし」は、「身もやせ細る思いがする」が原義。「肩身が狭い」「気恥ずかしい」「遠慮がちだ」「しとやかだ」「殊勝だ」の意があるが、ここでは、繁樹が自分の高齢を照れて遠慮がちな様子を表す。

8 **おりおはし《ワ》ます年《とし》** 退位なさる年。「おる」は、「下る」と書き、ここでは「退位する」の意。

10 **けしう《シュウ》は《ワ》さぶらはぬ年《とし》なりな** たいして悪くない年ですねえ。「けし」は形容詞で、「異様だ」「変だ」の意。「けしうはあらず」で「まあまあ悪くはない」の意に用いられる。「さぶらふ」は丁寧の補助動詞。

12 **産衣《うぶぎぬ》に書《か》き置《お》きてはべりける、いまだはべり** 産衣に（生年月日を）書き置いてありましたものが、今もまだございます。「書き置きてはべりける」の「はべり」は丁寧の補助動詞、「いまだはべり」の「はべり」は「あり・居《を》り」の丁寧語。

学習のポイント

1 **登場人物とその年齢を、次ページの系図や年表などをたよりに整理してみよう。**

解答例

・大宅《おほやけの》世《よ》継《つぎ》…一九〇歳。貞観《じょうがん》一八年（丙申《ひのえさる》の年）生まれ。故太政大臣貞信公（藤原忠平）が蔵人の少将と呼ばれていた時の、母后《ははきさき》の宮（宇多天皇の母、班子《はんし》女王）の召し使いだった。

・夏山《なつやまの》繁《しげ》樹《き》…一八〇歳。故太政大臣貞信公（藤原忠平）が蔵人の少将と呼ばれていた時の小舎人童《こどねりわらわ》。元服の際に、忠平から夏山にちなんだ繁樹の名をいただく。

・嫗《おうな》…繁樹の妻。二人の翁同様、異様に高齢である。

・侍《さぶらひ》めきたる者…三〇歳くらい。侍(貴人の従者)のように見える。

2 **語句** **次の各組の傍線部の用法の違いを説明してみよう。**

① **御ありさまをも申し合はせばや**(706 86・5)
　あはれにうれしくも会ひ申したるかな。(706 86・6)

② **蔵人《くらうど》の少将と申しし折**(706 86・11)
　産衣《うぶぎぬ》に書き置きてはべりける、いまだはべり。(706 88・12)

考え方 ①「申し合はす」を「申し＋合はす」の複合語と考える。「申す」(四段動詞)には謙譲語、丁寧語、謙譲の補助動詞がある。

②「はべり」(ラ変動詞)には謙譲語、丁寧語、丁寧の補助動詞がある。

解答例 ①「申し合はせばや」…「言ふ」の謙譲語「申す」の連用形。

「会ひ申したるかな」…謙譲の意の補助動詞「申す」の連用形。

「申しし折」…「言ふ」の丁寧語「申す」の連用形。

②「書き置きてはべりける」…丁寧の意の補助動詞「はべり」の連用形。

「いまだはべり。」…「あり」の丁寧語「はべり」の終止形。

3 **探究** **『大鏡』がどのような内容や叙述のしかたをしているか、「鶯宿梅《おうしゅくばい》」(→706 170ページ)も手がかりにして調べてみよう。**

考え方 「鶯宿梅」は、勅命によって無理やり梅の木を宮中に移植させたことを悔やむ村上天皇の風流さや寛大さを賛美したもの。夏山繁樹を登場させて実体験として語らせ、真に迫っている。

解答例 『大鏡』は、帝《みかど》や大臣・公卿《くぎょう》などの逸話を取り上げ、藤原道長が摂関政治の頂点に立っていくまでの歴史を語ろうとする内容である。叙述のしかたとしては、人物の歴史を中心に描く紀伝体の形をとり、語り手である老翁たちが直接体験した話として、具体的で臨場感をもった表現がなされている。

道《みち》真《さね》左遷

【大　意】 **1** **教706 90ページ1〜6行　教708 76ページ1〜6行**

右大臣菅原道真《すがわらのみちざね》は、学才にも政治の配慮にも優れ、天皇の信望も厚かったが、それを快く思わない左大臣の讒言《ざんげん》にあい、大宰府《だざいふ》のある筑紫《つくし》に流されてしまう。

【品詞分解/現代語訳】

右大臣　は、(係助)　**才　世に**(副)　**すぐれ**(下二・用)　**めでたく**(ク・用)　**おはしまし、**(補尊・四・用)　**御心おきて　も**(係助)　**ことのほかに**(ナリ・用)

右大臣道真は、学問が非常に優れていて立派でいらっしゃって、政治向きのご配慮も格別に優れていらっしゃる。

かしこく〔ク・用〕 おはします。〔補尊・四・終〕 左大臣 は、〔係助〕 御年 も〔係助〕 若く、〔ク・用〕 才 も〔係助〕 ことのほかに〔ナリ・用〕 劣り〔四・用〕 たまへ〔補尊・四・已(命)〕 る〔助動・存・体〕 に〔格助〕 より、〔四・用〕 右大臣 の〔格助〕 御覚え ことのほかに〔ナリ・用〕 おはしまし〔補尊・四・用〕 たる〔助動・存・体〕 に、〔接助〕 左大臣 やすから〔ク・未〕 ず〔助動・打・用〕 おぼし〔四・用〕 たる〔助動・存・体〕 ほど に、〔格助〕 さる〔ラ変・用〕 べき〔助動・当・用〕 に〔助動・断・用〕 や〔係助(係)〕 おはし〔補尊・サ変・用〕 けむ、〔助動・過推・体(結)〕 右大臣 の〔格助〕 御ため に〔格助〕 よから〔ク・未〕 ぬ〔助動・打・体〕 こと 出で来〔カ変・用〕 て、〔接助〕 昌泰《しょうたい》四年 正月二十五日、 大宰権帥《だざいのごんのそち》 に〔格助〕 なし〔四・用〕 たてまつり〔補謙・四・用〕 て〔接助〕 流さ〔四・未〕 れ〔助動・受・用〕 たまふ。〔補尊・四・終〕

左大臣は、お年も若く、学問も(右大臣より)とりわけ劣っていらっしゃったことにより、右大臣に対する天皇のご信望が格別でいらっしゃったので、左大臣は心穏やかでなくお思いになっているうちに、そうなるはず(の運命)でいらっしゃったのだろうか、右大臣の御ためによくないことが起こって、昌泰四年(九〇一年)正月二十五日、大宰権帥に任命申し上げて(道真は大宰府のある筑紫に)流されなさる。

語句の解説 1

教706 90ページ　教708 76ページ

1 **才世《ざえよ》にすぐれ**　学問が非常に優れていて。

「世に」は副詞で、「たいそう、非常に」の意。下に打消の語を伴うと「決して(…ない)」の意となる。

2 **かしこくおは《ワ》します**　優れていらっしゃる。

「かしこし」はここでは「賢し」で、「優れている、まさっている」の意。「おはします」は、尊敬の補助動詞。

4 **さるべきにやおは《ワ》しけむ《ン》**　そうなるはず(の運命)でいらっしゃったのだろうか。

「さるべき」は、ラ変動詞「然《さ》り」の連体形＋当然の助動詞「べし」の連体形。「そうなるはずである、そうなる運命である」という意味。ここは、道真が配流されることを指す。「おはす」はサ変動詞で、ここでは「あり」の尊敬語。「けむ」は過去推量の助動詞、係助詞「や」の結びで連体形。

4 **よからぬこと**　よくないこと。

ここは、右大臣道真が讒言されたことをいう。

5 **流《なが》されたまふ《モウ》**　流されなさる。

「流す」は、ここでは「左遷させる、流罪にする」の意。「れたまふ」の「れ」(助動詞「る」の連用形)は、受身の意。下に尊敬語を伴う「る」「らる」は、尊敬ではなく受身か自発となる。

【大　意】 2 教706 90ページ7行〜91ページ16行 教708 76ページ7行〜77ページ16行

道真の子供たちも、それぞれに流されたが、幼い子供たちは一緒に連れて行くことを許された。道真は、邸《やしき》の庭に咲く梅の花に託して悲しみの気持ちを歌に詠み、宇多《うだ》法皇にも自分の心を託した歌を送った。無実の罪を嘆きながら都を離れた道真は、山崎《やまざき》で出家した。明石《あかし》の駅で、道真の悲運に同情する駅長に、浮き沈みがあるのは人の世の常だという漢詩を作って慰めた。

【品詞分解／現代語訳】

こ(代) の(格助) 大臣、子ども あまた(副) おはせ(サ変・未) し(助動・過・体) に、(接助) 女君たち は(係助) 婿 とり、(四・用) 男君たち は(係助) みな、(副)

この大臣(道真)は、子供がたくさんいらっしゃったが、姫君たちは婿を取り、男君たちは皆、

ほどほど に(格助) つけ(下二・用) て(接助) 位ども おはせ(サ変・未) し(助動・過・体) を、(接助) それ(代) も(係助) みな(副) 方々 に(格助) 流さ(四・未) れ(助動・受・用)

それぞれの年齢や器量に応じて官位がおありであったが、それも皆あちらこちらに流されなさって悲しいうえに、

たまひ(補尊・四・用) て(接助) かなしき(シク・体) に、(接助) 幼く(ク・用) おはし(補尊・サ変・用) ける(助動・過・体) 男君・女君たち 慕ひ泣き(四・用) て(接助) おはし(補尊・サ変・用)

幼くていらっしゃった男君や姫君たちが(父君を)慕い泣いていらっしゃったので、

けれ(助動・過・已) ば、(接助) 「小さき(ク・体) は(係助) あへ(下二・用) な(助動・強・未) む。」(助動・推・終) と、(格助) おほやけ も(係助) 許さ(四・未) せ(助動・尊・用) たまひ(補尊・四・用)

「幼い者は(連れて行っても)差し支えあるまい。」と、朝廷もお許しになったのだよ。

し(助動・過・体) ぞ(係助) かし。(終助) 帝 の(格助) 御おきて、きはめて(副) あやにくに(ナリ・用) おはしませ(補尊・四・已) ば、(接助) こ(代) の(格助) 御子ども を、(格助)

天皇のご処置が、きわめて厳しくていらっしゃったので、この(年上の)お子様たちを、

同じ(シク・体) 方 に(格助) つかはさ(四・未) ざり(助動・打・用) けり。(助動・過・終) かたがたに(副) いと(副) かなしく(シク・用) おぼしめし(四・用) て、(接助) 御前 の(格助) 梅 の(格助)

(道真と)同じ方にはおやりにはならなかった。(道真は)あれやこれやとたいそう悲しくお思いになって、お庭先の梅の花をご覧に

花 を(格助) 御覧じ(サ変・用) て、(接助)

なって、

四・未 接助 下二・命 格助 ク・終 格助 格助 下二・終 終助
東風吹かばにほひおこせよ梅の花あるじなしとて春をわするな
(春が来て)東風が吹いたら、花の香を(私の流される筑紫の地まで)送ってよこせよ、梅の花よ。主人がいないからといって、春を忘れるな。

接 格助 下二・未 助動・尊・用 補尊・四・体
また、亭子の帝に聞こえさせたまふ、
また、亭子《ていじ》の帝《みかど》(宇多天皇)に申し上げなさる(歌は)、

四・体 (代) 係助 格助 下二・用 助動・完・終 格助 四・用 接助 下二・命
流れゆくわれは水屑となりはてぬ君しがらみとなりてとどめよ
(筑紫の地に)流れてゆく私は水中のごみとなり果ててしまった。我が君よ、しがらみとなって(私を)お引き止めください。

ク・体 格助 四・用 副 サ変・未 助動・受・用 補尊・四・体 格助 ク・用 四・用 接助 副
なきことにより、かく罪せられたまふを、かしこくおぼし嘆きて、やがて
無実のことにより、このように罰せられなさることを、たいそうお思い嘆かれて、そのまま

格助 サ変・未 助動・尊・用 補尊・四・用 接助 ク・用 四・体 格助 ナリ・用 ク・用
山崎にて出家せしめたまひて、都遠くなるままに、あはれに心細く
山崎で出家なさって、都が遠くなるにつれて、しみじみと心細くお思いに

四・未 助動・自・用 接助
おぼされて、
なって、

(代) 格助 四・体 格助 格助 副 下二・体 副助 係助 上一・用 助動・過・体 終助 間助
君が住む宿のこずゑをゆくゆくとかくるるまでもかへり見しはや
あなたが住む家の木立の梢を、筑紫に向かって遠ざかりながら隠れるまで振り返り見たことだよ。

接 格助 四・用 接助 格助 格助 四・体 格助 サ変・未 助動・尊・用
また、播磨の国におはしまし着きて、明石の駅といふ所に御宿りせしめ
また、播磨《はりま》の国に到着なさって、明石の駅という所にお泊まりになって、

補尊・四・用 接助 格助 格助 シク・用 四・已(命) 助動・存・体 格助 サ変・用 接助 四・未 助動・尊・用
たまひて、駅の長のいみじく思へる気色を御覧じて、作らしめ
(明石の)駅長がたいそう(道長の左遷を気の毒だと)思っている様子をご覧になって、お作りになった漢詩は、

補尊・四・体
たまふ　詩、いと（副）かなし（シク・終）。
たいそう悲しい。

駅長莫カレレ驚クコト時ノ変改ヲ
駅長よ、驚いてはいけない、時の移り変わることを。

一栄一落ハ是レ春秋
ひとたび栄え、ひとたび凋落《ちょうらく》するのは（人の世の浮き沈みは）、春秋の草木の繁茂と落葉と同じことだ。

語句の解説 2

教706 90ページ　教708 76ページ

8 **ほどほどにつけて**　それぞれの年齢や器量に応じて。

「ほど」は「程度」。「ほどほど」は「それぞれの分際」という意。

10 **あへ《エ》な《ン》む**　差し支えあるまい。

「あふ」は「敢ふ」と書き、「我慢する、差し支えない」の意。「なむ」は、完了の助動詞「ぬ」の未然形＋推量の助動詞「む」で、この形の「な」は強調を表す。

1 何をお許しになったのか。

答 道真が、子供たちのなかで幼い者を、大宰府に連れていくこと。

10 **御《おおん》おきて**　ご処置。

「おきて」は「処置、命令」という意味。

11 **あやにくにおは《ワ》しませば**　厳しくていらっしゃったので。

「あやにくなり」は、「厳しい」「はなはだしい」「都合が悪い」の意があるが、ここでは「厳しい」。

13 **にほ《オ》ひ《イ》おこせよ**　花の香を送ってよこせよ。

「おこせ」は、下二段動詞「おこす（遣す）」の命令形。「こちらへ送ってくる、よこす」の意。

2 どこへ「にほひおこせよ」と言っているのか。

答 道真が左遷させられる大宰府へ。

教706 91ページ　教708 77ページ

1 **流《なが》れゆく…**　（歌）流れてゆく私は水中のごみとなり果ててしまった。我が君よ、しがらみとなって（私を）お引き止めください。筑紫に流されるというどうすることもできない現況をたとえている。

4 **やがて**　そのまま。

ここでは「そのまま、すぐに」の意。旅の途中でそのまま。

10 **播磨《はりま》の国《くに》におは《ワ》しまし着《つ》きて**　播磨の国に到着なさって。

「おはしまし着く」は複合動詞。「おはします」は「行く」「来《く》」の尊敬語。

3 「時ノ変改」とは具体的にどのようなことか。

答 右大臣だった自分(道真)が、大宰権帥《だざいごんのそち》に左遷されたこと。

【大意】 3 教706 92ページ1行〜93ページ3行　教708 78ページ1行〜79ページ3行

筑紫では、謹慎中の身である道真はまったく外出をせず、観音寺《かんおんじ》の鐘を聞いて作った詩は、白居易の詩よりも優れていると昔の学者たちは言う。また、宮中の菊の宴で作った詩を天皇が褒め、くださった御衣《おんぞ》(お召し物)を思い出しながら詩を作り、人々は深く感心した。

【品詞分解／現代語訳】

筑紫　に〔格助〕　おはします〔四・体〕　所　の〔格助〕　御門　かため〔下二・用〕　て〔接助〕　おはします〔四・終〕。大弐　の〔格助〕　居所　は〔係助〕　遥かなれ〔ナリ・已〕　ども〔接助〕、楼　の〔格助〕

筑紫でお住まいの所の御門をかたく閉ざして(謹慎して)いらっしゃいます。大宰府の役所は遠く離れているが、都府楼の

上　の〔格助〕　瓦　など〔副助〕　の〔格助〕、心　に〔助動・断・用〕　も〔係助〕　あら〔補・ラ変・未〕　ず〔助動・打・用〕　御覧じやら〔四・未〕　れ〔助動・自・用〕　ける〔助動・過・体〕　に〔接助〕、

上の瓦《かわら》などが、見ようとするのではないがおのずとご覧になられた上に、

また〔接〕　いと〔副〕　近く〔ク・用〕　観音寺　と〔格助〕　いふ〔四・体〕　寺　の〔格助〕　あり〔ラ変・用〕　けれ〔助動・過・已〕　ば〔接助〕、鐘　の〔格助〕　声　を〔格助〕　聞こしめし〔四・用〕　て〔接助〕、

またすぐ近くに観音寺という寺があったので、その鐘の音をお聞きになられて、

作ら〔四・未〕　しめ〔助動・尊・用〕　たまへ〔補尊・四・(已)命〕　る〔助動・完・体〕　詩　ぞ〔係助〕　かし〔終助〕。

お作りになられた(のが次の)詩ですよ。

都府楼ハ纔カニ看㆓瓦ノ色㆒ヲ

遠くに見える大宰府の楼は、わずかに屋根の瓦の色が眺められるだけだ。

観音寺ハ只ダ聴ク㆓鐘ノ声㆒ヲ

近くの観音寺は、ただ鐘の音を聴くばかりである。(謹慎の身である私はどこにも出かけることはできない。)

(代) 係助 格助 格助 四・体 格助

これは、文集の、白居易の「遺愛寺ノ鐘ハ欹テテレ枕ヲ聴キ、香炉峰ノ雪ハ撥ゲテレ簾ヲ看ル」といふ詩に、

この詩は、『白氏文集《はくし》』にある、白居易の「近くの遺愛寺の鐘の音は枕を傾けて聴き、前にそびえる香炉峰の雪は簾を掲げて眺めやる。」という詩に、

ナリ・用 四・未 助動・尊・用 補尊・四・已(命) 助動・存・終 格助 係助(係) 格助 四・用 助動・過・已(結)

まさざまに作らしめたまへりとこそ、昔の博士ども申しけれ。

さらにまさってお作りになっておられると、昔の学者たちは申したということだ。

接 (代) 格助 格助 格助 格助 サ変・用 助動・過・体 格助 副 格助

また、かの筑紫にて、九月九日菊の花を御覧じけるついでに、いまだ京に

また、あの筑紫で、九月九日に菊の花をご覧になった折に、まだ京にいらっしゃっ

四・用 助動・過・体 格助 格助 格助 ラ変・用 助動・過・体 格助 (代) 格助

おはしましし時、九月の今宵、内裏にて菊の宴ありしに、この

た時、(去年の)九月の今夜、宮中で菊の宴があった際、この大臣がお

格助 四・未 助動・尊・用 補尊・四・用 助動・過・体 格助 ク・用 サ変・用 補尊・四・用 接助

大臣の作らせたまひける詩を、帝かしこく感じたまひて、

作りになられた詩を、天皇がたいそう感心なさって、

四・用 補尊・四・已(命) 助動・完・用 助動・過・体 格助 格助 四・未 助動・尊・用 補尊・四・已(命) 助動・存・用

御衣賜りたまへりしを、筑紫に持て下らしめたまへり

御衣を(ほうびとして)いただきなされたのを、筑紫に持ってお下りになられたので、

助動・過・已 接助 サ変・体 接助 副 (代) 格助 下二・用 接助 四・未 助動・尊・用 補尊・四・用 助動・過・体

ければ、御覧ずるに、いとどその折おぼしめし出でて、作らしめたまひける。

(その御衣を)ご覧になると、いよいよその当時のことを思い出されて、お作りになられた(詩)。

去年ノ今夜侍シ二清涼ニ一

去年の今夜は清涼殿に(菊の宴に)伺候し、

秋思ノ詩篇独リ断ツレ腸ヲ

「秋思」という題で詩一編を作り、一人、はらわたがちぎれるほどの痛切な思いを述べた。

恩賜ノ御衣今ハ在リレ此ニ
その折、天皇からいただいた御衣は(配流の身となった)今でもここにあり、

捧持シテ毎日拝ス二余香ヲ一
毎日捧げ持っては残り香を拝し(天皇のご恩のかたじけなさに感泣し)ている。

この	詩、	いと	かしこく	人々	感じ	申さ	れ	き。
(代)	格助	副	ク・用		サ変・用	補尊・四・未	助動・自・用	助動・過・終

この詩を、人々はたいそう深く感心し申し上げた。

(左大臣時平)

語句の解説 3

教706 92ページ　教708 78ページ

1 **御門《みかど》かためておは《ワ》します**　御門をかたく閉ざして(謹慎して)いらっしゃいます。

「かたむ」は、ここでは「しっかり守る、厳重に警備する」の意。

道真は謹慎して門から出ないのである。

5 **鐘《かね》の声《こえ》を聞《き》こしめして**　その鐘の音をお聞きになられて。

「聞こしめす」は、ここでは「聞く」の尊敬語。他に「治む」「行ふ」「食ふ」「飲む」などの尊敬語でもある。

12 **御覧《ごらん》じけるついでに**　ご覧になった折に。

「ついで」は、ここでは「機会、場合」の意。

14 **帝《みかど》かしこく感《かん》じたまひ《イ》て**　天皇がたいそう感心なさって。

形容詞「かしこし」は、ここでは連用形「かしこく」の形で、「大いに、非常に」の意となる。「感ず」はサ変動詞で、強く心が動かされることを表す。

4　「その折」とは何を指しているか。

答　道真の漢詩に感心した天皇から御衣をいただいた、昨年の菊の宴の時。

学習のポイント

1　三つの和歌に見られる、道真の心情をたどってみよう。

考え方

・「東風吹かば…」の歌…筑紫《つくし》の大宰府《だざいふ》に流される道真が、自邸で惜別の情を詠んだ歌である。こよなく愛好していた梅の花との別れに、愛する家族や従者たちとの別れのつらさを託したのだろう。

・「流れゆく…」の歌…無実の罪で流される身を「水屑《みくづ》」にたとえ、宇多《うだ》法皇に「しがらみ」となって引き止め救ってほしいと訴えて

いる。

・「君が住む…」の歌…都に残してきた妻に対する別れがたい気持ちを詠んだもの。「かへり見しはや」の「はや」に強い詠嘆の情が込められている。

2 道真の漢詩について、

① 「都府楼《ハ》…」の詩句は、道真のどのような心境を表現しているか、白居易の詩と比較しながら考えてみよう。

② 「去年《ノ》今夜…」の詩から、大宰府での道真の日常はどのようなものだったか考えてみよう。

解答例 ①道真の詩句は、大宰府は楼の瓦《かわら》を眺めるだけ、観音寺《かんのんじ》は鐘の音を聞くだけという、閉ざされた謹慎生活を深く嘆いている心境を表している。白居易の詩は、流された身ではあるが、別荘のある廬山《ろざん》はとてもすばらしく、悠々自適の生活に満足しているという心境である。

②この詩は、配所に持ってきた「恩賜《おんし》の御衣《おんぞ》」を見て、天皇のご恩に感謝しているというもの。京から持ってきた品々を取り出しては、望郷の思いを慰めている日常であったと思われる。

3 語句 本文から「せたまふ」「させたまふ」「しめたまふ」という言い方を抜き出し、その用法を調べてみよう。

考え方 尊敬の助動詞「す」「さす」「しむ」＋尊敬の補助動詞「たまふ」の二重敬語の形。

解答例 尊敬＋尊敬の二重敬語で最高敬語である。

・「許させたまひし」706 90・10 708 76・10
・「聞こえさせたまふ」706 90・14 708 76・14
・「出家《すけ》せしめたまひて」706 91・5 708 77・5
・「御宿りせしめたまひて」706 91・11 708 77・11
・「作らしめたまふ詩」706 91・13 708 77・13
・「作らしめたまへる詩」706 92・6 708 78・6
・「作らしめたまへり」706 92・11 708 78・11
・「作らせたまひける詩」706 92・13 708 78・13
・「下らしめたまへり」706 92・15 708 78・15
・「作らしめたまひける」706 92・15 708 78・15

4 語句 次の各組の傍線部の用法の違いを説明してみよう。

① 子どもあまたおはせしに、（706 90・7 708 76・7）
　 幼くおはしける男君・女君たち（706 90・9 708 76・9）

② ことのほかにかしこくおはします。（706 90・1 708 76・1）
　 筑紫《つくし》におはします所（706 92・1 708 78・1）

考え方 「おはす」「おはします」は、本動詞（「あり」「行く・来」の尊敬語）と補助動詞（…（て）いらっしゃる）がある。

解答例 ①「おはせし」は動詞（「あり」の尊敬語）、「おはしける」は補助動詞。

②「かしこくおはします」は補助動詞、「おはします所」は動詞（「あり」の尊敬語）。

競《くら》べ弓

【大意】 教706 94ページ1行〜95ページ1行　教708 80ページ1行〜81ページ1行

帥殿《そちどの》（藤原伊周《ふじわらのこれちか》）が、中の関白殿（藤原道隆《みちたか》）の二条邸の南の院で弓の競射を行った際、道長が来た。道長が帥殿に二本勝った。延長が提案されたが、道長は「道長の家から、天皇や后《きさき》が出るなら、この矢が当たれ。」と言って真ん中に当てた。帥殿は気後れして失敗した。さらに道長は、「私が摂政・関白になるはずのものなら、この矢が当たれ。」と言い、これも見事に射通した。中の関白殿は興もさめ、二本目を射ようとする帥殿を「射るな、射るな。」と言って止めた。

【品詞分解／現代語訳】

格助 格助 格助 下二・用 接助 四・用 助動・過・体 格助 (代) 格助 四・未 助動・尊・用 補尊・四・已(命)
帥殿 の、南 の 院 にて 人々 集め て 弓 あそばし し に、この 殿 わたら せ たまへ
帥殿（藤原伊周）が、南の院で人々を集めて弓の競射をなさった時に、この殿（藤原道長）がおいでになったので、

助動・完・已 接助 下二・未 助動・打・用 シク・終 格助 四・用 接助 シク・用(音) サ変・用 補謙・四・未 助動・尊・用
れ ば、思ひかけ ず あやし と、中の関白殿 おぼし驚き て、いみじう 饗応し 申さ せ
思いがけなく不審なことだと、中の関白殿（藤原道隆）は驚きなさって、たいそうご機嫌をとっておもてなし申し上げなさっ

補尊・四・用(音) 接助 助動・断・用 補尊・四・已 接助 格助 下二・用 補謙・四・用 接助 副 上一・未 助動・使・用 補謙・四・未
たまう て、下臈 に おはしませ ど、前 に 立て たてまつり て、まづ 射 させ たてまつら
て、（道長は伊周より）低い官位でいらっしゃったのに、（道長を）先（の順番）にお立て申し上げて、最初に射させ申し上げなさったところ、

助動・尊・用 補尊・四・用 助動・過・体 接助 格助 副 四・用 補尊・四・用 助動・完・終 接 格助
せ たまひ ける に、帥殿 の 矢数、いま 二つ 劣り たまひ ぬ。中の関白殿、また 御前 に
帥殿の当たり矢の数が、もう二本だけ（道長より）負けておしまいになりました。（そこで）中の関白殿、そして御前に

四・体 係助 副 下二・未 助動・尊・用 補尊・四・命 格助 四・用 接助 下二・未 助動・尊・用 補尊・四・用 助動・過・体 接助
さぶらふ 人々 も、「いま 二度 延べ させ たまへ。」と 申し て、延べ させ たまひ ける を、
伺候している人々も、「もう二回（試合を）お延ばしなさいませ。」と申し上げて、お延ばしになったので、

ク・未 助動・打・用 四・用 接助 接 下二・未 助動・尊・用 補尊・四・命 格助 下二・未 助動・尊・用 接助 副 上一・未
やすから ず おぼしなり て、「さらば、延べ させ たまへ。」と 仰せ られ て、また 射
（道長は）心穏やかではなくお思いになって、「それならば、延長なさいませ。」と仰せになられて、また射ようと

助動・尊・用　補尊・四・終　格助　下二・未　助動・尊・体　格助　格助　四・用　補尊・四・終　助動・当・体
させ　たまふ　とて、仰せ　らるる　やう、「道長　が　家　より　帝・后　立ち　たまふ　べき　もの
なさって、おっしゃるには、「道長の家から天皇や后がお立ちなさるはずのものであるならば、

助動・断・未　接助　(代)　格助　四・命　格助　下二・未　助動・尊・体　接助　シク・体　格助　格助　係助　四・体　終助
なら　ば、こ　の　矢　当たれ。」と　仰せ　らるる　に、同じ　ものを、中心　に　は　当たる　ものかは。
この矢が(的に)当たれ。」とおっしゃ(って射)ると、同じ当たるにしても、的の真ん中に当たったではないか。

格助　上一・用　補尊・四・体　接助　シク・用(音)　サ変・用　補尊・四・用　接助　係助　四・体　助動・断・用　係助(結略)　格助
次　に、帥殿　射　たまふ　に、いみじう　臆し　たまひ　て、御手　も　わななく　け　に　や、的　の
次に、帥殿が射なさるが、たいそう気後れなさって、お手も震えるためでしょうか、的の

格助　副助　ク・用　四・未　助動・打・用　格助　上一・用　補尊・四・已(命)　助動・完・体　接助　ク・用　四・用
あたり　に　だに　近く　寄ら　ず、無辺世界　を　射　たまへ　る　に、関白殿、色　青く　なり
周辺にさえ近く寄らず、見当違いの方向を射なさったので、関白殿は、顔色がまっ青になってし

助動・完・終　副　上一・用　補尊・四・終　格助　サ変・終　助動・当・体　助動・断・未　接助　(代)　格助
ぬ。また、入道殿　射　たまふ　とて、「摂政・関白　す　べき　もの　なら　ば、こ　の　矢
まいました。また、入道殿が射なさろうとして、「(私が)摂政・関白をするはずのものならば、この矢が(的に)

四・命　格助　下二・未　助動・尊・体　接助　格助　シク・体　助動・断・用　格助　下二・終　副助　シク・体　格助　上一・未
当たれ。」と　仰せ　らるる　に、初め　の　同じ　やう　に、的　の　破る　ばかり、同じ　所　に　射
当たれ。」とおっしゃ(って射)ると、前と同様に、的が割れるほど、同じところを射通しなさいま

助動・尊・用　補尊・四・用　助動・完・終　サ変・用　四・用　補謙・下二・未　助動・尊・用　補尊・四・用　助動・完・体　係助　下二・用　接助
させ　たまひ　つ。饗応し、もてはやし　きこえ　させ　たまひ　つる　興　も　さめ　て、こと
した。(中の関白殿は)ご機嫌をとっておもてなし申し上げていらっしゃった興もさめて、気まず

ク・用(音)　四・用　助動・完・終　格助　(代)　係助(係)　上一・体(結)　副　上一・用　終助　副　上一・用　終助　格助　サ変・用
苦う　なり　ぬ。父大臣、帥殿　に、「何　か　射る。な　射　そ、な　射　そ。」と　制し
くなってしまった。父の大臣(道隆)は、帥殿に、「どうして射るのか(、いや、射る必要はない)。射るな、射るな。」とお止めなさって、

補尊・四・用　接助　下二・用　助動・完・用　助動・過・終
たまひ　て、ことさめ　に　けり。
興がさめてしまいました。

(太政大臣道長)

語句の解説

教706 94ページ　教708 80ページ

1 **弓《ゆみ》あそばししに**　弓の競射をなさった時に。
「あそばす」は「あそぶ(遊ぶ)」の尊敬語。「なさる」と訳す。「し」は過去の助動詞「き」の連体形。「に」は時を表す格助詞。

1 **わたらせたまへ《エ》ば**　おいでになったので。
「わたる」は、「行く」「来る」「通る」「移る」などの意に用いる。

2 **あやし**　不審なことだ。
「あやし」は、ふつうではない理解できないことに対していう語。伊周の競争相手である道長が来たのが意外で、不審に思った。

2 **いみじう《ジュウ》**　たいそう。
シク活用の形容詞「いみじ」の連用形「いみじく」のウ音便。

2 **饗応《きょうよう》し申《もう》させたまう《モウ》て**　ご機嫌をとって、おもてなし申し上げなさって。
「饗応す」は、「機嫌をとること、とり入ること」。「申さ」は謙譲の補助動詞「申す」の未然形、「せ」は尊敬の助動詞「す」の連用形で、尊敬の補助動詞「たまふ」と尊敬の意味の語を重ねることで、中の関白殿に対する最高敬語表現になっている。

3 **下臈《げろう》**　官位の低い人。
道長のほうが師殿より官位が低いということを表している。

3 **前《まえ》に立《た》てたてまつりて**　(道長を)先(の順番)にお立て申し上げて。
「たてまつり」は謙譲の補助動詞「たてまつる」の連用形で、「…申し上げる」の意。当時は、このような競技の場合、身分が高い者が先に行うのがふつうであった。

3 **射《い》させたてまつらせたまひ《イ》けるに**　射させ申し上げなさったところ。
「させ」は使役の助動詞「さす」の連用形。「たてまつら」は謙譲の補助動詞で、中の関白殿の動作に用いることによって、その動作を受ける道長に対する敬意を表す。「せたまひ」は最高敬語の表現で、中の関白殿に対する敬意を表す。

答 **1** **どうして「いま二度」と言ったのか。**
帥殿(伊周)が負けたままで競べ弓を終わらせないように、矢数が同じになる二度の延長を道隆たちが求めたから。

5 **二度《にど》延《の》べさせたまへ《エ》**　二回(試合を)お延ばしなさいませ。
帥殿は道長に二本劣っているため、このままでは帥殿の負けになる。しかし、二度の延長でどちらも帥殿が的中し、道長がはずせば勝負は引き分けで終わる。つまり、矢数が同じになるよう(帥殿が負けないよう)、道隆や伺候している周囲の人々は、二度の延長を求めたのである。

6 **やすからずおぼしなりて**　心穏やかではなくお思いになって。
「やすし」は「安し」と書き、ここでは「心穏やかだ」の意。「おぼす」は「思ふ」の尊敬語。道長は、すでに勝負がついているのに延長戦にしようとする魂胆に、むっとしたのである。

7 **道長《みちなが》が家《いえ》より帝《みかど》・后《きさき》立《た》ちたまふ《モウ》べきものならば**　道長の家から、天皇や后がお立ちなさるはずのものであるならば。
道長の娘が天皇に嫁げば、その娘は「后」である。さらにその娘が皇子を産み、その皇子が天皇になれば、道長の家から天皇が「立ちたまふ」ことになる。中の関白殿は道長の兄であり、帥殿は、その兄の子であるから、甥《おい》ということになるが、政治の世界では、お互いに競争相手でしかない。

9 **中心《なから》には当《あ》たるものかは《ワ》**　的の真ん中に当たったではないか。

「ものかは」は詠嘆の終助詞。「驚いたことに」の気持ちを表す。

9 **いみじう《ジュウ》臆《おく》したまひ《イ》て**　たいそう気後れなさって。

「臆す」は、「気後れする、おじける」の意。道長が的に当てたことも、帥殿が気後れした理由だが、それ以上に道長が言ったことに驚愕《きょうがく》したことがうかがわれる。

10 **わななくけにや**　震えるためでしょうか。

「わななく」は「震える」の意。「け」は漢字で表すと「故《け》」で、理由を表す名詞。「や」は疑問の係助詞で、係り結びの結びにあたる「ありけむ」などの語が省略されている。

13 **もてはやしきこえさせたまひ《イ》つる**　ご機嫌をとっておもてなし申し上げていらっしゃった。

「もてはやす」は「とりもつ、ちやほやする」の意味。「きこえ」は謙譲の補助動詞で、「…申し上げる」の意。動作主の中の関白殿に用いることで、その動作を受ける道長に対する敬意を表す。

「つる」は、完了の助動詞「つ」の連体形。

14 **こと苦《にご》うなりぬ**　気まずくなってしまった。

「苦う」は、ク活用の形容詞「苦し」の連用形「苦く」のウ音便。「苦《にが》し」は、ここでは「気まずい、不愉快だ」などの意。

14 **何《なに》か射《い》る**　どうして射るのか(、いや、射る必要はない)。

「何か」は、ここでは反語の意で「どうして…か、いや、…ない」。

14 **な射《い》そ**　射るな。

「な」は副詞。「そ」は禁止を表す終助詞。「な…そ」で、「…(し)てくれるな」という柔らかな禁止を表す。

学習のポイント

1

「やすからずおぼしなりて、」（706 94・6　708 80・6）とあるが、道長はなぜそう思ったのか、この時の道長の境遇をもとに考えてみよう。

考え方　この時、道長と兄の道隆およびその子伊周とは、政治の競争相手であった。この競べ《くら》弓の主催者は道隆で、道長は正式に招待されたわけではなく、飛び入りであった。

解答例　すでに勝負がついているのに、延長してその間に盛り返そうという道隆父子の魂胆が見えるから。さらに、周囲の人々も権力者道隆父子におもねっているので、道長はむっとした気持ちになったのである。

2

道長の性格がよく表れている言動を、本文中から抜き出してみよう。

答 2

どうして「制し」なさったのか。

延長戦で道長の矢は二本とも命中し、伊周は一本目を外して勝ち目がなくなったから。道隆は、競べ弓そのものを中止させることで、伊周の負けとならないようにしようとした。

考え方 道長の大胆不敵で負けず嫌い、自信に満ちた野心家の言動である。

解答例 ・「やすからずおぼしなりて」706 94・6 708 80・6

・「道長が家より帝《みかど》・后《きさき》立ちたまふべきものならば、この矢当たれ。」706 94・7 708 80・7

・「摂政・関白すべきものならば、この矢当たれ。」706 94・11 708 80・11

3 **語句** 次の傍線部の助動詞の意味を説明してみよう。

① まづ射させたてまつらせたまひけるに、(706 94・3 708 80・3)

② また射させたまふとて、(706 94・7 708 80・7)

考え方 ①②ともに助動詞「さす」の連用形。①主語は道隆で、道隆が道長に射させるという文意である。②「す」「さす」が尊敬語を伴う場合は二重敬語の形。

解答 ①道隆が道長に「射させ」るの意味で、使役。

②「させたまふ」で、道長に対する最高敬語の形となり、尊敬。

花山院《くわさんゐん》の出家《すけ》

【大　意】 1 教706 96ページ1行〜97ページ5行 教708 82ページ1行〜83ページ5行

出家の夜、有明けの月が明るく目立つとためらう花山天皇を、粟田殿《あわたどの》(藤原道兼《みちかね》)はせきたてる。花山天皇が亡き弘徽殿《こきでん》の女御《にょうご》(藤原忯子《しし》)の手紙を思い出し、取りに戻ろうとするのを、粟田殿は出家の機会を逃してしまうと、うそ泣きして引きとどめた。

【品詞分解/現代語訳】

あはれなる(ナリ・体) こと は、(係助) おり(上二・用) おはしまし(補尊・四・用) ける(助動・過・体) 夜 は、(係助) 藤壺の上の御局 の(格助) 小戸 より(格助) 出で(下二・未) させ(助動・尊・用)

お気の毒に思いますことは、(花山天皇が)ご退位なさった夜は、藤壺《ふじつぼ》の上の御局《みつぼね》の小戸からお出ましになられたところ、

たまひ(補尊・四・用) ける(助動・過・体) に、(接助) 有明の月 の(格助) いみじく(シク・用) 明かかり(ク・用) けれ(助動・過・已) ば、(接助) 「顕証に(ナリ・用) こそ(係助(係)) あり(補・ラ変・用) けれ。(助動・詠・已(結))

有明けの月がたいそう明るかったので、「隠しようもなく目立つことだなあ。

いかが(副) す(サ変・終) べから(助動・適・未) む。」(助動・意・体) と(格助) 仰せ(下二・未) られ(助動・尊・用) ける(助動・過・体) を、(格助) 「さりとて、(接) とまら(四・未) せ(助動・尊・用) たまふ(補尊・四・終)

どうしたらよいだろう。」とおっしゃったのを、「そうかといって、(いまさら)中止なさることができるわ

助動・可・体　ラ変・未　助動・打・終　四・用　補尊・四・用　助動・完・体　格助　係助　格助　格助　四・用

べき　やう　はべら　ず。　神璽《しんし》・宝剣　わたり　たまひ　ぬる　に　は。」と、粟田殿　の　さわがし

けはございません。　神璽・宝剣が（すでに皇太子の方に）お渡りになってしまいましたので。」と、粟田殿がせきたて申し上げられた

補謙・四・用　補尊・四・用　助動・過・体　係助　副　下二・未　助動・尊・用　補尊・四・未　助動・打・用　助動・過・体　格助　副　四・用

申し　たまひ　ける　は、　まだ　帝　出で　させ　おはしまさ　ざり　ける　さき　に、　手づから　取り

わけは、　まだ花山天皇がお出ましにならなかった前に、（粟田殿が）自ら（神璽

接助　格助　格助　四・用　補謙・四・用　補尊・四・用　助動・完・用　助動・過・已　接助　四・未　助動・尊・用　補尊・四・未　助動・婉・体

て、　春宮　の　御方　に　わたし　たてまつり　たまひ　て　けれ　ば、　帰り入ら　せ　たまは　む

と宝剣を）取って、皇太子の御方にお渡し申し上げなさっていたので、（花山天皇が宮中に）お帰りになられるようなことは

係助　ラ変・体　助動・打当・用　四・用　接助　副　四・未　助動・尊・用　補尊・四・用　助動・過・体　格助　係助（結略）

こと　は　ある　まじく　おぼし　て、　しか　申さ　せ　たまひ　ける　と　ぞ。

あってはならないとお思いになって、　そのように申し上げなさったということです。

ク・体　格助　ク・用　四・用　助動・完・体　格助　格助　格助　格助　四・用　接助　副

さやけき　影　を、　まばゆく　おぼしめし　つる　ほど　に、　月　の　顔　に　むら雲　の　かかり　て、　少し

（花山天皇が）明るい月の光を、まぶしくお思いになっていらっしゃった間に、　月の面にむら雲がかかって、　少し暗

四・用　助動・過・已　接助　（代）　格助　係助　サ変・体　助動・断・用　助動・詠・終　格助　下二・未　助動・尊・用　接助　下二・未

くらがりゆき　けれ　ば、「わ　が　出家　は　成就する　なり　けり。」と　仰せ　られ　て、　歩み出で

くなっていったので、　「私の出家は成就するのであるなあ。」とおっしゃって、　歩き出しなさ

助動・尊・用　補尊・四・体　格助　格助　格助　副　四・用　接助　係助　四・未　助動・打・用　サ変・用

させ　たまふ　ほど　に、　弘徽殿の女御　の　御文　の、　日ごろ　破り残し　て　御身　も　放た　ず　御覧じ

る時に、　弘徽殿の女御のお手紙で、　普段破り捨てず残して御身から離さずご覧になっていたのをお思い出しになっ

助動・過・体　格助　下二・用　接助　副　格助　四・用　格助　四・用　補尊・四・用　助動・過・体　係助　終助

ける　を　おぼしめし出で　て、「しばし。」とて、　取り　に　入り　おはしまし　ける　ほど　ぞ　かし、

て、　「しばらく（待て）。」とおっしゃって、取りにお入りになられた（ちょうどその）時ですよ、

格助　副　副　係助　四・未　助動・尊・用　補尊・四・用　助動・完・体　係助　上二・未　接助

粟田殿　の、「いかに　かく　は　おぼしめしなら　せ　おはしまし　ぬる　ぞ。　ただ今　過ぎ　ば、

粟田殿が、　「どうしてそのように（未練がましく）お思いになられたのですか。　今この時が過ぎたら、

副	係助		カ変・用	助動・強・未	助動・推・終	格助	サ変・用	補尊・四・用	助動・過・体	係助
おのづから	障り	も	出でまうで来	な	む。」	と、	そら泣きし	たまひ	ける	は。

自然と支障も出てまいるに違いありません。」と、うそ泣きなさったのは。

語句の解説 1

教706 96ページ 教708 82ページ

1 **おりおは《ワ》しましける夜《よる》** ご退位なさった夜。
「おる」は、ここでは「退位する」の意。「おはします」は、ここは尊敬の補助動詞。

5 **顕証《けんしょう》にこそありけれ** 目立つことだなあ。
「顕証なり」は、「目立つさま、あらわなさま」の意。

5 **いかがすべからむ《ン》** どうしたらよいだろうか。
「いかが」は、疑問の副詞。結びは連体形となる。

6 **仰《おお》せられけるを** おっしゃったのを。
「仰す」は、(「仰せらる」の形で)「言ふ」の尊敬語。「おっしゃる」。

7 **とまらせたまふ《モウ》べきやう《ヨウ》はべらず** 中止なさることができるわけはございません。
「べし」は、当然の意ともとれる。「やう」は、ここでは「わけ、理由」の意。「はべり」は「あり」の丁寧語。

8 **わたりたまひ《イ》ぬるには** お渡りになってしまいましたので。
「とまらせたまふべきやうはべらず」と倒置になっている。「わたる」は、ここでは「移る、行く」の意。「たまふ」は、尊敬の補助動詞で、粟田殿の神璽《しんし》・宝剣に対する敬意。

10 **出《い》でさせおは《ワ》しまさざりけるさきに** お出ましにならなかった前に。
「させおはします」は、尊敬の助動詞「さす」の連用形＋尊敬の補助動詞「おはします」で最高敬語。「お…になる」の意。

11 **わたしたてまつりたまひ《イ》てければ** お渡し申し上げなさっていたので。
二方面への敬意。「たてまつる」は、謙譲の補助動詞で、語り手の皇太子に対する敬意を表す。「たまふ」は、尊敬の補助動詞で、粟田殿に対する敬意。

12 **あるまじくおぼして** あってはならないとお思いになって。
「おぼす」は、ここでは「思ふ」の尊敬語で「お思いになる」の意。

1 「しか」とは何を指しているか。

答 「さりとて……神璽・宝剣わたりたまひぬるには。」706 96・6 708 82・6という粟田殿の言葉。

12 **申《もう》させたまひ《イ》けるとぞ** 申し上げなさったということです。
下に「ぞ」の結びの語の「言ふ」「聞く」などが省略されている。「申す」は、「言ふ」の謙譲語で、花山天皇に対する敬意。「せたまふ」は、最高敬語。ここは、粟田殿に対する敬意。

13 **さやけき影《かげ》** 明るい月の光。
「さやけし」は、ここでは「明るい、はっきり見える」の意。「影」は、ここでは「光」の意。

13 **まばゆくおぼしめしつるほどに** まぶしくお思いになっていらっしゃった間に。
「まばゆし」は、「まぶしい、きまりが悪い」などの意があるが、ここではこれらの混ざった気持ちであろう。「おぼしめす」は、「思ふ」の尊敬語。最高敬語で、「おぼす」「おもほす」よりも敬意が高い。

14 **くらがりゆきければ**　暗くなっていったので。
「ゆく」は、動詞の連用形に付いて「だんだん…してゆく」の意。

教706 97ページ　教708 83ページ

1 **日《ひ》ごろ**　ここでは「普段、平素」の意。

2 **御覧《ごらん》じけるを**　ご覧になっていたのを。
「御覧ず」は、「見る」の意の尊敬語。「見給ふ」よりも敬意が高い。

2 **おぼしめし出《い》でて**　お思い出しになって。
「おぼしめし出づ」は、「おぼし出づ」より敬意の高い尊敬語。

2 **しばし**　しばらく。
下に「待て」を補って訳す。

3 **おぼしめしならせおは《ワ》しましぬるぞ**　お思いになられたのですか。
「おぼしめしなる」は、「思ひなる」（そう思うようになる）の尊敬語。
「ぞ」は係助詞の文末用法。

4 **出《い》でまう《モウ》で来《き》なむ《ン》**　出てまいるに違いありません。
「出でまうで来《く》」は、「出で来」の謙譲語。

【大　意】 2　教706 97ページ6〜13行　教708 83ページ6〜13行

花山寺への途中、天皇が安倍晴明《あべのせいめい》の家の前を通ると、天変によって退位を察知した晴明の声が聞こえる。晴明は式神《しきがみ》を内裏《だいり》に行かせようとするが、式神は、天皇はたった今ここを通り過ぎたようだと答えた。

【品詞分解／現代語訳】

さて、土御門より東ざまに率ていだしまゐらせたまふに、晴明が家の前をわたらせたまへば、みづからの声にて、手をおびたたしくはたはたと打ちて、「帝王おりさせたまふと見ゆる天変ありつるが、すでになりにけりと見ゆるかな。参りて奏せむ。車に装束とうせよ。」といふ声聞かせたまひけむ、さりとも

さて（接）、土御門　より（格助）　東ざま　に（格助）　率（上一・用）　て（接助）　いだし（四・用）　まゐらせ（補謙・下二・用）　たまふ（補尊・四・体）　に（格助）、晴明　が（格助）　家　の（格助）　前　を（格助）　わたら（四・未）　せ（助動・尊・用）　たまへ（補尊・四・已）　ば（接助）、みづから　の（格助）　声　にて（格助）、手　を（格助）　おびたたしく（シク・用）　はたはたと（副）　打ち（四・用）　て（接助）、「帝王　おり（上二・未）　させ（助動・尊・用）　たまふ（補尊・四・終）　と（格助）　見ゆる（下二・体）　天変　あり（ラ変・用）　つる（助動・完・体）　が（接助）、すでに（副）　なり（四・用）　に（助動・完・用）　けり（助動・詠・終）　と（格助）　見ゆる（下二・体）　かな（終助）。参り（四・用）　て（接助）　奏せ（サ変・未）　む（助動・意・終）。車　に（格助）　装束　とう（副）　せよ（サ変・命）。」　と（格助）　いふ（四・体）　声　聞か（四・未）　せ（助動・尊・用）　たまひ（補尊・四・用）　けむ（助動・過推・体）、さりとも（接）

こうして、（粟田殿が）土御門大路を通って東の方に（天皇を）お連れ出し申し上げなさる際に、（安倍）晴明の家の前をお通りになると、（晴明）自身の声で、手を激しくぱちぱちとたたいて、「天皇がご退位になると思われる天空の変動があったが、すでに（ご退位は）成ってしまったと思われることよ。参内して奏上しよう。車に支度を早くせよ。」という声をお聞きになられただろう（花山天皇のお気持ちは）、そう（＝お覚

あはれに は おぼしめし けむ かし。「且、式神 一人 内裏 に 参れ。」と 申し けれ ば、目

ナリ・用 係助 四・用 助動・過推・終 終助 副 格助 四・命 格助 四・用 助動・過・已 接助

悟の上の出家)だとしてもしみじみと感慨深くお思いになられたでしょうよ。(晴明が)「とりあえず、式神一人宮中に参内せよ。」と申したところ、目

に は 見え ぬ もの の、戸 を おしあけ て、御後ろ を や 見 まゐらせ けむ、

格助 係助 下二・未 助動・打・体 格助 格助 下二・用 接助 格助 係助(係) 上一・用 補謙・下二・用 助動・過推・体(結)

には見えないものが、戸を押し開けて、(天皇の)御後ろ姿を見申し上げたのだろうか、

「ただ今、これ より 過ぎ させ おはします めり。」と いらへ けり と か や。その 家、

副 (代) 格助 上二・未 助動・尊・用 補尊・四・終 助動・定・終 格助 下二・用 助動・過・終 格助 係助 間助 (代) 格助

「たった今、ここをお通り過ぎになっておられるようです。」と答えたとかいうことです。その(晴明の)家は、

土御門町口 なれ ば、御道 なり けり。

助動・在・已 接助 助動・断・用 助動・詠・終

土御門大路と町口小路の交差する所にあるので、(花山寺への)お道筋なのでした。

語句の解説 2

教706 97ページ　教708 83ページ

6 **率《い》ていだしまゐ《イ》らせたま《モ》ふ《ウ》** お連れ出し申し上げなさる際に。

「率る」は、ここでは「連れる、伴う」の意。「まゐらす」は、一語の謙譲の補助動詞で、語り手の天皇に対する敬意。「たまふ」は、尊敬の補助動詞で、粟田殿に対する敬意。

7 **手《て》をおびたたしく** 手を激しく。

「おびたたし」は、ここでは「激しい」の意。

8 **おりさせたま《モ》ふ《ウ》と見《み》ゆる** ご退位になると思われる。

「見ゆ」は、ここでは「思われる」の意。

9 **参《まい》りて奏《そう》せむ《ン》** 参内して奏上しよう。

「奏す」は、謙譲語で「申し上げる、奏上する」の意。天皇・上皇のみに用いられる絶対敬語。

9 **とうせよ** 早くせよ。

「とう」は、形容詞「とし」の連用形「とく」のウ音便ともとれる。

2 「御後ろ」とは誰の後ろ姿か。

答 花山天皇の後ろ姿。

12 **過《す》ぎさせおは《ワ》しますめり** お通り過ぎになっておられるようです。

「させおはします」は、最高敬語で、式神《しきがみ》の天皇に対する敬意。「めり」は、目に見える事態に基づく推定を表す。

12 **いらへ《エ》けりとかや** 答えたとかいうことです。

下に「言ふ」「聞く」などが省略されている。「いらふ」は「答ふ」と書き、「答える、返事をする」の意。「とかや」は、文末にあって「…とかいうことだ」の意を表す。

【大　意】　3　教706 97ページ14行～98ページ7行　教708 83ページ14行～84ページ7行

花山寺に着き、天皇が剃髪《ていはつ》しても、粟田殿は父の東三条殿《とうさんじょうどの》(藤原兼家)にもう一度出家前の姿を見せたいと言ってその場を逃れる。この時になって、天皇は謀られたと知り泣き嘆く。東三条殿は、粟田殿が無理やり出家させられることのないよう、護衛をつけたのだった。

【品詞分解／現代語訳】

格助　四・用　接助　四・未　助動・尊・用　補尊・四・用　接助　格助　係助(結流)　係助　下二・用
花山寺 に おはしまし着き て、御髪 おろさ せ たまひ て 後 に ぞ、粟田殿 は、「まかり出で
花山寺にお着きになって、(天皇が)ご剃髪なされた後になって、粟田殿は、「退出いたしまして、

接助　格助　係助　四・未　助動・打・体　副　下二・用　副　格助　四・用　接助　副　四・用　補丁・ラ変・未
て、大臣 に も、変はら ぬ 姿、いま 一度 見え、かく と 案内 申し て、必ず 参り はべら
(父の)大臣にも、(出家前の)変わらない姿を、もう一度見せ、これこれと事情を申し上げて、必ず(戻って)参りましょう。」

助動・意・終　格助　四・用　補尊・四・用　助動・過・已　接助　(代)　格助　係助　四・体　助動・断・用　助動・詠・終　格助　係助(係)　四・未　助動・尊・用
む。」と 申し たまひ けれ ば、「朕 を ば 謀る なり けり。」とて こそ 泣か せ
と申し上げなさったので、(天皇は)「私をだましたのだな。」とおっしゃってお泣きになりました。

補尊・四・用　助動・過・已(結)　ナリ・用　シク・体　助動・断・終　終助　副　副　格助　四・未　助動・意・終　格助
たまひ けれ。あはれに かなしき こと なり な。日ごろ、よく、「御弟子 にて 候は む。」と
お気の毒で悲しいことですよ。(粟田殿は)普段、よく、「(自分も出家して)お弟子としてお仕えいたしましょう。」と約束して、

四・用　接助　四・用　補謙・四・用　補尊・四・用　助動・過伝・体　格助　間助　係助　副　連体　係助(係)
契り て、すかし 申し たまひ けむ が おそろしさ よ。東三条殿 は、「もし さる こと や
だまし申し上げなさったとかいうことの恐ろしいことよ。東三条殿は、「もしや(粟田殿が)そのようなこと

サ変・用　補尊・四・体(結)　格助　格助　ラ変・体　助動・当・用　シク・体　(連語)　格助　四・体　シク・体
し たまふ。」と あやふさ に、さる べく おとなしき 人々、なにがしかがし と いふ いみじき
(＝出家)をなさりはしまいか。」と気がかりで、(こんな時に)適当な思慮分別のある人々、誰それという優れた源氏の武者たちを、

格助　格助　係助(係)　格助　下二・未　助動・尊・用　助動・完・用　助動・過・已(結)　格助　係助　下二・用　接助
源氏 の 武者たち を こそ、御送り に 添へ られ たり けれ。京 の ほど は かくれ て、
護衛としておつけになったのでした。(武者たちは)京の町の間では隠れて、

堤 の〔格助〕 辺り より〔格助〕 ぞ〔係助（係）〕 うち出で〔下二・用〕 参り〔四・用〕 ける。〔助動・過・体（結）〕 寺 など〔副助〕 にて〔格助〕 は、〔係助〕 「もし、〔副〕 おして〔副〕 人 など〔副助〕 や〔係助（係）〕 なし〔四・用〕

鴨川《かもがわ》の堤の辺りからは姿を現して（お供して）参りました。花山寺などでは、「もしや、無理に誰かが（粟田殿を）出家させ申し上げ

たてまつる。」〔補謙・四・体（結）〕 とて、〔格助〕 一尺 ばかり〔副助〕 の〔格助〕 刀ども を〔格助〕 抜きかけ〔下二・用〕 て〔接助〕 ぞ〔係助（係）〕 守り〔四・用〕 申し〔補謙・四・用〕 ける。〔助動・過・体（結）〕

るのではないか。」と考えて、一尺ほどの刀を抜きかけてお守り申し上げたということです。

（六五代花山院師貞）

語句の解説 3

教706 97ページ　教708 83ページ

14 **おは《ワ》しまし着《つ》きて**　お着きになって。

「おはしまし着く」は、「行き着く」の尊敬語。

14 **後《のち》にぞ**　後になって。

「ぞ」は、係助詞。結びは、「と申したまひける」となるべきところを、接続助詞「ば」を伴って下に続いているため、流れている。

14 **まかり出《い》でて**　退出いたしまして。

「まかり出づ」は、「出づ」の謙譲語。貴人のもとから退出する意。

粟田殿の花山天皇に対する敬意。

3 「**変はらぬ姿**」**とは誰のどのような姿か。**

答　粟田殿（道兼）の出家する前の姿。

15 **いま**　副詞で「さらに、もう」の意。

15 **必《かなら》ず参《まい》りはべらむ《ン》**　必ず（戻って）参りましょう。

「参る」は、（貴人のもとに）「行く」の謙譲語。「はべり」は、丁寧の補助動詞。どちらも粟田殿の花山天皇に対する敬意を表す。

教706 98ページ　教708 84ページ

1 **あは《ワ》れにかなしきことなりな**　お気の毒で悲しいことですよ。

「あはれに」は連用中止法で、「かなしき」と並列。

2 **すかし申《もう》したまひ《イ》けむ《ン》がおそろしさよ**　だまし申し上げなさったとかいうことの恐ろしいことよ。

「すかす」は、ここでは「だます、言いくるめる」の意。「申す」は、謙譲の補助動詞で、語り手の天皇に対する敬意。「たまふ」は、尊敬の補助動詞で、粟田殿に対する敬意。

3 **おとなしき人々《ひとびと》**　思慮分別のある者たち。

「おとなし」は「大人し」と書き、ここでは「思慮分別がある」の意。他に「大人っぽい」「年配だ」「穏やかだ」の意もある。

6 **おして人《ひと》などやなしたてまつる**　無理に誰かが（粟田殿を）出家させ申し上げるのではないか。

「おして」は、ここでは「無理に、強引に」の意。「なす」は、ここでは「粟田殿を出家させる」の意。ここは語り手が父兼家に代わって表現しているため、謙譲の補助動詞「たてまつる」が用いられている。

学習のポイント

1 **花山寺に着くまでの、花山天皇と道兼との会話や行動を整理し、それぞれの気持ちの変化を想像してみよう。**

解答例

〈花山天皇〉

・「顕証《けんしょう》にこそありけれ。いかがすべからむ。」706 **96・5** 708 **82・5**と言って、退位出家をためらう。

・雲に隠れた月を見て「わが出家は成就《じゃうじゅ》するなりけり。」706 **96・14** 708 **82・14**と言って、出家への決意を固める。

・「しばし。」706 **97・2** 708 **83・2**と言って、亡き弘徽殿《こきでん》の女御《にょうご》の手紙を取りに戻ろうとする。

・宮中を出て土御門《つちみかど》大路を通り過ぎる時、退位を察した晴明《せいめい》の声を聞いて、覚悟の退位・出家を感慨深く思う。

〈道兼〉

・「さりとて、とまらせたまふべきやうはべらず。神璽《しんし》・宝剣《ほうけん》わたりたまひぬるには。」706 **96・6** 708 **82・6**と言って、ためらう花山天皇に退位・出家をうながす。

・「いかにかくはおぼしめしならせおはしましぬるぞ。ただ今《いま》過ぎば、おのづから障《さは》りも出でまうで来なむ。」706 **97・3** 708 **83・3**と言って嘘《うそ》泣きをして、戻ろうとする花山天皇を脅かし連れ出す。なんとしてでも出家させたいという気持ちがうかがえる。

2 **「もしさることやしたまふ。」(706 98・3 708 84・3)、「もし、……たてまつる。」(同6)とは、それぞれ兼家がどのようなことを心配しているのか、考えてみよう。**

解答例　「さること」は、道兼が花山天皇とともに出家してしまうこと。「もし、おして……」は、寺の者などが無理に道兼を出家させてしまうこと。

3 **語句**　**次の傍線部の敬語の種類は何か。また、誰から誰への敬意を表したものか。**

①　しか申させたまひけるとぞ。(706 96・12 708 82・12)

②　率《ゐ》ていだしまゐらせたまふに、(706 97・6 708 83・6)

考え方　①②ともに二方面への敬語が用いられている。

解答　①「申さ」…謙譲。語り手から花山天皇への敬意。

「せ」…尊敬。語り手から粟田殿への敬意。

「たまひ」…尊敬。語り手から粟田殿への敬意。

②「まゐらせ」…謙譲。語り手から花山天皇への敬意。

「たまふ」…尊敬。語り手から粟田殿への敬意。

4 **探究**　**1 2から、作者は花山天皇・道兼・兼家をそれぞれどのような人物として描いているか、話し合ってみよう。**

考え方　花山天皇…藤原氏の策略で退位・出家させられる悲運の人物。だまされたと泣き出したり、明るい月光や亡き女御の思い出の手紙に出家へのためらいを感じたりする、きわめて人間的な人物。

道兼…脅したり嘘泣きをしたりしてまで天皇を出家させようとし、出家すると約束も簡単に破ってしまう、ふてぶてしい人物。

兼家…周到に計略をめぐらす黒幕。

平《へい》家《け》物《もの》語《がたり》

教706 100〜107 教708 86〜93

●『平家物語』とは

『平家物語』は、平家一門の栄華と没落を描いた軍記物語。力強い和漢混交文と独特のリズムが特徴。琵琶《びわ》法師たちが語る「平曲」として広まった。作者は未詳だが、『徒然草《つれづれぐさ》』には、信濃前司行長《しなののぜんじゆきなが》が『平家物語』を作り、生仏《しょうぶつ》という法師に教えて語らせ、それを琵琶法師たちが学んだとある。成立年代も未詳だが、鎌倉時代中頃には成立していたと考えられる。冒頭の一節に表れている「無常観」が、『平家物語』を象徴する思想として全編を貫いており、その影響は、後世の能や歌舞伎、近現代の小説など、長きにわたってさまざまな文芸作品に及んでいる。

『平家物語』は、全十二巻に「灌頂巻《かんじょうのまき》」が付いた形で現在に伝えられており、平清盛《たいらのきよもり》が太政《だじょう》大臣となって栄華を極める序盤、源氏の挙兵があり、清盛の死後、平家一門が西国へ落ちのびる中盤、源氏に敗れて一門が全滅する終盤と、大きく三つに分けられる。「忠《ただ》度《のり》都落ち」706 100〜103 708 86〜89は巻七に収められており、西国へ落ちのびる様子を描いた中盤の一場面である。「能登殿《のとどの》最期」706 104〜106 708 90〜92は巻十一に収められており、平家の武将の悲劇的かつ壮絶な最期が描かれた終盤の一場面である。

冒頭

【大意】 教706 100ページ1〜3行 教708 86ページ1〜3行

全てのものは移り変わり、不変のものはない。勢いの盛んな者、権勢を誇った者も必ず衰え、滅んでしまう。

【品詞分解／現代語訳】

祇園精舎《ぎおんしょうじゃ》 の(格助) 鐘 の(格助) 声、諸行無常 の(格助) 響き あり(ラ変・終)。娑羅双樹《しゃらそうじゅ》 の(格助) 花 の(格助) 色、盛者必衰 の(格助) ことわり を(格助)

祇園精舎の鐘の音には、すべてのものは移り変わり、不変のものはないという(教えを表す)響きがある。娑羅双樹の花の色は、勢いの盛んな者も必ず衰える

あらはす(四・終)。おごれ(四・已(命)) る(助動・存・体) 人 も(係助) 久しから(シク・未) ず(助動・打・終)、ただ(副) 春 の(格助) 夜 の(格助) 夢 の(格助) ごとし(助動・比・終)。猛き(ク・体) 者 も(係助)

という道理を表す。権勢を誇っている人も(その日々は)いつまでも続かない、ちょうど(短い)春の夜の夢のようだ。勢いの盛んな者も

つひに(副) は(係助) 滅び(上二・用) ぬ(助動・強・終)、ひとへに(副) 風 の(格助) 前 の(格助) 塵 に(格助) 同じ(シク・終)。

最後には滅んでしまう、まったく風の前の塵と同じだ。

(冒頭)

語句の解説

教706 100ページ　教708 86ページ

1 **諸行無常《しょぎょうむじょう》**　全てのものは移り変わり、不変のものはないという教えを表す仏教語。

1 **盛者必衰《じょうしゃひっすい》**　勢いの盛んな者もいつかは必ず衰えるという教えを表す仏教語。この後、栄華を極めながら滅んだ者の例が列挙され、直近の例として、平清盛が挙げられる。

2 **ことわり**　道理。「理」と書く。ここでは「道理、りくつ」の意。

忠度《ただのり》都落ち

【大　意】　1　教706 100ページ8行～101ページ8行　教708 86ページ8行～87ページ8行

都に引き返した平《たいらの》忠度は、藤原俊成《ふじわらのしゅんぜい》の家を訪ねた。家の人々は「落人《おちうど》が帰ってきた。」と騒ぎ合ったが、俊成は、相応の理由があるのだろうということで、門を開けて忠度と対面した。

【品詞分解／現代語訳】

薩摩守《さつまのかみ》忠度　は、　いづく　より　や　帰ら　れ　たり　けん、　侍　五騎、　童　一人、　我　が　身
（係助／(代)／格助／係助(係)／四・未／助動・尊・用／助動・完・用／助動・過推・体(結)／(代)／格助）
薩摩守忠度は、どこから(都に)引き返されたのだろうか、侍五騎と、童一人、自分自身と

とも　に　七騎　取つて返し、　五条　の　三位俊成卿　の　宿所　に　おはし　て　見　たまへ　ば、　門戸　を
（格助／四・用／格助／格助／格助／サ変・用／接助／上一・用／補尊・四・已／接助／格助）
合わせて七騎で引き返し、五条の三位《さんみ》俊成卿の家にいらっしゃってご覧になると、門の扉を

閉ぢ　て　開か　ず。
（上二・用／接助／四・未／助動・打・終）
閉じてあって開かない。

「忠度。」　と　名のり　たまへ　ば、　「落人　帰り来　たり。」　とて、　そ　の　内　騒ぎあへ　り。　薩摩守
（格助／四・用／補尊・四・已／接助／カ変・用／助動・完・終／格助／(代)／格助／四・已(命)／助動・存・終）
「忠度です。」とお名乗りになると、「落人が帰ってきた。」と言って、門の内で(人々が)騒ぎ合っている。薩摩守は

馬 より 下り、 みづから 高らかに のたまひ ける は、「別 の 子細 候は ず。 三位殿 に
（格助／上二・用／副／ナリ・用／四・用／助動・過・体／係助／格助／四・未／助動・打・終／格助）
馬から下り、自ら大声でおっしゃったことには、「特別の事情はございません。三位殿に申し上げ

申す べき こと あつ て、 忠度 が 帰り参つ て 候ふ。 門 を 開か れ ず とも、

（四・終／助動・意・体／ラ変・用(音)／接助／格助／四・用(音)／接助／補丁・四・終／格助／四・未／助動・尊・未／助動・打・用／接助）

たいことがあって、忠度が帰って参上いたしました。門をお開きにならないとしても、

こ の 際 まで 立ち寄ら せ たまへ。」 と のたまへ ば、 俊成卿、「さる こと ある らん。

（(代)／格助／副助／四・未／助動・尊・用／補尊・四・命／格助／四・已／接助／連体／ラ変・体／助動・現推・終）

門のそばまでお寄りください。」とおっしゃると、俊成卿は、「それ相応の理由があるのだろう。

そ の 人 なら ば 苦しかる まじ。 入れ 申せ。」 とて、 門 を 開け て 対面 あり。 事 の 体
（(代)／格助／助動・断・未／接助／シク・体／助動・打推・終／下二・用／補謙・四・命／格助／格助／下二・用／接助／ラ変・終／格助）
その人ならば差し支えあるまい。お入れ申し上げなさい。」と言って、門を開けて対面した。対面の様子は

何となう あはれなり。

（ク・用(音)／ナリ・終）

これということもなく感慨深いものだった。

語句の解説 1

教706 101ページ　教708 87ページ

3 **名《な》のりたまへ《エ》ば**　お名乗りになると。

「名のる」は、①「自分の名を告げる」、②「戦場で大声で名を申し述べる」、③「名前を付ける」の意。ここでは①。

1 **どうして屋敷内は騒ぎあっているのか。**

答　都落ちした平家の落ち武者が訪ねてきたので、困惑し、警戒しているから。

6 **さること**　それ相応の理由。

「さる」は、ラ変の動詞「さり(然り)」の連体形が連体詞になったもの。「さり」は、前に述べたことを指示する副詞「さ」+動詞「あり」が変化したもの。忠度が都に引き返してきて、俊成を訪ねた理由を指す。

7 **苦《くる》しかるまじ**　差し支えあるまい。

「苦し」は、ここでは下に打消、反語の表現を伴って「不都合だ、差し支えがある」の意。助動詞「まじ」が打消推量を表す。

8 **何《なに》となう《ノウ》あは《ワ》れなり**　これということもなく感慨深いものだった。

「何となう」は、形容詞「何となし」の連用形ウ音便。ここでは「これということもない」の意。

【大　意】 **2** 教706 101ページ9行～102ページ4行　教708 87ページ9行～88ページ4行

忠度は、俊成に和歌の教えを受けていながら、久しく訪ねることがなかった非礼をわびた。また、一門の運命が尽きたと述べた。そして、将来勅撰《ちょくせん》集が編まれるなら、この中から一首でも選ばれればうれしいと言って、和歌を書き集めておいた巻物を俊成に渡した。

【品詞分解／現代語訳】

薩摩守 のたまひ ける は、「年ごろ 申し承つ て 後、おろかなら ぬ 御こと に 思ひ

薩摩守がおっしゃったことには、「長年和歌をお教えいただいて以来、おろそかにはできないことと思い申し上げておりましたが、

まゐらせ 候へ ども、この 二、三年 は、京都 の 騒ぎ、国々 の 乱れ、しかしながら 当家 の 身

この二、三年は、京都の騒ぎや、国々の乱れ(があり)、そのまま、全てわが平家の身の上のこと

の 上 の こと に 候ふ 間、疎略 を 存ぜ ず と いへ ども、常に 参り寄る こと も

でございますので、おろそかには思いませんけれども、いつもおそばに参上するということも

候は ず。君 すでに 都 を 出で させ たまひ ぬ。一門 の 運命 は はや 尽き 候ひ ぬ。

ございませんでした。天皇はすでに都をお出になられてしまいました。一門の運命はもはや尽きてしまいました。

撰集 の ある べき 由 承り 候ひ しか ば、生涯 の 面目 に、一首 なり とも 御恩 を

勅撰和歌集が編まれるだろうということをうかがいましたので、生涯の名誉に、一首であっても(勅撰集に自分の歌を入れて

蒙ら う ど 存じ て 候ひ し に、やがて 世 の 乱れ 出でき て、その 沙汰 なく

いただくという)ご恩情を賜りたいと思っておりましたのに、すぐに世の中の乱れが起こって、撰集のご命令がありません

候ふ 条、ただ 一身 の 嘆き と 存じ 候ふ。世 静まり 候ひ な ば、勅撰 の 御沙汰

ことは、もっぱら私にとってのこの上ない嘆きと思っております。世の中が静まりましたなら、勅撰のご命令がございま

四・未　助動・断・終　助動・推・終　助動・現推・終候はんずらん。これに候ふ巻物のうちに、さりぬべきもの候はば、一首

しょう。ここにございます巻物の中に、(勅撰集に入れるのに)ふさわしいものがございましたら、一首で

なりとも御恩を蒙つて、草の陰にてもうれしと存じ候はば、遠き御守り

あってもご恩情を受けて、(私が)草葉の陰でもうれしいと思いましたなら、遠いあの世から

でこそ候はんずれ。」とて、日ごろ詠みおかれたる歌どものなかに、秀歌と

(あなたを)お守りする者となりますでしょう。」と言って、ふだん詠んでおかれていた歌の中で、優れた歌と

おぼしきを百余首書き集められたる巻物を、今はとて打つ立たれける時、

思われるものを百首余り書き集められていた巻物を、今は(これまでだ)と思って都を出発なさった時、

これを取つて持たれたりしが、鎧の引き合はせより取り出でて、俊成卿に

これを取ってお持ちになっていたのだが、(それを)鎧《よろい》の胴の合わせ目から取り出して、俊成卿に差し上

奉る。

げた。

語句の解説 2

教706 101ページ 教708 87ページ

9 **年《とし》ごろ申《もう》し承《うけたまわッ》つて後《のち》** 長年和歌をお教えいただいて以来。

「年ごろ」は、ここでは「長年」の意。「申し承つて」は、忠度が俊成に和歌の指導を乞い、俊成から教えを受けたということ。

9 **おろかならぬ御《おん》こと** おろそかにはできないこと。

「おろかなら」は、形容動詞「おろかなり」の未然形。「ぬ」は、打消の助動詞「ず」の連体形。「おろかなり」は、ここでは「おろそかだ、いいかげんだ」の意。和歌を指す。

2 「当家」とは何か。

答 平家一門のこと。

14 **やがて** すぐに。

14 **その沙汰《さた》なく候《さぶら(ロ)》ふ条《じょう》** 撰集のご命令がありませんことは。

「沙汰」は、ここでは「命令、指示」の意。「条」は、「…という

こと」の意。「そ」は勅撰集を編むということを指す。

16 **さりぬべき** （勅撰集に入れるのに）ふさわしい。
「さり」は、ラ変の動詞「さり」の連用形。「適切である、ふさわしい」の意。「ぬ」は強調の助動詞。「べき」は適当の助動詞「べし」の連体形。

教706 102ページ 教708 88ページ

1 **遠《とお》き御守《おんまも》りでこそ候《そうらワ》はんずれ** 遠いあの世から（あなたを）お守りする者となりますでしょう。
「遠き御守り」は、忠度が自らの死を覚悟したうえでの表現。「で」は、格助詞「にて」が変化したもの。「んずれ」は助動詞「んず（むず）」の已然形で、ここでは意志を表す。係助詞「こそ」の結びとなっている。

3 **「さりぬべきもの」とはどのようなものか。**

答 勅撰集に入れるのにふさわしい歌。

【大　意】 **3** **教706 102ページ5～13行 教708 88ページ5～13行**

俊成は巻物を開けて見て、決しておろそかにすることはないと約束した。忠度は喜び、死への覚悟を口にしたうえで「この世に思い残すことはございません。」と言って馬に乗り、西に向かった。俊成は、忠度の後ろ姿を見送り、涙を抑えて家の中へ入った。

【品詞分解／現代語訳】

三位 これ(代) **を**(格助) **開け**(下二・用) **て**(接助) **見**(上一・用) **て、**(接助) **「かかる**(ラ変・体) **忘れ形見 を**(格助) **賜りおき**(四・用) **候ひ**(補丁・四・用) **ぬる**(助動・完・体) **うへ は、**(係助)
三位（俊成卿）はこの巻物を開けて見て、「このような忘れ形見をいただいておきましたからには、

ゆめゆめ(副) **疎略 を**(格助) **存ず**(サ変・終) **まじう**(助動・打意・用(音)) **候ふ。**(補丁・四・終) **御疑ひ ある**(ラ変・体) **べから**(助動・当・未) **ず。**(助動・打・終) **さても**(接) **ただ今 の**(格助) **御渡り**
決しておろそかにしようとは思いません。お疑いにならないでください。それにしてもただ今のご訪問は、

こそ、(係助(係)) **情け も**(係助) **すぐれて**(副) **深う、**(ク・用(音)) **あはれ も**(係助) **殊に**(副) **思ひ知ら**(四・未) **れ**(助動・自・用) **て、**(接助) **感涙 おさへがたう**(ク・用(音)) **候へ。」**(補丁・四・已(結))
風流の心もたいへん深く、しみじみとした感慨もことさら感じられて、感涙を抑えがたいことでございます。」

と(格助) **のたまへ**(四・已) **ば、**(接助) **薩摩守 喜ん**(四・用(音)) **で、**(接助) **「今 は**(係助) **西海 の**(格助) **波 の**(格助) **底 に**(格助) **沈ま**(四・未) **ば**(接助) **沈め、**(四・命) **山野 に**(格助) **かばね を**(格助)
とおっしゃると、薩摩守は喜んで、「今は西海の波の底に沈むなら沈んでもよい、山野にしかばねをさらすならさ

四・未　接助　四・命　格助　四・体　四・未　助動・打・終　接　四・用　接助　格助　格助
曝さ ば 曝せ、浮き世 に 思ひおく こと 候は ず。 さらば 暇 申し て。」とて、馬 に
らしてもよい、この世に思い残すことはございません。それではおいとまを申し上げて(参ります)。」と言って、馬に

四・用　格助　格助　下二・用　格助　格助　四・用(音)　接助　係助(係)　四・未　助動・使・用　補尊・四・体(結)　格助
打ち乗り、甲 の 緒 を 締め、西 を 指い て ぞ 歩ま せ たまふ。 三位 後ろ を
勢いよく乗り、甲《かぶと》の緒を締め、西をさして(馬を)歩ませなさる。三位は(忠度の)後ろ姿

ナリ・用　四・用(音)　接助　四・未　助動・尊・用　助動・存・已　接助　格助　格助　シク・用　接助　ク・終　格助
はるかに 見送つ て 立た れ たれ ば、忠度 の 声 と おぼしく て、「前途 程 遠し、思ひ を
を遠くまで見送ってお立ちになっていると、忠度の声と思われて、「行く先ははるかに遠い、わが思いは

格助　格助　格助　下二・終　格助　ナリ・用　四・用　補尊・四・已　接助　副　シク・用(音)　下二・用
雁山 の 夕べ の 雲 に 馳す。」と、高らかに 口ずさみ たまへ ば、俊成卿 いとど 名残 惜しう おぼえ
これから越える雁山《がんさん》の夕方の雲にはせている。」と、高らかな声で口ずさみなさるので、俊成卿はいっそう名残惜しく思われて、

接助　格助　下二・用　接助　係助(係)　四・用　補尊・四・体(結)
て、涙 を おさへ て ぞ 入り たまふ。
涙を抑えて(家の中へ)お入りになる。

語句の解説 3

教706 102ページ　教708 88ページ

5 **ゆめゆめ疎略《そらく》を存《ぞん》ずまじう《ジュウ》候《そうろウ》ふ**　決しておろそかにしようとは思いません。
「ゆめゆめ」は、下に禁止や打消の表現を伴って、「決して(…ない)」という意味を表す。ここでは、打消意志の助動詞「まじ」の連用形ウ音便「まじう」と呼応している。

6 **御疑《おんうたがイ》ひあるべからず**　お疑いにならないでください。
「御疑ひある」は、接頭語「御」+名詞「疑ひ」+ラ変動詞「あり」の連体形。「御+名詞+あり」全体で、尊敬の意味を表す。

4 「ただ今の御渡り」とは誰のどのような行為を指すか。

答　忠度が自作の和歌を携えて俊成を訪ねたこと。

7 **情《なさ》けもすぐれて深《ふか(コ)ウ》う**　風流の心もたいへん深く。
「情け」は、ここでは「風流な心、みやび心」の意。

8 **沈《しず》まば沈《しず》め**　沈むなら沈んでもよい。
「沈ま」は、四段動詞「沈む」の未然形。「ば」は接続助詞。「沈め」は、「沈む」の命令形。「動詞未然形+ば+動詞命令形」で、「…するのならしてもよい」という意味を表す。

9 **曝《さら》さば曝《さら》せ**　さらすならさらしてもよい。

直前の「沈まば沈め」と対になった表現。
12 高《たか》らかに　高らかな声で。
自作の和歌を俊成に託し、勅撰集への入集を依頼することができて、晴れ晴れとした忠度の気持ちが感じられる。

12 いとど名残《なごり》惜《お》しう《シュウ》おぼえて　いっそう名残惜しく思われて。
「いとど」は副詞で「いっそう、ますます」の意。「惜しう」は「惜しく」のウ音便。「おぼゆ」は、ここでは「思われる、感じられる」の意。

【大　意】 4　教706 102ページ14行〜103ページ5行　教708 88ページ14行〜89ページ5行

その後、世の中が静まり、俊成は『千載集《せんざいしゅう》』を編纂《へんさん》した。俊成は、忠度の生前の様子や言い残した言葉を思い出して感慨深く、巻物の中から「故郷の花」という題の歌一首を選んだ。しかし、忠度は天皇のおとがめを受けた人なので、「よみ人知らず」として入れられた。

【品詞分解／現代語訳】

そ（代）の（格助）後世　静まつ（四・用（音））て（接助）、「千載集」を（格助）撰ぜ（サ変・未）られ（助動・尊・用）ける（助動・過・体）に（格助）、忠度の（格助）あり（ラ変・用）し（助動・過・体）ありさま、
その後世の中が静まって、（俊成卿は）『千載集』を編纂なさった時に、忠度のいつぞやの様子や、

言ひ置き（四・用）し（助動・過・体）言の葉、今さら（副）思ひ出で（下二・用）て（接助）あはれなり（ナリ・用）けれ（助動・過・已）ば（接助）、か（代）の（格助）巻物の（格助）うちに（格助）
言い残した言葉を、今になってまた思い出して感慨深かったので、あの巻物の中にふさわしい歌はいくらでも

さり（ラ変・用）ぬ（助動・強・終）べき（助動・適・体）歌いくら（副）も（係助）あり（ラ変・用）けれ（助動・過・已）ども（接助）、勅勘の（格助）人なれ（助動・断・已）ば（接助）、名字を（格助）ば（係助）
あったけれども、天皇のおとがめを受けた人なので、姓名を明らかになさ

あらはさ（四・未）れ（助動・尊・未）ず（助動・打・用）、「故郷の（格助）花」と（格助）いふ（四・体）題にて（格助）詠ま（四・未）れ（助動・尊・用）たり（助動・完・用）ける（助動・過・体）歌一首ぞ（係助（係））、
らず、「故郷の花」という題でお詠みになっていた歌一首を、

「よみ人知ら（四・未）ず（助動・打・終）」と（格助）入れ（下二・未）られ（助動・尊・用）ける（助動・過・体（結））。
「よみ人知らず」としてお入れになった。

さざなみや（枕）志賀の（格助）都は（係助）荒れ（下二・用）に（助動・完・用）し（助動・過・体）を（接助）昔ながら（接助）の（格助）山桜かな（終助）
志賀の旧都は荒れてしまったけれども、長等《ながら》山の山桜は、昔のままに美しく咲いていることだよ。

そ	の	身	朝敵	と	なり	に	し	うへ	は、	子細	に	及ば	ず	と	いひ	ながら、
(代)	格助			格助	四・用	助動・完・用	助動・過・体		係助		格助	四・未	助動・打・終	格助	四・用	接助

その身が朝敵となってしまったからには、あれこれ言ってもしかたがないというものの、

恨めしかり	し	ことども	なり。
シク・用	助動・過・体		助動・断・終

残念だったことだ。

(巻七)

語句の解説 4

14 世静《よしず》まつ《ッ》て 教706 102ページ 教708 88ページ
世の中が静まって。
壇の浦の戦いで平家が滅亡し、騒乱が収まったことをいう。

14 ありしありさま いつぞやの様子。
「ありし」は、ラ変動詞「あり」の連用形＋過去の助動詞「き」の連体形で、「以前の、昔の、生前の」の意。ここでは、かつて忠度が訪ねてきた時を指す。

5 「かの巻物」とは何を指すか。

答 「日ごろ詠みおかれたる……書き集められたる巻物」706 102・2 708 88・2。忠度が残していった、日頃の詠歌を収めた巻物。

3 昔《むかし》ながらの山桜《やまざくら》かな 教706 103ページ 教708 89ページ
長等《なが》山の山桜は、昔のままに美しく咲いていることだよ。
「ながら」は、「そのまま」という意味の「ながら」と、地名の「長等(山)」の掛詞《かけことば》。長等山は、琵琶湖の西岸、志賀の都の背後にあった山。「志賀の都は荒れにしを」と「昔ながらの山桜かな」は、はかない人の世と変わることのない自然を対比したもの。

学習のポイント

1 俊成卿に対する言動から、忠度はどのような人物として描かれているか、考えてみよう。

考え方 「年ごろ申し承つて後《のち》、……候はんずれ。」706 101・9 708 87・9という忠度の言葉や、「秀歌とおぼしきを百余首書き集められたる巻物」706 102・2 708 88・2を俊成卿に差し出したこと、『和漢朗詠集』の句を口ずさんで去っていったことなどから考える。

解答例 都から落ちのびていく途中に戻ってきて、俊成卿に、自作の歌を一首でも勅撰集に入れていただくというご恩を賜りたいと頼み、秀歌の巻物を渡していくなど、優れた歌人であり、「前途《せんど》程遠し、…」の句を口ずさんで去っていくなど、武人であるにもかかわらず、教養豊かな文人でもあるという人物。

2 「さること」(706 101・6 708 87・6)、「さりぬべき歌」(706 102・16 708 88・16)は、それぞれどのようなことを指すか、説明してみよう。

解答例　・「さること」…忠度が戻ってくる事情のこと。
・「さりぬべき歌」…『千載集』に選ばれるにふさわしい和歌。

3 **本文にふさわしい朗読のしかたを工夫してみよう。**

考え方　忠度、俊成、その他の人の会話、地の文を分担して演劇仕立てにして朗読したり、またそれぞれを複数で群読したりしてもよい。琵琶《びわ》を伴奏とした「語りもの」である『平家物語』の、簡潔で力強い和漢混交文の文体を生かし、リズミカルに朗読する。

4 **語句**　**「薩摩守《さつまのかみ》忠度は、」（706 100・8 708 86・8）～「俊成卿《の》に奉る。」（706 102・4 708 88・4）の本文中から推量の助動詞を抜き出し、その用法を説明してみよう。**

考え方　助動詞「む」「むず」「けむ」「べし」「らむ」「まじ」を抜き出す。

解　答
「いづくよりや帰られたりけん、」706 100・8 708 86・8…過去推量の助動詞「けむ(けん)」の連体形(係助詞「や」の結び)。

「申すべきことあつて、」706 101・5 708 87・5…推量の助動詞「べし」の連体形で、ここでは意志。

「さることあるらん。」706 101・6 708 87・6…現在推量の助動詞「らむ(らん)」の終止形。

「苦しかるまじ。」706 101・7 708 87・7…打消推量の助動詞「まじ」の終止形。

「撰集《せんじふ》のあるべき由《よし》」706 101・13 708 87・13…推量の助動詞「べし」の連体形。

「一首なりとも御恩を蒙《かうぶ》らうど」706 101・13 708 87・13…推量の助動詞「む」の終止形のウ音便で、ここでは意志。

「勅撰の御《ご》沙汰候はんずらん」706 101・15 708 87・15…推量の助動詞「むず(んず)」の終止形。／現在推量の助動詞「らむ(らん)」の終止形。

「さりぬべきもの候はば、」706 101・16 708 87・16…推量の助動詞「べし」の連体形で、ここでは適当。

「遠き御《おん》守りでこそ候はんずれ。」706 102・1 708 88・1…推量の助動詞「むず(んず)」の已然形(係助詞「こそ」の結び)。ここでは意志。

読み比べ　**「前途《せんど》程遠し、…」（706 102・11 708 88・11）の詩句の内容を、『和漢朗詠集』を見て調べてみよう。また、忠度はここでどのような気持ちを込めて口ずさんだのか、考えてみよう。**

考え方　『和漢朗詠集』中の詩句の書き下しは、「前途程遠し、思ひを雁山《がんさん》の暮《ゆふべ》の雲に馳《は》す、後会期《ご》遥《はる》かなり、纓《えい》を鴻臚《こうろ》の暁の涙に霑《うるほ》す」。訳は、「これからあなたがお帰りになる道は遠い、私は雁山の夕べの雲に思いを馳せる、この後に会う機会があるとしても遥か遠い未来だ、鴻臚館の宴で酒を酌み交わしていたが、いよいよ別れの朝となり、冠のひもを涙で濡らす」。
　忠度は前半を吟じたが、俊成は当然全体を思い起こすことができた。忠度は、これからの平家の行く末と自分の運命を悟っていただろう。後半までを含め、「私はこれからあなたの下を離れ、遥か彼方の地に向かうため、これが長い別れになる。もう二度と生きて会うことはないだろう」という、師との今生の別れを惜しむ情を込めて、この詩句を口ずさんだと考えられる。

能登殿最期《のとどの》

【大意】 1　教706 104ページ3行～105ページ8行　教708 90ページ3行～91ページ8行

能登守教経《のとのかみのりつね》は、矢を射尽くし、大太刀《おおだち》・大長刀《おおなぎなた》で源氏の兵をなで切っていく。新中納言（平知盛《たいらのとももり》）の言葉を、判官《ほうがん》（源義経《みなもとのよしつね》）を討てということだと思った能登殿は、判官と戦おうとするが逃げられてしまう。能登殿は今はこれまでと武器や武具を捨て、源氏の兵たちにかかってこいと挑発するが、組みつこうとする者は一人もいない。

【品詞分解／現代語訳】

およそ［副］ 能登守教経 の［格助］ 矢先 に［格助］ まはる［四・体］ 者 こそ［係助(係)］ なかり［ク・用］ けれ。［助動・過・已(結)］ 矢だね の［格助］ ある［ラ変・体］ ほど 射尽くし［四・用］

そもそも能登守教経の矢面に回る者はいなかった。手持ちの矢のあるだけを射尽くして、

て、［接助］ 今日 を［格助］ 最後 と［格助］ や［係助(係)］ 思は［四・未］ れ［助動・尊・用］ けん、［助動・過推・体(結)］ 赤地 の［格助］ 錦 の［格助］ 直垂 に、［格助］ 唐綾威 の［格助］ 鎧 着［上一・用］

今日を最後とお思いになったのであろうか、（能登殿は）赤地の錦の直垂《ひたたれ》に、唐綾威《からあやおどし》の鎧《よろい》を着て、

て、［接助］ いかもの作り の［格助］ 大太刀 抜き、［四・用］ 白柄 の［格助］ 大長刀 の［格助］ 鞘 を［格助］ はづし、［四・用］ 左右 に［格助］ 持つ［四・用(音)］ て［接助］ なぎまはり［四・用］

いかめしい形にこしらえた太刀を抜き、白木の柄の大長刀の鞘《さや》をはずし、（それを）左右（の手）に持って（敵を）横ざまになで

たまふ［補尊・四・体］ に、［接助］ おもて を［格助］ 合はする［下二・体］ 者 ぞ［係助(係)］ なき。［ク・体(結)］ 多く［ク・用］ の［格助］ 者ども 討た［四・未］ れ［助動・受・用］ に［助動・完・用］ けり。［助動・過・終］

切ってお回りになると、正面きって立ち向かう者はいない。多くの者たちが（能登殿に）討たれてしまった。

新中納言 使者 を［格助］ 立て［下二・用］ て、［接助］「能登殿、 いたう［ク・用(音)］ 罪 な［副］ つくり［四・用］ たまひ［補尊・四・用］ そ。［終助］ さりとて［接］ よき［ク・体］ 敵 か。」［係助］ と［格助］

新中納言が使者を出して、「能登殿、あまり罪をお作りなさるな。そんなことをなさってもふさわしい相手か

のたまひ［四・用］ けれ［助動・過・已］ ば、［接助］「さては［接］ 大将軍 に［格助］ 組め［四・命］ ごさんなれ。」［(連語)］ と［格助］ 心得［下二・用］ て、［接助］ 打ち物 茎短に［ナリ・用］ とつ［四・用(音)］ て、［接助］

（、いや、そうではあるまい）。」とおっしゃったので、（能登殿は）「それでは大将軍（源義経）に組めというのだな。」と理解して、刀の柄を短めに持って、

格助 格助 四・用 四・用 四・用 四・用(音) 接助 下二・用 四・終 格助 四・用 補尊・四・未 助動・打・已

源氏の船に乗り移り乗り移り、をめき叫んで攻め戦ふ。判官を見知りたまはね

源氏の船に乗り移り乗り移り(しながら)、わめき叫んで攻め戦う。(能登殿は)判官をご存じでいらっしゃらないので、

接助 格助 ク・体 格助 係助 係助 格助 格助 下二・用 接助 四・終 係助 格助 下二・用 接助

ば、物の具のよき武者をば判官かと目をかけて、馳せまはる。判官も先に心得て、

(鎧兜《よろいかぶと》などの)武具の立派な武者を判官かと目をつけて、(船から船へ)飛び回る。判官も(それを)先に承知して、

格助 四・体 助動・状・用 係助 サ変・用 助動・過・已 接助 副 四・用 接助 格助 係助 四・未 助動・尊・未 助動・打・終

おもてに立つやうにはしけれども、とかく違ひて能登殿には組まれず。

(源氏軍の)前面に立つようにはしたけれど、あちらこちらと行き違って能登殿にはお組みにならない。

接 副 サ変・用 助動・完・用 助動・過推・体 格助 格助 四・用(音) 接助 感 格助 格助 下二・用 接助

されどもいかがしたりけん、判官の船に乗り当たつて、あはやと目をかけて

しかしどうしたのであろうか、(能登殿は)判官の船に乗り当たって、やあと(判官を)ねらって飛びかかると、

四・用(音) 接助 四・体 接助 四・未 助動・打推・終 格助 係助(係) 四・未 助動・尊・用 助動・過推・体(結) 格助

飛んでかかるに、判官かなはじとや思はれけん、長刀脇に

判官は(能登殿には)かなわないとお思いになったのだろうか、長刀を脇に挟んで、

四・用 格助 格助 副 四・用(音) 助動・存・用 助動・過・体 格助 副 四・用 補尊・四・用 助動・完・終

かい挟み、味方の船の二丈ばかり退いたりけるに、ゆらりと飛び乗りたまひぬ。

味方の船で二丈ほど離れていた船に、ひらりと飛び乗りなさった。

係助 係助(係) 四・未 助動・尊・用 助動・存・用 助動・過推・体(結) 副 四・用(音) 接助 係助 四・用 補尊・四・未 助動・打・終

能登殿は早業や劣られたりけん、やがて続いても飛びたまはず。

能登殿は早業では(判官に)劣っておられたのだろうか、すぐに続いてもお飛び移りにならない。

係助 副 格助 四・未 助動・尊・用 助動・過・已 接助 格助 下二・用 係助 四・用(音) 接助 下二・未

今はかうと思はれければ、太刀、長刀海へ投げ入れ、甲もぬいで捨て

(能登殿は)今はもうこれまでとお思いになったので、太刀、長刀を海へ投げ入れ、甲《かぶと》も脱いでお捨てになった。

助動・尊・用 助動・過・終 格助 下二・用 副助 上一・用 接助 格助 四・用 格助 下二・用 接助 四・未

られけり。鎧の草摺かなぐり捨て、胴ばかり着て、大童になり、大手を広げて立た

鎧の草摺《くさずり》を引きちぎって捨て、胴だけを着て、ざんばら髪になり、両手を大きく広げてお立ちになった。

れ　たり。　およそ　あたり　を　はらつ　て　ぞ　見え　たり　ける。　恐ろし　なんど　も
（助動・尊・用／助動・存・終／副／格助／四・用(音)／接助／係助(係)／下二・用／助動・存・用／助動・過・体(結)／シク・終／副助／係助）
(その姿は)概して威厳があって近寄れないように見えた。恐ろしいなどという言葉では

おろかなり。　能登殿　大音声　を　あげ　て、「我　と　思は　ん　者ども　は、　寄つ　て　教経　に　組ん
（ナリ・終／格助／下二・用／接助／(代)／格助／四・未／助動・婉・体／係助／四・用(音)／接助／格助／四・用(音)）
言い尽くせないほどである。能登殿は大声をあげて、「我こそは(相手になろう)と思うような者どもは、近寄って(この)教経に組みついて生け捕り

で　生け捕り　に　せよ。　鎌倉　へ　下つ　て、　頼朝　に　会う　て、　もの　一詞　言は　ん　と　思ふ　ぞ。

（接助／格助／サ変・命／格助／四・用(音)／接助／格助／四・用(音)／接助／四・未／助動・意・終／格助／四・体／係助）

にせよ。鎌倉へ下って、頼朝に会って、何か一言言おうと思うぞ。


寄れ　や　寄れ。」　と　のたまへ　ども、　寄る　者　一人　も　なかり　けり。

（四・命／間助／四・命／格助／四・已／接助／四・体／係助／ク・用／助動・過・終）

(さあ)寄って来い寄って来い。」とおっしゃるけれども、近寄る者は一人もいなかった。

語句の解説 1

教706 104ページ　教708 90ページ

3 **およそ**　そもそも。概して。

4 **今日《きょう》を最後《さいご》とや思《おも》は《ワ》れけん**　今日を最後とお思いになったのであろうか。

語り手が教経の心中を推し量って述べた挿入句。係助詞「や」は疑問、「けん」は過去推量。

6 **おもてを合は《ワ》する者《もの》ぞなき**　正面きって立ち向かう者はいない。

「おもて(面)」は、ここでは「顔」の意。「おもてを合はす」で、「(正面切って)立ち向かう」意となる。

1 **どうして知盛はこのようなことを言ったのか。**

答　平家の敗戦が確実になったので、これ以上殺生《せっしょう》(仏教上の罪)を重ねて往生《おうじょう》できなくなることを戒めるため。

7 **いたう《トウ》罪《つみ》なつくりたまひ《イ》そ**　あまり罪をお作りなさるな。

「いたう」は「いたく」のウ音便。「いたく…(打消・禁止)」は、「大して、あまり」。「な…そ」は、禁止を表す。「…するな、…してくれるな」。

7 **さりとてよき敵《かたき》か**　そんなことをなさっても、ふさわしい相手か(、いや、そうではあるまい)。

「さりとて」は、ラ変動詞「さり」+格助詞「と」+接続助詞「て」が一語化したもの。「か」は、係助詞で文末用法。ここでは反語を表す。

8 **のたまひ《イ》ければ**　おっしゃったので。

「のたまふ」は、「言ふ」の尊敬語。語り手の新中納言に対する敬意を表す。

8 **さては**　それでは。

接続詞で、「それでは、それなら」の意。

11 **先《さき》に心得《こころえ》て**　先に承知して。
判官は、能登殿が自分をねらっていることを承知していた。

11 **おもてに立《た》つやう《ヨウ》にはしけれども**　前面に立つようにはしたけれども。
判官は大将軍として陣頭に立っていたが、能登殿とは組まないようにしていた。「やうに」は助動詞「やうなり」の連用形で、状態を表す。

12 **とかく違《ちが》ひ《イ》て**　あちらこちらと行き違って。
「とかく」は、ここでは「あちらこちらと、何やかやと」の意。

13 **あは《ワ》やと目《め》をかけて**　やあと(判官を)ねらって。
「あはや」は、驚いた時や危うい時に発する語「やあ、あれっ」。
「目をかく」は、ここでは「ねらう、目標とする」の意。

13 **判官《ほうがん》かなは《ワ》じとや思《おも》は《ワ》れけん**　判官はかなわないとお思いになったのであろうか。
語り手の挿入句。判官の心中を推し量っている。

教706 105ページ　教708 91ページ

2 **早業《はやわざ》や劣《おと》られたりけん**　早業では劣っておられたのだろうか。
ここも語り手の挿入句。「早業」は、武芸の一つ。早足や飛び越しなどをいう。

2 **やがて**　ここでは「すぐに、ただちに」の意。

答 2　どのような思いか。

判官(義経)を取り逃がし、自分の戦いももうこれまでと、死を覚悟する教経の思い。

5 **恐《おそ》ろしなんどもおろかなり**　恐ろしいなどという言葉では言い尽くせないほどである。
「なんど」は、代名詞「なに」+格助詞「と」の変化した形で、「など」と同じ。「おろかなり」は、ここでは「言い尽くせない、表現が十分でない」の意。

【大　意】　2　教706 105ページ9行～106ページ3行　教708 91ページ9行～92ページ3行

大力《だいぢから》の安芸太郎《あきのたろう》は、弟と郎等《ろうどう》の三人で能登殿に打ちかかるが、能登殿は少しも慌てず、郎等を海へ蹴り入れ、太郎と弟次郎を両脇に挟み、「死出の山を越える供をせよ。」と言って、海へ入ったのだった。

【品詞分解／現代語訳】

ここに(接)　**土佐の国**　**の**(格助)　**住人、**　**安芸郷**　**を**(格助)　**知行し**(サ変・用)　**ける**(助動・過・体)　**安芸**　**の**(格助)　**大領実康**　**が**(格助)　**子**　**に、**(格助)　**安芸太郎実光**

ところで土佐の国の住人で、安芸《あ》の郷を領有し支配していた安芸の大領実康《さねやす》の子に、安芸太郎実光《さねみつ》といっ

とて、(格助)　**三十人**　**が**(格助)　**力**　**持つ**(四・用(音))　**たる**(助動・存・体)　**大力**　**の**(格助)　**剛の者**　**あり。**(ラ変・終)　**我**((代))　**に**(格助)　**ちつとも**(副)　**劣ら**(四・未)　**ぬ**(助動・打・体)　**郎等**　**一人、**

て、三〇人分の力をもっている大力の武勇に優れた武士がいた。実光自身に少しも劣らない家来が一人(おり)、

弟の次郎も普通にはすぐれたるしたたか者なり。安芸太郎、能登殿を見たてまつつ

弟の次郎も普通(の人)よりは優れたつわものである。安芸太郎が、能登殿を見申し上げて申したことには、

て申しけるは、「いかに猛うましますとも、我ら三人取りついたらんに、たとひ

「どんなに勇猛でいらっしゃるとしても、我々三人が組みついたとしたら、たとえ背

たけ十丈の鬼なりとも、などか従へざるべき。」とて、主従三人小船に乗つて、

丈が十丈の鬼であっても、どうして屈服させられないだろうか(、いや、屈服させられる)。」と言って、主従三人が小船に乗って、

能登殿の船に押し並べ、「えい。」と言ひて乗り移り、甲の錏を傾け、太刀を抜いて

能登殿の船(の横)に押し並べ、「えいっ。」と言って乗り移り、甲の錏《しころ》を傾け、太刀を抜いていっせいに打って

一面にうつてかかる。能登殿ちつとも騒ぎたまはず、真つ先に進んだる安芸太郎

かかる。能登殿は少しも慌てなさらず、まっ先に進んだ安芸太郎の家来を、

が郎等を、裾を合はせて海へどうど蹴入れたまふ。続いて寄る安芸太郎を弓手の

足をぶつけて海へどぶんと蹴り入れなさる。続いて近寄る安芸太郎を左手の脇につかんで挟み、

脇にとつて挟み、弟の次郎をば馬手の脇にかい挟み、ひと締め締めて、「いざうれ、

弟の次郎を右手の脇に挟み、ぐっとひと締め締めあげて、「さあ、

さらばおのれら、死出の山の供せよ。」とて、生年二十六にて海へつつとぞ入り

それではお前たち、(私の)死出の山(を越える旅)の供をせよ。」と言って、生年二十六歳で海へさっとお入りになる。

たまふ。

語句の解説 2

教706 105ページ　教708 91ページ

9 **知行《ちぎょう》しける**　領有し支配していた。

「知行す」は、ここでは「土地を領有・支配する」の意。

10 **剛《こう》の者《もの》**　武勇に優れた武士。

11 **郎等《ろうどう》**　ここでは「従者、家来」の意。

11 **普通《ふつう》にはすぐれたる**　普通よりは優れている。

「に」は、比較を表す格助詞。「…より」の意。

12 **いかに猛《たけ(コ)》うましますとも**　どんなに勇猛でいらっしゃるとしても。

「猛う」は「猛《たけ》く」のウ音便。「いかに」は、逆接の仮定条件(ここでは「とも」)を伴って、反語・打消の意を表す。「どんなに、いかに」。「まします」は、尊敬の補助動詞。「…ていらっしゃる、…ておいでになる」。安芸太郎の能登殿に対する敬意。

13 **などか従《したが(エ)》へざるべき**　どうして屈服させられないだろうか(、いや、屈服させられる)。

「などか」は、疑問・反語を表す副詞。ここは反語。「従ふ」は、ここでは「屈服させる、意のままにする」の意。

教706 106ページ　教708 92ページ

3 **死出《しで》の山《やま》**　冥途《めいど》に行く時に必ず越えるという険しい山。

【大　意】 3　教706 106ページ4〜12行　教708 92ページ4〜12行

新中納言は戦いの行方を見届けて、めのと子の伊賀平内左衛門《いがのへいないざえもん》と手を取り合って海に沈んでいく。そのあとを追って二十余人の家来たちも同じところに沈んだのであった。海上には平家の赤旗などが捨てられ、無人の船が風に漂い、その様子はなんとも悲しいものであった。

【品詞分解／現代語訳】

新中納言、「見る〔上一・終〕 **べき**〔助動・当・体〕 **ほど の**〔格助〕 **こと は**〔係助〕 **見**〔上一・用〕 **つ**〔助動・完・終〕**。 いま は**〔係助〕 **自害せ**〔サ変・未〕 **ん**〔助動・意・終〕**。」 とて**〔格助〕**、めのと子 の**〔格助〕

新中納言(知盛)は、「見届けなければならないくらいのことは見届けた。今は自害しよう。」と言って、めのと子の伊賀平内

伊賀平内左衛門家長 を〔格助〕 **召し**〔四・用〕 **て**〔接助〕**、「いかに**〔感〕**、約束 は**〔係助〕 **違ふ**〔四・終〕 **まじき**〔助動・打推・体〕 **か**〔係助〕**。」 と**〔格助〕 **のたまへ**〔四・已〕 **ば**〔接助〕**、「子細 に**〔格助〕

左衛門家長をお呼び寄せになって、「どうだ、約束は違わないだろうな。」とおっしゃると、「こまごまと申

や〔係助(係)〕 **及び**〔四・用〕 **候ふ。」**〔補丁・四・体(結)〕 **と**〔格助〕 **中納言 に**〔格助〕 **鎧 二領 着せ**〔下二・用〕 **たてまつり**〔補謙・四・用〕**、我**〔(代)〕 **が**〔格助〕 **身 も**〔係助〕 **鎧 二領 着**〔上一・用〕 **て**〔接助〕**、手**

す必要がありましょうか(、いや、ありません)。」と、新中納言に鎧二領をお着せ申し上げ、自分自身も鎧を二領着て、手を

を〔格助〕 **取り**〔四・用〕 **組ん**〔四・用(音)〕 **で**〔接助〕 **海 へ**〔格助〕 **ぞ**〔係助(係)〕 **入り**〔四・用〕 **に**〔助動・完・用〕 **ける。**〔助動・過・体(結)〕 **これ**〔(代)〕 **を**〔格助〕 **見**〔上一・用〕 **て**〔接助〕 **侍ども 二十余人 後れ**〔下二・用〕

取り組んで海に入ってしまった。これを見て(平家の)侍ども二〇人余も(新中納言に)後れ申し上げ

たてまつらじと、手に手を取り組んで、一所に沈みけり。その中に、

補謙・四・未　助動・打意・終　格助　格助　格助　四・用　四・用(音)　接助　格助　四・用　助動・過・終　(代)　格助　格助

まいと、手に手を取り組んで、同じ所に沈んだ。その中で、

越中《えっちゅうの》次郎兵衛《びょうえ》、上総《かずさの》五郎兵衛、悪七兵衛、飛騨《ひだの》四郎兵衛はなにとしてか逃れたり

係助　副　サ変・用　接助　係助(係)　下二・用　助動・完・用

越中次郎兵衛、上総五郎兵衛、悪七兵衛、飛騨四郎兵衛はどのようにして逃れたのであろうか、

けん、そこをもまた落ちにけり。海上には赤旗・赤印投げ捨て、かなぐり捨て

助動・過推・体(結)　(代)　格助　係助　副　上二・用　助動・完・用　助動・過・終　格助　係助　下二・用　下二・用

そこ(壇の浦)もまた逃げ落ちてしまった。海上には(平家の)赤旗、赤印が投げ捨て、かなぐり捨ててあったので、

たりければ、竜田川のもみぢ葉を嵐の吹き散らしたるがごとし。汀に寄する

助動・存・用　助動・過・已　接助　格助　格助　格助　四・用　助動・完・体　格助　助動・比・終　格助　下二・体

(その様子は)竜田《たつた》川の紅葉の葉を嵐が吹き散らしたかのようである。波打ち際に打ち寄せる

白波も薄紅にぞなりにける。

係助　格助　係助(係)　四・用　助動・完・用　助動・過・体(結)

白波も薄紅になってしまった。

(巻一一)

語句の解説 3

教706 106ページ　教708 92ページ

4 **見《み》るべきほどのことは見《み》つ**　見届けなければならないくらいのことは見届けた。

壇の浦の合戦の行方、ひいては平家滅亡のありさまを見届けた、ということ。平家一門の主な者は、一年前の「一の谷の合戦」で落命している。知盛の心情が表れている。

6 **子細《しさい》にや及《およ》び候《そうろう》ふ**　こまごまと申す必要がありましょうか(、いや、ありません)。

こまごまと申し上げるまでもない、ということ。「や」は、反語を表す係助詞。「候ふ」は、丁寧の補助動詞で、家長の新中納言に対する敬意。

6 **鎧《よろい》二領《にりょう》着《き》せたてまつり**　鎧二領をお着せ申し上げ。

鎧を二領着せたのは、浮かび上がらないようにするため。「たてまつる」は、謙譲の補助動詞で、語り手の新中納言に対する敬意。

8 **後《おく》れたてまつらじと**　後れ申し上げまいと。

「たてまつる」は、謙譲の補助動詞で、語り手の新中納言に対する敬意。

3　どのような「約束」か。

答　死ぬ時には一所(一つの場所)で死ぬということ。(生死をともにするということ。)

9 **なにとしてか逃《のが》れたりけん**　どのようにして逃れたのであろうか。

語り手の挿入句。「なにとして」は、「どのようにして、どうしたわけで」の意。

10 **落《お》ちにけり**　逃げ落ちてしまった。

「落つ」は、ここでは「逃げる、逃げ落ちる」の意。

11 **竜田川《たつたがわ》のもみぢ葉《ジば》を嵐《あらし》の吹《ふ》き散《ち》らしたるがごとし**　竜田川の紅葉を嵐が吹き散らしたかのようである。

「ごとし」は比況の助動詞。平家の赤旗、赤印を、竜田川の紅葉にたとえている。

4 **海上のどのような様子をたとえたものか。**

答 敗れた平家の赤旗、赤印が、海面上に浮かんでいる様子をたとえている。

12 **汀《みぎわ》に寄《よ》する白波《しらなみ》も薄紅《うすぐれない》にぞなりにける**　波打ち際に打ち寄せる白波も薄紅になってしまった。

「薄紅」になったのは、多くの赤旗、赤印が浮かんでいるため。

学習のポイント

1 **「今はかう」(706 105・3 708 91・3)と考えた後の教経の行動について、話し合ってみよう。**

考え方　知盛の言葉に従って立派な武将を追い求め、源氏の大将軍義経と行き会うが取り逃がしてしまい、「今はかう」(もはや運の尽き)と思い、死を覚悟する。その後は、武器・甲冑《かっちゅう》を捨て、名乗りを挙げて源氏の侍を挑発し、現れた大力の安芸太郎実光《あきのたろうさねみつ》・次郎兄弟を左右に抱えて入水《じゅすい》し、果てる。

2 **「見るべきほどのことは見つ。」(706 106・4 708 92・4)という言葉に込められた知盛の心情について、話し合ってみよう。**

考え方　追い詰められた平家の最後の戦いである。知盛は奮戦する教経を、「いたう罪なつくりたまひそ。」(706 104・7 708 90・7)、無益な殺生はするなと諭す。その教経も最期を遂げる。一門の主だった人々はほとんど死に、平家の命運も決した。軍の総帥として戦いを指揮し、平家の最後を見届けた知盛は、なすべきことはもはや何もないと、現世への未練はみじんもなかったのだろう。

3 **語句**　**次の傍線部の音便の種類は何か。また、もとの形に直してみよう。**

① **左右《さう》に持つて**(706 104・5 708 90・5)
② **退《の》いたりけるに、**(706 105・1 708 91・1)
③ **教経に組んで**(706 105・7 708 91・7)
④ **頼朝《よりとも》に会うて、**(706 105・7 708 91・7)

考え方　音便は、イ音便、ウ音便、促音便、撥《はつ》音便の種類がある。

解答　もとの形は(　)内。

① 促音便(持ち)　② イ音便(退き)
③ 撥音便(組み)　④ ウ音便(会ひ)

4 **探究**　**「今日を最後とや思はれけん、」(706 104・4 708 90・4)は、語り手が登場人物の心情を推量して述べたものである。本文の中から同じような例を見つけて抜き出してみよう。**

【考え方】叙述の流れの中で、違った視点からの叙述である。「挿入句」「挟み込み」などと言われ、すべて「疑問語……けん、」という、典型的な語り手の推測を表す表現である。

【解答】
・「判官かなはじとや思はれけん、」706 104・13 708 90・13
・「能登殿は早業や劣られたりけん、」706 105・2 708 91・2
・「その中に、……なにとしてか逃れたりけん、」706 106・8〜10 708 92・8〜10

静《しづか》の白拍子《しらびやうし》　〔義経記《ぎけいき》〕

教706 108〜110

※本教材は教708では学習しません。

【大意】教706 108ページ7行〜110ページ2行

源《みなもとの》義経《よしつね》に愛された白拍子《しらびやうし》の静は、鎌倉方に捕らえられ、頼朝の前で白拍子の舞を披露させられる。すばらしい芸でその場の人々を感動させるが、大胆にも義経への想《おも》いを歌い上げたことで頼朝の不興を買い、二位殿《にいどの》の取りなしを受ける。

【品詞分解／現代語訳】

静 そ(代) の(格助) 日 は(係助)、白拍子 多く(ク・用) 知り(四・用) たれ(助動・存・已) ども(接助)、ことに(副) 心 に(格助) 染む(四・体) もの なれ(助動・断・已) ば(接助)、

静はその日は、白拍子(の曲)をたくさん知ってはいたが、特に気に入ったものであったので、

しんむじやうの曲 と(格助) いふ(四・体) 白拍子 の(格助) 上手 なり(助動・断・用) けれ(助動・過・已) ば(接助)、心 も(係助) 及ば(四・未) ぬ(助動・打・体) 声色 にて(格助)、はたと(副)

しんむじょうの曲という白拍子の上手な舞い手でもあったので、(それを)想像もできないほどの(素晴らしい)声で、朗々と声

上げ(下二・用) て(接助) ぞ(係助(係)) 歌ひ(四・用) ける(助動・過・体(結))。上下 「あつ。」(感) と(格助) 感ずる(サ変・体) 声、雲 に(格助) 響く(四・終) ばかり(副助) なり(助動・断・終)。近く(形・用) は(係助)

を張り上げて歌った。(その場にいた)身分の高い人々と低い人々の「あっ。」と感心する声は、雲まで響くほどであった。近くの

聞き(四・用) て(接助) 感じ(サ変・用) けり(助動・過・終)。声 も(係助) 聞こえ(下二・未) ぬ(助動・打・体) 上 の(格助) 山 まで(副助) も(係助)、さ(副) こそ(係助(係)) ある(ラ変・体) らめ(助動・現推・已(結)) とて(格助)

者は実際に聞いて感心した。その声が聞こえない(八幡宮の)上の山の人までも、さぞすばらしい声であるだろうと想像して感じ入った。

サ変・用　助動・過・体
感じ　ける。

副助　下二・用　助動・存・用　助動・過・体　格助　ク・終　格助　係助(係)　四・用
しんむじやうの曲、半ら　ばかり　数へ　たり　ける　ところ　に、祐経　心なし　と　や　思ひ
(静が)しんむじょうの曲を、半分ほどのところを歌っていた時、(鼓を打っていた)工藤祐経《くどうすけつね》が(この曲が

助動・過推・体(結)　格助　格助　四・用　接助　格助　係助(係)　四・用　助動・完・用　助動・過・体(結)　格助　格助　格助　下二・用
けん、水干　の　袖　を　外し　て、せめ　を　ぞ　打ち　たり　ける。静、「君　が　代　の。」と　上げ
その場に合わず)配慮が足りないと思ったのだろうか、水干《すいかん》の袖を肩脱ぎして、曲の最後の速い調子を打った。静も、「君が代の(長く続くように)。」と歌

助動・完・用　助動・過・已　接助　(代)　格助　四・用　接助　ク・体　終助　副　四・未　助動・使・命　終助　格助
たり　けれ　ば、人々　これ　を　聞き　て、「情けなき　祐経　かな。いま　一折　舞は　せよ　かし。」と
い終えてしまったので、人々はこれを聞いて、「無粋な祐経であることよ。もう一折《ひとおり》(静に)舞わせるようにしろよ。」と申し上げた。

係助(係)　四・用　助動・過・体(結)　副　格助　格助　係助　終助　四・体　格助　四・未　終助　格助　四・用　接助
ぞ　申し　ける。「詮ずるところ、敵　の　前　の　舞　ぞ　かし。思ふ　こと　を　歌は　ばや。」と　思ひ　て、
(静は)「しょせん、敵の前での舞いであるのだよ。(何をしても罰せられるなら)思っていることを歌いたいものだ。」と思って、

間助　格助　四・用　格助　格助　四・体　終助
しづ　や　しづ　賤　の　をだまき　繰り返し　昔　を　今　に　なす　よし　もがな
「静よ、静。」と、(義経様が)繰り返し私の名を呼んでくださったあの昔を、今に取り戻す方法があればいいのになあ。

格助　下二・用　接助　四・用　助動・完・用　助動・過・体　格助　係助(係)　シク・体(結)
吉野山　嶺　の　白雪　踏み分け　て　入り　に　し　人　の　跡　ぞ　恋しき
吉野山の峰の白雪を踏み分けながら山中深く入ってしまわれた、あの方の跡が恋しく思われる。

格助　四・用　助動・完・用　助動・過・已　接助　格助　副　四・用　補尊・四・用　助動・過・終
と　歌ひ　たり　けれ　ば、鎌倉殿、御簾　を　さつと　下ろし　たまひ　けり。
と歌ったので、鎌倉殿(頼朝)は、(気分を悪くして)御簾《みす》をさっと下ろしなさった。

係助　下二・用　助動・完・体　助動・断・用　接助　補・ラ変・用　助動・詠・体　間助　格助　格助
鎌倉殿、「白拍子　は　興醒め　たる　もの　に　て　あり　ける　や。舞　の　舞ひやう、謡　の
鎌倉殿は、「白拍子とは興ざめなものであることよ。舞の舞い方、謡《うたい》の歌い

シク・未 助動・打・終 助動・断・已 接助 四・未 助動・打推・終 格助 四・用 助動・完・体 係助 格助

歌ひやう 怪しから ず。 頼朝 田舎人 なれ ば、 聞き知ら じ とて 歌ひ たる か。『賤《しず》 の

方は(どちらも)気に入らない。この頼朝が田舎者であるので、(歌の意味が)聞いてもわからないだろうと思って歌ったのか。『賤のをだまき繰り返し』とは、

四・用 格助 係助 格助 上二・用 接助 格助 格助 四・命 格助 係助 感 ク・用 四・用

をだまき 繰り返し』 と は、 頼朝 が 世 尽き て、 九郎 が 世 に なれ と や。 あはれ おほけなく 思ひ

頼朝の世が終わって、九郎(義経)の世になれと言っているのか。本当に身の程をわきまえず考えたものだよ。

助動・完・体 終助 格助 下二・用 接助 四・用 助動・完・用 助動・過・体 格助 格助 係助 副

たる もの かな。『吉野山 嶺 の 白雪 踏み分け て 入り に し 人 の』 と は、 例へば 頼朝

『吉野山嶺の白雪踏み分けて入りにし人の』とは、仮に頼朝が九郎を

格助 四・終 格助 四・已 接助 副 ラ変・終 格助 (連語) 感 ク・終 ク・終 格助 係助(係) 下二・未

九郎 を 攻め落とす と いへ ども、 いまだ あり と ごさんなれ。 あ 憎し 憎し。」 と ぞ 仰せ

攻め落としたといっても、いまだに(九郎は)健在だというのだな。ああ、憎らしい、憎らしい。」とおっしゃった。

助動・尊・用 助動・過・体(結)

られ ける。

(代) 格助 四・用 接助 シク・体 格助 接助 係助 ラ変・用 接助 係助(係) 四・用 接助

二位殿 これ を きこしめし て、「同じ 道 の 者 ながら も、 情け あり て こそ 舞ひ て

二位殿はこれをお聞きになって、「同じ芸の道の者であっても、(静は)風雅を解する心があるからこそ舞ったのでございます。

補丁・四・已(結) 助動・断・未 助動・打・未 助動・婉・体 係助 副 係助(係) 格助 四・用 補丁・四・終 助動・推・体(結) 副

候へ。 静 なら ざら ん 者 は いかで か 御前 にて 舞ひ 候ふ べき。 たとひ

静ではないような(他の)者がどうして頼朝様の御前で(このように見事に)舞いましょうか(、いや、舞うことはできません)。たとえ

ナリ・体 格助 係助 四・用 補丁・四・已 係助 ク・体 助動・断・已 接助 四・用 補丁・四・命 格助

いかなる 不思議 を も 申し 候へ、 女 は はかなき 者 なれ ば、 思しめし許し 候へ。」 と

どのような非常識なことを申しましたとしても、女はか弱い者ですので、(静の一途な思いを)お考えになってお許しなさいませ。」と申し上げなさったので、

四・未 助動・尊・用 補尊・四・用 助動・過・已 接助 格助 格助 副 下二・未 助動・尊・用 助動・完・終

申さ せ たまひ けれ ば、 御簾 の 片方 を 少し 上げ られ たり。

(頼朝殿は少し機嫌を直して)御簾の端のほうを少しお上げになった。

語句の解説

教706 108ページ

8 **心《こころ》も及《およ》ばぬ声色《こわいろ》にて**　想像もできないほどの(すばらしい)声で。
「にて」は手段・方法を表す格助詞。

8 **はたと上《あ》げて**　朗々と声を張り上げて。
「はたと」は、勢いよく何かを行う様子を表す擬態語。

9 **上下《じょうげ》「あつ。」と感《かん》ずる声《こえ》**　身分の高い人々と低い人々の「あっ。」と感心する声。
「上下」は、身分の高い者と低い者。「あつ」は、今でいう感動のため息の「ああ」。

10 **さこそあるらめ**　さぞすばらしい声であるだろう。
「さこそ」は、下に推量表現を伴って、「さぞかし」の意。「らむ」は、視覚外のことを推量する現在推量の用法。静の姿を一目見ようと集まった人々が、声が聞こえない場所で推量している。

教706 109ページ

1 **半《なか》らばかり数《かぞ》へ《エ》たりけるところに**　半分ほどのところを歌っていた時に。
白拍子の芸は、「舞ふ」や「歌ふ」ではなく「数ふ」という。

1 **心《こころ》なしとや思《おも》ひ《イ》けん**　配慮が足りないと思ったのであろうか。
語り手の挿入句。「しんむじやう」は「新無常」で、将軍の前で歌うものとして不適切なもの、という説がある。「けん(けむ)」は過去推量の助動詞。過去の原因推量としてもよい。

1　**祐経は何を「心なし」と思ったのか。**

答　この場にふさわしくない白拍子の曲を選んで舞い歌う静の、頼朝に対する配慮のなさ。

2 **上《あ》げたりければ**　(静が)歌い終えてしまったので。
「上ぐ」は、ここでは「曲を終える」の意。伴奏の祐経の鼓が最後の急拍子を打ったので、静も曲を終わらせた。

3 **情《なさ》けなき祐経《すけつね》かな**　無粋な祐経だよ。
「情けなし」は、ここでは「風流を解さない、無粋だ」の意。現代の「情けない」の意味とは異なる。静がすばらしい白拍子を披露しているのに、祐経がそれを途中で切り上げさせたことに対する人々の非難の言葉である。

4 **詮《せん》ずるところ**　しょせん。結局のところ。
「詮ず＋ところ」の連語と考えてもよい。漢語「所詮」の訓読み。

2　**頼朝のどのような気持ちの現れか。**

答　静の歌の内容が自分を非難するように受け取れ、腹立たしいという気持ち。

10 **怪《け》しからず**　不都合だ。気に入らない。
「好ましくない」「あるべきでない」という意味のシク活用形容詞「怪し」に、打消の助動詞「ず」が付いたものだが、打消の意味ではなく、「怪し」の意を強調している。「怪しからず」で「異様だ」「不都合だ」「ひどい」などの意。

12 **おほ《オ》けなく**　身の程をわきまえず。
「おほけなし」は、「身の程知らずだ、分不相応だ」の意の形容詞。

13 **例《たと》へ《エ》ば…いへ《エ》ども**　たとえ…だとしても。

「例へば」は、ここでは下の接続助詞「ども」と呼応して仮定条件を作る。

15 **二位殿《にいどの》これをきこしめして**　二位殿はこれ(頼朝の言葉)をお聞きになって。

「きこしめす」は、ここでは「聞く」の尊敬語。

15 **情《なさ》けありてこそ舞《ま》ひ《イ》て候《そうら》へ《エ》**　風雅を解する心があるからこそ舞ったのでございます。

「情け」は、ここでは「風雅を解する心」の意。敵味方の感情をこえて芸を追求する心である。二位殿は静を称賛している。

16 **いかでか御前《おまえ》にて舞《ま》ひ《イ》候《そうろ》ふ《ウ》べき**　どうして頼朝様の御前で(このように見事に)舞いましょうか(、いや、舞うことはできません)。

「いかでか…べき」は反語表現。「いかでか」を一語の副詞と考えてもよい。

16 **たとひ《イ》いかなる不思議《ふしぎ》をも申《もう》し候《そうら》へ《エ》**　たとえどれほど非常識なことを申し上げましても。

「たとひ」は仮定条件を作る呼応の副詞。ここでは「候へ」の下に伴うべき「とも」「ども」などの語が省略されている。「不思議」は、ここでは「非常識なこと」の意。静が、頼朝の前で、義経への思慕を歌ったことを指す。

教706 110ページ

1 **女《おんな》ははかなき者《もの》なれば、思《おぼ》しめし許《ゆる》し候《そうら》へ《エ》**　女はか弱い者ですので、(静の一途な思いを)お考えになってお許しなさいませ。

「はかなし」は、ここでは「しっかりしていない、頼りない」の意。当時の女性は男性を頼りにしなくては生きていけない立場だった。「思しめし許す」は、「思ひ許す」の尊敬表現。

1 **申《もう》させたまひ《イ》ければ**　申し上げなさったので。

二位殿が頼朝に申し上げたのである。「申す」は、作者から頼朝(二位殿の「申す」対象)への敬意、「せたまふ」は、作者から二位殿(「申す」の主体)への敬意を示す。二方面への敬意の形。

学習のポイント

1 **静の舞に対する上下の人々と、祐経との反応の違いを整理してみよう。**

考え方　上下の人々は「『あつ。』と感ずる声、雲に響くばかりなり」706 108・9、「声も聞こえぬ上の山までも、さこそあるらめ」706 108・10、祐経は途中で「せめをぞ打ちたりける」706 109・2で、曲を終わらせてしまっていることに注目する。

解答例

・上下の人々…あたりに響き渡るほどの感嘆の声を上げた。近くの人々は、静の声を実際に聞いてそのすばらしさに感心し、声の聞こえない場所にいる人々も、美しい歌声を想像して感じ入った。

・祐経…静の配慮が足りず、この場にふさわしくない曲を選んで舞い歌っていると考え、急いで曲を終わらせてしまった。

・上下の人々…祐経が急いで曲を終わらせたことを非難し、静にもう一折《ひとおり》(舞や曲の一区切り)舞わせようとした。

2 敵の前で歌った「しづやしづ…」と「吉野山…」との二首で、静は何を表現したかったのか、説明してみよう。

考え方 「しづやしづ…」の歌の「昔を今になすよしもがな」(昔の状況を今に取り返したいものだよ)の「昔」が指す内容や、「吉野山…」の歌の「人」が義経であることを考える。

解答例 いつまでも愛する義経を思い続けるという、自分の気持ち。

3 二位殿のことばの前後で、頼朝の心情がどのように変化したか、考えてみよう。

考え方 二位殿は、静が「情け」があり、「女」という「はかなき者」である、と頼朝に訴えている。この二位殿の言葉を聞いて、頼朝は下ろした御簾を上げたのである。

解答例 自分を非難するかのような静の歌を無礼で腹立たしいと思ったが、二位殿の静をかばう言葉を聞き、非礼を許す気持ちが表れた。

4 語句 次の傍線部の助詞の意味・用法を確認してみよう。

① 情けなき祐経かな。(706 109・3)
② いま一折《ひとをり》舞はせよかし。(706 109・3)
③ 思ふことを歌はばや。(706 109・4)
④ 昔を今になすよしもがな (706 109・6)

考え方 全て終助詞で、願望や詠嘆、念押しなどの意味をもつ。

解答 ①かな　感動・詠嘆(…なあ、…よ、…ことよ)。体言や活用語の連体形に接続する。
②かし　念押し(…よ、…ね)。活用語の終止形や終助詞に接続する。
③ばや　自己の願望(…たい)。活用語の未然形に接続する。
④もがな　願望(…であればいい)。体言や形容詞の連用形などに接続する。

8 和歌・歌謡・歌論

●『万葉集』とは

現存する最古の和歌集。二〇巻。約四五〇〇首の歌を収める。七五九年以降に二〇巻の形になったと考えられる。作品の時代はほぼ四〇〇年にわたる。作者は、天皇・皇族・貴族などから一般庶民にまで及ぶ。撰者《せんじゃ》は未詳だが、編纂《へんさん》の最終段階で大伴家持《おおとものやかもち》が関係していたと推定される。部立《ぶだて》は、雑歌《ぞうか》・相聞《そうもん》・挽歌《ばんか》に分類され、歌体は、短歌、長歌、旋頭歌《せどうか》、仏足石歌《ぶっそくせきか》の形式が見られる。修辞技法としては、枕詞《まくらことば》や序詞《じょことば》が多く使われている。五七調、二句切れにより、素朴で力強い印象を与えることから、「ますらをぶり」と呼ばれる。

●『古今和歌集』とは

九〇五年、醍醐《だいご》天皇の勅命により撰進《せんしん》されたわが国最初の勅撰《ちょくせん》和歌集。二〇巻。約一一〇〇首の歌を収める。撰者は、紀貫之《きのつらゆき》、紀友《とも》則《のり》、壬生忠岑《みぶのただみね》、凡河内躬恒《おおしこうちのみつね》の四人。掛詞《かけことば》や縁語を中心とした修辞技法を駆使し、技巧的、理知的で複雑な内容を表現する。七五調の流麗で優美な韻律により、『万葉集』と比較して「たをやめぶり」と呼ばれる。後に続く勅撰和歌集の範とされ、後世まで最も尊重された。

●『新古今和歌集』とは

第八番目の勅撰和歌集。二〇巻。約一九八〇首の歌を収める。後鳥羽院の院宣によるもので、一二〇五年成立。撰者は、源通具《みなもとのみちとも》、藤原有家《ふじわらのありいえ》、藤原定家《さだいえ》、藤原家隆《いえたか》、藤原雅経《まさつね》、寂蓮《じゃくれん》。歌風は、華麗、優美で、観念を感覚的に形象化する象徴表現に特徴がある。本歌取りや体言止め、見立てなどの修辞技法を用い、余情を巧みに演出して一首の和歌にとどまらない広がりを印象づけている。また、初句切れや三句切れによって、韻律の多様性を実現する。

●『無名抄《むみょうしょう》』とは

歌論書。作者は鴨長明《かものちょうめい》。成立は鎌倉時代前期(一二一一年頃)。約八〇段から成る。内容は、和歌に関する歌枕、歌人の伝記、逸話、詠歌の心得、和歌の風体や表現についての考察など。藤原定家の歌論の影響を強く受ける。

●『梁塵秘抄《りょうじんひしょう》』とは

平安時代末期の歌謡集。編者は後白河法皇。二〇巻。「今様」と呼ばれる当時の流行歌謡の集大成を目指した。

●『閑吟集《かんぎんしゅう》』とは

室町時代の歌謡集。一五一八年の成立。編者は未詳。歌数三一一首の大半は恋の歌である。短詩型の小歌《こうた》が三分の二以上を占める。

●『正徹《しょうてつ》物語』とは

歌論・歌学書。作者は正徹。成立は室町時代中期(一四五〇年頃)。和歌の理念、名歌の評釈、歌人の逸話などが随筆風に書かれている。

●『連理《れんり》秘抄』とは

連歌論書。作者は二条良基《よしもと》。成立は室町時代前期(一三四九年頃)。内容は、連歌の歴史や本質、創作の心構え、技法、式目に至るまで詳細に述べ、連歌を理論的に確立している。

万葉集

教706 112〜116 教708 94〜98

【品詞分解/現代語訳】教706 112ページ 教708 94ページ

天皇、蒲生野《がもうの》 に〔格助〕 遊猟 する〔サ変・体〕 時 に、〔格助〕 額田王 の〔格助〕 作る〔四・体〕 歌

天皇が、蒲生野にて薬狩りをする時に、額田王が作る歌

あかねさす〔枕〕 紫草野 行き〔四・用〕 標野《しめの》 行き〔四・用〕 野守 は〔係助〕 見〔上一・未〕 ず〔助動・打・終〕 や〔係助〕 君〔代〕 が〔格助〕 袖 振る〔四・体〕

紫草の生える標野を行ったり来たりなさって、野の番人は見ないでしょうか、あなたが袖を振るのを。

額田王《ぬかたのおほきみ》

（巻一、二〇）

語句の解説

教706 112ページ 教708 94ページ

2 野守《のもり》は見《み》ずや 野の番人は見ないでしょうか。

「や」は、疑問を表す係助詞。

2 君《きみ》が袖振《そでふ》る あなたが袖を振るのを。

「袖振る」は、ここでは「合図を送る」意。他に「別れを惜しむ」意もある。「野守は見ずや」と倒置になっているので「振る」は連体形。

1 「袖振る」はどのような心情を表現しているか。

答 相手に自分はここにいると知らせようとする心情。

鑑賞 天智《てんじ》天皇の薬狩りの宴席で歌われた座興の歌か。元々大海人皇子《おおあまのみこ》の妻であった額田王の歌であり、すぐ後に皇子が答える歌が続くことから、天智天皇と大海人皇子との間で妻を争う歌と考えられてきたが、現在では宴席での歌のやりとりと考えられている。四句切れ。

【品詞分解/現代語訳】教706 112ページ 教708 94ページ

皇太子 の〔格助〕 答ふる〔下二・体〕 御歌 明日香宮《あすかのみや》 に〔格助〕 天の下 治め〔下二・用〕 たまひ〔四・用〕 し〔助動・過・体〕 天皇、諡 を〔格助〕 天武天皇 と〔格助〕 言ふ〔四・終〕

皇太子が答える御歌 明日香宮で天下を治めなさった天皇は、諡《おくりな》を天武天皇と言う

大海人皇子《おほあまのみこ》

紫草 の にほへ る 妹 を 憎く あらば 人妻 故《ゆゑ》 に 我 恋ひ め や も　（巻一、二一）

格助　四・已(命)　助動・存・体　格助　ク・用　ラ変・未　接助　格助　(代)　上二・未　助動・推・已　係助　終助

紫草のように色うるわしいあなたを(もし)憎く思うのなら、(あなたは)人妻なのだからどうして私があえて恋するだろうか。

紀 に 曰はく、「天皇 の 七年 丁卯 の 夏 五月五日、蒲生野 に 縦猟す。時 に、大皇弟・諸王・内臣

格助　(連語)　格助　格助　格助　サ変・終　格助

『日本書紀』が記すには、「天武天皇七年丁卯《ていぼう》の夏の五月五日、蒲生野《かもうの》に薬狩りをする。その時に、大皇弟《ひつぎのみこ》・諸王《おおきみたち》・内臣《うえのまえつきみ》や

また 群臣、皆悉 従ふ」と いふ。

接　副　四・終　格助　四・終

また群臣《まえつきみたち》は、残らず天皇に従う」とある。

5 恋《こ》ひ《イ》めやも　恋するだろうか(、いや、しないだろう)。

「や」は反語を表す係助詞。「も」は詠嘆を表す終助詞。

鑑賞

すぐ前の額田王の歌に答える大海人皇子の歌。額田王は初め、大海人皇子に嫁ぎ、十市皇女《とおちのひめみこ》を産んでいるが、その後天智天皇に召されている。そのことを背景にして、意表をつくような答歌を詠み、宴席の笑いを誘ったのではないかと考えられる。句切れなし。

語句の解説　教706 112ページ　教708 94ページ

5 **紫草《むらさき》の**　紫草のように。

「紫草」は、染料の色。前の歌からの連想で用いた言葉。「の」は、比喩を表す格助詞。

5 **妹《いも》**　あなた。

男性が女性を、親しみをこめて呼ぶ言い方。対義語は「兄《せ》」。

【品詞分解／現代語訳】　教706 112ページ　教708 94ページ

山上憶良臣、宴 を 罷る 歌一首　山上憶良《やまのうへのおくら》

格助　四・体

山上憶良臣が、宴を退出する歌

憶良ら は 今 は 罷ら む 子 泣く らむ それ そ の 母 も 我 を 待つ らむ そ　（巻三、三三七）

係助　係助　四・未　助動・意・終　四・終　助動・現推・終　接　(代)　格助　係助　(代)　格助　四・終　助動・現推・体　終助

憶良めは、今はもう退出いたします。今ごろ(家で)子が泣いているでしょう。そもそもその(子の)母親も私を待っているでしょう。

語句の解説　教706 112ページ　教708 94ページ

9**罷《まか》らむ**　退出する。
「罷《まか》る」は、目上の人の前から許しを得て退出する意の謙譲語。

9**それ**　そもそも。
接続詞。漢文の訓読に用いられる用法。

9**その母《はは》**　その(子の)母親。
自分の妻を婉曲に表現した言い方。

鑑賞

宴席から途中で退出することの許しを乞う内容の歌。自分の名前を最初に挙げ、自分を卑下するように「憶良ら」とするあたりも、宴席の笑いを誘う意図があろうか。「子供が泣いているだろうから」という口実や、妻を「子供の母」というように婉曲に表す言い方にもユーモラスな表現が見える。二句・三句切れ。

【品詞分解／現代語訳】　教706 113ページ　教708 95ページ

大宰師《だざいのそち》大伴卿、酒を讃むる歌（第一首）
大宰師大伴卿（大伴旅人）が、酒を褒めた歌

大宰師大伴卿、	酒	を	讃むる	歌
		格助	下二・体	

大伴旅人《おほとものたびと》

験	なき	物	を	思は	ず	は	一坏	の	濁れ	る	酒	を	飲む	べく	ある	らし
	ク・体		格助	四・未	助動・打・用	係助		格助	四・已(命)	助動・存・体		格助	四・終	助動・適・用	ラ変・体	助動・定・終

（巻三、三三八）

悩んでも甲斐《かい》のないことを思うのはやめて、一杯の濁り酒を飲むほうがよいにちがいない。

語句の解説　教706 113ページ　教708 95ページ

2**験《しるし》**　ここでは「ある行いの効果、価値、甲斐《かい》」の意。

2**思《おも》は《ワ》ずは《ワ》**　思わないで。悩まないで。
この「ずは」は上代の用法で、「…ないで」の意。

2**飲《の》むべくあるらし**　飲むほうがよいにちがいない。
助動詞「べし」は適当の意。「らし」は根拠ある推定の意。酔えば沈鬱なもの思いを一時忘れていられる、というのが根拠。

鑑賞

大伴旅人が大宰府赴任中に詠んだ一首。この任官は、当時藤原氏が勢力を増す中、皇族の左大臣長屋王《ながやおう》側の旅人を都から遠ざける目的もあったとされる。言わば左遷同様の人事であった上に、任官間もなく妻を亡くし、一族の将来を案じても打つ手がなく、どれほど嘆いても妻が戻ることはない、酒に酔って憂鬱を紛らすしかないのだ、という思いで詠んだ歌である。

穂積親王《ほづみのみこ》

【品詞分解／現代語訳】 教706 113ページ 教708 95ページ

穂積親王	の	御歌	一首
	格助		

穂積親王の（お詠みになった）歌の一首

家	に	あり	し	櫃	に	鏁刺し	蔵め	て	し	恋	の	奴	が	つかみかかり	て
	格助	ラ変・用	助動・過・体		格助	四・用	下二・用	助動・完・用	助動・過・体		格助		格助	四・用	接助

（巻一六、三八一六）

家にあった櫃《ひつ》に掛け金をかけてしまっておいた（あの面倒な）恋の奴めが、またつかみかかってきて。

右	の	歌	一首、	穂積親王、	宴飲	の	日	に、	酒	酣なる	時	に、	よく	こ	の	歌	を	誦み、	以て	恒	の	賞で
	格助					格助		格助		ナリ・体		格助	副	（代）	格助		格助	四・用	接	ナリ（音）	格助	

右の歌一首は、穂積親王が、皆で酒盛りをした日、宴が盛り上がってきた時に、好んでこの歌をうたい、そうしていつも座興となさった、

と	し	たまふ、	と	いふ。
格助	サ変・用	補尊・四・終	格助	四・終

という。

語句の解説

教706 113ページ 教708 95ページ

4 恋《こい》の奴《やっこ》がつかみかかりて　恋の奴めが、またつかみかかってきて。言いさしの表現。また恋に落ちてしまったということ。

6 宴飲《えんいん》　酒盛り。酒宴。

6 酒酣《さけたけなわ》なる時《とき》　酒宴が盛り上がった頃。

鑑賞

穂積親王は天武天皇の皇子で、異母妹の但馬皇女《たじまひめみこ》との悲恋が有名である。親王は皇女が亡くなってしばらく後、大伴家持の叔母の大伴坂上郎女《さかのうえのいらつめ》を妻に迎えた。但馬皇女との後にはもう恋愛などない、と思っていた親王が、坂上郎女と出会ってまた恋に落ちたという想《おも》いを詠んだ歌とも考えられる。

柿本人麻呂《かきのもとのひとまろ》

【品詞分解／現代語訳】 教706 114ページ 教708 96ページ

柿本朝臣《あそみ》人麻呂、	石見国《いわみ》	より	妻	を	別れ	て	上り来る	時	の	歌	［并せて短歌］
		格助		格助	下二・用	接助	カ変・体		格助		

柿本朝臣人麻呂が、石見の国から妻と別れて都に上ってくる時の歌

格助　格助　ク・終　格助　係助(係)　上一・用　助動・現推・已(結)　ク・終　格助　係助(係)　上一・用　助動・現推・已(結)

石見の海　角の浦廻を　浦なしと　人こそ見らめ　潟なしと　人こそ見らめ

石見の海の角の(岸の湾曲して入り組んだ)海辺を、よい浦がないと人は見るだろうが、よい潟がないと人が見るだろうが、

(連語)　係助　ク・用　接助　(連語)　係助　ク・用　接助　(枕)　格助　四・用　接助　格助　格助

よしゑやし　浦はなくとも　よしゑやし　潟はなくとも　いさな取り　海辺をさして　にきたづの　荒磯の上

ままよ、よい浦はなくとも、ままよ、よい潟はなくとも、海辺をめざしてにきたづの荒磯の辺りに

格助　ク・用　上二・体　格助　四・体　係助(係)　下二・未　助動・推・已(結)　四・体　係助(係)　四・已(結)　格助　副

に　か青く生ふる　玉藻沖つ藻　朝はふる　風こそ寄せめ　夕はふる　波こそ来寄れ　波のむた　か

青々と生える美しい藻や沖の藻を、朝吹く風が寄せるだろう、夕方に立つ波が寄せて来るだろう、波とともにこう寄った

四・用　副　四・体　下二・用　助動・過・体　格助　(枕)　四・用　接助　副助　カ変・已　接助　(代)　格助　格助　格助

寄り　かく寄る　玉藻なす　寄り寝し妹を　露霜の　置きてし来れば　この道の　八十隈ごとに

り、ああ寄ったりする藻のように寄り添って寝た妻を置いてきたので、この道の多くの曲がり角ごとに

副　サ変・已　接助　副　副　係助　四・用　助動・完・終　副　副　係助　カ変・用　助動・完・終　(枕)　下二・用　接助

万度　かへり見すれど　いや遠に　里は離りぬ　いや高に　山も越え来ぬ　夏草の　思ひしなえて

何度も何度も振り返って見るのだが、いよいよ遠く里は離れてしまった。いよいよ高く山も越えて来てしまった。今ごろ思いしおれて(私を)慕って

四・終　助動・現推・体　格助　上一・未　助動・意・終　四・命　(代)　格助

偲ふらむ　妹が門見む　なびけこの山

いるだろう妻の家の門を見ようと思う。平たくなれ、この山よ。

(巻二、一三一)

語句の解説

教706 114ページ　教708 96ページ

3 **人《ひと》こそ見《み》らめ**　人は見るだろうが。
「こそ」の結びは現在推量の助動詞「らむ」の已然形「らめ」だが、ここで切れず、逆接で続いている。

4 **よしゑ《え》やし**　ままよ。
副詞「よしゑ」＋間投助詞「やし」。一語の感動詞ともとれる。

7 **露霜《つゆしも》の**　「置き」にかかる枕詞。

8 **万度《よろずたび》**　何度も何度も。

9 **いや遠《とお》に**　いよいよ遠く。
「いや」は副詞。甚だしい様子を表す。

10 **偲《しの》ふ《ウ》らむ《ン》**　慕っているであろう。
「偲ふ」は、四段活用の動詞「偲ぶ」。上代は清音であった。「思い慕う」の意。

【品詞分解／現代語訳】 教706 114ページ　教708 96ページ

反歌二首

石見 の（格助） や（間助） 高角山 の（格助） 木 の（格助） 間 より（格助） 我（代） が（格助） 振る（四・体） 袖 を（格助） 妹 見（上一・用） つ（助動・強・終） らむ（助動・現推・体） か（係助）　（巻二、一三二）

石見の角の地にある高い山の木の間から私が振る袖を、妻はきっと見ているだろうか。

笹 の（格助） 葉 は（係助） み山 も（係助） さやに（副） さやげ（四・已） ども（接助） 我（代） は（係助） 妹 思ふ（四・終） 別れ来（カ変・用） ぬれ（助動・完・已） ば（接助）　（巻二、一三三）

笹の葉は、山全体にさやさやと音を立てているが、私は妻（だけを）思っている。別れてきてしまったので。

語句の解説 教706 114ページ　教708 96ページ

12 石見《いわみ》のや　「や」は間投助詞。句の音数を整える働きをしている。

2 「振る袖」はどのような心情を表現しているか。

答 妻との別れを惜しむ心情。

12 見《み》つらむ《ン》か　きっと見ているだろうか。「つ」は強調の助動詞の終止形。「らむ」は現在推量の助動詞の連体形。「か」は疑問。

14 さやにさやげども　さやさやと音を立てているが。「笹の葉」が風に乱れ動く様子。「さやに」は「さやさやと」、「さやぐ」は、ここでは「さやさやと音を立てる」の意。

鑑賞

妻と別れてきた悲しみを詠んだ長歌とその反歌二首である。長歌では、対句をふんだんに用いてたたみかけるような感情を表現し、作者の石見への愛着やそこに住む妻への強い愛情を表現している。「なびけこの山」と自然を従わせようとする強い言葉にもそれが表れている。反歌の「石見のや」では、妻の視点を思うような転換がなされており、「笹の葉は」では、音を立てて乱れ動く山に対して、自分の心が真っすぐに妻に向かっていることをうたっている。

【品詞分解／現代語訳】 教706 115ページ　教708 97ページ

二十五日 に（格助） 作る（四・体） 歌　大伴家持《おほとものやかもち》

（二月）二十五日に作る歌

うらうらに	照れ	る	春日	に	ひばり	上がり	心	悲し	も	ひとり	し	思へ	ば
副	四・已(命)	助動・存・体		格助		四・用		シク・終	終助		副助	四・已	接助

（巻一九、四二九二）

うららかに照っている春の日差しの中に雲雀《ひばり》が舞い上がり、何となくもの悲しいことだ。一人でもの思いにふけっていると。

春日	遅々に、	鶬鶊	正に	啼く。	悽惆	の	意、	歌	に	非	ず	して	は	撥ひ難き	のみ。
	ナリ・用		副	四・終		格助			助動・断・用	補・ラ変・未	助動・打・用	格助	係助	ク・体	副助

春の日はのどかで、うぐいすが今しも鳴いている。心が晴ればれとせず痛むこの思いは、歌でなくては払いのけがたい。

仍りて	こ	の	歌	を	作り、	式	て	締緒	を	展べ	たり。
接	(代)	格助		格助	四・用	四・用	接助		格助	下二・用	助動・完・終

そこでこの歌を作って、もつれ結ぼれた心を述べたのである。

語句の解説

教706 115ページ　教708 97ページ

2 **うらうらに**　うららかに。「のどかに、うららかに」の意の副詞。

2 **心悲《こころかな》しも**　何となくもの悲しいことだ。「悲し」はここでは「切なく悲しい」の意。他に「ふびんだ」「残念だ」の意もある。「も」は詠嘆の終助詞。ここで句切れになる。

2 **ひとりし思《おも》へ《エ》ば**　一人でもの思いにふけっていると。「し」は「ひとり」を強調する副助詞。第四句と倒置。普通の語順は「ひとりし思へば心悲しも」である。

鑑賞

春の日にひばりが歌う明るい叙景から、「心悲しも」「ひとりし思へば」と孤独な悲しみの心情へと展開している。この悲しみは、表面的なものではなく、生きてあること自体の根源的な孤独感からきているものと思われる。それは春の光の中でいっそう深まる。四句切れ。

【品詞分解／現代語訳】　教706 116ページ　教708 98ページ

〔東歌〕

足	の	音	せ	ず	行か	む	駒	もが	葛飾	の	真間	の	継ぎ橋	やま	ず	通は	む
	格助		サ変・未	助動・打・用	四・未	助動・婉・体		終助		格助		格助		四・未	助動・打・用	四・未	助動・意・終

足音を立てないで行く馬がほしいものだ。（そうすれば、その馬で）葛飾《かつしか》の真間《まま》の継ぎ橋を絶えず通おう、あの娘《こ》のもとに。

（巻一四、三三八七）

右、	下総国	の	歌
		格助	

右は、下総国《しもつふさのくに》の歌

語句の解説　教706 116ページ　教708 98ページ

2 足《あ》の音《おと》せず　足音を立てないで。

「あ」は「あし」の古い語形で、単独で用いられることは珍しい。普通は「足掻《あが》く」「足踏《あぶ》み」のように複合した形で用いられる。

2 駒《こま》もが　馬がいればいいなあ。

「もが」は自己の願望を表す終助詞。

2 やまず通《かよ》はむ《ワン》　絶えず通おう。

橋を通って、あの娘のもとに絶えず通いたいものだという気持ち。

鑑賞

恋人のもとに行くためには真間の継ぎ橋を通らなければならないが、音を立てると知られてしまうので、音を立てない馬がほしいという、恋人のもとへ通いたいという心が純粋素朴に詠まれている。

【品詞分解／現代語訳】教706 116ページ　教708 98ページ

〔防人歌〕　　　玉造部広目《たまつくりべのひろめ》

我ろ	（代）
旅	
は	係助
旅	
と	格助
思ほ	四・已
ど	接助
家	
に	格助
して	接助
子	
持ち	四・用
痩す	下二・終
らむ	助動・現推・体
我	（代）
が	格助
妻	
かなし	シク・終
も	終助

（防人《さきもり》の役に就くための）私の旅はまさしく旅だとあきらめるが、家にいて子を抱えて痩せているであろうわが妻がいとしいことだ。

右、玉作部広目

右は、玉作部広目の歌

（巻二〇、四三四三）

語句の解説　教706 116ページ　教708 98ページ

5 家《いい》にして　家にいて。

安住できる「家」と困難を極めた「旅」とは、当時しばしば対比して用いられた。

5 かなしも　いとしいことだ。

「かなし」はここでは「愛し」と書いて、「いとしい」の意。

鑑賞

防人として旅立った夫の、留守を守る妻への思いやりを率直に詠んだ歌。夫は、自分の「旅」よりも、子を抱え痩せる妻の方が苦しいだろうと思ったのだろう。多用された方言や、リアリティーある第四句「子持ち痩すらむ」が、実感となって迫ってくる。

学習のポイント

1 右の和歌はどのような場で詠まれた歌と考えられるか。詞書や左注から考えてみよう。

解答例

・「あかねさす…」「紫草《むらさき》の…」…薬狩りの場。
・「憶良《おくら》らは…」「験《しるし》なき…」「家にありし…」…宴会の場。
・「石見《いはみ》の海…」「石見のや…」「笹《ささ》の葉は…」…妻を置いて都に上ってくる道中。
・「うらうらに…」…春の風景が眺められる自宅など。
・「足《あ》の音せず…」…恋人をひそかに訪ねていく道中。
・「我《わ》ろ旅は…」…防人に出ていく旅の道中。

2 **探究** 『万葉集』の和歌が本来どのように書かれていたのかを調べ、その書き方の工夫や特徴をまとめてみよう。

考え方 706 115ページ 708 97ページの写真を確認しよう。『万葉集』が成立したと考えられる奈良時代末期には、まだ日本固有の文字はなく、中国の漢字を借りて日本語の音節を表記していた。「万葉仮名」といわれる。語順は日本語である。意味に関係なく漢字の音や訓だけを用いる場合や、漢字の意味どおりに用いる場合がある。また、「戯書（ざれがき）」という言葉や文字遊びなどもある。

古今和歌集

教706 117〜121　教708 99〜103

仮名序　やまと歌　紀貫之《きのつらゆき》

【大　意】 教706 117ページ1〜6行　教708 99ページ1〜6行

和歌は、人の心がもととなって言葉になっていったものである。生きている人は、心に思うことを、見るもの聞くものに託して、すべて歌に詠むのである。歌は、天地を動かし、鬼神を感動させ、男女の仲を親しくさせ、勇猛な武士の心をも和らげる。

【品詞分解／現代語訳】

やまと歌	は、	人	の	心	を	たね	と	し	て、	よろづ	の	言の葉	と	ぞ	なれ	り
	係助		格助		格助		格助	サ変・用	接助		格助		格助	係助(係)	四・已(命)	助動・存・用

和歌は、人の心をもととして、(種から葉が生じるように)さまざまな言葉となっていったものだ。

ける。 世の中 に ある 人、ことわざ しげき もの なれ ば、心 に 思ふ こと を、見る もの、

世の中に生きる人は、関わる事柄や行為が多いものであるので、心に思ったことを、見るもの、

聞く もの に つけ て、言ひいだせ る なり。 花 に 鳴く うぐひす、水 に すむ かはづ の 声

聞くものに託して、口に出して言ったのである。花(の枝)に鳴く鶯、水にすむかわずの鳴く声を聞くと、

を 聞け ば、生き と し 生け る もの、いづれ か 歌 を 詠ま ざり ける。 力 を

生きているすべてのもので、どれが歌を詠まないだろうか(、いや、詠まないものなどない)。力を入

も 入れ ず して、天地 を 動かし、目 に 見え ぬ 鬼神 を も、あはれ と 思は せ、

れないで、天地(の神々の心)を動かし、目に見えない荒々しく恐ろしい神であっても、しみじみと感動させ、

男女 の なか を も やはらげ、猛き 武士 の 心 を も なぐさむる は 歌 なり。

男女の仲を親しくさせ、勇猛な武士の心でさえ和らげるのは歌なのだ。

語句の解説

教706 117ページ　教708 99ページ

仮名序　『古今和歌集』の仮名で書かれた序文。漢文で書かれた「真《ま》名《な》序」もある。

1 **人《ひと》の心《こころ》をたねとして**　人の心をもととして。「人の心」を植物の「たね(種)」にたとえ、言葉を種から生じる植物の葉にたとえている。

2 **ことわざ**　関わる事柄や行為。「ことわざ」は、ここでは「人間の行為、仕事」の意。生きていて、関わりあういろいろなこと。

1 この場合の「歌」とはどのようなものか。

答　心に思うことを言い表すもの。

4 **いづ《ズ》れか歌《うた》を詠《よ》まざりける**　どれが歌を詠まないだろうか(、いや、詠まないものなどない)。「か」は反語の意味の係助詞。「ける」は詠嘆の助動詞「けり」の連体形で「か」の結び。

6 **猛《たけ》き武士《もののふ》の心《こころ》**　勇猛な武士の心。「猛し」は、ここでは「勇猛だ、勇ましい」の意。

六歌仙の歌

【大　意】 教706 118ページ1行〜119ページ11行　教708 100ページ1行〜101ページ11行

有名な歌人でも、僧正遍昭《そうじょうへんじょう》は歌の「さま」は体得しているが「まこと」が少ない。在原業平《ありわらのなりひら》は「心」がありすぎて「詞《ことば》」が足りない。文屋康秀《ふんやのやすひで》は「詞《ことば》」は巧みだが「さま」が合わない。喜撰《きせん》は「詞《ことば》」が不明瞭である。小野小町《おののこまち》は、しみじみとした風情があるが強さがない。大伴黒主《おおとものくろぬし》は「さま」に品がない。

【品詞分解／現代語訳】

近き（ク・体）　世　に（格助）、そ（代）の（格助）　名　聞こえ（下二・用）　たる（助動・存・体）　人　は（係助）、すなはち（接）　僧正遍昭　は（係助）、歌　の（格助）　さま　は（係助）

近い時代に、（歌人として）その名が聞こえている人としては、すなわち僧正遍昭は、歌の一首全体の情趣や印象は

得（下二・用）　たれ（助動・存・已）　ども（接）、まこと　少なし（ク・終）。たとへば（副）、絵　に（格助）　かけ（四・已（命））　る（助動・存・体）　女　を（格助）　見（上一・用）　て（接）　いたづらに（ナリ・用）

整っているけれども、真実味が少ない。たとえるなら、絵に描いてある美しい女を見て、無意味に

心　を（格助）　動かす（四・体）　が（格助）　ごとし（助動・比・終）。

心を動かすようなものである。

浅緑　糸　よりかけ（下二・用）　て（接）　白露　を（格助）　珠　に（格助）　も（係助）　貫け（四・已（命））　る（助動・存・体）　春　の（格助）　柳　か（終助）　（春上、二七）

うすい緑色の糸をよって掛けて、白露を玉として貫いている春の柳だよ。

在原業平　は（係助）、そ（代）の（格助）　心　あまり（四・用）　て（接）、詞　たら（四・未）　ず（助動・打・終）。しぼめ（四・已（命））　る（助動・存・体）　花　の（格助）　色　なく（ク・用）　て（接）、

在原業平は、その情熱があふれすぎて、表現する言葉に不十分な点がある。（例えば）しぼんでいる花が美しい色つやはなくなって、

にほひ　残れ（四・已（命））　る（助動・存・体）　が（格助）　ごとし（助動・比・終）。

香りが残っているようなものだ。

月は去年ここで見た月と違うのか。春は去年の春ではないのか。私の身だけはもとのままなのだが。

月や　あら　ぬ　春　や　昔　の　春　なら　ぬ　わ　が　身　ひとつ　は
もと　の　身　に　して　（恋五、七四七）

文屋康秀は、言葉は巧みであって、その歌の姿は内容に似合っていない。たとえていうならば、商人が

文屋康秀　は、詞　は　巧みに　て、そ　の　さま　身　に　負は　ず。いは　ば、商人　の
よき　衣　着　たら　む　が　ごとし。

（不釣り合いな）立派な着物を着ているようなものである。

吹く　からに　秋　の　草木　の　しをるれ　ば　むべ　山風　を　あらし　と　いふ　らむ　（秋下、二四九）

その風が吹くとすぐに草木がしおれるので、なるほど山風を嵐と言うのだろう。

宇治山　の　僧　喜撰　は、詞　かすかに　して、始め　終はり　確かなら　ず。いは　ば、秋　の　月　を
見る　に　暁　の　雲　に　あへ　る　が　ごとし。詠め　る　歌、多く　聞こえ　ね　ば、

宇治山の僧喜撰は、言葉が不明瞭で、（歌の）始めと終わりがはっきりしていない。いうならば、秋の月を見ているうちに暁の雲に覆われてしまったようなものである。その詠んだ歌が、多くは伝わっていないので、

かれ　これ　を　かよはし　て、よく　知ら　ず。

あれこれの歌を参照し比較して、深く理解することができない。

わ　が　庵　は　都　の　辰巳　しか　ぞ　住む　世　を　うぢ山　と　人　は　いふ　なり　（雑下、九八三）

わが庵《いお》は都の東南にあり、このように（心安らかに）住んでいるのだが、この世を「憂し」と思って宇治山に隠れ住んでいると世間の人は言うようだ。

小野小町 は、(係助) いにしへ の(格助) 衣通姫《そとおりひめ》 の(格助) 流 なり。(助動・断・終) あはれなる(ナリ・体) やう に(助動・断・用) て(接助) つよから(ク・未) ず。(助動・打・終)

小野小町は、昔の衣通姫の歌の流れをくむ歌人である。しみじみと心をひかれる姿であって強くはない。

いは(四・未) ば、(接助) よき(ク・体) 女 の(格助) なやめ(四・已(命)) る(助動・存・体) ところ ある(ラ変・体) に(格助) 似(上一・用) たり。(助動・存・終) つよから(ク・未) ぬ(助動・打・体) は(係助) 女 の(格助) 歌 なれ(助動・断・已) ば(接助) なる(助動・断・体) べし。(助動・推・終)

いうならば、美しい女が病気になっているところがあるのに似ている。強くないのは女の歌だからなのであろう。

色 見え(下二・未) で(接助) うつろふ(四・体) もの は(係助) 世の中 の(格助) 人 の(格助) 心 の(格助) 花 に(助動・断・用) ぞ(係助(係)) あり(補・ラ変・用) ける(助動・詠・体) （恋五、七九七）

（草木の花が変わってゆく色は目に見えるものだが、その）色が見えないで色あせるものは、人の心という名の花だったのですね。

大伴黒主 は、(係助) そ(代) の(格助) さま いやし。(シク・終) いは(四・未) ば、(接助) たきぎ 負へ(四・已(命)) る(助動・存・体) 山人 の、(格助) 花 の(格助) かげ に(格助) やすめ(四・已(命)) る(助動・存・体) が(格助) ごとし。(助動・比・終)

大伴黒主は、歌全体の情趣や印象が低俗である。いってみれば、薪を背負ったきこりが、花のかげに休んでいるような(不調和な)ものである。

思ひ出で(下二・用) て(接助) 恋しき(シク・体) 時 は(係助) 初雁 の(格助) なき(四・用) て(接助) 渡る(四・終) と(格助) 人 知る(四・終) らめ(助動・現推・已) や(係助) （恋四、七三五）

あなたのことを思い出して恋しくてたまらない時は、初雁が鳴いて空を渡るように、私も泣いてあなたの家のそばを通っていることを、あなたは知っているのだろうか。

語句の解説

教706 118ページ 教708 100ページ

1 たとえを引くときの形式に注意してみよう。

答 まず歌人の評を述べて、次に「たとへば」「いはば」とたとえを引いている。業平の場合は例外で、つなぎの表現がない。

2 **いたづ《ズ》らに** 無意味に。
「いたづらなり」は、ここでは「無意味だ、無駄だ」の意。他に「むなしい」「手持ちぶさただ」「空っぽだ」の意味もある。

11 山風《やまかぜ》をあらしといふ《ウ》らむ《ン》 山風を草木を荒らす嵐と言うのだろう。
「あらし」に「荒らし」と「嵐」を掛けている。

教706 119ページ 教708 101ページ

1 詞《ことば》かすかにして 言葉が不明瞭で。
形容動詞「かすかなり」は、ここでは「不明瞭だ、十分に意味が明らかでない」の意。

6 なやめるところ 病気になっているところ。
「なやむ」は、ここでは「病気になる、病に苦しむ」の意。

8 うつろ《ロ》ふ《ウ》もの 色あせるもの。
「うつろふ」は、ここでは「色があせる、色がなくなる」の意。

2 作者は「人の心」をどのようなものであると伝えているか。

答 目に見えないで色があせる、つまり「人の心」というのは冷めていくものであると言っている。

9 そのさまいやし 歌全体の情趣や印象が低俗である。
「いやし」は、①「身分が低い」、②「みすぼらしい」、③「下品だ」の意味があるが、ここでは③の意。

学習のポイント

1 紀貫之は、和歌をどのようなものととらえているか、まとめてみよう。

考え方 「仮名序」706 117ページ 708 99ページに貫之の考えが述べられている。

解答例 人が生きていて心に思うことを、言葉に表したもの。それは天地を動かし、鬼神をも感動させ、男女を親しくさせ、武士の心も慰めるものである。

2 六歌仙に対するそれぞれの評とそのたとえとの関係について、歌の表現を手がかりに考えてみよう。

考え方 「…がごとし」「…に似たり」はたとえの表現である。

解答例

・僧正遍昭…「たとへば、絵にかける女《をうな》を見て、いたづらに心を動かすがごとし。」
詠みぶりは見事だが、真実味が薄い。

・在原業平…「しぼめる花の色なくて、にほひ残れるがごとし。」
情感はあふれるほどだが、表現が追いついていない。

・文屋康秀…「いはば、商人《あきひと》のよき衣《きぬ》着たらむがごとし。」
表現は巧みだが、内容が伴っていない。

・喜撰…「いはば、秋の月を見るに暁の雲にあへるがごとし。」
表現が明瞭でなく、一首の初めと終わりが一貫していない。

・小野小町…「いはば、よき女《をうな》のなやめるところあるに似たり。」
しみじみとした情感があるが、強くない。

・大伴黒主…「いはば、たきぎ負へる山人《やまびと》の、花のかげにやすめるがごとし。」
一首の「さま」が卑俗で不調和である。

撰者《せんじゃ》の歌

【品詞分解／現代語訳】 教706 120ページ　教708 102ページ

亭子院歌合　の（格助）　歌

宇多《うだ》天皇歌合の（時に詠んだ）歌

さくら花　散り（四・用）　ぬる（助動・完・体）　風　の（格助）　なごり　に（格助）　は（係助）　水　なき（ク・体）　空　に（格助）　波　ぞ（係助(係)）　立ち（四・用）　ける（助動・詠・体(結)）　（春下、八九）

紀貫之《きのつらゆき》

桜の花を吹き散らしてしまった風は過ぎ去っていったが、その名残としてまだ花びらが舞っている。その情景は、水のない空に波（余波）が立っているようだよ。

語句の解説 教706 120ページ　教708 102ページ

2なごり　名残。「物事が終わった後に残る影響、余韻」の意の「名残」と、「風が静まった後も、しばらく静まらない波」の意の「余波」を掛ける。

2波《なみ》ぞ立《た》ちける　波（余波）が立っているようだよ。空を舞う桜の花びらを「波」に見立てた表現。

鑑賞　青空を海に見立て、風に舞う桜の花びらを、その（実際には水がない）空に立つ波にたとえる。そのような景色を見たというより、「なごり」という語を手がかりに、風が去った後の余韻として舞う花びらを波に見立てる、という着想を得て詠んだものであろう。

【品詞分解／現代語訳】 教706 120ページ　教708 102ページ

寛平　の（格助）　御時　の（格助）　后宮　の（格助）　歌合　の（格助）　歌

寛平《かんぴょう》の御時（宇多天皇の御治世）の后宮《きさいのみや》の歌合の（時に詠んだ）歌

暮るる（下二・体）　か（係助）　と（格助）　見れ（上一・已）　ば（接助）　明け（下二・用）　ぬる（助動・完・体）　夏　の（格助）　夜　を（格助）　あか（四・未）　ず（助動・打・終）　と（格助）　や（係助(係)）　鳴く（四・体(結)）　山ほととぎす　（夏、一五七）

壬生忠岑《みぶのただみね》

日が暮れたかと思うとすぐ夜が明けてしまう短い夏の夜を、飽きたりないといって鳴くのだろうか、山ほととぎすは。

語句の解説 教706 120ページ　教708 102ページ

3后宮《きさいのみや》　ここでは、宇多《うだ》天皇の母后（皇太后）を指す。

4あかず　もの足りない。名残惜しい。満足できない。「あく（飽く）」は、ここでは「十分満足する」の意。「あかず」「あかで」の形で用いられることが多い。

鑑賞 詞書《ことばがき》より、寛平の御時の后宮歌合の出詠歌で、実際にほととぎすの声を耳にして詠んだ歌ではない。夏を象徴する存在として、ほととぎすにその短夜《みじかよ》を嘆かせる、という形をとっている。「あかず(飽かず)」は多く人との別れに用いられる。男女の、明くる朝の別れを嘆く心情を重ねているともとらえることができるだろう。

【品詞分解/現代語訳】 教706 121ページ 教708 103ページ

池 の(格助) ほとり にて(格助) 紅葉 の(格助) 散る(四・体) を(格助) よめ(四・已) る(助動・完・体)

池のほとりで紅葉が散る情景を(見て)詠んだ(歌)

凡河内《おほしかふちの》躬恒《みつね》

風 吹け(四・已) ば(接助) 落つる(上二・体) もみぢ葉 水 きよみ 散ら(四・未) ぬ(助動・打・体) かげ さへ(副助) 底 に(格助) 見え(下二・用) つつ(接助)

風が吹くとはらりと落ちる紅葉。水が清らかに澄んでいるので、まだ散らずに木に残っている葉の影までもが水底に映って見えていることよ。

(秋下、三〇四)

語句の解説

2 水《みず》きよみ 教706 121ページ 教708 103ページ

水が清らかなので。

「きよみ」は、ク活用形容詞「きよし(清し)」の語幹に、接尾語「み」が付いた名詞。順接で「…ので」と訳す。

2 底《そこ》に見《み》えつつ 水底に映って見えていることよ。

「つつ」は動作の継続を表す接続助詞だが、ここでは和歌の末尾に付いて「しきりに…していることよ」と訳す詠嘆用法ととらえる。

鑑賞 紅葉が池に散りかかり、水面に彩りを添えるだけでなく、散らずに木の枝に残った葉までが水底に影として見えるという、凝った趣向で秋の日の情景を詠んだ歌。落ちたもみぢ葉の紅と黒い影の対照が鮮やかな印象である。秋の日の静謐《せいひつ》な美しさを感じることができる。

【品詞分解/現代語訳】 教706 121ページ 教708 103ページ

雪 の(格助) 降り(四・用) ける(助動・過・体) を(格助) 見(上一・用) て(接助) よめ(四・已(命)) る(助動・完・体)

雪が降った情景を見て詠んだ(歌)

紀友則《きのとものり》

雪 降れ(四・已) ば(接助) 木ごと に(格助) 花 ぞ(係助(係)) 咲き(四・用) に(助動・完・用) ける(助動・過・体(結)) いづれ((代)) を(格助) 梅 と(格助) 分き(四・用) て(接助) 折ら(四・未) まし(助動・意・体)

雪が降ると(枝に積もって、)どの木にも花が咲く(ように見える)のだよ。いったいどれを梅の花だと見分けて(その枝を)折ろうかしら。

(冬、三三七)

語句の解説

教706 121ページ　教708 103ページ

4 木《き》ごとに　それぞれの木に。
「ごと(毎)」は接尾語。「梅」という漢字が「木」(へん)と「毎」(つくり)でできていることを掛けている。

4 いづれを…まし　どれを…しようかしら。
「まし」は、ここでは疑問語を伴って、ためらいの意志の用法。

鑑賞

雪を花と見立てる伝統的な手法と、漢字を分解して詠みこむ離合詩の手法(漢詩の修辞法)を取り入れた歌。「梅」を「木」と「毎」に分けるという着想から、文字遊びの要素のある歌でもあるが、雪が梅の木々に降り積もった美しい情景に満開の白梅の姿を重ね合わせ、春の到来を待ち焦がれる作者の想像力が印象深い。

学習のポイント

1　次の表現について、どのような点が特徴的であるかを説明してみよう。

① 水なき空に波ぞ立ちける(706 120・2 708 102・2)

② 雪降れば木ごとに花ぞ咲きにける(706 121・4 708 103・4)

考え方　「空」に対しての「波」、「雪」と「花」の関係を考える。

解答例　①風に舞う桜の花びらを波にたとえ、水のない青空を波が立つ青い海なのだ、と見立てを重ねている。

②雪が降って枝に積もっているのを、白い梅の花が枝に咲いた、と見立てている。

2　六歌仙と撰者が詠んだほかの歌を、『古今和歌集』から探してみよう。

解答例

〈六歌仙〉

僧正遍昭…みな人は花の衣になりぬなり苔《こけ》の袂《たもと》よかわきだにせよ

在原業平…世の中にさらぬ別れのなくもがな千代《ちよ》もとなげく人の子のため

文屋康秀…草深き霞の谷に影かくし照る日のくれし今日《けふ》にやはあらぬ

喜撰…教科書に採られたもの以外にはない。

小野小町…思ひつつ寝《ぬ》ればや人の見えつらむ夢と知りせば覚めざらましを

大伴黒主…近江《あふみ》のや鏡の山をたてたればかねてぞ見ゆる君が千歳《ちとせ》は

〈撰者〉

紀貫之…袖ひちてむすびし水のこほれるを春立つけふの風やとくらむ

壬生忠岑…み吉野の山の白雪ふみわけて入りにし人のおとづれもせぬ

凡河内躬恒…春の夜の闇はあやなし梅の花色こそ見えね香やはかくるる

紀友則…夜や暗き道や惑へる郭公《ほととぎす》我が宿をしも過ぎがてに鳴く

3 探究 『古今和歌集』の歌に詠まれた季節の風物の中で、現代の季節感と異なるものを調べてみよう。

考え方 古典における四季は、陰暦（太陰暦）一～三月が春、四～六月が夏、七～九月が秋、一〇～一二月が冬であり、現在の暦（太陽暦）とは一か月半程度のずれがある。『古今和歌集』巻頭の一首は、詞書《ことばがき》「ふるとしに春立ちける日よめる」（年の内に立春になった日に詠んだ（歌））が配された在原元方《ありはらのもとかた》の「年のうちに春は来《き》にけり一《ひと》年《とせ》を去年《こぞ》とやいはむ今年《ことし》とやいはむ」だが、「立春」は陰暦では一二月後半～一月前半のため、年が明けないうちに立春を迎えているのである。現代の立春は二月四日頃である。

新古今和歌集

教706 122～123　教708 104～105

【品詞分解／現代語訳】 教706 122ページ　教708 104ページ

藤原定家《ふぢはらのさだいへ》

守覚《しゅかく》法親王、	五十首歌	よま	せ	侍り	ける	に
		四・未	助動・使・用	補丁・ラ変・用	助動・過・体	格助

守覚法親王が、五〇首歌を詠ませました時に（詠んだ歌）

春	の	夜	の	夢	の	浮橋	とだえ	し	て	峰	に	別るる	横雲	の	空
	格助		格助		格助			サ変・用	接助		格助	下二・体		格助	

（春上、三八）

春の夜の（短くはかない）夢から覚めて、（夢見心地のままふと外を見やると）峰から離れていく、横にたなびく雲の空が見えることよ。

〈本歌〉

風	吹け	ば	峰	に	別るる	白雲	の	絶え	て	つれなき	君	が	心	か
	四・已	接助		格助	下二・体		格助	下二・用	接助	ク・体		格助		終助

古今・恋二・六〇一・壬生忠岑

風が吹くと峰から離れていく白雲が吹きちぎられて絶えてしまう、そのように関係が絶えてすっかり冷淡になってしまった、なんとつれないあなたの心だろうか。

語句の解説

教706 122ページ　教708 104ページ

2 **夢《ゆめ》の浮橋《うきはし》とだえして** （短くはかない）夢から覚めて。

夢の中で行き通う道が途絶えた、つまりあなたと会っていた夢から覚めたということ。「とだえ」は「橋」の縁語。

3 **絶《た》えてつれなき** すっかり冷淡になってしまった。

「絶えて」は、「白雲」が「絶ゆ」（ちぎれる）から、「すっかり」という副詞的な意に語義を転じている。

鑑賞

三夕《さんせき》の歌に並ぶ藤原定家の代表作であり、父・俊成《としなり》の提唱した「幽玄」、自身の「有心《うしん》」を体現した歌の一つである。「夢の浮橋」は『源氏物語』の最終巻（第五四帖「夢の浮橋」）を思い起こさせる。「浮橋」「とだえ」「別るる」が縁語になり、春の朝の情景に、遂げることのできない恋の想《おも》いを重ねているととらえることができる。三句切れ。修辞技法として体言止めが用いられている。

【品詞分解／現代語訳】 教706 122ページ　教708 104ページ

百首歌　の〔格助〕　中　に〔格助〕　　**式子内親王《しきしないしんのう》**

百首歌の中に（入れようと思って詠んだ歌）

花　は〔係助〕　散り〔四・用〕　そ〔（代）〕　の〔格助〕　色　と〔格助〕　なく〔ク・用〕　ながむれ〔下二・已〕　ば〔接助〕　むなしき〔シク・体〕　空　に〔格助〕　春雨　ぞ〔係助（係）〕　ふる〔四・体（結）〕　（春下、一四九）

桜の花は散って、特に何をしみじみと見るわけでなくぼんやり見ていると、何もないむなしい空に春雨が（ただ）降っていることだ。

〈本歌〉暮れがたき〔ク・体〕　夏　の〔格助〕　ひぐらし　ながむれ〔下二・已〕　ば〔接助〕　そ〔（代）〕　の〔格助〕　こと　と〔格助〕　なく〔ク・用〕　もの　ぞ〔係助（係）〕　悲しき〔シク・体（結）〕　伊勢物語・四五段

なかなか暮れない夏の暑く長い日に、一日中ぼんやりもの思いにふけっていると、あらゆることが無性にもの悲しく感じられる。

語句の解説　教706 122ページ　教708 104ページ

5**その色《いろ》となく**　特に何をしみじみと見るわけでなく。

「色」は「花」との関連から用いたもの。花が散ってしまったので、特別目を引く美しさもない、という意味。

5**ながむれば**　ぼんやり見ていると。

「ながむ」は、ここでは「ぼんやり見る、眺める」の意。

5**むなしき空《そら》**　何もないむなしい空。

「むなし」は、ここでは「中に何もない、空っぽだ」の意。

6**ひぐらし**　一日中。

6**ながむれば**　もの思いにふけっていると。

この「ながむ」は、悲しみやつらさによって「もの思いに沈む」の意。

鑑賞

桜の花が散った後は、見えるのは空だけであり、そこにただ春雨が降っている、という晩春特有の寂しさを表した歌である。そのやるせない気分を写生的に表現するが、恋の終わりを歌ったものとも、また、「色」「空」の文字から仏教的な思想が表れているとも言われる。句切れなし。

【品詞分解／現代語訳】 教706 122ページ 教708 104ページ

入道前関白《にゅうどうさきのかんぱく》、右大臣 に(助動・断・用) 侍り(補動・ラ変・用) ける(助動・過・体) 時、百首歌 よま(四・未) せ(助動・使・用) 侍り(補動・ラ変・用) ける(助動・過・体)、郭公 の(格助) 歌

入道前関白(藤原兼実)が、右大臣でありました時、百首歌を詠ませました(中の)、ほととぎすの歌

藤原俊成《としなり》

むかし 思ふ(四・体) 草 の(格助) 庵 の(格助) 夜 の(格助) 雨 に(格助) 涙 な(副) 添へ(下二・用) そ(終助) 山郭公

(夏、二〇一)

(華やかだった)昔のことを草庵で思い出す中、涙を催すように降り続く五月雨《さみだれ》の夜に(その哀切きわまりない声で)これ以上涙を流させないでおくれ、山ほととぎすよ。

〈本説〉蘭省ノ花ノ時錦帳ノ下盧山ノ雨ノ夜草庵ノ中 白氏文集／和漢朗詠集・山家

あなた方は花盛りの季節、蘭省の立派な錦帳のもとで栄誉ある日々を過ごしているが、私は人里離れた盧山《ろざん》の粗末な庵《いおり》で雨の夜を寂しく過ごしているのだよ。

語句の解説 教706 122ページ 教708 104ページ

9 **むかし思ふ《おもウ》** (華やかだった)昔のことを思い出す。

俊成は宮中で過ごした華やかな時代を「むかし」と思い出している。本説と同じ思い。この初句は字余り。「草の庵の夜の雨に」と倒置になっている。

9 **涙《なみだ》な添《そ》へ《エ》そ** これ以上涙を流させないでおくれ。

「な…そ」は柔らかい禁止の表現。「…」の部分には動詞の連用形(カ変、サ変動詞は未然形)が入る。

9 **山郭公《やまほととぎす》** 郭公《ほととぎす》は、陰暦五月頃に山から下りて来て里で鳴き声を聞かせる。「山郭公」は、まだ山にいる郭公である。

10 **錦帳《きんちょう》** 錦で織った垂れ布。部屋の間仕切りの幕。

鑑賞

白居易の詩の世界を借りて、宮中での華やかな日々を思い出しながら、現在の質素な生活のわびしさを詠んだ歌。俊成はこの歌を詠む二年前に、病のため官を辞して出家している。山郭公の悲しげな声を加えることで、一首にさらに哀切さを増している。四句切れ、体言止め。

【品詞分解／現代語訳】 教706 123ページ 教708 105ページ

和歌所歌合《うたあわせ》 に、 湖辺月 と いふ こと を
格助　格助　四・体　格助

和歌所の歌合で、湖辺の月ということを（題にして詠んだ歌）

鳰《にお》 の 海 や 月 の 光 の うつろへ ば 波 の 花 に も 秋 は 見え けり
格助　間助　格助　格助　四・已　接助　格助　格助　係助　係助　下二・用　助動・詠・終

鳰の海よ。秋の色に変わった月の光が映るので、色が変わらず秋がないといわれる波の花にも、秋の様子が見えることだなあ。

藤原家隆《いえたか》

（秋上、三八九）

〈本歌〉草 も 木 も 色 変はれ ども わたつうみ の 波 の 花 に ぞ 秋 なかり ける
係助　係助　四・已　接助　格助　格助　格助　係助（係）　ク・用　助動・詠・体（結）

草も木も色が変わるけれども、海の波の花だけは、花とはいうが色が変わることはなく、秋の様子が見えないものよ。

古今・秋下・二五〇・文屋康秀

語句の解説

教706 123ページ 教708 105ページ

2 **月《つき》の光《ひかり》のうつろへ《エ》ば** 秋の色に変わった月の光が映るので。

「うつろふ」は、「移ろふ」（ここでは「変化する」の意）と「映ろふ」（「映る」の意）が掛けられている。

3 **わたつうみ** 海。

「わたつうみ」は、海の神である「渡津海／綿津見」からきている言葉で、「わたつみ」ともいう。この歌では単に「海」という意味で使われている。

鑑賞

いつも同じように白く変わらないので、今が秋だとは感じられないと本歌にいわれる波の花であるが、今、湖上に秋の月の光が映る波には秋の色が見られる、と詠んだ歌。「秋は見えけり」は、波の様子がまさしく秋であると見えたのであり、湖に映る月の光の変化と波のきらめきを感覚的にとらえている。

【品詞分解／現代語訳】 教706 123ページ 教708 105ページ

津 の 国 の 難波 の 春 は 夢 なれ や 蘆 の 枯葉 に 風 渡る なり
格助　格助　格助　係助　助動・断・已　間助　格助　格助　四・終　助動・定・終

摂津《せっつ》の国の難波《なにわ》の（あの若蘆《あし》の萌え立つ美しい）春は、夢だったのだなあ。（今来て見ると、）蘆の枯葉の間をただ冬の風が吹き抜ける音が聞こえるだけだ。

西行《さいぎょう》法師

（冬、六二五）

〈本歌〉心 あら（ラ変・未） む（助動・婉・体） 人 に（格助） みせ（下二・未） ばや（終助） 津 の（格助） 国 の（格助） 難波わたり の（格助） 春 の（格助） けしき を（格助）

情趣のわかる人に見せたいものだよ。この摂津の国の難波辺りの（一面に青々と蘆の生い茂る）素晴らしい春の景色を。

後拾遺・春上・四三・能因

語句の解説

教706 123ページ　教708 105ページ

6 夢《ゆめ》なれや　夢だったのだなあ。

「なり」は断定の助動詞。「や」は間投助詞ととるが、係助詞としてもよい。その場合、軽い推量を含む疑問で「夢だったのか」の意となる。

6 風渡《かぜわた》るなり　風が吹き抜ける音がする。

「なり」は（聴覚による）推定の助動詞。「…ようだ、…が聞こえる、…の音がする」の意。

鑑賞

冬の難波の浦に立ち、水辺の蘆《あし》の葉が枯れつくしている寂しい情景を詠んだ歌。その情景を目にした時、それらの蘆が青々と萌え立つ若葉であった春の美しい様子を思い出したのである。若くして出家し、修行を積んだ心と、春の蘆、冬の蘆の二つの情景が重なる。単なる感傷を超えた、作者の透徹した心のさまを表現しているととらえることのできる作である。

学習のポイント

1　右の歌から一首選び、『新古今和歌集』の歌は本歌や本説をどのように取り入れているか、本歌・本説と比較して説明してみよう。

考え方　どの言葉を取り入れているかだけでなく、本歌・本説の詠まれた背景も考え合わせる。

解答例　「花は散り…」の歌…本歌の「そのこととなく」の「こと」を「色」に変えて取り入れ、「ながむれば」はそのまま取り入れている。ただし、「ながむれば」の「ながむ」は、本歌では亡くなった女性をしのんでいるという事情から「もの思いに沈む」意であるのに対し、この歌では空をただ「眺めている」の意として用いている。

2　探究　『万葉集』『古今和歌集』『新古今和歌集』の歌が詠まれた背景や技法を比較し、それぞれの歌集の特色を説明してみよう。

考え方　各和歌集の解説（本書217ページ）を参照。

読み比べ　おもて歌

〔無名抄《むみやう》〕　鴨長明《かものちやうめい》

教706 124～125　教708 106～107

【大意】 教706 124ページ1行～125ページ8行　教708 106ページ1行～107ページ8行

俊恵《しゆんえ》が言うには、「五条三位《さんみ》入道は『夕されば』の歌を自身の代表的な歌だと思うということだが、この歌は最も大事なところを『身にしみて』とはっきり言い表したために、浅くなってしまった。私の歌の中では、『み吉野の』を代表的な歌としようと思う。」と言った。

【品詞分解／現代語訳】

（連語）　格助　格助　下二・用　助動・完・用　助動・過・体　格助　格助　格助　係助
俊恵　いはく、「五条三位入道　の　もと　に　まうで　たり　し　ついで　に、『御詠　の　中　に　は、
俊恵が言うことには、「五条三位入道（藤原俊成《ふじわらのとしなり》）のところにうかがった折に、『（あなたが）お詠みになった歌の

（代）　格助　係助（係）　下二・用　助動・存・終　格助　四・体（結）　格助　ナリ・用　下二・用　補丁・ラ変・已　接助　（代）　格助　係助
いづれ　を　か　すぐれ　たり　と　おぼす。　よそ　の　人　さまざまに　定め　はべれ　ど、それ　を　ば
中では、どれを優れているとお思いになりますか。　他の人はいろいろに議論しますけれども、それを採用するべ

上一・用　補丁・ラ変・体　助動・当・未　助動・打・終　シク・用　四・未　助動・意・終　格助　四・終　格助　下二・用　助動・過・已　接助
用ゐ　はべる　べから　ず。　まさしく　承ら　ん　と　思ふ。』と　聞こえ　しか　ば、
きではありません。　（あなたから）確かにお聞きしようと思う。』と申し上げたところ、

四・已　接助　格助　格助　四・用　接助　四・終　助動・定・終
『夕され　ば　野辺　の　秋風　身　に　しみ　て　鶉　鳴く　なり　深草の里
『夕方になると野原を吹き渡る秋風がしみじみと身にしみて、うずらが寂しく鳴くようだよ、深草の里では。

（代）　格助　係助（係）　格助　四・用　接助　係助　格助　四・用　補謙・下二・体（結）　格助　四・未　助動・尊・用　助動・過・体　接助
これ　を　なん、　身　に　とり　て　は　おもて歌　と　思ひ　たまふる。』と　言は　れ　し　を、　俊恵、
これを、　自分にとっては代表的秀歌と存じます。』と（俊成は）おっしゃったが、　（私）俊恵が、

副　（連語）　格助　ク・用　格助　四・用　補丁・ラ変・体　係助
また　いはく、『世　に　あまねく　人　の　申し　はべる　は、
また言うことには、『世間で広く人が申しますのは、

おもかげに花の姿を先立てていくへ越え来ぬ峰の白雲

目の前に(桜の)花の姿を思い浮かべて、いくつ(峰を)越えてきたことだろう、(桜と見まがう)白雲のかかる峰を。

これをすぐれたるやうに申しはべるはいかに。』と聞こゆれば、『いさ、よそにはさもや定めはべるらん。知りたまへず。なほみづからは先の歌には言ひくらぶべからず。』とぞはべりし。」と語りて、これをうちうちに申ししは、「かの歌は、『身にしみて』といふ腰の句のいみじう無念におぼゆるなり。これほどになりぬる歌は、景気を言ひ流して、ただそらに身にしみけんかしと思はせたるこそ、心にくくも優にもはべれ。いみじう言ひもてゆきて、歌の詮とすべきふしをさはと言ひ表したれば、むげに事浅くなりぬる。」とて、そのついでに、「わが歌の中には、

これを優れているように申しますのはいかがように(思われますか)。』と申し上げると、『さあ、ほかではそのようにも論じているのでしょうか。(私は)どうだか存じません。やはり自分は先の歌と比べて言うことはできない。』ということでした。」と語って、このことについてひそかに(私に)申したことには、「あの歌は、『身にしみて』という第三句がたいそう残念に思われるのだ。これほどになった(完成した)歌は、具体的な景色をそのまま表現して、ただそれとなく身にしみたのだろうなあと思わせていることこそが、奥ゆかしくも優雅でもございます。(この歌は)あまり深いところまで言ってしまって、歌の眼目(最も大切なところ)とすべき箇所をはっきりと言い表しているので、非常に趣が浅くなってしまった。」と言って、その機会に、「私の歌の中では、

（格助）（四・用）（四・已）（接助）（格助）（係助）（下二・用）（接助）
み吉野の山かき曇り雪降ればふもとの里はうちしぐれつつ
吉野山（の空）が曇って雪が降ると、麓の里は時雨《しぐれ》が折々降り過ぎてゆくよ。

（代）（格助）（係助（係））（代）（格助）（格助）（サ変・未）（助動・意・終）（格助）（四・用（音））（補謙・下二・体（結））（副）（格助）（格助）
これをなん、かのたぐひにせんと思うたまふる。もし世の末に
これを、あの（『おもて歌』の）類にしようと存じます。もし後代に（俊恵のおもて歌が）

（ク・用）（四・体）（係助）（ラ変・未）（接助）（副）（係助（係））（四・用）（助動・過・已（結））（格助）（四・用）（補尊・四・命）（格助）（係助（結略））
おぼつかなく言ふ人もあらば、『かくこそ言ひしか。』と語りたまへ。」とぞ。
はっきりしないと言う人がいたら、『（俊恵は）このように言った。』と話してください。」と（言った）。

語句の解説

教706 124ページ　教708 106ページ

1**いはく《ワ》**　言うことには。
「いふ」の未然形＋接尾語「く」。ク語法という。

1**まうで《モウ》たりし**　うかがった。
「まうで」は下二段活用の動詞「まうづ」の連用形。「まうづ」は「行く」の謙譲語で、「うかがう、参上する」という意味。ここでは、俊恵から五条三位入道（藤原俊成《ふじわらのとしなり》）への敬意を表す。

2**いづ《ズ》れをかすぐれたりとおぼす**　どれを優れているとお思いになりますか。
「か」は疑問を表す係助詞。係り結びによって、文末の「おぼす」が連体形。「おぼす」は「思ふ」の尊敬語で、ここでは俊恵から五条三位入道への敬意を表す。

2**定《さだ》めはべれど**　議論しますけれども。
「はべれ」はラ行変格活用の補助動詞「はべり」の已然形。「はべり」は丁寧語で、ここでは俊恵から五条三位入道への敬意を表す。

3**それをば用《もち》ゐ《イ》はべるべからず**　それを採用するべきではありません。
「それ」は、直前の「よその人さまざまに定め」た結果、つまり、他の人が議論した結果、五条三位入道の「おもて歌（代表的秀歌）」とした歌を指す。俊恵は、他人の評価によって「おもて歌」を決めるのは適切ではないと思っているのである。

3**まさしく承《うけたまわ》らん**　確かにお聞きしましょう。
「まさしく」は形容詞「まさし」の連用形。「まさし」は、ここでは「確かだ、まちがいない」の意。

3**聞《き》こえしかば**　申し上げたところ。
「聞こえ」は下二段活用の動詞「聞こゆ」の連用形。ここでは「言う」の謙譲語で、俊恵から五条三位入道への敬意を表す。

4**夕《ゆう》されば**　夕方になると。
「夕さる」は、名詞「夕」に「…になる」という意味の動詞「さる」が付いて一語となったもの。「ば」は接続助詞。

5**思《おも》ひ《イ》たまふ《モウ》る**　存じます。

「たまふる」は下二段活用の補助動詞「たまふ」の連体形。前に係助詞「なん」があるため、係り結びで連体形。下二段活用の「たまふ」は謙譲語で、ここでは、動詞「思ふ」の連用形「思ひ」に付いて、へりくだる気持ち(五条三位入道から俊恵への敬意)を表す。四段活用の尊敬の「たまふ」との識別に注意する。

7 **おもかげに花《はな》の姿《すがた》を先立《さきだ》てて**　目の前に(桜の)花の姿を思い浮かべて。

「先立て」は下二段活用の動詞「先立つ」の連用形。この「先立つ」は他動詞で、「前に行かせる」という意味。つまり、桜の花が咲く様子を眼前に思い浮かべながら歩いたということである。

8 **いさ、よそにはさもや定《さだ》めはべるらん。知《し》りたまへ《エ》ず**　さあ、ほかではそのようにも論じているのでしょうか。(私は)どうだか存じません。

「いさ」は否定的に返事をする感動詞。「いさ…知りたまへず」とみて、副詞とする説もある。「さも」の「さ」は、直前で俊恵が言った内容、つまり、「おもかげに…」の歌を五条三位入道の代表作とすることを指している。

9 **先《さき》の歌《うた》には言《い》ひ《イ》くらぶべからず**　先の歌と比べて言うことはできない。

「先の歌」は「夕されば…」の歌のこと。五条三位入道は、他の人が何と言おうと「夕されば…」が自分の「おもて歌」だと思っている。

1 **なぜ「うちうちに申し」たのか。**

答 歌壇の大御所である五条三位入道(藤原俊成)が、これが自分の「おもて歌」であると言う歌に対しての批評であるので、ひそかに話した。

教706 125ページ　教708 107ページ

3 **心《こころ》にくくも優《ゆう》にもはべれ**　奥ゆかしくも優雅でもございます。

「心にくし」は「奥ゆかしい」の意。「優なり」は、ここでは「優雅だ、優美だ」の意。「はべれ」は丁寧の意を表す。

3 **いみじう《ジュウ》言《い》ひ《イ》もてゆきて**　あまり深いところまで言ってしまって。

「身にしみて」とはっきり言ってしまって、ということ。「…もてゆく」は、「しだいに…してゆく、だんだん…になる」の意。

4 **むげに**　非常に。

「非常に、やたらに」の意の副詞。形容動詞「むげなり」の連用形の副詞的用法とも考えられる。

6 **うちしぐれつつ**　時雨が折々降り過ぎてゆくよ。

「うちしぐる」は、ここでは「時雨が降る」の意。「うち」は接頭語。「つつ」は、反復を表す接続助詞。

2 **「かの」とは何を指すか。**

答 「おもて歌」 706 124・5　708 106・5

学習のポイント

1 俊恵は、俊成の「夕されば…」の歌のどこが気に入らなかったのか。また、それはなぜか、考えてみよう。

考え方 「うちうちに申ししは」706 124・10 708 106・10の後の俊恵の言葉から読み取る。

解答例 第三句の「身にしみて」が気に入らなかった。事柄を主観的に述べすぎると歌が浅薄になってしまうので、客観的に叙景的に表現して、主観は裏にこめるほうが、余情と奥行きが生まれると考えたから。

2 俊成の歌への批評基準を応用して、「み吉野《よしの》の…」の歌が「おもて歌」になる理由を考えてみよう。

考え方 1でも見たように、俊恵は、作者の主観を明らかにするのではなく、客観的に叙景的に表現するのがよいと考えている。

解答例 「み吉野…」の歌には、直接的に心情を表現する言葉はなく、景色がそのまま詠まれていて、そこから深い余情や奥行きが感じられるから。

3 右の俊恵のことばには、「し」「しか」が多く用いられている。その理由を、過去の助動詞「けり」との違いから考えてみよう。

解答例 「し」「しか」は過去の助動詞「き」の連体形、已然形である。過去の助動詞「き」は直接体験した事実の回想に用いられ、「けり」は主に過去の伝聞に用いられる。この文章は、作者と俊恵の、実際に体験した事実の回想であるため、「し」「しか」が多い。

読み比べ

『無名抄』で俊成が自賛した「夕されば…」の歌と『新古今和歌集』の歌はどのような点が共通しているか、調べてみよう。

考え方 「夕されば」の歌は、「本歌取り」の技法が用いられ、また体言止めによって余情を残している点が、『新古今和歌集』の歌と共通している。（本歌「野とならばうづらとなりて鳴きをらむかりにだにやは君は来《こ》ざらむ」『伊勢物語』一二三段）

梁《りやう》塵《ちん》秘抄

教706 128 教708 108

【品詞分解／現代語訳】教706 128ページ 教708 108ページ

仏	は	常に	いませ	ども	現	なら	ぬ	ぞ	あはれなる
	係助	副	四・已	接助		助動・断・未	助動・打・体	係助(係)	ナリ・体(結)

仏様はいつも(私たちのそばに)いらっしゃるが、現実に見ることができないことがしみじみ尊く思われる。

人	の	音せ	ぬ	暁	に	ほのかに	夢	に	見え	たまふ
	格助	サ変・未	助動・打・体		格助	ナリ・用		格助	下二・用	補尊・四・終

人が寝静まって物音を立てない夜明け前に、ほんのりと夢に現れなさる。

(巻二、二六)

語句の解説 教706 128ページ 教708 108ページ

1 **いませども** いらっしゃるが。

「います」は、ここでは「あり」の尊敬語で、「いらっしゃる、おいでになる」の意。

1 **現《うつつ》ならぬぞあはれ《ワ》なる** 現実に見ることができないことがしみじみ尊く思われる。

「現(うつつ)」は、ここでは「現実、現実の世界」の意。仏様に現実には会えないことが悲しいが、それがまた尊さにもつながっている。

2 **夢《ゆめ》に見《み》えたまふ《モウ》** 夢に現れなさる。

「見え」は「見ゆ」の連用形。「見ゆ」は、ここでは「姿を現す、現れる」の意。

鑑賞

『梁塵秘抄《りょうじんひしょう》』法文歌・仏歌二四首中にある歌。第一句「仏は常にいませども」は、『法華経』の「如来寿量品」第一六「我《われ》常に此《ここ》に住《ちゅう》すれども 諸《もろもろ》の神通力を以《もっ》て 顛倒《てんだう》の衆生《しゅじゃう》をして 近しと雖《いへど》も而《しか》も見えざら令《し》む」を踏まえたものである。常住不滅で現実には見えない仏を尊びながら、現実には会うことがかなわない嘆きも感じられる。

【品詞分解／現代語訳】教706 128ページ 教708 108ページ

われ	を	頼め	て	来	ぬ	男	角	三つ	生ひ	たる	鬼	に	なれ	さて	人	に	疎ま	れよ
(代)	格助	下二・用	接助	カ変・未	助動・打・体				上二・用	助動・存・体		格助	四・命	副		格助	四・未	助動・受・命

私にあてにさせておいて通って来ない男よ、角が三本生えた鬼になってしまえ。そうして人から嫌がられればいい。

霜雪霰	降る	水田	の	鳥	と	なれ	さて	足	冷たかれ
	四・体		格助		格助	四・命	副		ク・命

霜・雪・霰《あられ》が降る(寒い頃)水田にいる水鳥になれ。そうして足が冷たくなってしまえばいい。

池	の	浮き草	と	なり	ね	かし	と	揺り	かう	揺り	揺ら	れ	歩け
	格助		格助	四・用	助動・完・命	終助	副	四・用	副	四・用	四・未	助動・受・用	四・命

池に浮かぶ浮き草(のように頼りないもの)になってしまえよ。あちらに揺れこちらに揺れ揺られてあてどなくさまよい歩くがいい。

(巻二、三三九)

語句の解説

教706 128ページ　教708 108ページ

3 **頼《たの》めて**　あてにさせて。

この「頼む」は、下二段活用の他動詞で「頼みに思わせる、あてにさせる」の意。

3 **さて**　そうして。それで。

ここでは「そうして、そのままの状態で」の意の副詞。

5 **池《いけ》の浮き草《くさ》となりねかし**　池に浮かぶ浮き草になってしまえよ。

誰のところにも定住できない浮き草暮らしになってしまえ、ということ。「浮き草」は、寄る辺なさや頼りなさを表す歌語。

5 **と揺《ゆ》りかう《コウ》揺《ゆ》り**　あちらに揺れこちらに揺れ。

「と」(そのように)と「かう」(このように)は、「と…、かう…、」で「あちらに…、こちらに…、」という慣用表現を作る。

鑑賞

不実な男をなじった、激しい憎悪を表す女の歌である。遊女が自分の運命を嘆いた歌と解するものが多い。恨みのあまり男を「角《つの》三つ生ひたる鬼《おに》」「水田《みづた》の鳥」「池の浮き草」と三つのものにたとえる。激情を抑えられず、すべて命令形である。「人に疎《うと》まれよ」「足冷たかれ」「揺られ歩《あり》け」の部分は、より具体性を帯び、憤りを一気に燃焼させた表現である。

【品詞分解/現代語訳】　教706 128ページ　教708 108ページ

遊び	を	せ	む	と	や	生まれ	けむ	戯れ	せ	む	と	や	生まれ	けむ
	格助	サ変・未	助動・意・終	格助	係助(係)	下二・用	助動・過推・体(結)		サ変・未	助動・意・終	格助	係助(係)	下二・用	助動・過推・体(結)

遊びをしようと思って生まれてきたのだろうか。それとも戯《たわむ》れをしようと思って生まれてきたのだろうか。

遊ぶ	子供	の	声	聞け	ば	わ	が	身	さへ	こそ	揺るが	るれ
四・体		格助		四・已	接助	(代)	格助		副助	係助(係)	四・未	助動・自・已(結)

夢中で遊び興じる子供たちの歌う声を聞くと(いつも)、私の体まで自然と動き出すように思われる。

(巻二、三五九)

語句の解説 教706 128ページ 教708 108ページ

6 **せむ《ン》とや生《う》まれけむ《ン》**　しようと思って生まれてきたのだろうか。「せむとや」で「…しようと思って、…しようとして」の意。格助詞「と」の下には、「思ふ」「する」「言ふ」などを補うとよい。

7 **遊《あそ》ぶ子供《こども》の声《こゑ》聞《き》けば**　遊ぶ子供の声を聞くと(いつも)。「聞けば」は「已然形＋ば」の形で、恒常条件(…といつも)を表す。

鑑賞

自分の境遇を顧みて、子供たちの無邪気なさまに心引かれている。童心に感懐を覚える大人は、「子供の歌声に思わず体を揺らしてしまう」遊女が、我が身を顧みて歌ったものと解するむきも多いが、老境に差しかかった人間の実感とも取れる。八・五／八・五／七・五／七・五の韻律が耳に心地よく、まさに歌い出し踊り出しそうな調子を持つことに注目したい。

【品詞分解／現代語訳】 教706 128ページ 教708 108ページ

恋し	とよ	君	恋し	とよ	ゆかし	とよ
シク・終	(連語)		シク・終	(連)	シク・終	(連語)

恋しいよ、あなたが恋しいよ、愛《いと》しいよ。

逢は	ばや	見	ばや	見	ばや	見え	ばや
四・未	終助	上一・未	終助	上一・未	終助	下二・未	終助

逢《あ》いたいなあ、会いたいなあ、会いたいなあ、一緒になりたいなあ。

(巻二、四八五)

語句の解説 教706 128ページ 教708 108ページ

8 **とよ**　…だなあ。…なことよ。
格助詞「と」に間投助詞「よ」が付いたもの。和歌などの文末で詠嘆の意を表す。

8 **ゆかしとよ**　愛《いと》しいなあ。
「ゆかし」は、ここでは「いとしい、慕わしい」の意。

9 **逢《あ》は《ワ》ばや…見《み》えばや**　逢いたいなあ、……、一緒になりたいなあ。
ここの「逢ふ」「見る」「見ゆ」は、いずれも男女の逢瀬《おうせ》を指す言葉で、「結婚する」などの意味にもなる。

鑑賞

『梁塵秘抄』巻二・二句神歌所収。恋人への激しい想《おも》いと渇望を、同じ言葉を畳みかけるように繰り返して表現している。二つの句は「五・七・五」「七・七」と和歌(短歌)の構成を持つ。口になじみやすく屈託のない恋歌として、当時の庶民が愛唱したものであろう。

閑吟集

教706 129
教708 109

【品詞分解／現代語訳】 教706 129ページ 教708 109ページ

世間 は ちろりに 過ぐる ちろり ちろり

世間 ／ は（係助） ／ ちろりに（副） ／ 過ぐる（下二・体） ／ ちろり（副） ／ ちろり（副）

この世はまたたく間に過ぎてゆく。あっという間、あっという間。

（四九）

語句の解説 教706 129ページ 教708 109ページ

1ちろりに またたくまに。

ちらりと、ほんの少し見えることを表す副詞。ここでは、時間を表す表現に転化している。

鑑賞

人生はあっという間に過ぎていく、という無常観を歌ったもの。「ちろり」という語感、また「ちろりちろり」と反復しているところに、やるせなさとともにユーモラスな感じが漂う。人生への諦念を笑いに転じて表現した人物が目に浮かぶ。

【品詞分解／現代語訳】 教706 129ページ 教708 109ページ

思ひ出す と は 忘るる か 思ひ出さ ず や 忘れ ね ば

思ひ出す（四・終） ／ と（格助） ／ は（係助） ／ 忘るる（下二・体） ／ か（係助） ／ 思ひ出さ（四・未） ／ ず（助動・打・用） ／ や（係助（結略）） ／ 忘れ（下二・未） ／ ね（助動・打・已） ／ ば（接助）

「思い出す」というのは、忘れたということでしょうか。思い出さないでしょう、忘れていないのであれば。

（八五）

語句の解説 教706 129ページ 教708 109ページ

2忘《わす》るるか 忘れたということでしょうか。

「忘るるゆゑか」の略。「忘るる」ことの原因を問うている。係助詞「か」は疑問の意の文末用法。

2思《おも》ひ《イ》出《だ》さずや 思い出さないでしょう。

下に係助詞「や」の結びの「あらむ」が省略された形。

鑑賞

今様の半形式の歌謡で、七・五のリズムが快く響く。男が女に、「いつも君のことを思い出すよ」とでも囁《ささや》いたのであろうか。女の切り返しと思われる内容である。甘い言葉の言葉尻をとらえて、巧みに攻撃に転じたところが面白い。

【品詞分解／現代語訳】 教706 129ページ　教708 109ページ

人買ひ舟　は（格助）　沖　を（格助）　漕ぐ（四・終）　とても（副）　売ら（四・未）　るる（助動・受・体）　身　を（間助）　ただ（副）　静かに（ナリ・用）　漕げ（四・命）　よ（間助）　船頭殿　（一三一）

人買い舟は沖を漕いでいる。どうせ売られる身なのだもの、せめて静かに漕いでくださいな、船頭さん。

語句の解説　教706 129ページ　教708 109ページ

3 **人《ひと》買《か》ひ《イ》舟《ぶね》**　人買い（人商人《ひとあきうど》）が、買った女性や子供を乗せた舟。

3 **とても売《う》らるる身《み》を**　どうせ売られる身なのだもの。

副詞「とても」は「とてもかくても」の略。間投助詞「を」は詠嘆を表す。

鑑賞

第一句は物語文の語りのような叙景的部分である。第二、第三句は売られる者の立場で歌う。全体が物語の一節のようで、貧しく、ままならぬ我が運命に対する諦観が表現されているところに、哀愁が漂う。

【品詞分解／現代語訳】 教706 129ページ　教708 109ページ

靨　の（格助）　中　へ（格助）　身　を（格助）　投げ（下二・未）　ばや（終助）　と（格助）　思へ（四・已）　ど（接助）　底　の（格助）　邪　が（格助）　怖い（ク・終（音））　（二一七）

靨《えくぼ》の淵に身を投げてしまいたいなと思うけれども、淵の底にいる蛇ならぬおまえの邪心が恐ろしい。

語句の解説　教706 129ページ　教708 109ページ

5 **靨《えくぼ》**　笑窪《えくぼ》。美女の笑顔を表現するが、「窪」を底知れず深い淵に見立て、「身を投ぐ」「（水）底」「邪《じゃ》（蛇《じゃ》）」に結びつける。

5 **身《み》を投《な》げばや**　身を投げてしまいたいな。

相手の懐に飛び込んでしまいたい、全てを捧げたい、という願望を表す。「ばや」は自己の願望を表す終助詞。

5 **底《そこ》の邪《じゃ》が怖《こわ》い**　淵の底の蛇ならぬおまえの邪心が恐ろしい。

「邪」は「邪心」。深い水底に棲《す》む蛇と、女性の心の底に潜むよこしまな心の恐ろしさを掛けたもの。

鑑賞

『華厳経』中にある「外面ハ如《ごと》ク二菩薩《ぼさつ》ノ一、内心ハ如シ二夜叉《やしゃ》ノ一」とされる女のあり方を具体化したといえる歌。かわいらしい靨に誘われて、美女との愛に身を捧げたいと願う一方、その笑顔の裏に罠《わな》が潜んでいるのではないかと恐れ疑う。まさに男の揺れる恋心を、軽妙な節回しと言葉遊びで歌ったものである。

学習のポイント

1　歌謡と和歌との韻律の違いを指摘してみよう。

解答例　和歌（短歌）の韻律は、五七調・七五調ともに五・七・五・七・七の三一音で成り立つのに対し、歌謡の韻律は自由度が高い。五七調・七五調が基本ではあるが、「逢《あ》はばや見ばや見ばや見えばや」「世間《よのなか》はちろりに過ぐる　ちろりちろり」のような反復や、八音や六音も頻繁に用いられている。「われを頼めて」のような長さのものもあり、全体の音数もかなり自由である。これらの特徴は、歌謡が庶民の間で流行し、遊女らの技芸として発達したものであることから、音楽性、即興性の高いものであり、その成立の過程において、和歌や神楽《かぐら》、催馬楽《さいばら》、朗詠などのさまざまな韻律を取り入れたものであったためだと考えられる。

2　探究　歌謡の題材について、気づいたことを話し合ってみよう。

考え方　歌謡は、今様、民間伝承を中心に平安時代末期から発達したもので、題材は民間仏教の信仰も含め、庶民の生活に密着したものが多い。（和歌は、「もののあはれ」の対象である、花鳥風月といわれる四季折々の風物が多い。）

沓冠《くつかむり》の折句《をりく》　〔正徹物語《しやうてつ》〕　正徹

教706 130～131

※本教材は教708では学習しません。

【大　意】　教706 130ページ1～11行

作者は「おもふともよもしらじ」を詠み込んだ沓冠《くつかむり》の折句《おりく》を作った。今回は即興で詠めたが、いつもそう簡単に詠めるものでもない。村上天皇が女御《にょうご》や更衣《こうい》たちに「逢坂《あふさか》も…」の折句を贈ったが、天皇の真意を理解できたのは広幡《ひろはた》の更衣だけであった。

【品詞分解／現代語訳】

「おもふ〔四・終〕 とも〔接助〕 よも〔副〕 しら〔四・未〕 じ〔助動・打推・終〕」 と〔格助〕 いふ〔四・体〕 こと を〔格助〕

「おもふともよもしらじ（私があなたを思っているということを、あなたはまったく知らないでしょう）」という言葉を（題にして詠んだ）、

折ふし よ〔間助〕 鵙 鳴く〔四・体〕 秋 も〔係助〕 冬枯れ〔下二・用〕 し〔助動・過・体〕 遠き〔ク・体〕 はじ原 紅葉 だに〔副助〕 なし〔ク・終〕

ああ、今の季節というのは、鵙《もず》が鳴いて風情を感じる秋も過ぎ、冬枯れて遠くのはじの原にも紅葉ひとつなく、殺風景であるよ。

係助 格助 助動・断・終 副 四・未 助動・可・体 助動・過・体 助動・断・終 副 四・未 助動・意・体 格助 サ変・已 接助
は 沓冠 の 折句 なり。 ちやと 詠ま れ し なり。 いかに 詠ま ん と すれ ども
(という和歌)は沓冠の折句だ。簡単に即興で詠めたのである。(しかし)どんなに詠もうとしても(うまく)詠めない時も

四・未 助動・可・未 助動・打・体 係助 ラ変・体 助動・断・終
詠ま れ ぬ 時 も ある なり。
あるのだ。

格助 格助 副 格助 格助
天暦 の 御時、女御 更衣 あまた の 御かた へ、
天暦《てんりゃく》(村上天皇の治世)の時代に、女御や更衣(など)のたくさんの方々へ、(天皇が)

係助 係助 格助 係助 上一・未 助動・打・終 下二・用 接助 四・用 カ変・命 カ変・用 助動・完・未 接助
逢坂 も はて は 往き来 の 関 も ゐ ず 尋ね て 訪ひ こ 来 な ば
(二人の間を隔てる)逢坂山《おうさかやま》の関も、とうとう往来を止める関守もいなくなった。(だから)私を尋ねておいで。来たら(あなたを)帰しはしまい。

四・未 助動・打意・終
帰さ じ

格助 四・用 接助 下二・未 助動・尊・用 助動・過・已 接助 下二・用 補尊・四・未 接助 連体 係助 下二・用 接助
と あそばし て 参らせ られ しか ば、皆 心得 たまは で、ある 女御 は 「尋ね て
とお詠みになって差し上げなさったところ、皆この歌の真意を理解なさることができず、ある女御などは「(私を)尋ねて

四・用 カ変・命 格助 ラ変・已 接助 四・命 格助 四・体 格助 下二・用 接助 (代) 格助 格助 四・用 補尊・四・用 助動・過・体
訪ひ こ」と あれ ば、「参れ」と いふ 御製 と 心得 て、その 夜、内 へ 参り たまひ し
来なさい」とあるので、「参上せよ」という意味のお歌と考えて、その夜、天皇のお部屋へ参上しなさった方もおり、

係助 ラ変・用 接 下二・未 助動・打・体 格助 四・未 助動・尊・用 助動・過・体 係助 四・用 助動・過・終
も あり、また 心得 ぬ かた の 御返歌 申さ れ し 女御 も おはしまし き。
また理解できませんという内容の御返歌を申し上げなさった女御もいらっしゃった。

(代) 格助 格助 格助 四・用 助動・過・体 格助 格助 下二・未 助動・尊・用 助動・過・体 格助
そ の 中 に、独り 広幡の更衣 と 申し ける 御かた より、薫物 を 参らせ られ ける を、
その中で、一人広幡の更衣と申し上げたお方から、薫物《たきもの》(練り香)を天皇へ差し上げなさったのを、

叡慮	に	かなひ	て	おぼしめさ	れ	ける。	「合せ薫物	少し」	と	いふ	沓冠	に	て	あり
	格助	四・用	接助	四・未	助動・尊・用	助動・過・体		副	格助	四・体		助動・断・用	接助	補・ラ変・用

お考えに合うものだと天皇はお思いになられたのだった。「練り香を少し(分けておくれ)」という沓冠の折句であったのだ。

し	なり。
助動・過・体	助動・断・終

語句の解説

教706 130ページ

2 **折《おり》ふしよ**　ああ、今の季節というのは。「よ」は詠嘆の意の間投助詞。今の冬という時節に「風情がない」と嘆息している。

3 **詠《よ》まれぬ**　詠むことができない。「れ」は可能の助動詞「る」の未然形。「る」は、鎌倉時代中期頃までは必ず打消の語を伴い、不可能の意味として使われた。

5 **女御更衣《にょうごこうい》**　天皇の妃《きさき》。身分により女御、更衣、などの名称になる。住む部屋や父の屋敷の名により、呼び名があった。

6 **来《き》なば帰《かえ》さじ**　来たら帰しはしまい。「来」は連用形で「来《き》」。「なば」は、完了の助動詞「ぬ」の未然形に接続助詞「ば」が付いて順接仮定条件を表す。「じ」は打消意志の助動詞で、「…するつもりはない、…(する)まい」と訳す。

7 **あそばして**　お詠みになって。「あそばす」は、ここではサ変動詞「す」の尊敬語。「(何かを)なさる」という意で、さまざまな動作を入れて訳す。

1 **「あそばし」たのは誰か。**

答　村上天皇。

7 **参《まい》らせられしかば**　差し上げなさったところ。「参らす」は、ここでは「与ふ」「やる」の謙譲語。歌を贈る相手の女御や更衣に対する敬意を示す。「参らす」の主体である天皇への敬意は「らる」で示されている。二方面への敬意。「しかば」は、過去の助動詞「き」の已然形に接続助詞「ば」が付いたもの。順接確定・偶然条件である。

8 **御製《ぎょせい》**　天皇や皇族のお手製(の和歌や詩文)。

9 **心《こころ》得《え》ぬかたの御返歌《ごへんか》**　理解できませんという内容の御返歌。天皇の歌が沓冠の折句と気づかなければ、歌の意味がわからない。

10 **叡慮《えいりょ》**　天皇や上皇のお考え。

11 **おぼしめされける**　お思いになった。「思ふ」の尊敬語「おぼしめす」に、尊敬の助動詞「る」が接続した最高敬語。助動詞「る」は、尊敬の本動詞の下に付いて二重尊敬の形を作る。ただし「たまふ」が下に付いた「れたまふ」は尊敬になることはなく、受身か自発である。

学習のポイント

1 **二首の和歌それぞれについて、各句を区切って沓冠の技法を確認してみよう。**

解答

・「折ふしよ…」の歌

「を(お)」りふし「よ」／「も」ず鳴く秋「も」／「ふ」ゆがれ「し」／「と」ほきはじは「ら」／「も」みぢだにな「し」

・「逢坂も…」の歌

「あ」ふさか「も」／「は」ては往《ゆ》き来《き》「の」／「せ」きもゐ「ず(す)」／「た」づねて訪《と》ひ「こ」／「き」なば帰さ「じ(し)」

2 語句 **次の傍線部の違いを説明してみよう。**

① **いかに詠まんとすれども詠まれぬ時もあるなり。**(706 130・3)

② **参らせられしかば、**(706 130・7)

③ **心得ぬかたの御返歌申されし女御もおはしましき。**(706 130・9)

考え方 一単語であるかどうかに注意する。

解答例 ①「すれども」…サ行変格活用の動詞「す」の已然形の一部。

「詠まれぬ」…可能の助動詞「る」の未然形。

② 尊敬の助動詞「らる」の連用形の一部。

③ 尊敬の助動詞「る」の連用形。

3 探究 **折り込む(詠み込む)語句を決めて、折句や沓冠の歌を作ってみよう。**

考え方 「折句」とは、和歌などで各句の(主に)初めに物の名や地名などを一字ずつ置いて詠んだもので、「沓冠」は、意味の通じる一〇字の言葉を、和歌の五句の、初めと終わりの五字ずつ、合計一〇字に折り込んで詠んだものである。

有名な折句として、『伊勢物語』中の「から衣《ごろも》きつつなれにしつましあればはるばるきぬるたびをしぞ思ふ」がある。花の名「かきつばた」を折り込んだ句である。

かきつばたの折句のように、季節の風物である植物や動物、行事のうち五音であるもの(女郎花《おみなえし》、ほととぎす、雛《ひな》祭り など)を題材にするとよい。

連歌は心より起こりて

※本教材は 教708 では学習しません。

〔連理秘抄《れんりひせう》〕　二条良基《よしもと》

教706 131〜132

【大　意】 教706 131ページ1行〜132ページ12行

連歌は、自分から学ぼうという気持ちが重要である。人から教えてもらうのではなく、常に達人とともに稽古して経験を積むことが重要である。その上で、三代集他の古典文学の詞《ことば》や前人の優美な詞に学び、工夫しすぎず素直に詠むのがよい。

【品詞分解／現代語訳】

係助　格助　四・用　接助　副　四・終　助動・当・終　副　格助　下二・体　助動・断・用　補・ラ変・未
連歌 は 心 より 起こり て、みづから 学ぶ べし。さらに 師匠 の 教ふる ところ に あら
連歌は自分の（学ぼうという）心から出発して、みずから学ぶべきものである。決して師匠が教えるものではない。

助動・打・終　副　四・用　四・用　接助　格助　四・終　助動・当・終　副　サ変・已　接助　格助　四・未
ず。常に 好み もてあそび て、上手 に 交じる べし。いかに すれ ども、堪能 に 交はら
常に連歌を愛好し興じ楽しんで、巧者と一緒にするべきである。どのようにしても、その分野に熟達した人と

助動・打・已　接助　四・体　ク・終　格助　格助　副助　サ変・用　接助　サ変・未　助動・婉・体　係助　副
ざれ ば 上がる こと なし。不堪 の 者 に のみ 会合し て 稽古 せ ん は、なかなか
一緒に行わないならば上達することはない。未熟な人とだけ一座をして稽古しているようなことは、かえって

副　ナリ・体　格助　係助　四・終　助動・推・終　格助　副　サ変・終　助動・当・体　助動・断・終　副
一向 無沙汰なる に も 劣る べし。初心 の ほど、ことに 用心す べき こと なり。達者 なほ
まったく連歌の修業をしない人にも劣ってしまうにちがいない。学び始めの頃は、特に注意しなければならないことである。上達した人でも

副　係助　格助　サ変・用　助動・完・已　接助　副　格助　サ変・体　係助　（代）　格助　助動・断・終
しばらく も 辺土 に 隠居し ぬれ ば、やがて 連歌 の 損ずる は こ の ゆゑ なり。夙夜
やはりしばらく中心から遠く離れた地に隠棲してしまうと、そのまま連歌の技巧が衰えるのはこれが原因である。朝早く

格助　四・用　接助　格助　格助　格助　格助　サ変・体　格助　格助　上一・用　接助　副　格助
に 好み て、当世 の 上手 の 風体 を、彼ら が する ところ の 懐紙 を 見 て よくよく 心 を
から夜遅くまで連歌を好んで、当代の巧者の心と言葉が一体となった詠みぶりを、彼らが（一座をして）詠んだ連歌を記録した紙を見てよくよく心に留め、

とどめ〔下二・用〕、詞 を〔格助〕 とり〔四・用〕 て〔接助〕 風情 を〔格助〕 めぐらす〔四・終〕 べし〔助動・当・終〕。ただ〔副〕 堪能 に〔格助〕 練習し〔サ変・用〕 て〔接助〕、座功 を〔格助〕 積む より〔四・体・格助〕 ほか

彼らが詠んだ言葉を用いて新しい趣向を工夫すべきである。ただ熟達した人について繰り返し学び、連歌の一座に参加して経験を重ねる

の〔格助〕 稽古 は〔係助〕 ある〔ラ変・体〕 べから〔助動・当・未〕 ず〔助動・打・終〕。そ〔(代)〕 の〔格助〕 上 に〔格助〕、三代集・源氏の物語・伊勢物語・名所の歌枕、かやう〔ナリ(語幹)〕

ことより他の稽古はあるはずがない。その上に、三代集、源氏物語、伊勢物語、名所の歌枕について解説した書物など、このよ

の〔格助〕 たぐひ を〔格助〕 披見し〔サ変・用〕 て〔接助〕、興 ある〔ラ変・体〕 さま に〔格助〕 とりなす〔四・終〕 べし〔助動・適・終〕。

うなものを開いて見て、興趣があるように利用するのがよい。

詞 の〔格助〕 幽玄 は〔係助〕 生得 の〔格助〕 こと なり〔助動・断・終〕。それ〔(代)〕 も〔係助〕 初め より〔格助〕 こはき〔ク・体〕 連歌 に〔格助〕 練習し〔サ変・用〕 ぬれ〔助動・完・已〕 ば〔接助〕、

連歌の表現が優美であるのは生まれつきのことである。それでも最初から優美さに欠ける連歌で繰り返し学んでしまうと、

やがて〔副〕 詞 あらく〔ク・用〕 なる〔四・終〕。幽玄なる〔ナリ・体〕 に〔格助〕 習へ〔四・已〕 ば〔接助〕、生得 に〔格助〕 不堪なる〔ナリ・体〕 人 も〔係助〕 風体 を〔格助〕 得る〔下二・体〕 なり〔助動・断・終〕。

そのまま表現が荒々しくなってしまう。優美な表現の連歌に習うと、生まれつき未熟な人でも優れた詠みぶりを身につけられるのである。

初心 の〔格助〕 人、ことに〔副〕 優しく〔シク・用〕 おだやかに〔ナリ・用〕、具足 少なく〔ク・用〕 するすると〔副〕 し〔サ変・用〕 たる〔助動・存・体〕 句 を〔格助〕 思ふ〔四・体〕 ところ なく〔ク・用〕

初心者は、特に優美に穏やかに、(連歌に詠み込む)素材を少なくしなめらかで素直な詠みぶりの句をあれこれ考えずに口から出る

口軽く〔ク・用〕 付く〔下二・終〕 べし〔助動・適・終〕。こ〔(代)〕 の〔格助〕 ほか ゆめゆめ〔副〕 稽古 に〔格助〕 故実 も〔係助〕 口伝 も〔係助〕 ある〔ラ変・体〕 べから〔助動・当・未〕 ず〔助動・打・終〕。

にまかせて(前句に)付けるのがよい。このほかにまったく連歌の稽古に先例も口伝えの秘伝もあるはずがないのである。

語句の解説

教706 131ページ

1 **さらに…ず**　まったく…ない。決して…ない。

「さらに」は、ここでは下に打消の語を伴う、呼応の副詞の用法。

2 **好《この》みもてあそびて**　(連歌を)愛好し興じ楽しんで。

「もてあそぶ」は、ここでは「興じ楽しむ」の意。

3 **なかなか**　かえって。むしろ。

「なかなか」は副詞。この語から、「中途半端だ、かえってよくない」という意味の形容動詞「なかなかなり」が派生した。

教706 132ページ

1　「このゆゑ」とは何を指すか。

答　連歌は、熟練者と座を同じくして稽古をしないと、腕が上がらないということ。

6 **披見《ひけん》して**　(書物などを)開いて見て。
「披見」は、文書などを開いて見ること。

6 **興《きょう》あるさまにとりなすべし**　興趣があるように利用するのがよい。
「興あり」は、「興趣がある、おもしろみがある」の意。古典の中の表現を利用し、風情のあるさまに作り変えるのがよいということ。「とりなす」は、ここでは「別のものに作り変える」の意。

8 **生得《しょうとく》**　生まれつき。天性のもの。

2　ここに推奨されている良い句と反対の特徴をもつ句はどのようなものか。

答　「幽玄」ではなく、「こはき」、詞の「あらく」なった句。つまり、優美さに欠け、荒っぽい言葉遣いの句。

11 **思《おも》ふところなく口軽《くちがろ》く付《つ》くべし**　あれこれ考えずに口から出るにまかせて(前句に)付ければよい。
「口軽く」は、「口から出るにまかせて」の意。技巧を凝らさず素直に表現すればよい、ということ。

11 **ゆめゆめ…あるべからず**　まったく…あるはずがないのである。
「ゆめゆめ」は、ここでは下に打消の語を伴う呼応の副詞。「ゆめゆめ(…ず)」で「まったく…ない、少しも…ない」の意。

学習のポイント

1　**連歌の稽古はどのようにすべきだと述べられているか、まとめてみよう。**

解答例　学び始めの頃から、連歌に熟達した人々(巧者)と一座して、その優れた詞や詠みぶりを取り入れつつ、新しい趣向を考え出すこと。代表的な和歌の載っている古典作品(三代集、『源氏物語』、『伊勢物語』)や歌枕を研究して、その表現や内容を趣あるよう工夫して利用すること。優美な表現の連歌に学び、なめらかな詠みぶりになるよう技巧を凝らし過ぎずに作ること。

2　**「詞の幽玄《いうげん》は生得《しやうとく》のことなり。」**(706 132・8)**とあるが、「生得」とはどういうことと考えられているか、説明してみよう。**

解答例　「生まれつきである」と考え、表現の優美さは天性の素質だと考えている。ただし、素質があっても荒々しい表現の連歌に学んでいると、自身の表現も荒いものになる。練習のしかたで左右されるものだと考えられている。

3　探究　**ほかの技芸の稽古との共通点や相違点を話し合ってみよう。**

考え方　例としては、伝統芸能である能や狂言、歌舞伎が挙げられる。能であれば、世阿弥《ぜあみ》が父の観阿弥《かんあみ》の教えを記録した『風姿花伝』の「年来稽古条々」などをひも解いてみるとよい。これによると、「稽古を始める七歳頃はあまりあれこれ言わずにのびのびと舞をさせる」などに続き、年を重ねるうちにどう「花」(風情)を身につけるかについてなど、連歌の稽古に通じることが細かく書かれている。